Tout sur ma tablette Surface

POUR LES NULS

Henri Lilen

FIRST
Interactive

Tout sur ma tablette Surface Pour les Nuls

Éditions First-Gründ
60, rue Mazarine
75006 Paris - France
Tél. 01 45 49 60 00
Fax 01 45 49 60 01
Courriel : firstinfo@efirst.com
Internet : www.editionsfirst.fr

ISBN : 978-2-7540-4936-8
Dépôt légal : février 2013
Mise en page : Catherine Kédémos
Imprimé en France par IME, 3 rue de l'Industrie, 25112 Baume-Les-Dames

Sommaire

EOLE 2013

Présentation 17

Tout savoir pour devenir un pro de Windows RT 17
Des questions sur tout et… toutes les réponses 17
Des étapes simples et illustrées 17
Organisation de l'ouvrage 17

Surface RT d'un coup d'œil 19

Les gestes à connaître 21
10 opérations à connaître absolument 22

Chapitre 1 : Initialiser la tablette 29

Démarrer la séquence d'initialisation 30
Définir les paramètres 31

Chapitre 2 : La page Accueil 35

Remettre en service une tablette initialisée 36
Sortir de veille 36
Volet de verrouillage et mot de passe 36
Vérifier l'état du réseau Wi-Fi et la charge de la batterie 37
Faire parler l'ordinateur pour les malvoyants 38
Afficher le Bureau 38
Basculer rapidement d'un mode à l'autre 39
Afficher la barre latérale d'outils 40
Les 5 outils de la barre latérale 41
Ouvrir la barre horizontale d'options 41
Redimensionner une vignette 42
Déplacer une vignette 42
Supprimer une vignette de l'écran d'accueil 42
Désactiver une vignette 42
Créer une nouvelle vignette 43
Créer des vignettes de contacts, de favoris ou de sites Web 43
Créer et nommer un groupe de vignettes 43
Déplacer un groupe 44
Mettre Surface en veille 45
Veille, arrêt et redémarrage avec la barre d'outils 45

Changer d'utilisateur 46
Activer l'arrêt ou la veille par appui sur le bouton Marche/Arrêt 46
Tenir la tablette verticalement 47
Faire pivoter l'écran 48
Fixer l'orientation de l'écran 48
Activer ou désactiver le dynamisme des vignettes 49

Chapitre 3 : Clavier et souris 51

Souris utilisables 52
Actions souris et clavier 52
Principales équivalences clavier/souris 55
Ouvrir le clavier tactile virtuel 55
Facettes du clavier virtuel tactile 56
Caractères accentués et émoticônes 57
Utiliser l'écriture manuscrite 57
Opérations spécifiques avec le clavier virtuel 58
Utiliser les claviers physiques Touch Cover et Type Cover 58
Les touches de fonction des claviers physiques 59
Raccourcis clavier de Windows RT et Windows 8 60
Zoomer 62
Paramétrer le clavier tactile 62
Corriger l'orthographe 62
Entretenir le clavier physique 63

Chapitre 4 : Comptes et utilisateurs 65

Créer un nouveau compte d'utilisateur 66
Obtenir une nouvelle adresse de messagerie 66
Se connecter sans compte Microsoft 67
Démarrer sur un nouveau compte 68
Modifier le mot de passe d'un compte 68
Passer d'un compte à l'autre sans redémarrer 69
Supprimer un compte d'utilisateur 69
Sauvegarder la clé de chiffrement 70
Basculer sur un compte local 72
Revenir à un compte Microsoft 73
Sortir de veille sans entrer de mot de passe 73
Approuver la tablette 74
Installer un contrôle parental pour un enfant 75
Afficher le rapport d'activité du contrôle parental 76
Fixer les règles du contrôle parental 76

Chapitre 5 : Le Bureau 79

Le Bureau et son contenu 80
Ouvrir une fenêtre en plein écran 80
Ramener une fenêtre à sa taille antérieure 81
Icônes de commandes des fenêtres 81
Déplacer une fenêtre 82
Modifier les dimensions d'une fenêtre 82
Passer d'une fenêtre à l'autre 82
La barre des tâches 83
La zone de notification 84
Plaquer des fenêtres côte à côte 85
Ancrer une application en marge 86
Choisir les applications par défaut 87
Épingler une application à la barre des tâches 88
Ajouter des icônes sur le Bureau 89
Ouvrir des applications Bureau depuis l'interface MUI 89
Ouvrir l'Explorateur de fichiers 90
Examiner la fenêtre de l'Explorateur de fichiers 91
Épingler l'Explorateur à l'écran d'accueil 92
Épingler l'Explorateur à la barre des tâches 92
Ajouter ou supprimer le ruban de commandes de l'Explorateur 93
Commandes du ruban Affichage 93
Icônes spéciales de l'Explorateur 94
Actions avec l'Explorateur 95
Modifier l'affichage des fichiers et des dossiers 95
Dossiers personnels et bibliothèques 97
Couper, copier et coller 97
Afficher les fichiers et les dossiers cachés 98
Mettre l'historique en service 98
Réafficher le Bureau à tout instant en mode Bureau 99
  Avec la Barre des tâches 99
  Avec le menu contextuel de la barre des tâches 99
Activer ou désactiver des fonctions Windows 99
Ouvrir le menu d'accès rapide 100
Ouvrir Programme et fonctionnalités 101
Ouvrir le Centre de mobilité 101
Gérer les paramètres d'une présentation PowerPoint 103
Ouvrir les paramètres Système 103
Gérer les mémoires disques 105
Gérer l'ordinateur 106
Ouvrir l'invite de commandes 106

Ouvrir le Panneau de configuration avec le menu d'accès rapide 107
Ouvrir la fenêtre Exécuter 107
Afficher toutes les fenêtres 108
Fermer le Bureau 109

Chapitre 6 : Applications 111

Lister toutes les applications 112
Afficher un répertoire alphabétique des applications 112
Afficher les applications avec leur lettre d'appel 113
Afficher les applications avec Rechercher 113
Afficher la barre contextuelle horizontale d'outils 114
Afficher l'application précédente 114
Afficher la barre de commutation des applications au doigt 115
Afficher la barre de commutation des applications avec la souris 115
Basculer d'une application à l'autre 116
Afficher les applications ouvertes avec Alt + Tab 116
Ouvrir une application 116
Ouvrir rapidement une application en mode recherche 117
Quitter ou fermer une application 117
Fermer une application avec la barre de commutation 118
Fermer une application Windows MUI en baissant le rideau 118
Fermer une application non affichée 119
Afficher les options des applications 119
Ouvrir une application Bureau depuis la page Accueil 120
Lancer une recherche 121
Activer l'historique des recherches 121
Supprimer l'historique des recherches 122
Définir les applications à utiliser pour la recherche 122
Le Bloc-notes 122
Modifier le style et la taille de la police 123
Couper, copier, coller et supprimer du texte 123
Insérer l'heure et la date dans un document 124
Rechercher dans un document 124
Remplacer des caractères ou des mots 124
Cadrer le texte dans la fenêtre 125
Créer un en-tête ou un pied de page 125
Enregistrer ou imprimer un document 125
Trouver l'exécutable du Bloc-notes 125
Calculatrice 126
Ouvrir les variantes de la calculatrice 126
Convertir des valeurs à partir d'une unité de mesure vers une autre 127
Calculer sur des dates 127
Autres calculs 127

Le dessin avec Paint 128
Outils de Paint 128
Couleurs 129
Taille de ligne 129
Dessiner des lignes 129
Pinceaux 129
Formes 129
Outil Courbe 130
Texte 130
Outil Sélection 130
Rogner 131
Faire pivoter 131
Redimensionner 131
Incliner un objet 131
Enregistrer 132
Panneau de saisie mathématique 132
Enregistreur d'actions utilisateur 133
Table des caractères 134

Chapitre 7 : Connecter des périphériques 135

Connecter une clé USB à la tablette 136
Connecter un disque dur USB externe 136
Connecter une souris 137
Connecter une TV 137
Connecter des écouteurs, un casque ou des haut-parleurs 138
Connecter une chaîne hi-fi 139
Se connecter à un ordinateur en réseau 139
Échanger avec un ordinateur via une clé USB ou une carte mémoire 140
Échanger avec un PC via SkyDrive 140
Connecter une imprimante 141
Imprimer sans se connecter par câble 141
Afficher les périphériques 142
Supprimer un périphérique 142
Activer le mode de liaison Bluetooth 143
Se connecter en Bluetooth 143

Chapitre 8 : Personnaliser votre tablette 147

Domaines de personnalisation 148
Remplacer votre avatar par une photo 148
Modifier l'arrière-plan et la couleur de l'écran Accueil 149
Modifier l'arrière-plan du Bureau 151
Utiliser une image personnelle 151

Changer d'écran de verrouillage ... 152
Choisir une image personnelle ... 152
Afficher des informations sur l'écran de verrouillage ... 153
Ajouter une langue ... 154
Supprimer l'écran de verrouillage ... 155
Ajuster le fuseau horaire ... 156
Ajuster la temporisation avant extinction de l'écran ... 156
Utiliser le menu contextuel du Bureau ... 157
Modifier la taille de l'affichage des fichiers ... 158
Trier l'affichage ... 158
Effectuer des regroupements ... 158
Organiser la fenêtre de l'Explorateur de fichiers ... 159
Gérer avec le menu contextuel de la barre des tâches ... 159
Verrouiller et déverrouiller la barre des tâches ... 159
Redéfinir les sons système ... 160
Ajuster l'heure et la date ... 161
Appliquer le temps Internet ... 162
Afficher des horloges supplémentaires ... 163
Personnaliser les icônes de la zone de notification ... 163
Activer ou désactiver les icônes système ... 164
Accéder à l'écran de personnalisation avec la barre des tâches ... 165

Chapitre 9 : Internet ... 167

Ouvrir le navigateur Internet Explorer ... 168
Forcer l'affichage de la barre de circulation ... 169
Ouvrir un nouvel onglet ... 169
Surfer en mode Bureau depuis MUI ... 170
Surfer depuis le Bureau ... 170
La barre de circulation en mode Bureau ... 171
Composer une adresse Web ... 172
Règles de composition d'une adresse Web ... 172
Cliquer sur un lien ... 172
Revenir à la page précédente ou passer à la suivante ... 173
Rechercher un site avec Bing ... 173
Épingler un site à l'écran Accueil ... 174
Ajouter un site aux favoris en mode MUI ... 175
Visiter un site enregistré dans les favoris en mode MUI ... 176
Enregistrer des favoris en mode Bureau ... 176
Visiter un site enregistré dans les favoris avec le Bureau ... 177
Retrouver un site avec l'historique ... 177

Supprimer l'historique avec les Options Internet 178
Ajouter un site à l'écran d'accueil en mode Bureau 178
Choisir la page de démarrage en mode Bureau 179
Ouvrir l'explorateur sur un site choisi via la page Accueil 180
Toujours ouvrir les liens dans la même version 180
Paramétrer Internet Explorer en mode MUI 181
Paramétrer Internet Explorer en mode Bureau 182
Feuilleter les pages Web 182
Activer les sites suggérés 183
Installer la recherche Google dans la page d'accueil 183
Assurer la sécurité 184
Supprimer l'historique avec le menu 185
Supprimer l'historique en quittant le navigateur 185
Sécuriser les zones Internet 186
Modifier les niveaux de sécurité Internet 187
Ajouter des sites à un niveau de sécurité 188
Activer ou désactiver le mode protégé 188
Consulter les certificats des sites Web 189
Désactiver la saisie automatique des mots de passe et autres informations 190
Surfer sans laisser de traces avec InPrivate 191
Trouver les adresses IP et du serveur DNS 192
Afficher le contenu du fichier hosts 192
Interdire des sites avec le fichier hosts 193

Chapitre 10 : Profiter des réseaux sociaux 195

YouTube 196
- Visionner une vidéo sur YouTube 196
- Se connecter avec un compte ou créer un compte 197
- Diffuser une vidéo sur YouTube 197

Facebook 198
Google+ 199
Twitter 200
Dailymotion 201
Flickr 202
Copainsdavant 202
LinkedIn 203
Viadeo 204
Myspace 204
Supprimer la connexion à un réseau 205

Chapitre 11 : Utiliser les messageries 207

Ouvrir l'application Courrier 208
Afficher la barre d'outils 208
Rédiger une adresse de messagerie 209
Envoyer un message 209
Lire les messages reçus 210
Répondre par retour de courrier 210
Transférer un message à une tierce personne 211
Joindre une photo ou un document 211
Enregistrer les pièces jointes reçues 213
Multiplier des envois simultanés 213
Envoyer des copies à d'autres destinataires 214
Envoyer des copies à des destinataires cachés 214
Marquer une priorité 215
Mettre les messages en forme 215
Ouvrir la messagerie instantanée Messages 216
Déclarer des contacts pour Messages 217
Dialoguer par écrit 218
Installer et/ou ouvrir la messagerie Skype 219
Ajouter un contact à Skype 220
Dialoguer par écrit 221
Dialoguer en audio et en vidéo 222
Icônes des commandes Skype 222
Enregistrer des favoris avec la liste favoris 223
Afficher les correspondants et les favoris 224
Enregistrer ou supprimer un favori depuis sa page d'appel 224
Tester la connexion et l'installation audio 224

Chapitre 12 : Gérer les contacts et les messageries 227

Créer un carnet de contacts 228
Utiliser les contacts 229
Ajouter un nouveau compte pour Courrier 229
Gérer le courrier en mode Webmail 230
Recevoir le courrier de messageries POP 232
Créer d'autres adresses de messagerie Outlook 233
Organiser et ranger les messages 234
Récupérer le courriel et les contacts d'un ordinateur 235
Utiliser Mail Migration pour transférer courriels et contacts dans le nuage 236
Paramétrer Outlook 237

Chapitre 13 : Photographier et filmer ... 243

Ouvrir l'application Caméra ... 244
La barre d'outils des webcams ... 244
Options des caméras ... 245
Autoriser l'accès aux webcams après coup ... 246
Photographier et filmer ... 246
Ouvrir l'application Photos ... 247
Ouvrir une bibliothèque d'images ... 247
Faire défiler les images ... 248
Sélectionner des photos ... 249
Lancer un diaporama ... 249
Modifier la taille de l'affichage ... 250
Afficher les flèches de circulation ... 250
Supprimer une photo ... 251
Photo en arrière-plan ... 251
Modifier l'arrière-plan de l'application ... 251
Importer des photos ... 252
Options de la Bibliothèque d'images ... 252
Partager une photo ou une vidéo ... 253
Imprimer une photo ... 254

Chapitre 14 : Visionner des vidéos ... 255

Ouvrir l'application Vidéo ... 256
Ajouter vos vidéos personnelles ... 257
Visionner des vidéos personnelles ... 258
Commandes de lecture ... 258
Afficher la barre d'options ... 258
Louer ou acheter des films ou des vidéos ... 258
Préférences de Vidéo ... 259
Gérer votre compte ... 260
Autorisations ... 261

Chapitre 15 : Écouter de la musique ... 263

Ouvrir l'application Musique ... 264
Ajouter des musiques personnelles ... 264
Jouer des morceaux personnels ... 265
Acheter de la musique ... 266
Découvrir les barres d'outils ... 266
Paramétrer le compte ... 267
Paramétrer les préférences ... 268

Paramétrer les autorisations 269
Ajuster le volume sonore 269

Chapitre 16 : Word, Excel, PowerPoint et OneNote 271

La version Office Famille et Étudiant 2013 RT 272
Caractéristiques des applications Office 272
Découvrir Word 2013 273
Barre de menus et rubans de Word 273
Modifier la fenêtre de Word 274
Saisir du texte et le mettre en forme 275
Sélectionner du texte 275
Règles de sélection 276
Corriger l'orthographe 276
Corriger la syntaxe 277
Rechercher du texte 277
Rechercher et remplacer 278
Mode Lecture de Word 278
Mettre en page 278
Insérer un tableau dans Word 280
Insérer une image 281
Enregistrer 282
Imprimer 282
Découvrir Excel 283
Nouveautés d'Excel 2013 284
Naviguer dans le tableau 285
Entrer des données 286
Orienter le texte 286
Fusionner et centrer 287
Présenter un tableau de façon professionnelle 288
Créer des graphiques 288
Types de graphiques 289
Ouvrir PowerPoint 290
Nouveautés ou améliorations dans PowerPoint 2013 291
Opérations tactiles avec PowerPoint 291
Barre de menus et rubans de PowerPoint 292
Insérer un graphique SmartArt 292
Remettre les vues dans l'ordre 293
Introduire des transitions entre les vues 294
Animer des textes 294
Sonoriser les diapositives 295
Lancer un diaporama 295

Gérer les paramètres de projection 296
Découvrir OneNote 297
Ouvrir OneNote 297
Prendre des notes 298
Nouveautés ou améliorations de OneNote 299

Chapitre 17 : Le cloud avec SkyDrive 301

Découvrir SkyDrive 302
Se connecter avec un compte Microsoft 302
Ouvrir SkyDrive 304
Synchroniser vos données 304
Choisir les éléments à ajouter au stockage 305
Afficher l'espace de stockage 306
Partager les fichiers d'autres internautes 307
Afficher en mode Détails 307
Rechercher un fichier sur SkyDrive 307
Créer un nouveau dossier 308
Supprimer un dossier 308

Chapitre 18 : Windows Store 311

Se connecter au Windows Store 312
Télécharger et installer une application gratuite 312
Télécharger et installer une application payante 313
Lister les applications installées 314
Afficher les détails d'une application installée 315
Installer une application payante sur une autre machine 315
Supprimer un PC de votre compte 316
Rechercher une application sur le marché 316
Supprimer une application 317
Installer une application que vous possédez 317
Détacher une application de l'écran d'accueil 318
Interdire la suppression d'une application 318
Accès des mineurs au Windows Store 319
Interdire l'accès au Windows Store 320
Afficher les préférences du Windows Store 320
Afficher toutes les applications du Windows Store 321
Mettre les applications à jour 321
Synchroniser la licence de l'application 322
Afficher des détails et des avis sur une application 322

Chapitre 19 : Voyager, lire et jouer 325

Cartes géographiques 326
Afficher les outils de sélection cartographique 326
Tracer un itinéraire 327
Trouver un lieu ou une société 328
Afficher la météo 328
Voyager 329
S'informer 330
Lire des livres 331
Installer un lecteur ePub 332
Jouer 332
Six jeux gratuits à essayer 333

Chapitre 20 : Paramétrer la tablette 335

Supprimer les animations des vignettes personnelles 336
Désactiver totalement les animations de l'écran d'accueil 336
Ajuster manuellement la luminosité de l'écran 337
Ajuster automatiquement la luminosité de l'écran 338
Activer le mode Avion 338
Supprimer des applications 338
Créer un réseau résidentiel 339
Appeler Windows à l'aide 341

Chapitre 21 : Synthèse et reconnaissance vocales 343

Utiliser la reconnaissance vocale 344
Contrôler la tablette avec la reconnaissance vocale 344
Synthèse vocale avec le Narrateur 346
Commander tactilement le Narrateur 347

Chapitre 22 : Sécuriser 349

Vérifier votre niveau de sécurité 350
Vérifier l'état de la maintenance 351
Mettre Windows automatiquement ou manuellement à jour 353
Lister les mises à jour installées 354
Désinstaller une mise à jour 354
Ouvrir l'antivirus-antimalveillants Windows Defender 355
Démarrer une analyse antimalfaisants 356
Désactiver Windows Defender 357
Vérifier l'état du pare-feu 358

Désactiver ou réactiver le pare-feu 358
Restaurer les performances de la tablette 359
Réinitialiser la tablette pour repartir à zéro 360
Options du démarrage avancé 360
Démarrer sur un périphérique USB 361
Résoudre des problèmes 361
Protéger l'accès par un code PIN 362
Choisir un dessin pour débloquer la tablette 363

Glossaire 365

Index 377

Présentation

Bienvenue dans *Tout sur ma tablette Surface Pour les Nuls*. Grâce à cet ouvrage, vous découvrirez tout ce que vous devez savoir pour bien utiliser votre tablette Surface fonctionnant sous Windows RT, un système d'exploitation tout récent, frère de Windows 8.

Tout savoir pour devenir un pro de Windows RT

Que vous soyez un débutant ou un utilisateur déjà expérimenté, l'objectif de cet ouvrage est de répondre aux questions que vous vous posez sur votre tablette Surface sous Windows RT : bien démarrer, connaître sur le bout des doigts les manipulations quotidiennes ou les opérations plus avancées, personnaliser et protéger la tablette, naviguer sur Internet et sur les réseaux sociaux, écouter de la musique et lire des vidéos, faire de la bureautique, maîtriser les applications et le Windows Store, la boutique en ligne de Microsoft où vous pourrez vous procurer des d'applications complémentaires, *etc*.

Des questions sur tout et... toutes les réponses

Cet ouvrage vous apportera les réponses à des questions que vous n'auriez peut-être jamais osé poser ! Présenté sous forme fonctionnelle, il vous fournira les informations précises dont vous avez besoin, quand vous en avez besoin.

Des étapes simples et illustrées

Pour chaque thème abordé et chaque problème résolu, *Tout sur ma tablette Surface Pour les Nuls* offre une réponse ou une procédure claire, précise et sans détour.

Grâce aux écrans illustrant chaque manipulation, aucun risque de vous perdre ou de vous tromper : pas à pas, vous êtes guidé dans la mise en œuvre des solutions proposées, en toute simplicité et en toute sécurité.

Organisation de l'ouvrage

Cet ouvrage est structuré sous forme de procédures faciles à mettre en œuvre pour réaliser une tâche, effectuer un réglage ou résoudre un problème. Ces procédures sont elles-mêmes organisées en chapitres.

La partie préliminaire **Coup d'œil** présente tous les aspects de la tablette Surface, ses boutons et ses connecteurs, pour que vous puissiez la manipuler correctement. Elle vous montre aussi quels sont les gestes qui pilotent son écran tactile.

Le chapitre 1 synthétise les opérations d'initialisation permettant de démarrer la tablette la toute première fois où vous l'allumez.

Dans le chapitre 2, vous découvrirez l'aspect de son écran d'accueil et ses particularités, en particulier ses vignettes.

Le chapitre 3 vous explique comment bien utiliser le clavier virtuel et les claviers physiques, ainsi que la souris.

Le chapitre 4 est consacré aux comptes et aux utilisateurs, sachant que vous pouvez partager une unique tablette Surface entre plusieurs personnes de votre entourage.

Dans le chapitre 5, vous découvrirez un autre mode de présentation des écrans, le mode Bureau tel que sur l'ancienne interface des Windows 7 et précédents.

Dès lors, dans le chapitre 6, vous pouvez examiner les applications intégrées à Windows RT, à l'exception de celles relevant de la bureautique, présentées dans un chapitre ultérieur.

Le chapitre 7 est relatif à tout ce qui concerne les connexions externes de la tablette, simplement parce qu'elle est capable de recevoir de nombreux périphériques.

Dans le chapitre 8, vous apprendrez à personnaliser Surface pour l'adapter à vos préférences et à vos goûts.

Le chapitre 9 est totalement dédié à Internet et montre comment se connecter et comment surfer sur le réseau mondial.

Le chapitre 10 vous présente quelques grands réseaux sociaux que vous pouvez rejoindre si ce n'est pas déjà chose faite.

Dans le chapitre 11, vous découvrirez à la fois la gestion du courrier électronique et les messageries instantanées, dont Skype, appelée à remplacer Messenger.

Le chapitre 12 vous apprendra à réaliser un carnet de contacts, mais aussi à apporter quelques réglages à vos services de courriel.

Le chapitre 13 est consacré à la photographie avec la prise de vue fixe et de vidéos, ainsi qu'à l'application servant à gérer vos photos.

Le chapitre 14 traite plus spécifiquement de la vidéo. Vous découvrirez comment visionner vos vidéos et comment vous approvisionner en films.

Dans le chapitre 15, vous passerez à la musique et vous découvrirez comment écouter les meilleurs morceaux.

C'est aux applications de bureautiques qu'est dédié le chapitre 16 avec le traitement de texte Word, le tableur Excel, l'application de présentation PowerPoint et la prise de notes Notes.

Vous passerez dans le nuage, le « cloud » avec le chapitre 17. Vous découvrirez ce que c'est et comment bénéficier du stockage en ligne avec SkyDrive.

Le chapitre 18 vous ouvre les portes du magasin en ligne Windows Store pour que vous puissiez vous approvisionner en applications complémentaires, gratuites ou payantes.

Le chapitre 19 vous enseigne comme utiliser votre tablette pour d'autres loisirs tels que la lecture ou le jeu. Mais aussi comment afficher des cartes géographiques, préparer un itinéraire, *etc.*

Le chapitre 20 vous montre comment paramétrer Windows RT en exploitant les multiples options disponibles.

Le chapitre 21 traite de la reconnaissance et de la synthèse vocales : faites parler votre tablette et dictez vos ordres.

Un ultime chapitre, le 22, est dédié à la sécurité, un thème souvent négligé. Quelques mesures simples contribueront à protéger votre tablette.

Afin de vous guider, nous vous proposons en téléchargement un chapitre bonus présentant une trentaine d'applications totalement gratuites issues du Windows Store. Rendez-vous à l'adresse `www.editionsfirst.fr/telechargements/`, puis cliquez sur « Tout sur Pour les Nuls » dans la liste déroulante, et enfin sur la vignette de couverture de ce livre.

Les Éditions First et l'auteur vous souhaitent bonne lecture et bon succès !

Surface RT d'un coup d'œil

1. Écran de verrouillage
2. Caméra frontale avec son voyant de mise en service
3. Heure et date
4. Bouton Windows sous l'écran
5. Clavier clipsé sur la tablette

6. Face latérale supérieure
7. Bouton de marche/arrêt/veille
8. Béquille de soutien
9. Clavier
10. Face latérale droite avec ses connecteurs

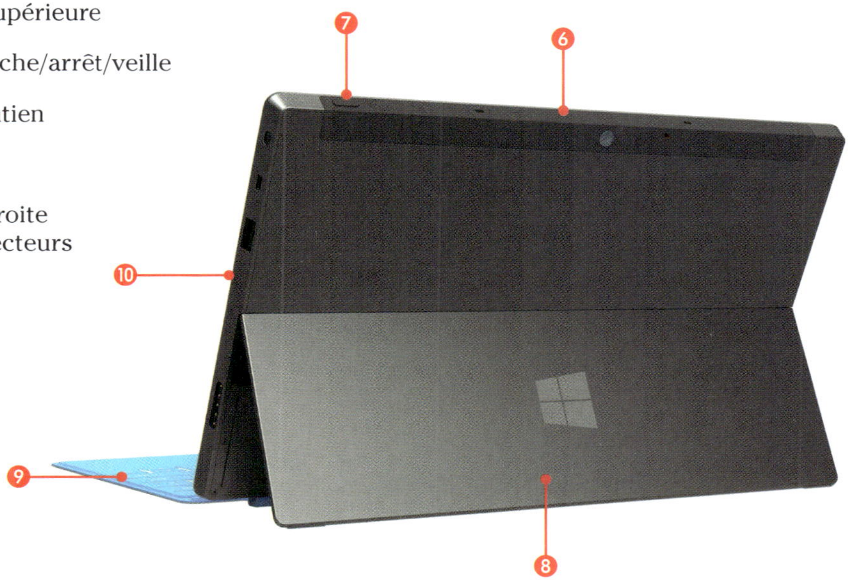

1 Béquille de soutien
2 Face latérale gauche
3 Volume sonore
4 Prise son pour des écouteurs, un casque, *etc.*
5 Haut-parleur

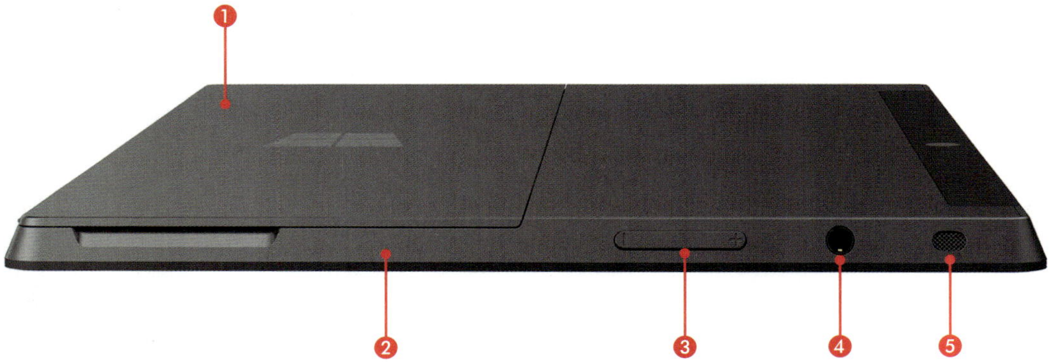

6 Haut-parleur
7 Sortie vidéo (vers un téléviseur, par exemple)
8 Prise USB standard
9 Face latérale droite
10 Emplacement pour carte mémoire supplémentaire facultative
11 Alimentation
12 Béquille de soutien

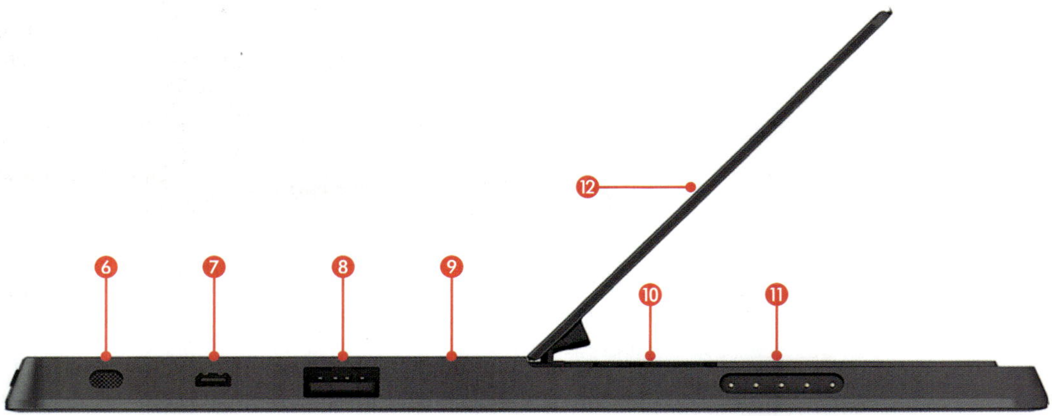

Les gestes à connaître

Appuyer - Appuyez sur ou touchez simplement un élément de l'écran.

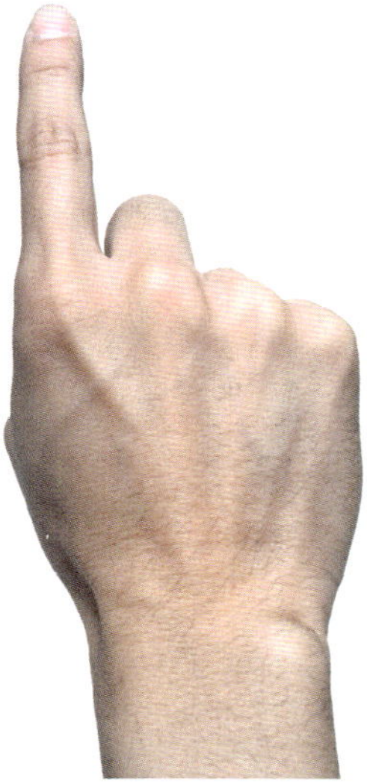

Écarter ou pincer - Écartez ou resserrez deux doigts que vous placez sur l'écran pour zoomer (agrandir ou réduire) une image, une photo, un texte…

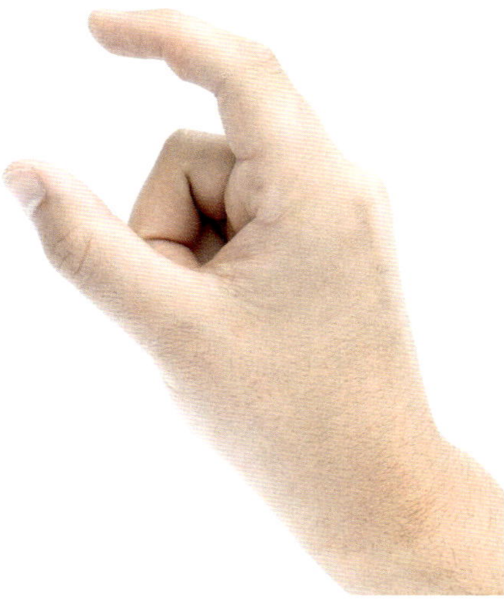

Faire glisser ou faire défiler - Touchez et faites glisser votre doigt sur l'écran dans une direction donnée pour déplacer son contenu, tourner les pages d'un livre, *etc.*

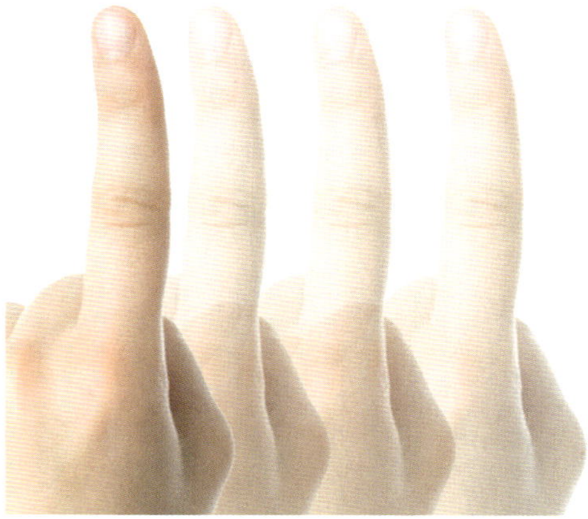

Feuilleter - Touchez et caressez rapidement l'écran dans la bonne direction pour imposer un défilement rapide de son contenu. Arrêtez le défilement en touchant de nouveau l'écran.

Basculer l'affichage - Faites basculer la tablette horizontalement ou verticalement pour modifier l'affichage en conséquence.

10 opérations à connaître absolument

1 Recharger la batterie

❶ De préférence, éteignez la tablette.

❷ Connectez le chargeur d'un côté au secteur *via* une prise de courant murale ou une multiprise, et de l'autre à la tablette à l'aide du câble spécial.

❸ Ce câble se clipse sur le côté latéral droit de la tablette. Le sens importe peu, cela fonctionne toujours.

❹ Il n'existe pas d'interrupteur de marche/arrêt sur le chargeur, aussi celui-ci entre-t-il immédiatement en action dès que vous le connectez au secteur.

❺ Laissez à la batterie le temps de se charger. Ce temps dépend du niveau de charge de départ, mais se mesure en heures.

❻ Lorsque la batterie est entièrement chargée, débranchez le chargeur de l'appareil et de la prise de courant.

2 Allumer ou mettre en veille

❶ Pour mettre Windows RT en service, appuyez sur le bouton physique de marche/arrêt situé sur la tranche supérieure de la tablette, à droite. Ou bien ouvrez la tablette que vous aviez rabattue contre le clavier.

❷ Pour mettre la tablette en veille, rabattez-la sur le clavier, ou bien appuyez un court instant sur le bouton physique de marche/arrêt, ou encore n'y touchez pas pendant un moment, elle entrera en veille toute seule.

3 Basculer rapidement entre les modes Écran d'accueil et Bureau

❶ Pour passer de l'écran d'accueil au Bureau et réciproquement, appuyez sur la touche **Windows** située sous l'écran.

❷ Ou bien appuyez sur la touche **Windows** du clavier si vous utilisez un clavier.

Ces deux touches Windows arborent le petit drapeau Microsoft.

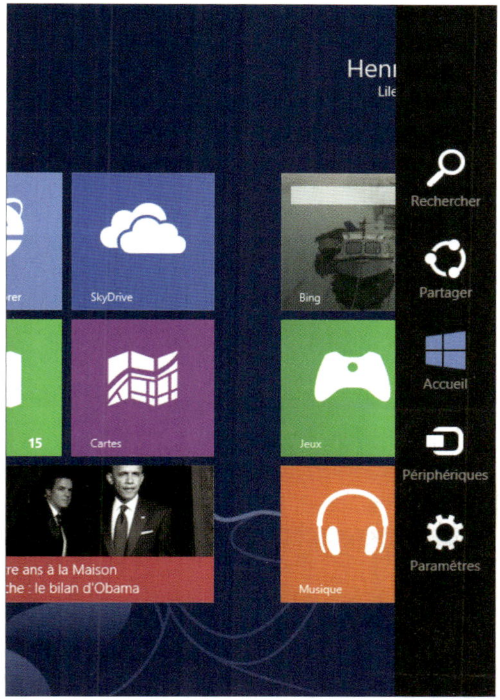

4 Afficher la barre latérale d'outils

❶ Balayez du doigt ou de la main l'écran, du bord extérieur droit vers la gauche pour afficher la barre latérale (verticale) d'outils.

❷ En variante, placez le pointeur de la souris sur l'angle inférieur ou supérieur droit de l'écran jusqu'à ce que la colonne verticale s'affiche sur la droite, quasiment en transparence. Ramenez le pointeur de la souris dans cette colonne qui s'affiche alors sur fond noir. Elle est accompagnée par le pavé horloge et calendrier sur la gauche.

❸ Ou encore, appuyez sur les touches **Windows** + **C**. Maintenez la touche **Windows** enfoncée et appuyez sur la touche **C**.
Un moyen mnémotechnique : C comme « Commandes ».

5 Lister toutes les applications

❶ Affichez la page **Accueil** et faites glisser votre doigt du bas de l'écran vers le centre. Ou encore, faites un clic droit sur une zone libre de la page d'accueil. Une barre horizontale s'affiche en bas de l'écran avec un bouton **Toutes les applications**.

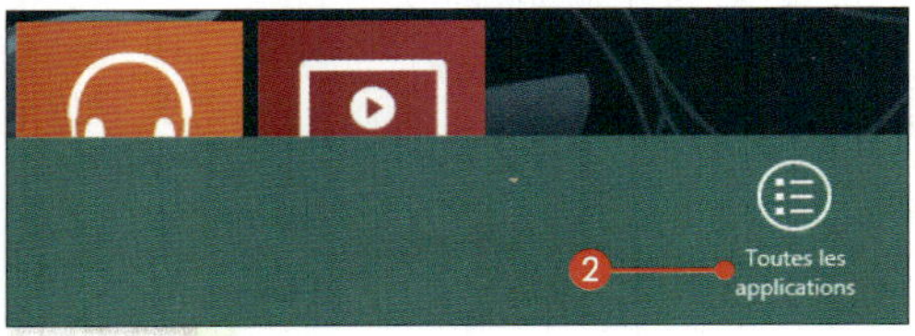

❷ Appuyez ou cliquez sur ce bouton. Vos applications s'affichent sous forme de petites vignettes.

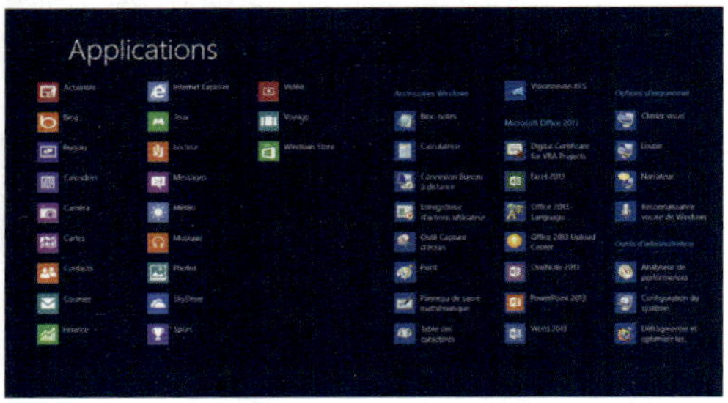

6 Ouvrir une application

❶ Appuyez sur l'application à ouvrir, ou bien cliquez dessus.

❷ Pour basculer d'une application à une autre, toutes deux ouvertes, affichez la barre de commutation sur la gauche en faisant glisser votre doigt du bord extérieur vertical gauche vers le centre, puis en le ramenant à gauche.

❸ Appuyez sur l'application à ouvrir.

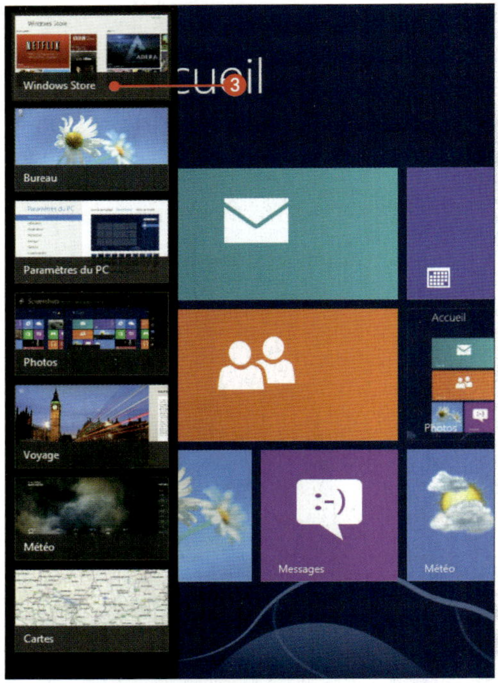

7 Lancer une recherche

❶ Ouvrez la barre latérale droite d'outils.

❷ Appuyez ou cliquez sur l'outil en forme de loupe sous-titré **Rechercher**.

❸ La barre de recherche s'affiche sur la droite de l'écran.

❹ Sélectionnez une catégorie dans la liste en dessous de la zone de saisie.

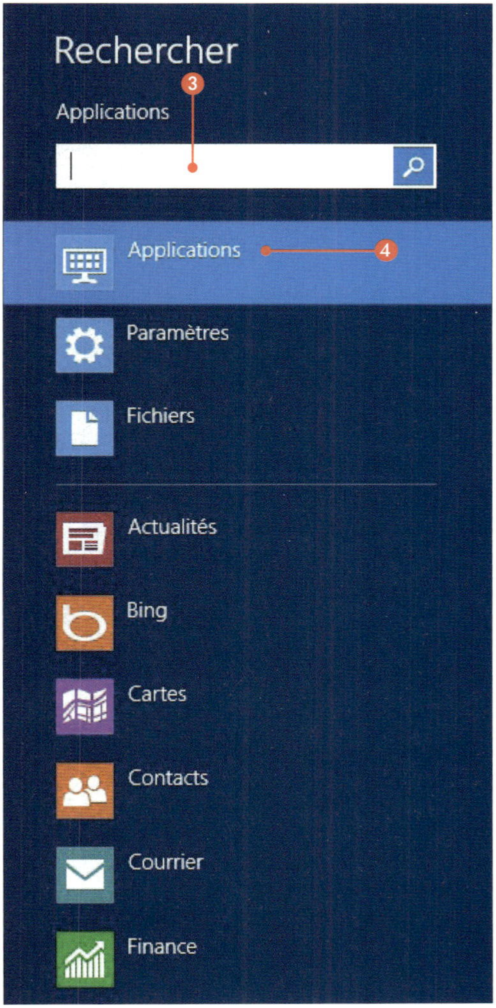

❺ Saisissez les termes de votre recherche dans cette zone. Les résultats apparaissent immédiatement dans le volet gauche.

8 Synchroniser vos paramètres

❶ Ouvrez la barre latérale d'outils.

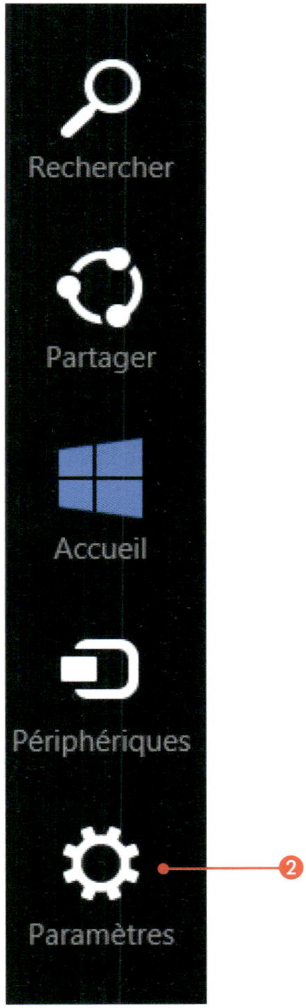

❷ Appuyez ou cliquez sur l'outil **Paramètres**, puis sur **Modifier les paramètres du PC**.

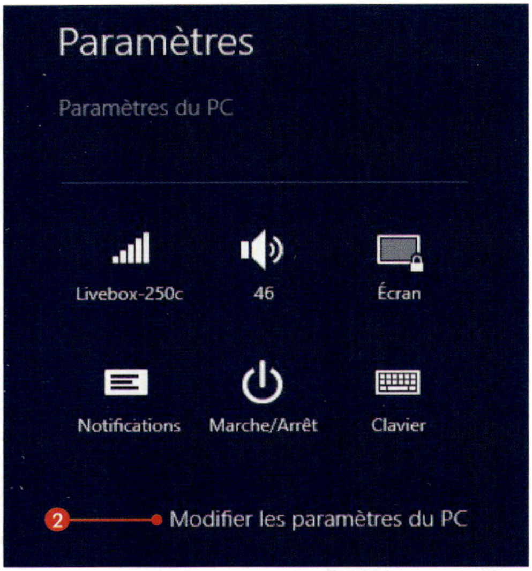

❸ Dans le volet gauche de la nouvelle fenêtre, appuyez ou cliquez sur l'option **Synchroniser vos paramètres**.

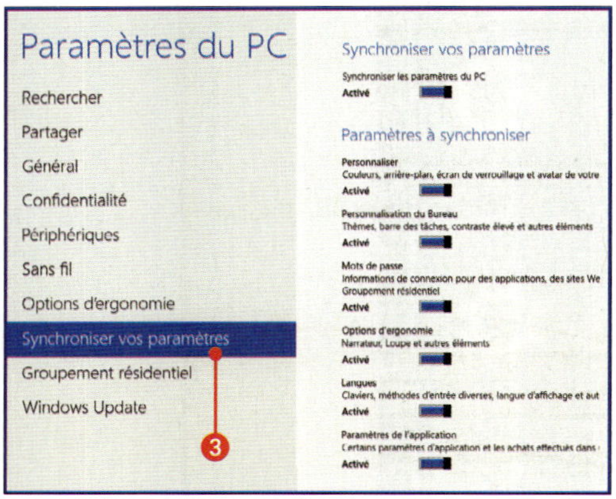

❹ Laissez activées ou activez toutes les options de synchronisation, sauf la dernière.

9 Afficher le Panneau de configuration

❶ Affichez la page **Accueil** et faites glisser votre doigt du bas de l'écran vers le centre. Ou encore, faites un clic droit sur une zone libre de la page d'accueil. Une barre horizontale s'affiche en bas de l'écran avec un bouton **Toutes les applications**.

❷ Appuyez ou cliquez sur ce bouton. Vos applications s'affichent sous forme de petites vignettes.

❸ Faites glisser la page pour afficher ce qui se trouve sur sa gauche et appuyez ou cliquez sur **Panneau de configuration**.

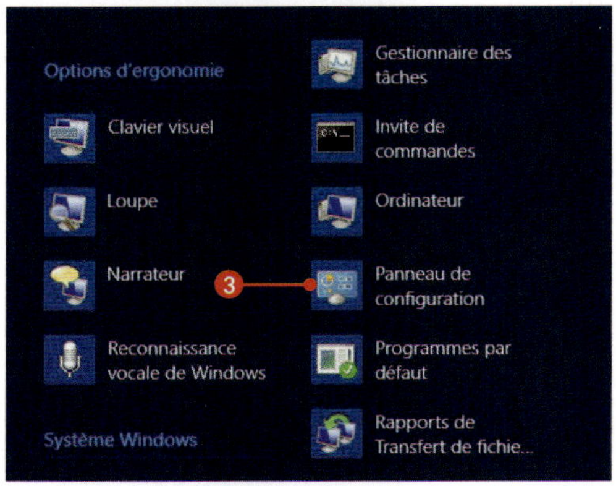

❹ Le **Panneau de configuration** s'ouvre.

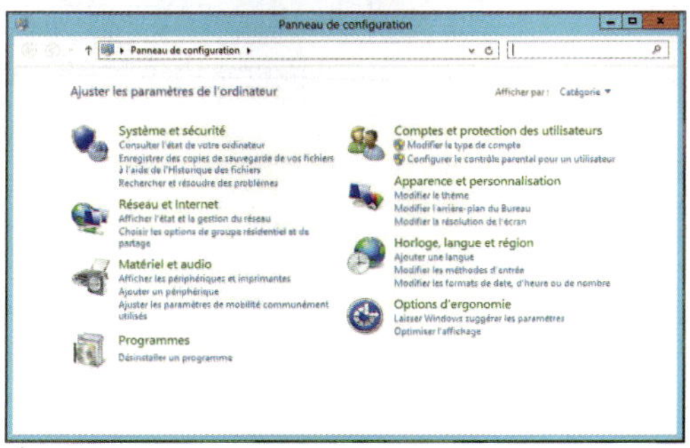

10 Enrichir votre stock d'applications

❶ Dans la page **Accueil**, touchez ou cliquez sur l'icône **Windows Store** représentant un sac à provisions.

❷ Le site du magasin Windows Store s'affiche à l'écran.

❸ Vous y trouvez des applications aussi bien gratuites que payantes. Faites défiler cette page horizontalement pour qu'apparaissent les autres applications. Elles sont classées par grands thèmes. Choisissez un thème puis appuyez sur l'application à télécharger.

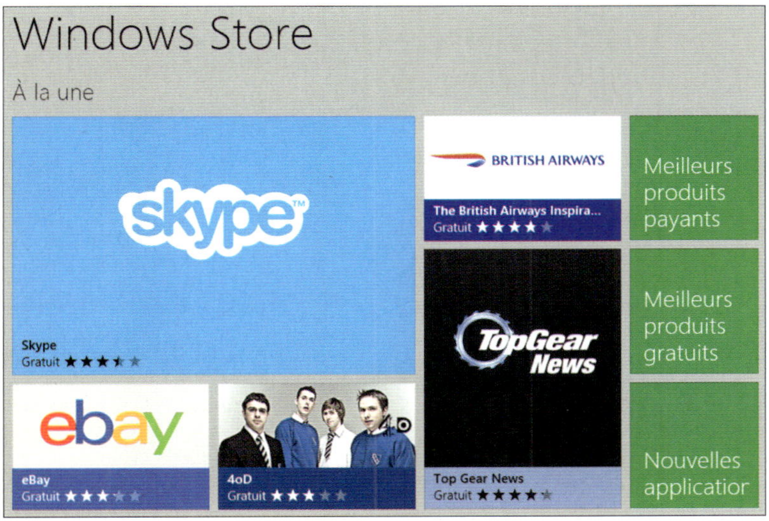

Chapitre 1

Initialiser la tablette

Dans ce chapitre

- Choisir la langue
- Personnaliser
- Déclarer un réseau Wi-Fi
- Se connecter
- Ajouter des informations de sécurité
- Afficher l'écran Accueil

Lorsque vous allumez votre tablette pour la toute première fois, vous devez exécuter une séquence de démarrage et d'initialisation. Il vous suffit de répondre aux questions que l'écran vous pose.

Vous n'aurez plus à renouveler cette série d'opérations par la suite.

Démarrer la séquence d'initialisation

1 Appuyez sur le bouton de marche/arrêt situé sur la face latérale supérieure de la tablette, à droite, jusqu'à ce que l'écran s'anime et affiche le mot **Surface**. La séquence d'initialisation va commencer.

2 Dans le premier écran, choisissez votre langue parmi celles qui vous sont proposées, si ce n'est pas le français qui se présente en premier.

3 Pour passer d'un écran au suivant, vous devrez appuyez sur **Suivant**, sur **Accepter**, sur **OK**, sur **Terminer**… selon ce qui se présente.

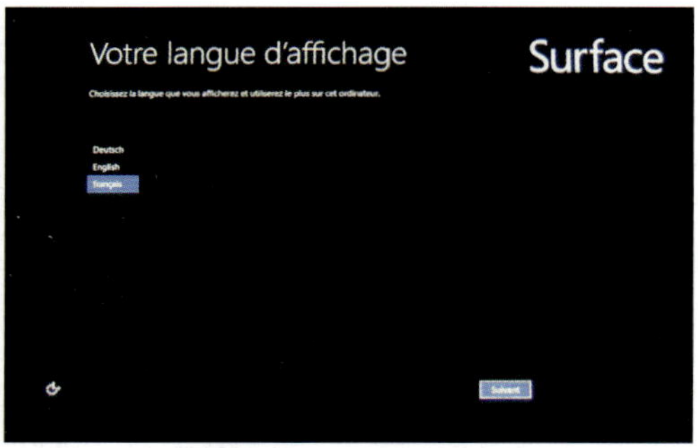

4 Prenez le temps de lire les termes du contrat de licence pour l'accepter en toute connaissance de cause, en cochant la case du bas. Beaucoup d'utilisateurs n'en prennent malheureusement pas connaissance…

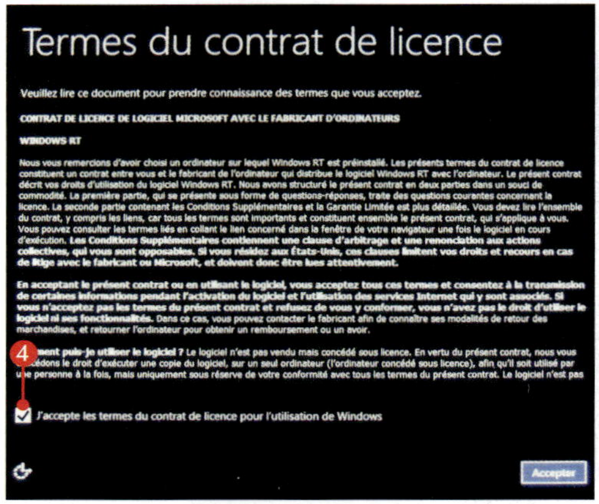

5 Personnalisez la couleur d'affichage (vous pourrez la modifier par la suite) et donnez un nom à votre tablette.

6 Choisissez votre réseau sans fil Wi-Fi parmi ceux qui vous sont proposés. Pour cela, touchez la ligne correspondant à votre box locale.

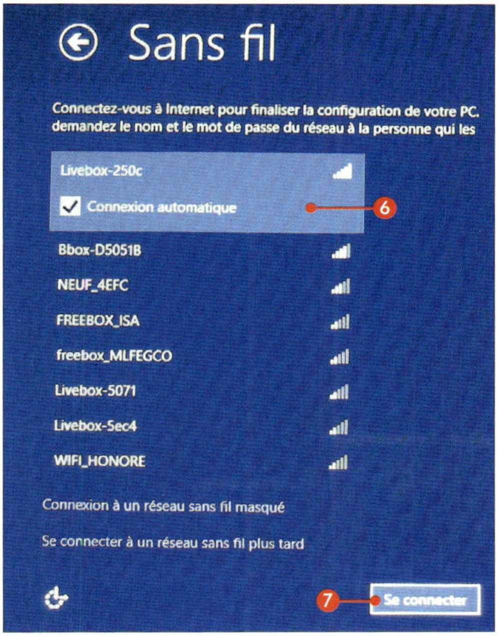

7 À la demande de l'écran, composez le mot de passe d'accès à votre box. Il est marqué sous la box ou sur ses papiers d'accompagnement. Puis appuyez sur le bouton **Se connecter**.

NOTE

Activez le mode de configuration de la box si elle l'exige. C'est, par exemple, le cas des Livebox Orange.

Définir les paramètres

Windows vous demande ensuite de définir vos paramètres. Préférez une configuration rapide si vous êtes débutant.

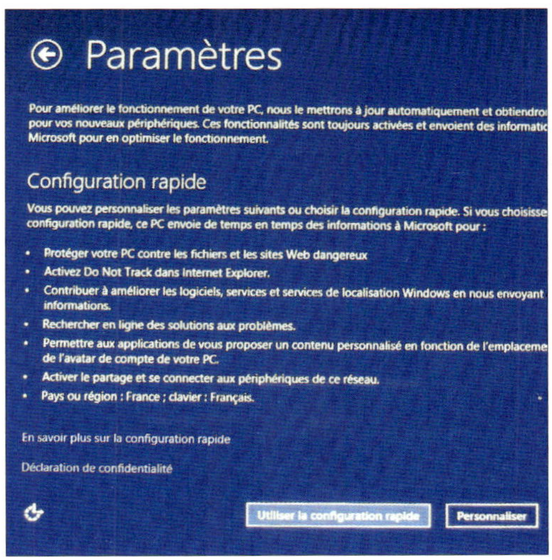

1 Dans l'écran suivant, déclarez votre adresse de messagerie. Vous devez disposer d'un compte Microsoft. Un tel compte n'est autre que l'association d'une adresse de messagerie de votre choix et d'un mot de passe. Si vous possédez déjà une adresse Hotmail ou Live, déclarez-la si vous tenez à la conserver.

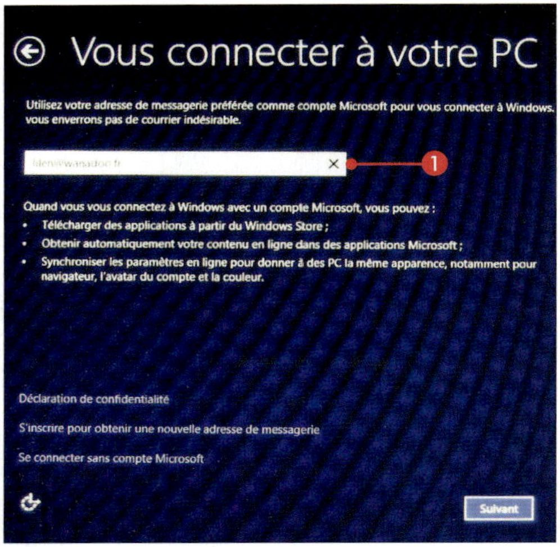

2 Fournissez ensuite votre mot de passe.

3 Ajoutez quelques informations de sécurité dans la page suivante.

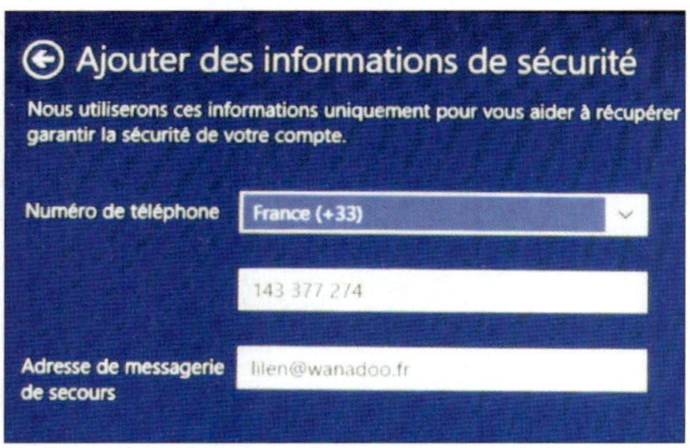

4 L'initialisation crée maintenant votre compte et finalise vos paramètres.

5 Pendant que Windows configure la tablette, prenez connaissance des quelques écrans d'initiation qui vous sont offerts.

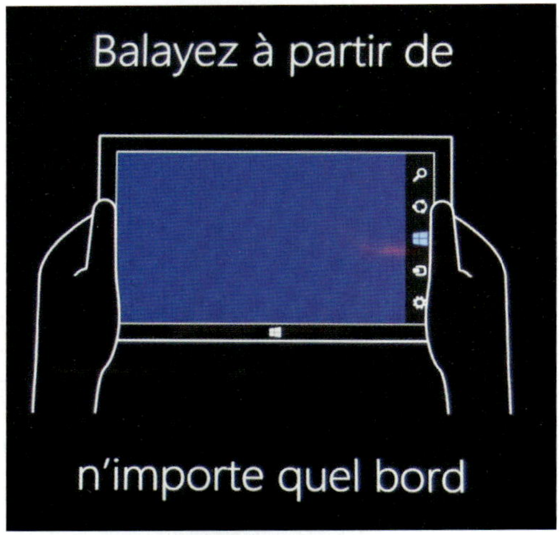

6 Windows prépare la tablette.

7 L'initialisation installe les applications.

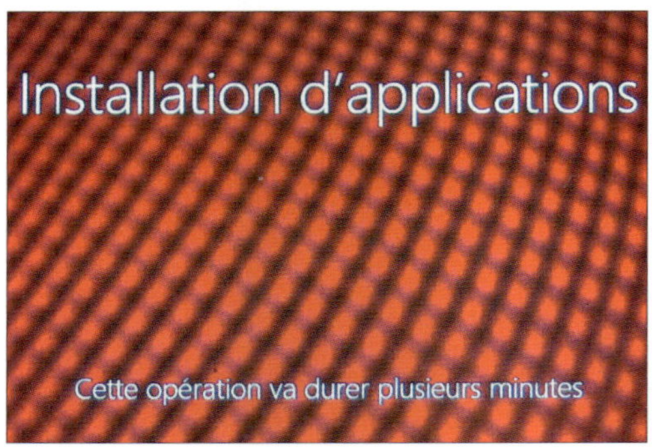

8 À l'issue de cette séquence, la page **Accueil** de Windows RT s'affiche.

> NOTE
>
> Il est possible que la version de Windows RT préinstallée sur votre tablette ne soit pas à jour. Passez par les écrans des paramètres et l'option **Windows Update** pour mettre votre installation à jour. Vous pouvez consulter le chapitre 22 consacré à la sécurité, à la section « Mettre Windows automatiquement ou manuellement à jour ».

Chapitre 2

La page Accueil

Dans ce chapitre

- Remettre la tablette en service
- Relever le volet de verrouillage
- Vérifier le réseau Wi-Fi
- Vérifier la charge de la batterie
- Faire parler la tablette
- Afficher le Bureau
- Ouvrir la barre latérale d'outils
- Ouvrir la barre horizontale d'options
- Créer et réorganiser les vignettes
- Mettre Surface en veille
- Veille, arrêt et redémarrage
- Changer d'utilisateur
- Faire pivoter l'écran

Windows RT fonctionne avec une nouvelle interface désignée par **Modern UI**, ou **MUI** en abrégé. Cet acronyme provient de l'expression **Modern User Interface**, interface utilisateur moderne. Sa première appellation, abandonnée depuis, était **Metro**.

Son premier écran est un écran de sécurité, l'écran de verrouillage. Une fois relevé, il cède la place à l'écran de travail titré **Accueil**. Ce dernier affiche des vignettes représentant des applications, vignettes parfois aussi appelées tuiles. Il s'agit d'applications dynamiques.

Remettre en service une tablette initialisée

❶ Appuyez sur le bouton de mise en marche de la tablette pour la sortir de veille ou la remettre en service si vous l'aviez totalement arrêtée. Dans ce dernier cas, faites un appui long.

❷ Un **volet de verrouillage** s'affiche. L'image présentée ici peut-être différente de celle que vous afficherez vraiment.

Sortir de veille

❶ Pour sortir de veille, vous disposez de plusieurs méthodes. La première, indiquée plus haut, consiste à appuyer sur le bouton physique de marche/arrêt. Mais en voici d'autres.

❷ Appuyez sur l'icône Windows située en dessous de l'écran. Elle représente le drapeau Windows.

❸ Appuyez sur l'une des touches du clavier physique, par exemple sur la barre d'espace.

❹ Faites bouger la souris, sur le clavier ou, si vous avez branché une souris, déplacez-la.

Volet de verrouillage et mot de passe

❶ Le volet de verrouillage est la première manifestation de Windows RT. Il faut le relever :

- Touchez le bas de l'écran avec le doigt ou avec la main et faites-le glisser vers le haut.
- Avec la souris, pointez le bas de l'écran et, tout en maintenant le bouton de la souris enfoncé, faites-le glisser vers le haut.
- Plus simplement, appuyez sur la barre d'espace de votre clavier si vous en avez connecté un.

❷ L'écran qui apparaît ensuite demande votre mot de passe. Il affiche un clavier virtuel. Vous pouvez l'utiliser pour composer ce mot de passe, mais il s'escamote si vous commencez à taper des caractères sur un clavier physique. Composez ce mot de passe, celui que vous avez déclaré en initialisant Surface et en déclarant votre compte. Puis appuyez ou cliquez sur la petite flèche de droite.

3 L'écran d'accueil de Windows RT s'affiche. Titré **Accueil**, il est plus ou moins rempli de pavés appelés **vignettes**, ou encore parfois **tuiles** puisqu'en anglais, on les désigne par ***tiles***.

4 Vous pouvez considérer cette page d'accueil comme un menu de démarrage géant. C'est la nouveauté la plus visible et la plus marquante de Windows RT comme de Windows 8.

5 On trouve dans cet écran deux types d'icônes :

- Les vraies vignettes des applications réellement d'origine Windows, hautes en couleur.
- Les icônes des applications classiques qui existaient déjà dans Windows XP, Vista et 7. Elles sont placées plus loin à droite des vignettes Windows. Vous devez faire glisser l'écran pour les apercevoir.

Ce mode de présentation avait tout d'abord été baptisé **Metro**. Mais Microsoft a abandonné cette désignation pour celle de **Modern UI** ou **Interface Moderne**, ou encore interface **Windows 8**. Aussi l'appellera-t-on effectivement mode **Modern UI**, ou **MUI** en abrégé dans ce livre, ou encore page **Accueil**, puisque c'est le titre de la première page qui s'affiche dans ce mode.

Vérifier l'état du réseau Wi-Fi et la charge de la batterie

Le volet de verrouillage est donc l'une des nouveautés introduites par Windows. Il ne s'agit pas d'un volet passif, mais bel et bien d'un écran actif, connecté à Internet. Il contient :

1 Une image d'arrière-plan, modifiable.

2 Un calendrier et une horloge.

3 Des icônes sur l'état :

- Du réseau, ici à gauche : plus le nombre de barres est élevé et meilleure est la qualité du signal Wi-Fi.
- De la batterie (si vous travaillez sur batterie) : une icône pleine indique une batterie parfaitement chargée. La petite prise stylisée de courant sur sa gauche indique que le chargeur est branché.

❹ Selon vos choix ultérieurs, ce volet vous rappellera vos rendez-vous, indiquera le nombre de courriels non lus, *etc*.

❺ Ce volet relevé, vous accédez à l'écran d'identification.

> NOTE — Les utilisateurs des versions précédentes constateront avec plaisir que Windows RT démarre bien plus rapidement que Windows 7, quasi instantanément au sortir de veille. Il se révèle aussi très fluide.

Faire parler l'ordinateur pour les malvoyants

La page servant à déclarer le mot de passe affiche, dans ses angles gauche et droit, deux icônes :

❶ Affiche les options d'ergonomie et déclenche, du même coup, l'assistant vocal, le **Narrateur**, qui lit à haute voix ce qui est écrit dans la fenêtre qui apparaît, puis ce que vous afficherez par la suite.

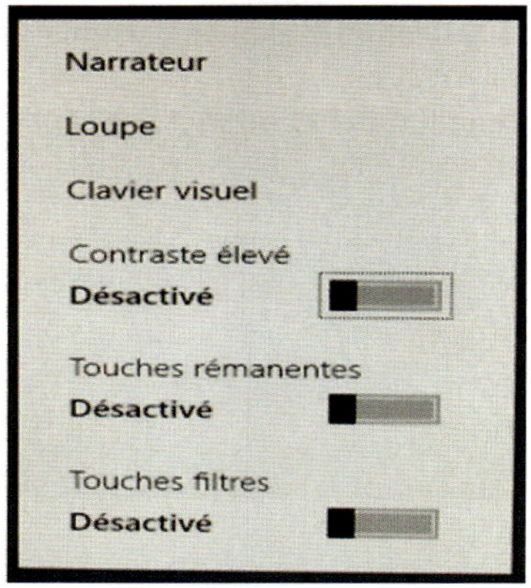

❷ Sert à arrêter l'ordinateur en affichant deux ou trois options : **Veille**, **Arrêter** et **Redémarrer**.

Afficher le Bureau

❶ La page **Accueil** de Windows est affichée, donc le mode MUI est actif.

❷ Repérez la vignette marquée **Bureau**. Son image de fond peut aisément être modifiée et n'est pas toujours ce champ de tulipes rouges.

❸ Appuyez ou cliquez dessus avec la souris.

❹ L'ancien mode de présentation, le mode **Bureau**, apparaît à l'écran avec sa barre des tâches, ses icônes, mais sans l'ancien bouton **Démarrer**.

❺ Comme avec les versions précédentes, vous pouvez en modifier le contenu et ajouter vos propres icônes selon vos besoins.

NOTE

Windows 8 et Bureau – Cette note s'adresse essentiellement aux utilisateurs avertis.

Les modes MUI et Bureau ne sont pas simplement des accès, des interfaces différentes, mais constituent bel et bien des environnements de travail distincts. En fait, le mode Bureau est une application de Windows 8 tandis que le mode MUI reste le maître du système.

Avec Bureau, mais aussi en partant du mode MUI, vous pouvez ouvrir certaines anciennes applications classiques en fenêtres, comme dans les versions précédentes de Windows. En revanche, Le mode MUI ouvre ses applications spécifiques en respectant un nouveau format. Elles sont dites « immersives » et s'affichent en plein écran, sans cadre de fenêtre et sans les boutons traditionnels ramener en icône, réduire/agrandir ou fermer.

Sur le Bureau, on peut afficher les mêmes fenêtres traditionnelles que celles de Windows 7, par exemple celle du Panneau de configuration.

Basculer rapidement d'un mode à l'autre

❶ Pour basculer rapidement du mode MUI au mode Bureau ou l'inverse : appuyez sur la touche **Windows** située sous l'écran. Si aucune application n'est encore ouverte, vous passez de MUI au Bureau. Si une application est ouverte, vous passez de MUI à cette application, ou à la dernière utilisée si plusieurs sont ouvertes.

❷ Si vous disposez d'un clavier, appuyez sur sa touche **Windows**. Si vous aviez ouvert des applications, vous seriez ramené de nouveau depuis MUI à la dernière application Bureau ouverte.

❸ Depuis le mode **MUI**, la vignette **Bureau**, invisible au départ, s'affiche dans l'angle inférieur gauche de l'écran lorsque vous pointez cet angle. Cliquez dessus pour passer au mode **Bureau**.

❹ Depuis le mode **Bureau**, la vignette **Accueil**, invisible au départ, s'affiche dans l'angle inférieur gauche de l'écran lorsque vous pointez cet angle. Cliquez dessus pour revenir à la page **Accueil**.

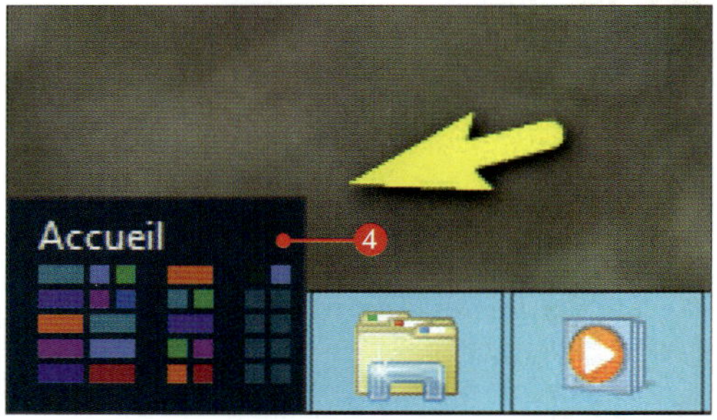

Afficher la barre latérale d'outils

❶ Placez le pointeur de la souris sur l'angle inférieur ou supérieur droit de l'écran jusqu'à ce qu'une colonne verticale de menus s'affiche sur la droite, quasiment en transparence. Ramenez le pointeur de la souris dans cette colonne qui s'affiche alors sur fond noir. Elle est accompagnée par le pavé horloge et calendrier sur la gauche. Ou encore, balayez du doigt ou de la main l'écran, du bord extérieur droit vers la gauche pour afficher cette même barre.

❷ Touchez ou cliquez sur une zone libre pour faire disparaître ces deux éléments et ne conserver que l'écran principal.

❸ Vous pouvez directement afficher la barre d'outils en appuyant sur les touches **Windows** + **C**. Maintenez la touche **Windows** enfoncée et appuyez sur la touche **C**. Un moyen mnémotechnique : C comme Commandes.

NOTE

Cette barre d'outils n'est pas matérialisée sur l'écran et apparaît de façon quasi magique, raison pour laquelle Microsoft l'a appelée **barre magique**, ou ***charm bar***, en anglais. C'est ce qui a amené certains textes à utiliser l'expression *barre de charme*.

Les 5 outils de la barre latérale

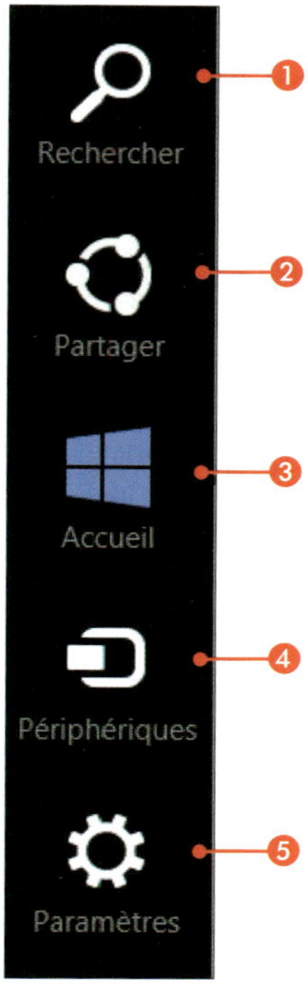

❶ **Rechercher** : pour lancer une recherche dans la tablette, que l'on parte de l'écran d'accueil ou de l'application active. La recherche peut porter sur Internet, sur un service, *etc.*

❷ **Partager** : pour partager des photos, des musiques, des vidéos, des fichiers de tous types avec d'autres applications ou avec d'autres personnes.

❸ **Accueil** : sert à accéder à tout moment à la page Accueil. Lorsque vous vous trouvez déjà sur l'écran d'accueil, cette icône affiche le Bureau ou la dernière application que vous avez utilisée.

❹ **Périphériques** : pour utiliser les périphériques que vous avez connectés par fil ou sans fil.

❺ **Paramètres** : donne accès aux paramètres de la tablette et des applications *via* les diverses pages de paramètres disponibles.

Ouvrir la barre horizontale d'options

Pour afficher les commandes relatives à une application ouverte à l'écran, et cela sous la forme d'une barre horizontale située en bas de l'écran :

- Sur l'écran tactile, effectuez un balayage vers le haut depuis le bord inférieur.
- Avec la souris, faites un clic droit sur l'application.
- Sur l'écran d'accueil, sélectionnez simplement l'application.
- Appuyez sur le raccourci **Windows + Z**.

Redimensionner une vignette

❶ Deux types de vignettes sont à votre disposition : carré ou rectangulaire, pour la même hauteur.

❷ Faites un clic droit sur la vignette à modifier pour ouvrir la barre horizontale du bas affichant ses commandes.

❸ Appuyez ou cliquez sur **Agrandir** ou sur **Réduire** dans la barre horizontale qui s'affiche en bas de l'écran.

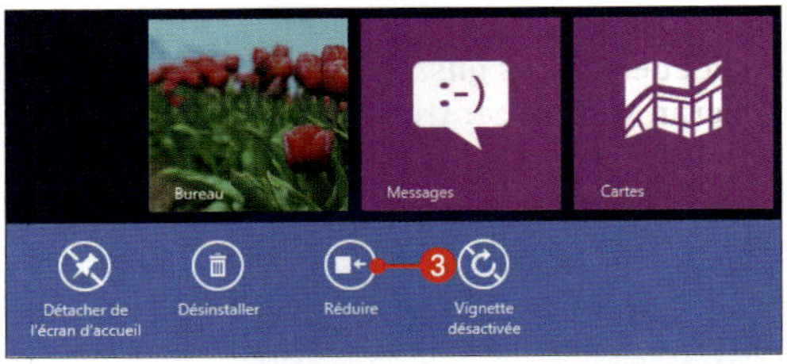

Notez que certaines vignettes ne peuvent pas être redimensionnées.

Déplacer une vignette

❶ Appuyez ou cliquez sur une vignette, sans relâcher.

❷ Faites-la glisser pour la placer où vous voulez. Les autres s'écartent à la demande.

Supprimer une vignette de l'écran d'accueil

❶ Faites un clic droit sur la vignette à supprimer de l'écran d'accueil pour ouvrir la barre horizontale du bas affichant ses commandes.

❷ Appuyez ou cliquez sur **Détacher de l'écran d'accueil**.

Désactiver une vignette

❶ Une vignette désactivée reste affichée, mais n'est plus dynamique et apparaît dans son aspect par défaut.

❷ Faites un clic droit sur la vignette à désactiver pour ouvrir la barre horizontale du bas affichant ses commandes.

❸ Appuyez ou cliquez sur **Vignette désactivée**.

Pour réactiver la vignette, cliquez sur la commande **Vignette activée** qui a remplacé la précédente.

Créer une nouvelle vignette

❶ Pour ajouter une vignette à l'écran d'accueil, faites glisser le doigt du bas de l'écran vers le centre pour afficher la barre de commandes, puis appuyez sur **Toutes les applications**.

❷ Faites un clic droit sur l'application à ajouter.

❸ Dans la barre de commandes, appuyez sur **Épingler à l'écran d'accueil**. La vignette apparaît aussitôt dans cet écran.

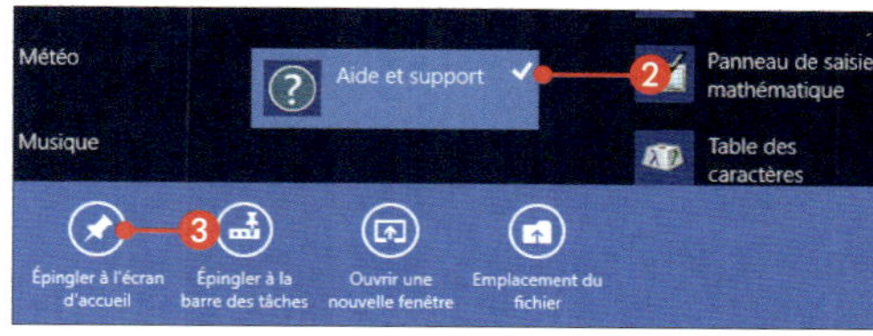

Créer des vignettes de contacts, de favoris ou de sites Web

- Pour épingler un site Web ou un contact à partir d'une application, ouvrez la barre horizontale des commandes de l'application en cours et appuyez ou cliquez sur **Épingler à l'écran d'accueil** ou sur l'icône remplissant la même fonction.

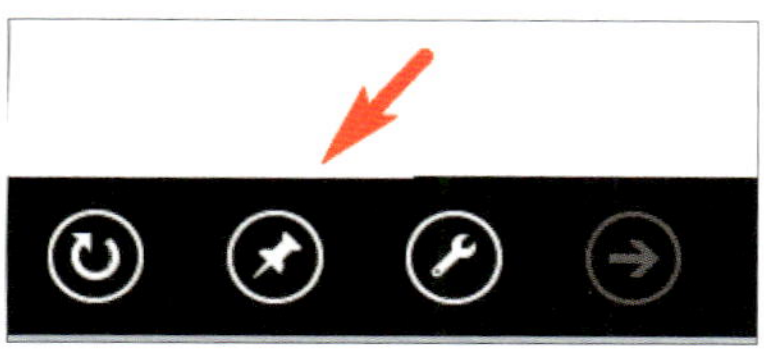

- Pour épingler un dossier, ouvrez-le dans l'Explorateur de fichiers, appuyez longuement sur le dossier ou faites un clic droit dessus, puis appuyez ou cliquez sur **Épingler à l'écran d'accueil**.

Créer et nommer un groupe de vignettes

Si vous ajoutez beaucoup de vignettes à l'écran d'accueil, regroupez-les et nommez le groupe pour vous y retrouver facilement.

❶ Depuis la page **Accueil**, faites glisser la première des vignettes à regrouper vers la droite jusqu'à ce qu'une barre verticale apparaisse. Faites-la glisser sur sa droite.

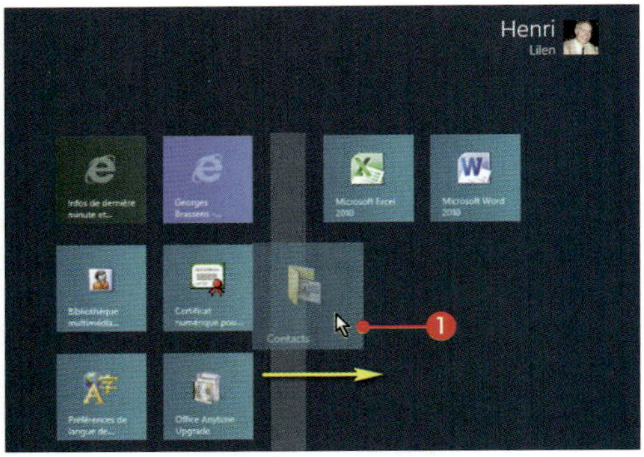

2 Procédez de même avec les vignettes suivantes. Les vignettes choisies se regroupent.

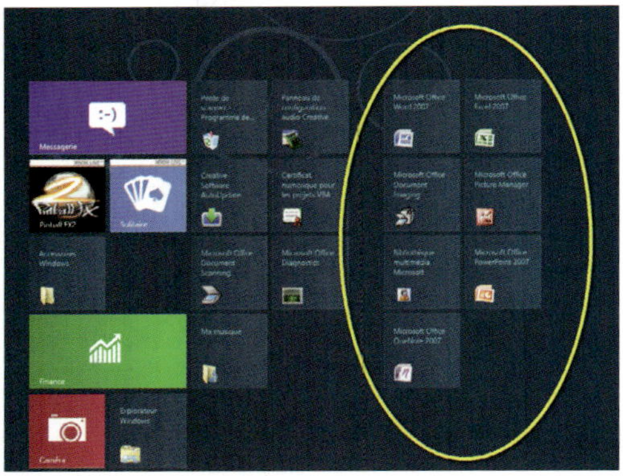

3 Les vignettes étant regroupées, cliquez sur le signe moins (–) qui apparaît sur la droite de la barre horizontale en bas de l'écran. Ou bien touchez l'écran tactile avec deux doigts ou plus, puis rapprochez-les pour effectuer un zoom arrière.

4 Les vignettes se réduisent encore.

5 Faites un clic droit sur ce groupe. La barre horizontale d'options s'affiche avec une icône **Nommer le groupe**.

6 Cliquez sur cette icône et composez le nom.

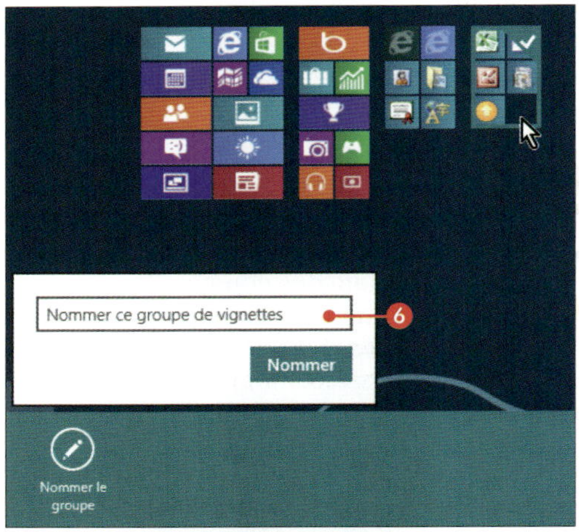

Déplacer un groupe

Un groupe se déplace en bloc.

1 Affichez l'écran ci-dessus et, avec le doigt ou avec la souris, déplacez le groupe de vignettes à l'emplacement de votre choix.

Mettre Surface en veille

Il n'est pas nécessaire d'éteindre la tablette, il suffit de la mettre en veille. Plusieurs méthodes s'y prêtent.

- Rabattez le clavier contre l'écran pour que Surface se mette en veille.
- Ou encore, abandonnez la tablette à elle-même, elle s'éteindra et entrera en veille après un court délai.
- Faites un appui bref sur le bouton physique de marche/arrêt, sur la tranche supérieure de la tablette.

Veille, arrêt et redémarrage avec la barre d'outils

1. Affichez la barre latérale d'outils.

2. Touchez ou cliquez sur le bouton **Paramètres** en forme de roue dentée.

Un volet droit s'affiche.

3. En bas de ce volet, touchez ou cliquez sur l'icône **Marche/Arrêt**. Un menu s'ouvre avec plusieurs options dépendant de votre matériel :

- **Veille** : la tablette se met en veille, éteint l'écran et ne conserve plus que quelques circuits actifs, ce qui réduit fortement sa consommation. On peut ensuite la réveiller en touchant l'écran, en bougeant la souris ou en tapant sur le clavier. Après l'affichage du volet de verrouillage et la déclaration du mot de passe, on reprend immédiatement ce que l'on était en train de faire. La tablette ne s'éteint pas.
- **Arrêter** : pour fermer Windows et arrêter automatiquement la tablette dans la foulée.
- **Redémarrer** : pour terminer la session en cours et redémarrer aussitôt la tablette.

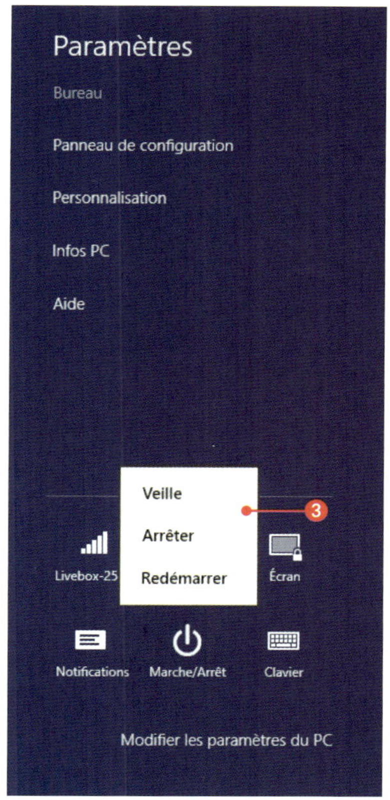

4. Appuyez ou cliquez sur l'option de votre choix. Si vous avez choisi **Arrêter**, Windows exécute quelques opérations de maintenance puis arrête la tablette.

Changer d'utilisateur

Cette opération n'est utile que si vous avez déclaré plusieurs utilisateurs, voyez comment dans le chapitre 4.

❶ Affichez l'écran **Accueil** et appuyez ou cliquez sur l'image de votre compte dans l'angle supérieur droit.

❷ Cliquez sur **Se déconnecter**. Vous êtes déconnecté et le volet de verrouillage s'affiche de nouveau. Vous pouvez sélectionner un autre utilisateur.

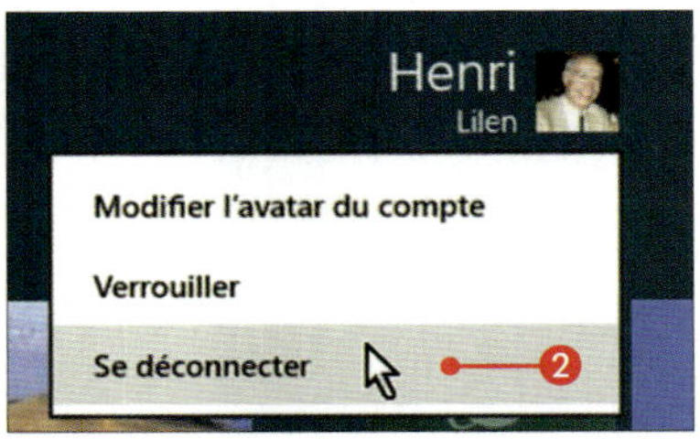

❸ Si vous utilisez un clavier, appuyez sur **Ctrl + Alt + Suppr**. Dans le menu qui s'ouvre, appuyez sur **Changer d'utilisateur**.

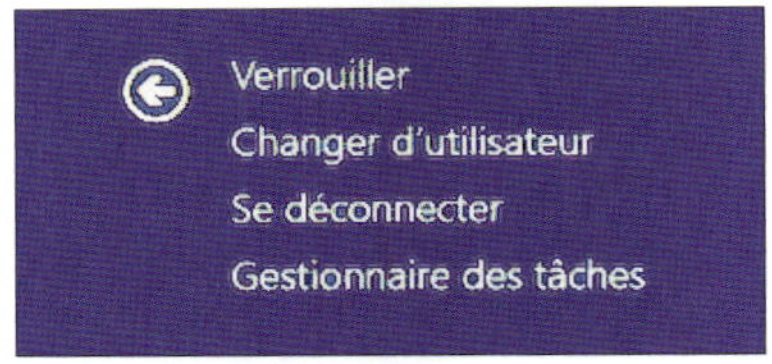

❹ Dans l'écran ci-dessus, vous pouvez aussi cliquer sur le bouton **Arrêter** qui apparaît dans l'angle inférieur droit si vous souhaitez arrêter la tablette. Un menu apparaît ; son contenu peut varier selon les circonstances.

Activer l'arrêt ou la veille par appui sur le bouton Marche/Arrêt

Vous pouvez définir le fonctionnement du bouton physique de marche/arrêt de la tablette, puis l'utiliser pour déclencher la veille ou l'arrêt complet.

❶ Pour imposer un sens d'affichage permanent à la tablette, ouvrez la page **Accueil** et affichez la barre horizontale d'options en balayant l'écran du bas vers le centre.

❷ Appuyez sur **Toutes les applications**.

❸ Dans les applications et sur la droite, sous la rubrique **Système Windows**, appuyez sur **Panneau de configuration**.

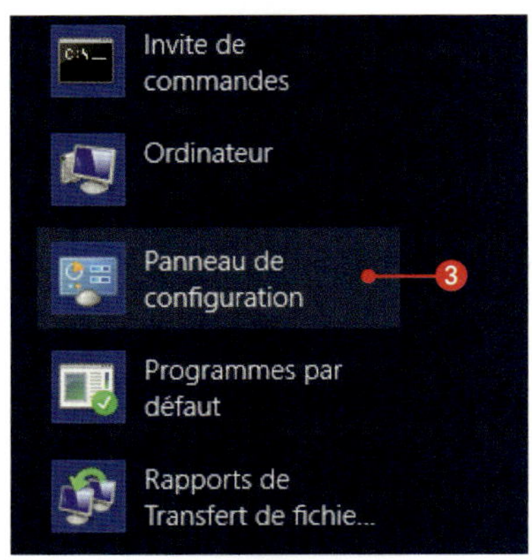

❹ Ouvrez la liste de la rubrique **Affichage par** et choisissez le mode par catégorie.

❺ Cliquez ou appuyez sur **Système et sécurité**.

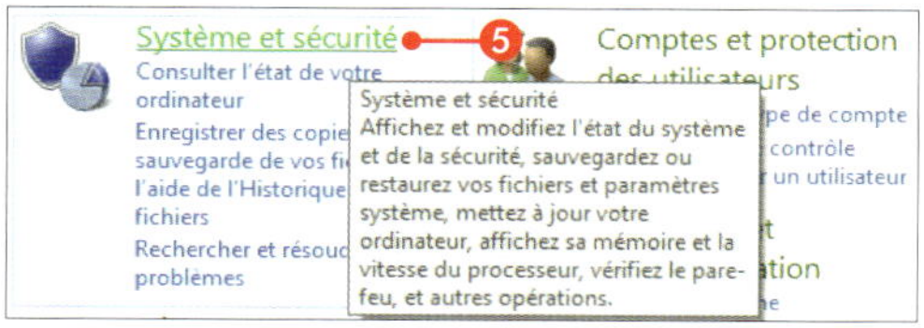

❻ Dans la fenêtre **Système et sécurité** qui apparaît, sous **Options d'alimentation**, cliquez sur **Modifier le comportement des boutons d'alimentation**.

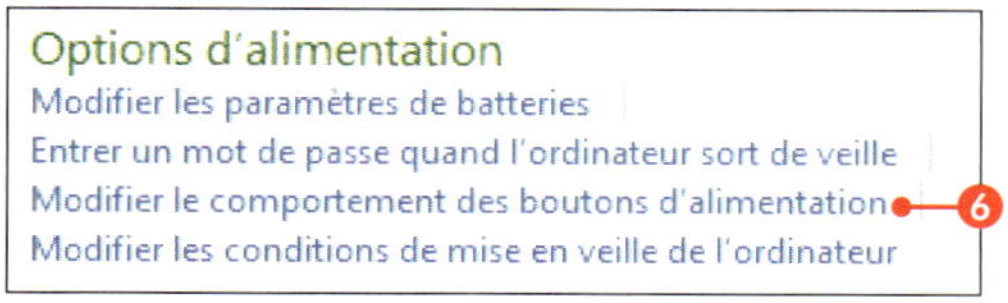

❼ La dernière fenêtre, **Paramètres système**, s'affiche. Ouvrez l'une des listes déroulantes et sélectionnez la fonction qui vous convient.

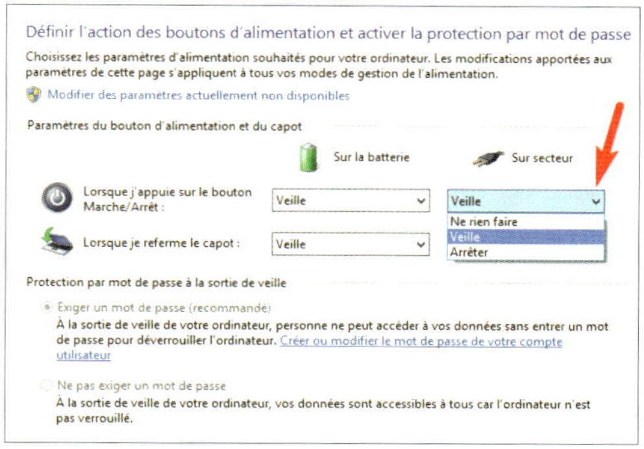

❽ Cliquez sur le bouton **Enregistrer les modifications**.

> NOTE
>
> Dès lors, appuyez brièvement sur le bouton physique de marche/arrêt de la tablette pour déclencher l'action choisie. Si vous avez retenu l'arrêt, l'écran annonce un instant **Arrêt en cours**, puis tout s'arrête.

Tenir la tablette verticalement

❶ Basculez la tablette de l'horizontale à la verticale.

L'affichage suit cette nouvelle orientation.

> NOTE
>
> Vous utiliserez la position verticale principalement pour examiner certaines photos prises en hauteur, pour lire des livres, *etc.* Dans ce cas, toutefois, mieux vaut se débarrasser du clavier.

Faire pivoter l'écran

❶ Faites un clic droit sur l'angle inférieur gauche de l'écran pour ouvrir un menu spécial dit **menu d'accès rapide**.

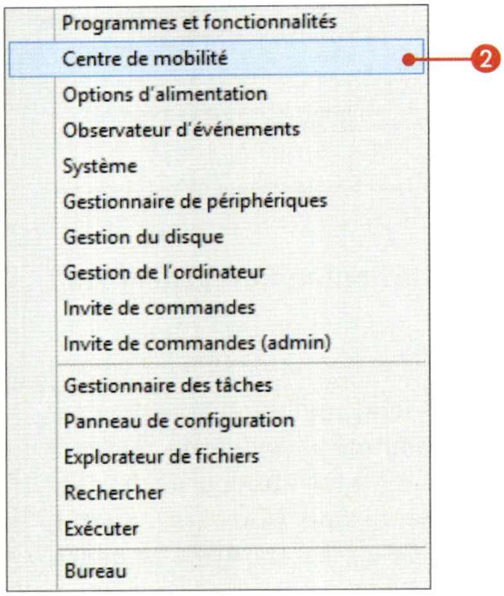

❷ Appuyez sur **Centre de mobilité**. La fenêtre éponyme s'ouvre.

❸ Appuyez sur l'option **Faire pivoter l'écran**. Chaque appui successif fait basculer l'affichage d'un quart de tour.

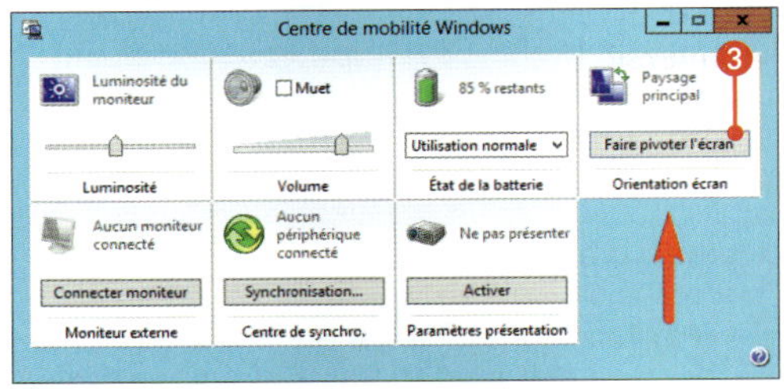

Fixer l'orientation de l'écran

❶ Affichez le **Centre de mobilité Windows** comme ci-dessus.

❷ Appuyez ou cliquez sur l'icône en forme de double écran du pavé **Orientation écran**. La fenêtre **Résolution d'écran** s'affiche.

❸ Ouvrez la liste **Orientation**.

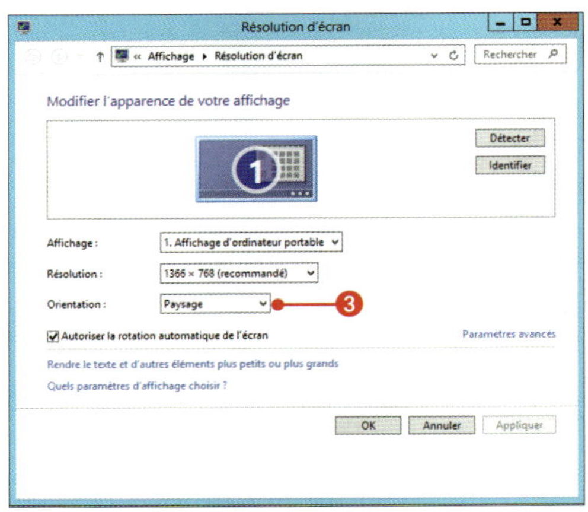

❹ Sélectionnez l'une des options :

- **Paysage** : mode normal en largeur.
- **Portrait** : mode vertical.
- **Paysage (renversé)** : mode en largeur mais renversé, à l'envers, le bas devenant le haut.
- **Portrait (renversé)** : mode vertical mais renversé, à l'envers, le bas devenant le haut.

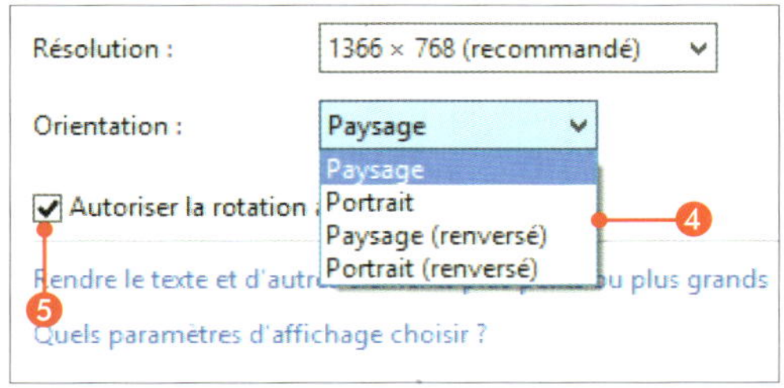

❺ Laissez cochée la case **Autoriser la rotation automatique de l'écran** ou décochez-la pour interdire cette rotation.

Activer ou désactiver le dynamisme des vignettes

❶ Avec la souris, faites un clic droit sur une vignette active, dont le contenu change en permanence, par exemple la vignette **Voyage**. La vignette est cochée.

La barre horizontale d'options du bas de l'écran apparaît.

❷ Pour supprimer le dynamise de la vignette, appuyez sur l'icône **Vignette désactivée** dans cette barre.

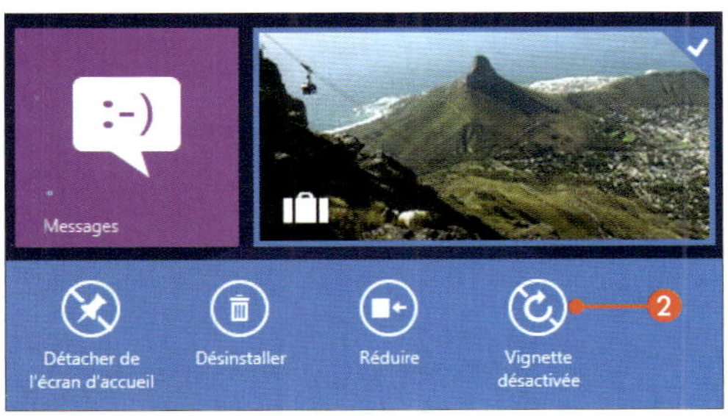

La vignette reprend son aspect stable par défaut.

❸ Pour réactiver le dynamisme, renouvelez la même opération mais en appuyant, cette fois, sur l'icône **Vignette activée** qui a remplacé la précédente dans la barre d'options.

Vous désactiverez les vignettes dynamiques si les modifications trop fréquentes de l'écran d'accueil vous troublent ou vous gênent.

Chapitre 3

Clavier et souris

Dans ce chapitre

- Souris et pavé tactile
- Actions souris et clavier
- Ouvrir le clavier tactile virtuel
- Apparences du clavier virtuel
- Claviers physiques Touch Cover et Type Cover
- Raccourcis clavier spécifiques
- Zoomer
- Paramétrer le clavier tactile

Si vous n'avez pas acquis l'un des deux claviers physiques disponibles avec la tablette Surface, vous utiliserez le clavier virtuel qui s'affiche à l'écran. Tous trois offrent des caractéristiques spécifiques.

À ces claviers s'ajoute l'usage du pavé tactile présent sur les claviers physiques, et aussi celui d'une souris standard que vous pouvez brancher sur le port USB de la tablette.

Très généralement, les modes d'emploi d'une souris et d'un clavier avec Windows RT sont inchangés pour une bonne part par rapport à ce qu'ils étaient avec les versions antérieures de Windows. Mais ces périphériques doivent répondre à de nouvelles fonctions et opérations.

Souris utilisables

Pour la souris, vous avez le choix entre :

- Le pavé tactile qui apparaît en bas du clavier physique.

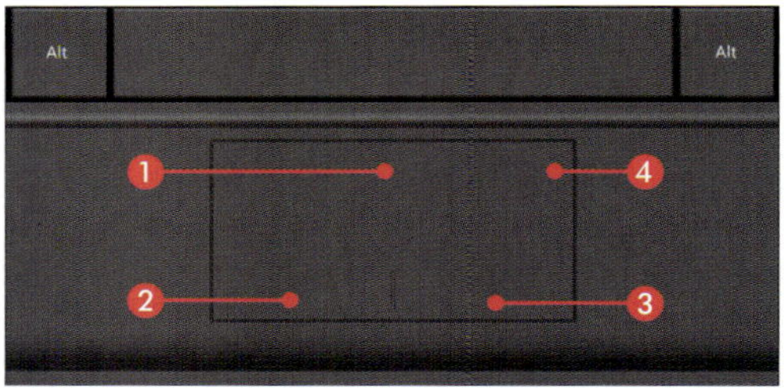

1. Pavé tactile
2. Bouton gauche
3. Bouton droit
4. Roulette

- Une véritable souris externe connectée au port USB sur la tranche droite de Surface. Vous apprécierez probablement son usage si vous travaillez intensivement.

NOTE

La souris physique est automatiquement et immédiatement reconnue et installée par Surface. Vous trouvez, dans le commerce, des souris miniatures peu encombrantes pour moins de dix euros.

Actions souris et clavier

Le tableau suivant dresse la liste des principales actions avec le clavier ou la souris.

Action	Avec la souris	Avec le clavier
Ouvrir les icônes de la barre latérale d'outils **(Rechercher, Partager, Démarrer, Périphériques et Paramètres)**	Pointez l'angle supérieur ou inférieur droit en déplaçant le pointeur jusqu'à ce qu'il disparaisse. Lorsque les icônes apparaissent, faites glisser le pointeur vers le haut ou vers le bas le long du bord pour cliquer sur l'icône de votre choix.	Toutes les icônes : ⊞ + **C** Rechercher : ⊞ + **Q** Partager : ⊞ + **H** Démarrer : ⊞ Périphériques : ⊞ + **K** Paramètres : ⊞ + **I**

Action	Avec la souris	Avec le clavier
Rechercher sur le PC (applications, paramètres et fichiers), le Web ou dans une application	Pointez l'angle supérieur ou inférieur droit pour afficher la barre d'icônes. Lorsque les icônes apparaissent, cliquez sur **Rechercher**, puis entrez l'objet à rechercher. Si vous voulez rechercher dans des paramètres, des fichiers ou une autre application, cliquez sur l'option correspondante.	Depuis l'écran d'accueil, tapez simplement l'objet de votre recherche. Pour afficher une liste de toutes les applications présentes sur votre PC, faites un clic droit sur l'écran d'accueil, puis cliquez sur **Toutes les applications**. Rechercher dans les applications ou rechercher une application : ⊞ + **Q** Rechercher dans les paramètres : ⊞ + **W** Rechercher dans les fichiers : ⊞ + **F**
Accéder à l'écran d'accueil	Pointez l'angle supérieur ou inférieur droit pour afficher les icônes, puis cliquez sur **Accueil**. Pointez l'angle inférieur gauche. Si la vignette de l'écran d'accueil apparaît, cliquez dessus.	Appuyez sur la touche **Windows** ⊞ du clavier ou sur la même icône sous l'écran.
Accéder aux commandes et aux menus contextuels	Faites un clic droit pour afficher les commandes et les menus contextuels.	Touche ⊞ + **Z**. Utilisez la touche **Tab** ou les touches de direction pour sélectionner des éléments, puis appuyez sur **Espace** ou sur **Entrée**.
Basculer entre des applications récemment utilisées	Pour basculer vers la dernière application utilisée, pointez l'angle supérieur gauche. Pour passer à une autre application, pointez l'angle supérieur gauche, puis descendez légèrement. Les autres applications apparaissent.	Touche ⊞ + **Tab**.

Action	Avec la souris	Avec le clavier
Ancrer une application pour utiliser deux applications côte à côte **Le Bureau est considéré comme une application unique.**	Déplacez le pointeur dans l'angle supérieur gauche jusqu'à ce que l'application apparaisse, puis faites glisser cette application vers le côté gauche ou droit de l'écran jusqu'à ce qu'une ouverture apparaisse derrière elle. Vous pouvez également pointer l'angle supérieur gauche, puis déplacer le pointeur vers le bas pour afficher les applications récemment utilisées. Cliquez et faites glisser l'application que vous voulez ancrer.	Touche ⊞ + **Point** pour l'application affichée. Conservez la taille de l'application ou redimensionnez-la pour remplir les deux tiers ou la totalité de l'écran.
Ouvrir le Bureau	Ouvrez la page **Accueil**, puis cliquez sur la vignette Bureau.	Touche ⊞ + **D**.
Zoom avant ou arrière	**Windows** + **molette** de défilement. La loupe s'affiche. Utilisez ses commandes.	⊞ + **signe plus (+)** pour agrandir. La loupe s'affiche. Utilisez ses commandes.
Fermer une application Bureau	Pointez le bord supérieur de l'écran, puis cliquez et faites glisser l'application vers le bas de l'écran. Cliquez sur l'angle supérieur gauche, puis faites glisser le pointeur vers le bas. Faites un clic droit sur l'application de votre choix, puis sélectionnez **Fermer**.	**Alt** + **F4**.
Arrêter	Affichez la barre latérale d'outils, cliquez sur **Paramètres** puis sur **Alimentation** et sélectionnez une option d'arrêt.	Appuyez sur **Ctrl** + **Alt** + **Suppr**. Utilisez la touche **Tab** pour passer à l'icône **Alimentation** en bas à droite. Appuyez sur **Entrée**. Une liste des options d'arrêt apparaît. Utilisez les touches de direction **Haut** et **Bas** pour accéder à l'option souhaitée et appuyez sur **Entrée**.

Principales équivalences clavier/souris

Action	Tactile ou clavier	Souris
Afficher la barre latérale d'outils	Faites glisser le pouce de la main droite tenant la tablette du bord extérieur droit vers l'intérieur.	Pointez l'angle inférieur ou supérieur droit.
Afficher la barre horizontale d'options	Balayez l'écran du bas vers le centre.	Faites un clic droit sur l'application.
Accéder aux commandes et aux menus contextuels	Touches ⊞ + **Z**.	Faites un clic droit sur un objet à l'écran.

Ouvrir le clavier tactile virtuel

Le clavier virtuel apparaît généralement automatiquement lorsque vous avez des éléments à saisir. Mais vous pouvez l'ouvrir autoritairement.

1. Affichez le **Bureau**.

2. Dans la zone de notification de la barre des tâches, en bas et à droite, appuyez sur l'icône **Clavier tactile**.

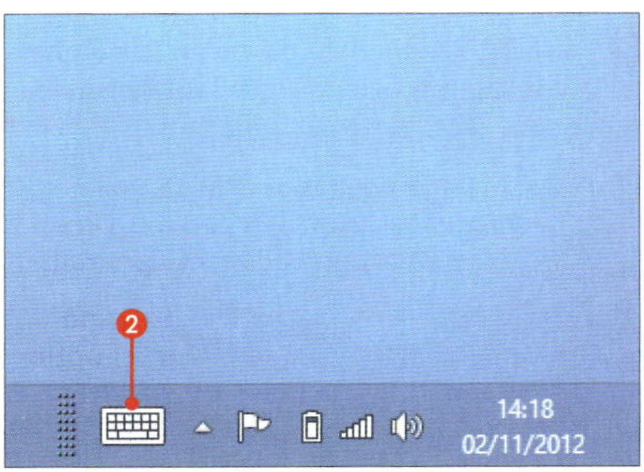

En variante et plus généralement :

1. Ouvrez la barre d'outils latérale et appuyez sur **Paramètres**.

2. En bas, appuyez sur l'icône **Clavier**.

3. Dans la petite fenêtre qui s'ouvre, appuyez sur **Clavier tactile et volet d'écriture manuscrite**.

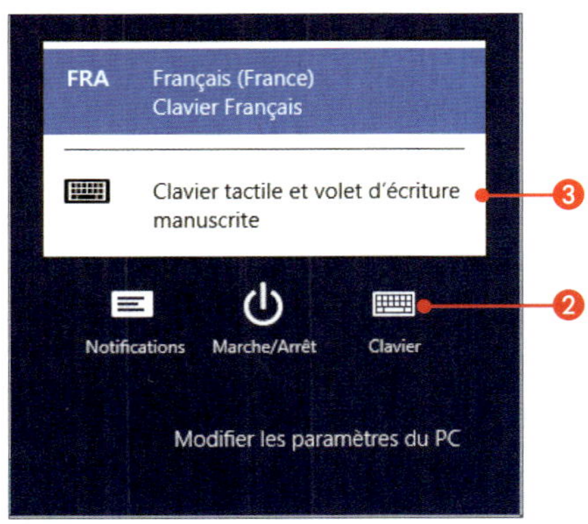

Facettes du clavier virtuel tactile

Le clavier virtuel s'utilise pour l'essentiel comme un clavier réel, physique, mais il se présente sous plusieurs aspects.

1 Le clavier virtuel tactile s'affiche d'abord en mode minuscules.

2 Appuyez sur l'une des flèches verticales de passage aux majuscules. Le clavier des majuscules apparaît.

3 Appuyez sur la touche marquée **&123** pour obtenir la version numérique avec symboles.

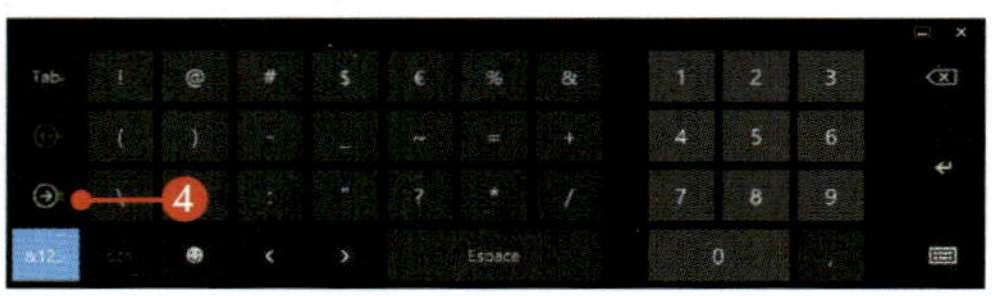

4 En mode numérique, appuyez sur la petite flèche orientée vers la droite et située au-dessus de la touche **&123** pour une seconde collection de symboles.

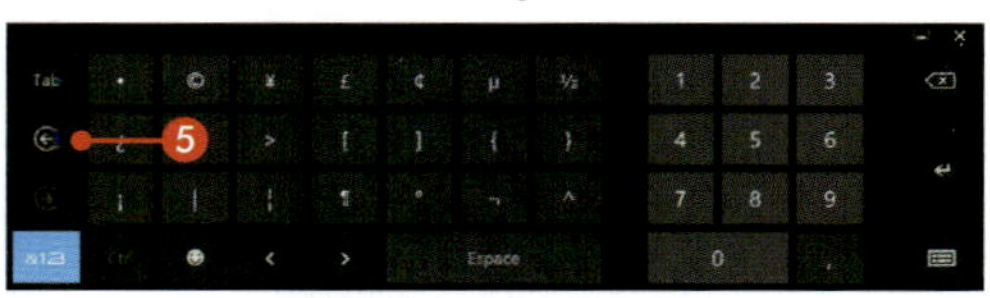

5 Revenez à la collection précédente en cliquant sur la petite flèche identique, mais orientée vers la gauche.

6 Appuyez sur la même touche **&123** pour revenir au clavier alphabétique.

7 Appuyez sur la touche du bas et à droite représentant un clavier pour afficher quatre options. L'option en bleu correspond au clavier actuel affiché.

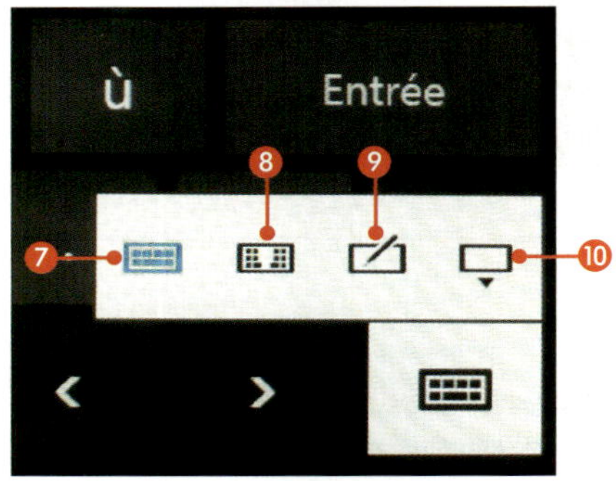

8 La deuxième option à partir de la gauche affiche le clavier virtuel dissocié. Expérimentez-le.

9 La troisième icône à partir de la gauche de la capture précédente affiche l'écran de saisie manuscrite. Voyez ci-dessous.

10 La quatrième icône ferme le clavier, tout comme le fait le **X** situé en haut et à droite du clavier.

Caractères accentués et émoticônes

❶ Pour obtenir les déclinaisons des divers caractères accentués, maintenez l'appui sur leur touche mère jusqu'à ce que les options s'affichent.

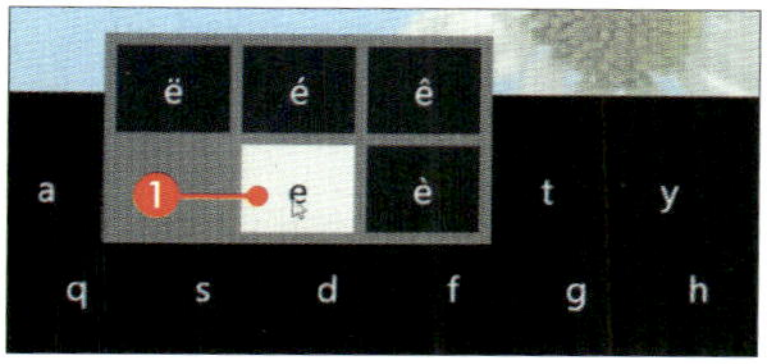

❷ Pour obtenir les émoticônes, appuyez sur la touche marquée par une émoticône souriante.

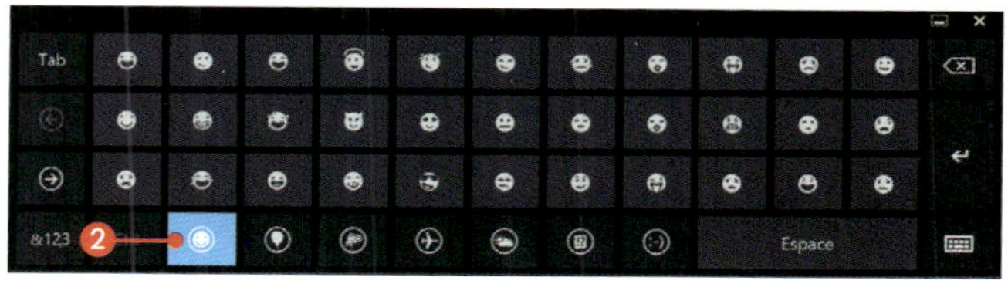

Utiliser l'écriture manuscrite

❶ Affichez le clavier tactile et appuyez sur l'icône clavier, en bas et à droite.

❷ Appuyez sur l'icône de saisie manuscrite représentant un crayon sur une feuille de papier.

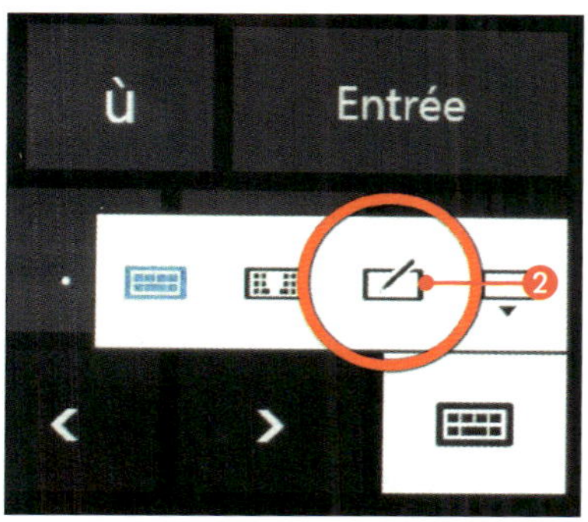

❸ Utilisez le doigt pour écrire.

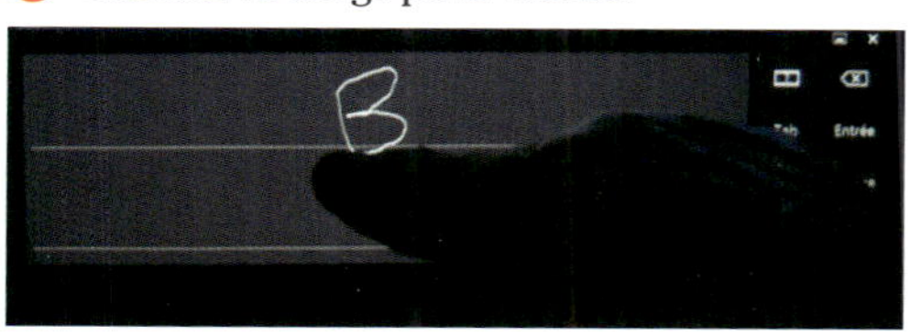

❹ Tracez bien les lettres. L'écriture manuscrite est immédiatement reconnue et traduite en saisie informatique.

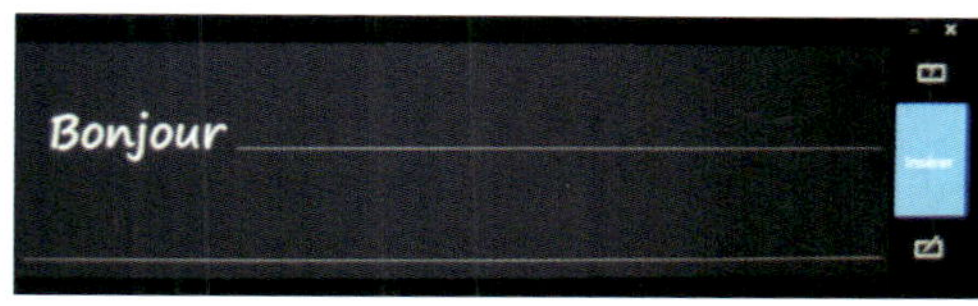

NOTE

Dans certaines zones de saisie, le clavier tactile suggère des mots sur lesquels vous pouvez appuyer pour sélectionner ou corriger des fautes d'orthographe. En outre, la disposition du clavier s'adapte automatiquement à la langue que vous avez choisie.

Opérations spécifiques avec le clavier virtuel

- Utilisez les raccourcis clavier caractéristiques du mode RT en appuyant sur la touche **Windows**, puis sur une autre touche.
- Activez ou désactivez la touche **Verr maj** en appuyant deux fois sur la flèche vers le haut.
- Insérez automatiquement un point en appuyant deux fois sur la barre d'espace.
- Basculez entre le clavier tactile et le clavier dissocié en appuyant sur l'icône de clavier située dans l'angle inférieur droit du clavier.
- Si vous souhaitez insérer des caractères figuratifs, appuyez sur la touche **Émoticône**.
- Fermez le clavier en appuyant en dehors de la zone de texte ou en utilisant l'icône de clavier.

Utiliser les claviers physiques Touch Cover et Type Cover

Microsoft propose deux claviers physiques :

- **Touch Cover** : un clavier à technologie à pression tactile avec un retour sonore de frappe. Les touches sont plates et ne s'enfoncent pas. Son pavé tactile est à détection capacitive. Ultrafin (3,25 mm d'épaisseur), il pèse moins de 208 g. Son prix : environ 120 euros.
- **Type Cover** : avec des touches mécaniques, il mesure 6 mm d'épaisseur et pèse moins de 250 g. Il allie la rapidité et le confort d'un clavier classique. Son pavé tactile est capacitif. Son prix : environ 130 euros.

Ces claviers :

❶ S'utilisent en pratique comme tous les claviers habituels.

❷ Tous deux se clipsent magnétiquement sur la tablette.

❸ Ils servent également de protection d'écran lorsque vous les rabattez sur l'écran. La tablette se met alors en veille.

❹ Ils peuvent être repliés à l'arrière et se désactivent pour que vous puissiez utiliser la tablette seule.

Les touches de fonction des claviers physiques

Ces claviers physiques comportent une rangée de touches supérieures supplémentaires se substituant aux habituelles touches de fonction F1 à F12.

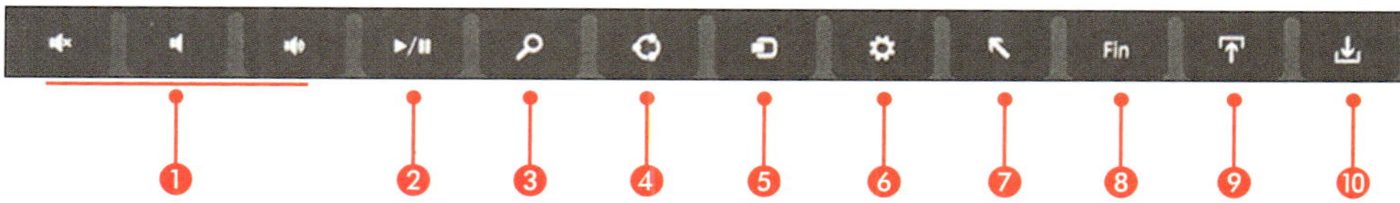

1 Les trois touches de gauche représentant un haut-parleur servent respectivement à couper ou à rétablir les sons, à les réduire par appuis successifs comme vous le feriez en agissant sur le bouton physique de commande des sons placé sur le côté latéral gauche de la tablette, ou à les augmenter de la même façon. Une petite fenêtre de réglage s'affiche un instant à l'écran.

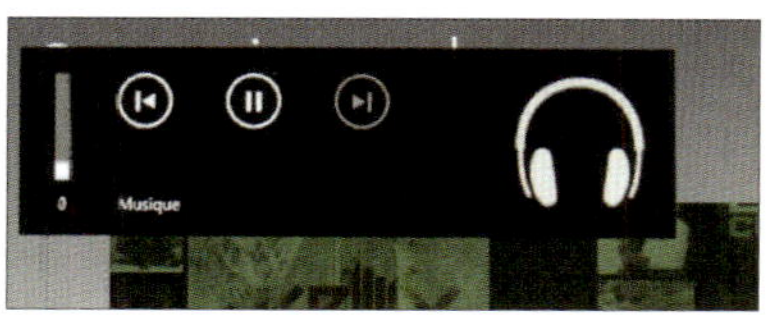

2 L'icône de marche/pause sert lorsque vous visionnez une vidéo ou un film pour le stopper ou le reprendre.

3 La loupe affiche le volet **Rechercher** sur la droite de l'écran.

4 L'icône en cercle affiche le volet **Partager**.

5 L'icône en rectangle ouvert affiche le volet **Périphériques**.

6 L'icône en roue dentée affiche le volet **Paramètres**.

7 L'icône flèche orientée vers le haut et la gauche correspond à la touche **Début** d'un clavier courant.

8 L'icône **Fin** est la même que celle d'un clavier courant.

9 L'icône flèche vers le haut dans un semi-rectangle correspond à **Page précédente**.

10 L'icône flèche vers le bas dans un semi-rectangle correspond à **Page suivante**.

Raccourcis clavier de Windows RT et Windows 8

Ces raccourcis clavier font appel à la touche **Windows** ⊞.

Raccourci clavier	Effet
⊞	Réaffiche la page **Accueil** ou bascule en mode **Bureau** vers la dernière application active s'il en existe une.
⊞ + C	Ouvre la barre latérale d'outils sur la droite, ainsi que l'horloge. Dans une application, ouvre les commandes de l'application.
⊞ + D	Bascule entre l'écran **Bureau** et l'application Bureau courante.
⊞ + E	Ouvre la fenêtre **Ordinateur**, variante de l'**Explorateur Windows**.
⊞ + F	Ouvre **Rechercher** pour effectuer une recherche dans les fichiers.
⊞ + H	Ouvre le volet **Partager**.
⊞ + I	Ouvre le volet **Paramètres**.
⊞ + J	Bascule entre l'application principale et l'application ancrée.

Raccourci clavier	Effet
⊞ + K	Ouvre le volet **Périphériques**.
⊞ + L	Ferme la session en cours et affiche le volet de sécurité pour redémarrer.
⊞ + M	Affiche le **Bureau**.
⊞ + O	Verrouille l'orientation de l'écran (portrait ou paysage).
⊞ + P	Affiche le volet **Deuxième écran**.
⊞ + Q	Ouvre l'icône **Rechercher** pour effectuer une recherche dans les applications.
⊞ + R	Affiche la fenêtre **Exécuter**.
⊞ + U	Affiche les options d'ergonomie.
⊞ + V	Fait défiler les notifications à l'écran.
⊞ + W	Ouvre l'icône **Rechercher** pour effectuer une recherche dans les paramètres.
⊞ + X	Affiche le menu d'accès rapide en bas et à gauche de l'écran.

Raccourci clavier	Effet
⊞ + **Z**	Ouvre les commandes ou les options de l'application en cours si l'application en possède. En mode **Windows 8**, affiche le volet du bas avec l'icône **Toutes les applications**.
⊞ + **Tabulation (Tab)**	Affiche la **barre de commutation** en volet gauche. La barre de commutation affichée bascule d'une application en mode **Windows 8** à une autre (le **Bureau** est une application **Windows 8**).
⊞ + **Ctrl + Tab**	Fait passer d'une application ouverte à une autre.
⊞ + **Maj + Tab**	Fait passer d'une application ouverte à une autre dans l'ordre inverse.
⊞ + **Espace**	Modifie la langue ou le mode de saisie si plusieurs langues ou modes de saisie sont pris en charge.
⊞ + **Entrée**	Ouvre le **Narrateur** (commentaires en audio).
⊞ + **Échappement**	Réaffiche le **Bureau** si une application compatible Bureau est ouverte.
⊞ + **Page précédente**	Déplace l'écran d'accueil sur l'écran de gauche dans les configurations à plusieurs écrans.
⊞ + **Page suivante**	Déplace l'écran d'accueil sur l'écran de droite dans les configurations à plusieurs écrans.
⊞ + **' (apostrophe)**	Bascule entre les applications à l'écran lorsque vous ancrez une application d'un côté.
⊞ + **. (point)**	Épingle une application à droite.
⊞ + **Maj + . (point)**	Épingle une application à gauche.
⊞ + **F1**	Affiche **Aide et support Windows**.
⊞ + **Entrée** (seule !)	Depuis l'écran **Accueil**, réaffiche la dernière application Bureau ouverte.
⊞ + saisie de texte	Lance une recherche.

NOTE

Par ailleurs, les anciens raccourcis de Windows 7 s'appliquent généralement de la même façon, mais parfois uniquement en mode Bureau.

Zoomer

Pour effectuer un zoom avant ou arrière sur un grand nombre d'éléments tels que des applications épinglées à l'écran d'accueil, et ce avec le pavé tactile du clavier ou avec une véritable souris physique, appuyez sur :

- ⊞ + **signe plus (+)** pour agrandir.
- **Ctrl + roulette de défilement** (la colonne sur la gauche de la tablette tactile du clavier).

L'icône de la loupe s'affiche.

Utilisez ses commandes – et + pour modifier le zoom ou son icône X pour fermer la loupe.

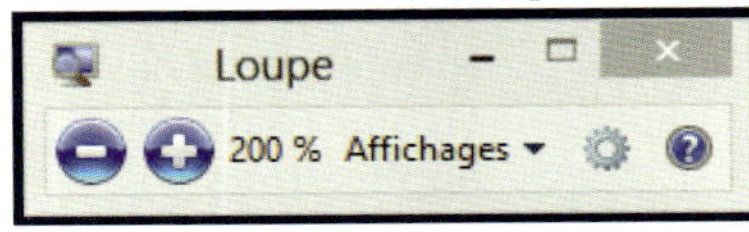

Paramétrer le clavier tactile

1 Affichez la barre latérale d'outils et appuyez sur l'icône **Paramètres**.

2 Appuyez sur **Modifier les paramètres du PC**.

3 Dans la page **Paramètres du PC**, appuyez sur **Général** dans le volet gauche.

4 Affichez la rubrique **Clavier tactile** dans le volet droit et définissez vos paramètres.

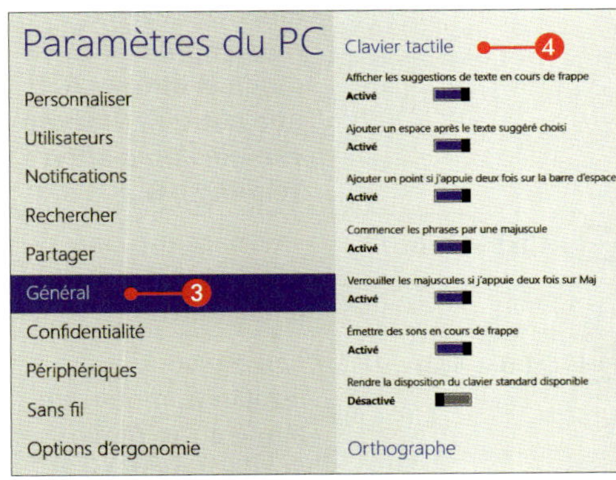

Corriger l'orthographe

1 Ouvrez la même page de paramètres que ci-dessus.

2 Sous la rubrique **Orthographe**, activez les deux options pour :

- **Corriger automatiquement les fautes d'orthographe** : à partir du dictionnaire orthographique incorporé.
- **Mettre en surbrillance les mots mal orthographiés** : c'est-à-dire les marquer.

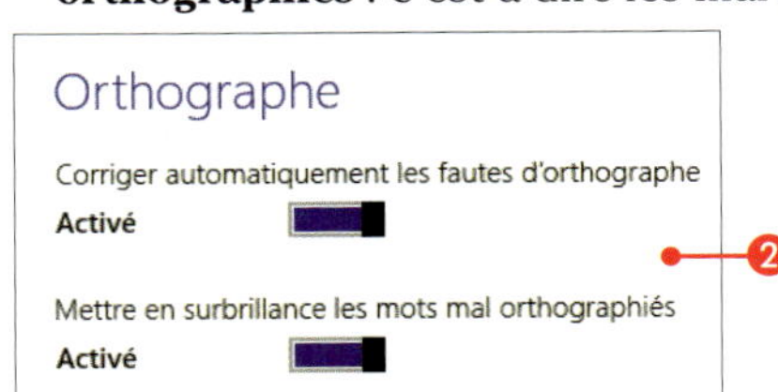

Entretenir le clavier physique

1. Essuyez la surface extérieure à l'aide d'un chiffon doux et non pelucheux légèrement humidifié avec de l'eau, ou même du savon doux.

2. Veillez à ne pas mouiller les connecteurs.

3. Une fois le nettoyage terminé, essuyez le clavier avec un chiffon sec, doux et non pelucheux.

Chapitre 4

Comptes et utilisateurs

Dans ce chapitre

- Créer un nouveau compte d'utilisateur
- Démarrer sur un nouveau compte
- Modifier le mot de passe
- Changer de compte
- Supprimer un compte
- Sortir de veille sans mot de passe
- Sauvegarder la clé de chiffrement
- Basculer sur un compte local
- Revenir à un compte Microsoft
- Sortir de veille sans mot de passe
- Contrôle parental

Lorsque vous avez initialisé la tablette, vous vous êtes identifié en tant qu'utilisateur principal.

D'autres utilisateurs, principalement au foyer familial, peuvent se partager la même tablette. Dans ce cas, vous déclarerez des comptes individuels. Les utilisateurs n'interféreront pas les uns avec les autres et conserveront leurs données séparément.

Si vous partagez votre tablette avec de jeunes enfants, il est sage d'activer un contrôle parental.

Créer un nouveau compte d'utilisateur

❶ Ouvrez la page **Accueil** de Windows RT et appuyez sur **Windows + C** pour afficher la barre latérale d'outils. Ou balayez l'écran de la droite vers le centre avec la main.

❷ Appuyez ou cliquez sur **Paramètres** puis, en bas, sur **Modifier les paramètres du PC**.

❸ Dans la fenêtre **Paramètres du PC** qui s'affiche, activez l'onglet **Utilisateurs** dans la colonne gauche.

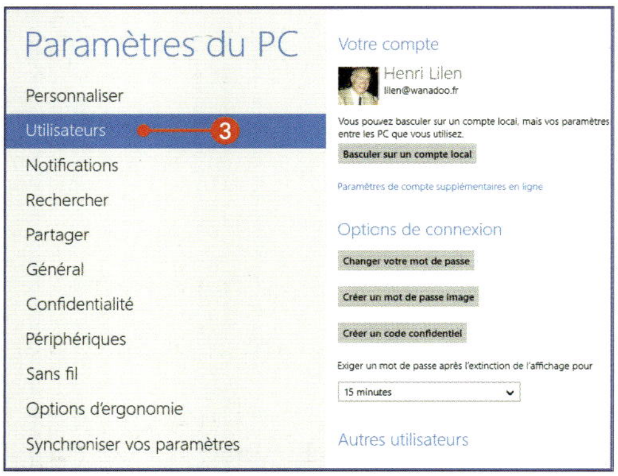

❹ En bas du volet droit, sous **Autres utilisateurs**, cliquez ou appuyez sur **Ajouter un utilisateur**.

❺ Dans la nouvelle page, indiquez l'adresse de courriel du nouvel intervenant puis cliquez ou appuyez sur **Suivant**.

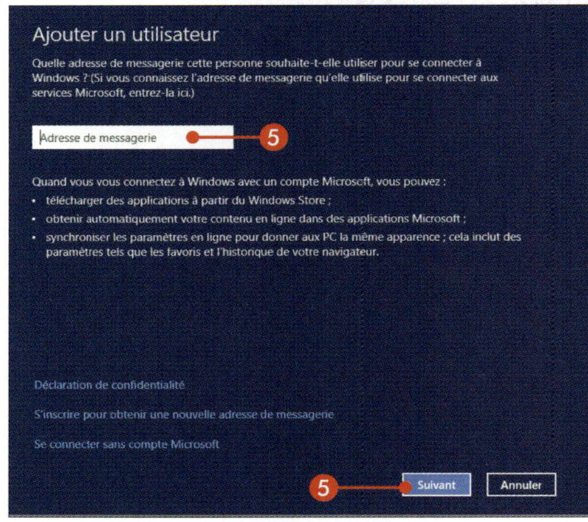

❻ Dans le dernier écran, cliquez sur le bouton **Terminer**. Le nouveau compte est créé.

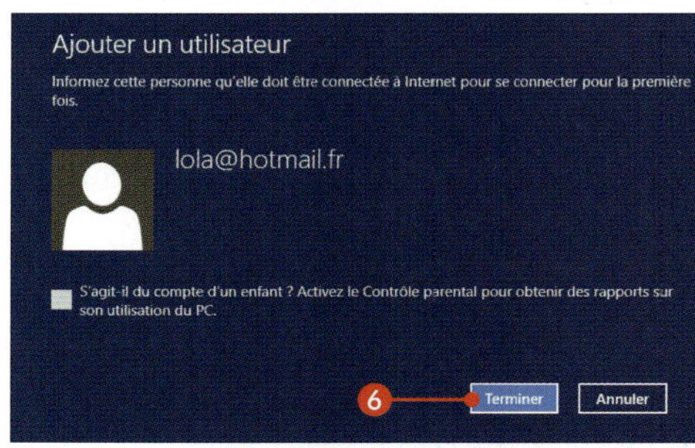

Obtenir une nouvelle adresse de messagerie

Si le nouvel utilisateur ne possède pas encore d'adresse de messagerie, il doit en obtenir une.

❶ Dans la page **Ajouter un utilisateur**, appuyez sur la ligne bleue du bas **S'inscrire pour obtenir une nouvelle adresse de messagerie**.

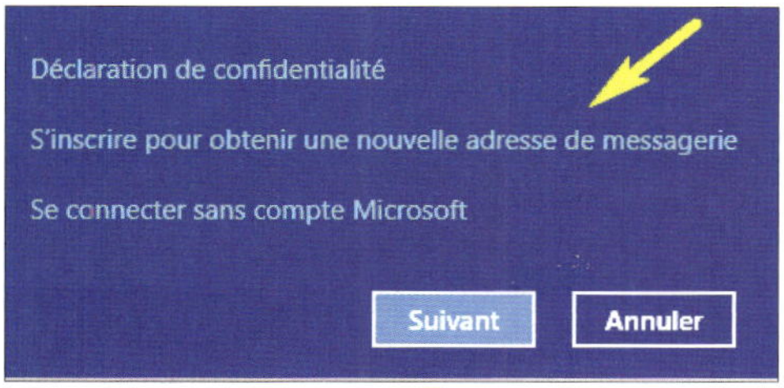

❷ La page de déclaration de la nouvelle adresse s'ouvre.

❸ Il reste à la remplir et à terminer cette déclaration.

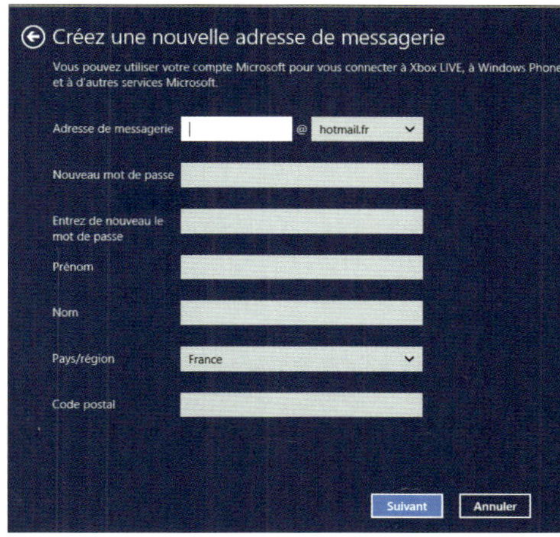

Se connecter sans compte Microsoft

Si vous ne voulez pas partager vos informations par souci de confidentialité, créez un compte local au lieu d'un compte Microsoft. Voyez également la section « Basculer sur un compte local » plus loin dans ce chapitre.

❶ Dans la page **Ajouter un utilisateur**, appuyez sur la ligne bleue du bas **Se connecter sans compte Microsoft**.

❷ La page de choix s'affiche. Sans compte Microsoft, vous devez déclarer un compte local.

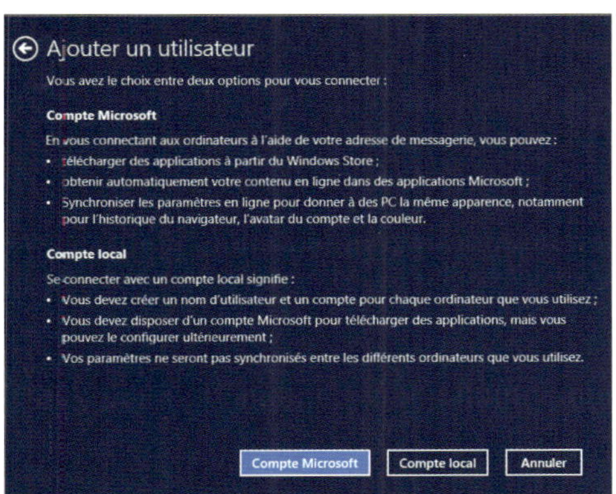

❸ Appuyez sur le bouton **Compte local**.

❹ La page de déclaration d'un compte local apparaît.

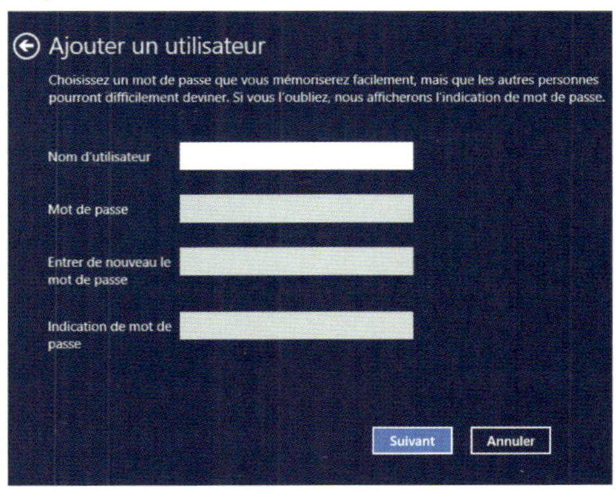

Démarrer sur un nouveau compte

❶ Pour utiliser ce nouveau compte, ou tout autre que vous avez créé, démarrez ou redémarrez la tablette.

❷ Dans l'écran présentant le compte principal, cliquez sur la flèche orientée vers la gauche pour afficher tous les comptes déclarés.

❸ Cliquez ou appuyez sur le compte à ouvrir.

❹ Vous remplacerez la silhouette par une photo pour le plaisir et pour le confort comme indiqué dans le chapitre 8 consacré à la personnalisation, à la section « Remplacer votre avatar par une photo ».

Modifier le mot de passe d'un compte

❶ Il est sage de modifier périodiquement le mot de passe d'un compte. Affichez la page **Accueil** sous le compte à modifier.

❷ Appuyez sur **Windows + C** et cliquez sur **Paramètres**, puis sur **Modifier les paramètres du PC**.

❸ Dans la colonne gauche, cliquez sur **Utilisateurs**.

❹ Sous la rubrique **Options de connexion**, cliquez ou appuyez sur le bouton **Changer votre mot de passe**.

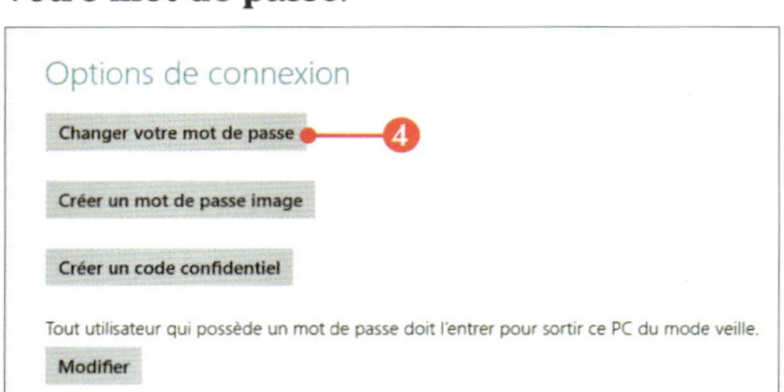

❺ Dans la page suivante, composez l'ancien mot de passe, puis le nouveau que vous taperez deux fois pour confirmation.

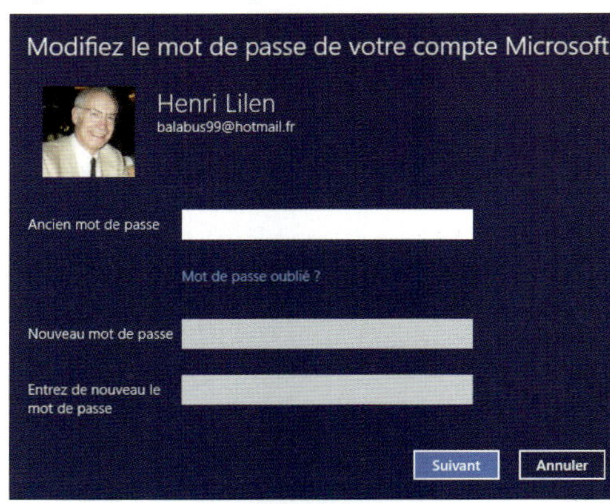

Comme l'indiquera l'écran, un mot de passe efficace doit se composer d'au moins huit caractères et comprendre des minuscules, des majuscules, des chiffres ou des symboles.

Passer d'un compte à l'autre sans redémarrer

1. Si vous disposez de plusieurs comptes, vous pouvez passer de l'un à l'autre sans redémarrer la tablette. Affichez la page **Accueil**.

2. Cliquez sur le compte affiché en haut et à droite pour ouvrir son menu.

3. Cliquez sur l'autre compte qui apparaît en bas de ce menu, ou sur l'un des autres comptes si vous en avez déclaré plusieurs.

4. En variante (plus longue), dans ce même menu, cliquez sur la commande **Se déconnecter**.

5. Le volet de verrouillage s'affiche. Relevez-le pour choisir votre nouveau compte.

Supprimer un compte d'utilisateur

1. Démarrez sous votre compte principal, celui déclaré lors de l'initialisation.

2. Affichez l'écran **Accueil** et ouvrez la barre horizontale d'options en bas de l'écran en balayant avec la main du bas vers le haut ou en faisant un clic droit sur une zone libre.

3. Appuyez sur **Toutes les applications**.

4. Trouvez et appuyez sur **Panneau de configuration**. Ce panneau s'ouvre.

5. En mode d'affichage par catégories, appuyez sur **Comptes et protection des utilisateurs**.

❻ Dans la nouvelle fenêtre, appuyez sur **Supprimer des comptes d'utilisateurs**.

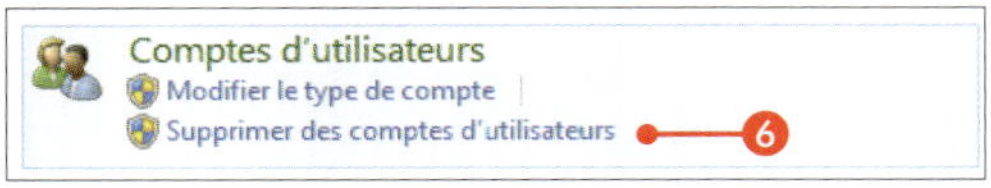

❼ La liste des utilisateurs s'affiche. Appuyez sur le compte d'utilisateur à supprimer.

❽ Dans la fenêtre suivante, appuyez sur **Supprimer le compte**.

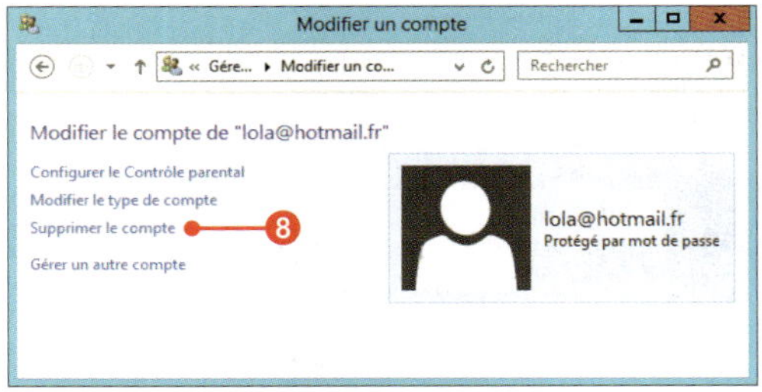

❾ L'écran vous demande si vous désirez supprimer également les fichiers personnels de ce compte. Appuyez sur le bouton correspondant à votre souhait.

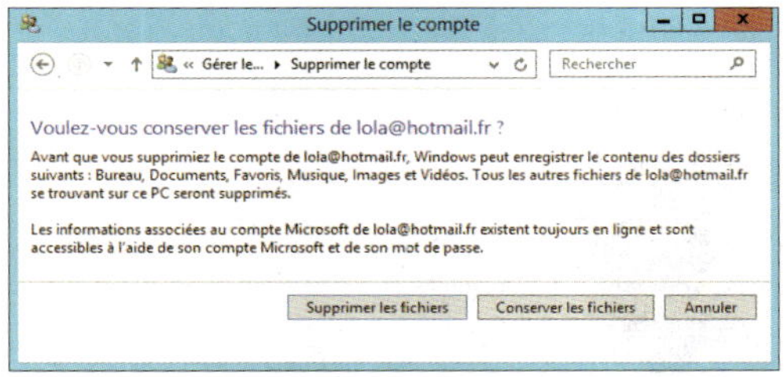

❿ L'écran vous demande une dernière confirmation. Appuyez sur **Supprimer le compte**.

NOTE

Avant de supprimer un compte, vous pouvez sauvegarder tous ses fichiers et dossiers personnels. Ils sont enregistrés dans le compte à supprimer dans : `C:\Utilisateurs\Nom_à_supprimer`

Sauvegarder la clé de chiffrement

Le contenu de la tablette est automatiquement crypté par sécurité. Si vous changez de compte, vous devez sauvegarder la clé de chiffrement.

❶ Ouvrez la barre latérale d'outils et appuyez ou cliquez sur **Rechercher**.

❷ Sélectionnez **Paramètres** et tapez **chiffrement** dans la zone de recherche.

❸ Dans le volet gauche, appuyez ou cliquez sur **Gérer BitLocker**. C'est l'outil de cryptage.

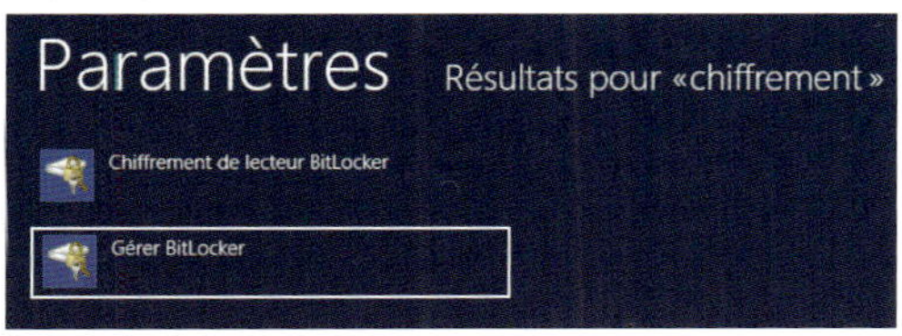

❹ Une fenêtre s'ouvre sur le Bureau. Appuyez ou cliquez sur la ligne **Sauvegarder la clé de récupération**.

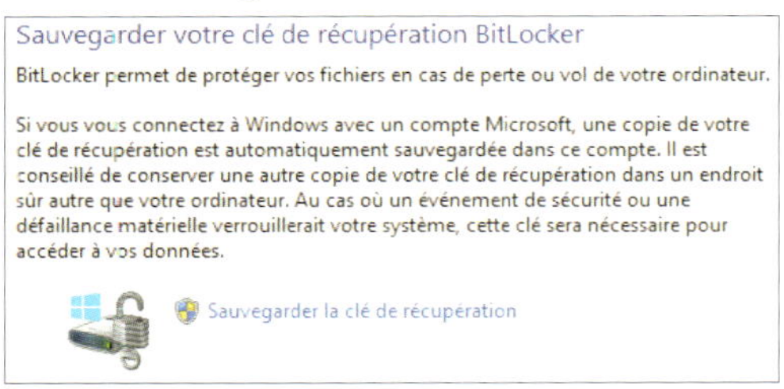

❺ La fenêtre suivante demande comment vous entendez sauvegarder cette clé. Vous avez le choix entre l'imprimer ou l'enregistrer dans un fichier. De préférence, appliquez les deux méthodes.

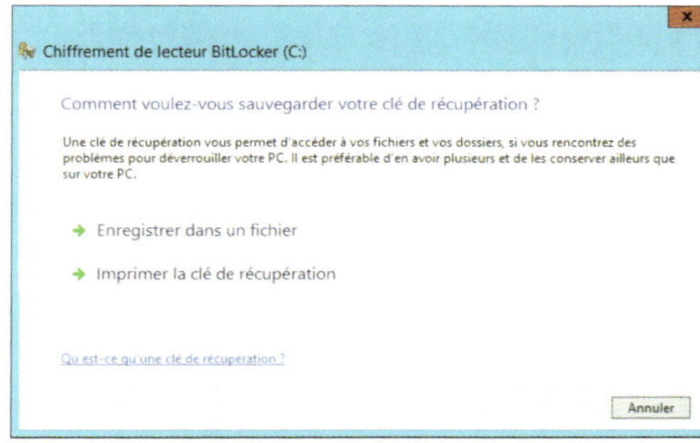

❻ Si vous avez choisi de l'enregistrer, sélectionnez le destinataire dans la fenêtre suivante, par exemple une mémoire additionnelle ou une clé USB que vous avez connectée.

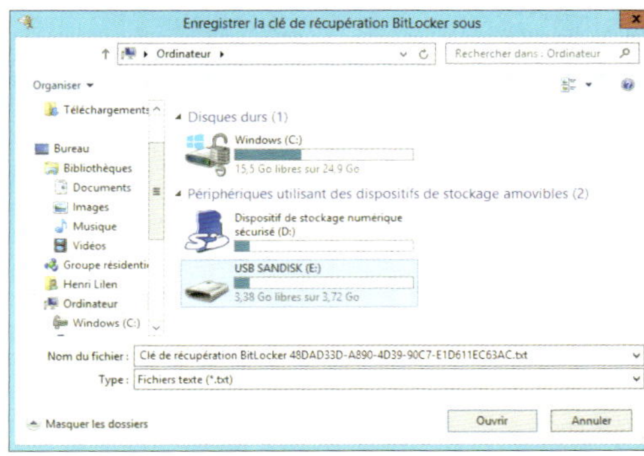

❼ Appuyez sur **Ouvrir**, puis sur **Enregistrer**.

❽ De retour dans la fenêtre de sauvegarde, si vous ne voulez pas effectuer d'autres opérations, appuyez sur le bouton **Terminer**.

Basculer sur un compte local

En initialisant la tablette, vous avez déclaré votre compte avec un identifiant et un mot de passe. Vous pouvez dès lors faire transiter vos données *via* Internet et les serveurs Microsoft, les synchroniser, *etc*. Si vous ne voulez pas partager vos informations par souci de confidentialité, créez un compte local.

1. Affichez la page **Accueil**.

2. Ouvrez la barre latérale d'outils et appuyez sur **Paramètres**, puis sur **Modifier les paramètres du PC**.

3. Dans la colonne gauche, cliquez sur **Utilisateurs**.

4. Sous la rubrique **Votre compte**, cliquez ou appuyez sur le bouton **Basculer sur un compte local**.

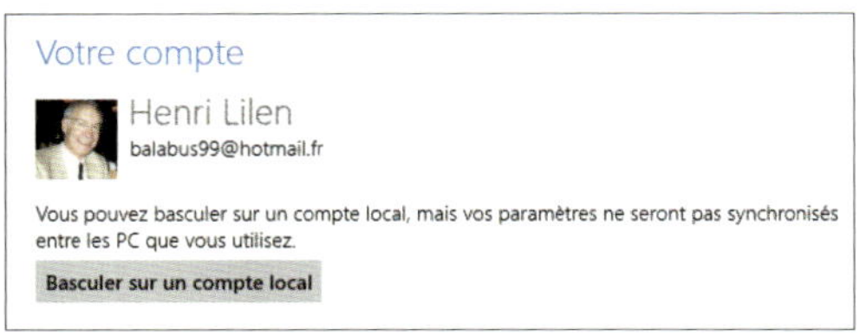

5. Si vous n'avez pas sauvegardé votre clé de cryptage, un message d'alerte s'affiche vous proposant de le faire maintenant, ce qui ramène à l'opération décrite dans la section précédente.

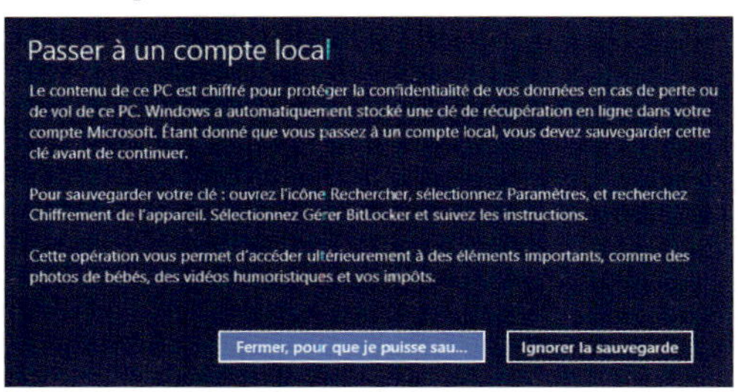

6. Si vous avez déjà procédé à la sauvegarde, appuyez sur **Ignorer la sauvegarde**. L'écran demande votre mot de passe actuel. Tapez-le et appuyez sur **Suivant** en bas de la page.

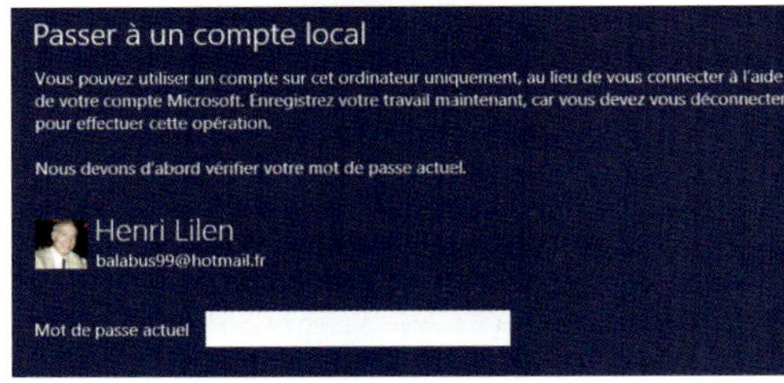

7. Dans la page suivante, entrez votre nom d'utilisateur pour ce compte local, le mot de passe que vous fournirez deux fois, ainsi qu'une indication permettant de retrouver votre mot de passe si vous l'oubliez. Appuyez sur **Suivant**.

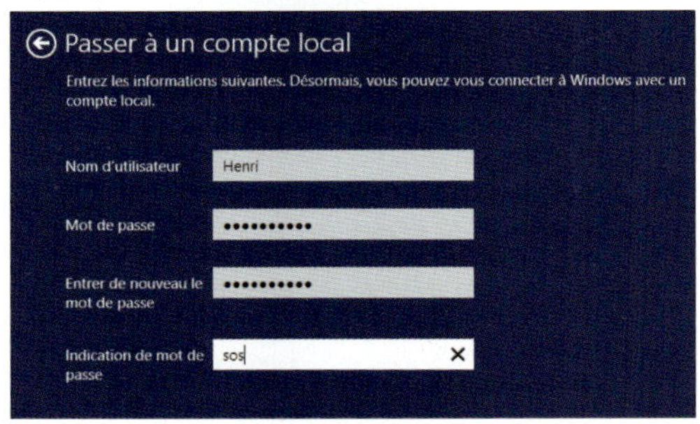

8. Le dernier écran vous invite à appuyer sur le bouton **Se déconnecter et terminer**.

9. Windows prépare votre compte et réaffiche le volet de verrouillage. Relevez-le. C'est désormais le compte local que vous aurez à déverrouiller.

Revenir à un compte Microsoft

❶ Après avoir utilisé un compte local, pour revenir à un compte Microsoft, ouvrez la barre latérale d'outils et appuyez sur **Paramètres**, puis sur **Modifier les paramètres du PC**.

❸ Dans la colonne gauche, cliquez sur **Utilisateurs**.

❹ Sous la rubrique **Votre compte**, cliquez ou appuyez sur le bouton **Passer à un compte Microsoft**, une option qui a remplacé **Basculer sur un compte local**.

❺ Une séquence proche de la précédente va se dérouler. Déclarez votre mot de passe actuel, celui de votre compte local, puis fournissez votre adresse de messagerie pour le compte Microsoft, indiquez son mot de passe puis spécifiez les informations de sécurité.

❻ Votre compte Microsoft est rétabli.

Sortir de veille sans entrer de mot de passe

❶ Affichez la page **Accueil**.

❷ Appuyez sur **Windows** + **C** et cliquez sur **Paramètres**, puis sur **Modifier les paramètres du PC**.

❸ Dans la colonne gauche, cliquez sur **Utilisateurs**.

❹ Sur la droite, sous **Options de connexion** et ensuite à **Exiger un mot de passe après l'extinction de l'affichage pour**, cliquez sur la flèche de l'option **X minutes** pour ouvrir une liste de choix.

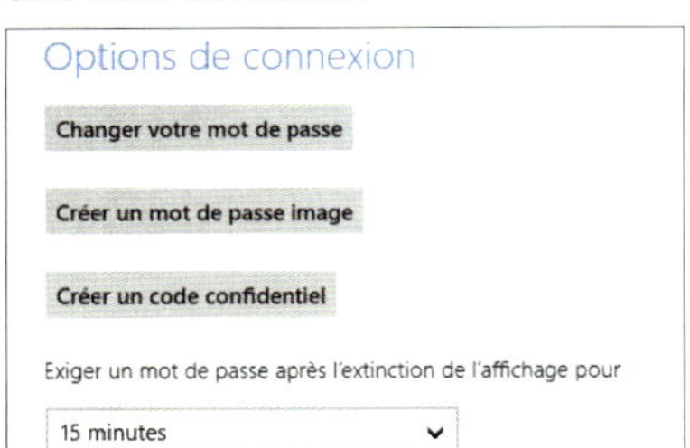

❺ Dans cette liste, choisissez **Ne jamais exiger un mot de passe**.

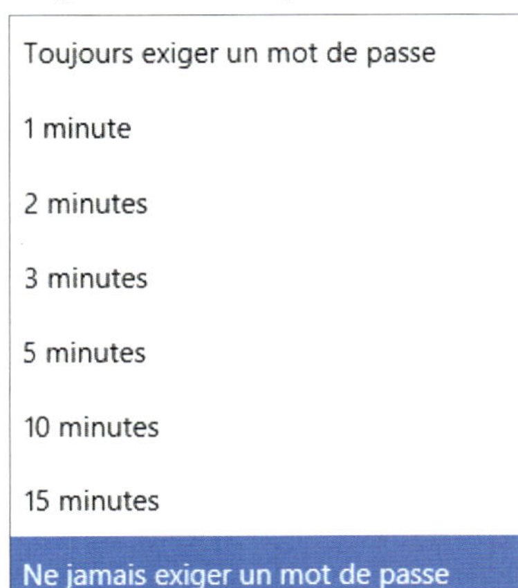

Approuver la tablette

Microsoft met en application une sécurité supplémentaire consistant à approuver la tablette. Tant que cette opération n'est pas accomplie, vos mots de passe enregistrés pour les applications, les sites Web et les réseaux sociaux ne se synchronisent pas.

1. Affichez la page d'accueil.

2. Faites un clic droit sur une zone libre ou un balayage du bas vers le haut de l'écran pour afficher la barre horizontale inférieure d'options.

3. Dans cette barre, appuyez sur **Toutes les applications**. Toutes les applications s'affichent.

4. Vers la droite, appuyez sur **Panneau de configuration**. Il s'affiche en mode par catégories. S'il apparaît en mode par icônes, appuyez sur la flèche en haut et à droite et passez aux catégories.

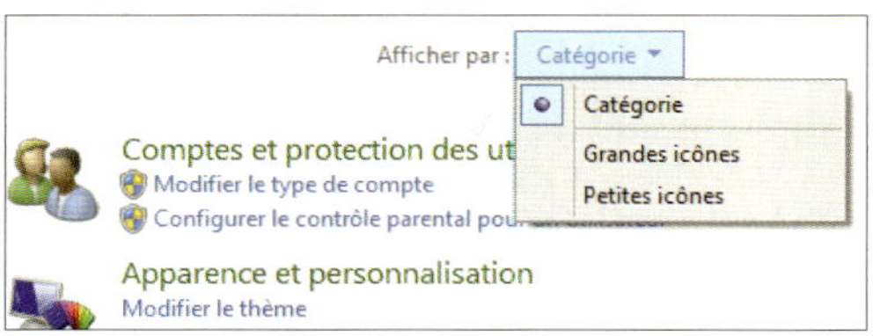

5. Appuyez sur **Système et sécurité**.

6. Dans la nouvelle page, appuyez sur **Centre de maintenance**. Le cadre central qui apparaît est titré **Approuver ce PC**.

7. Appuyez sur le bouton **Approuver ce PC**. Windows veut vérifier votre mot de passe. Composez-le à la demande de l'écran et appuyez sur le bouton **S'enregistrer**, ou **Sign in**, en anglais.

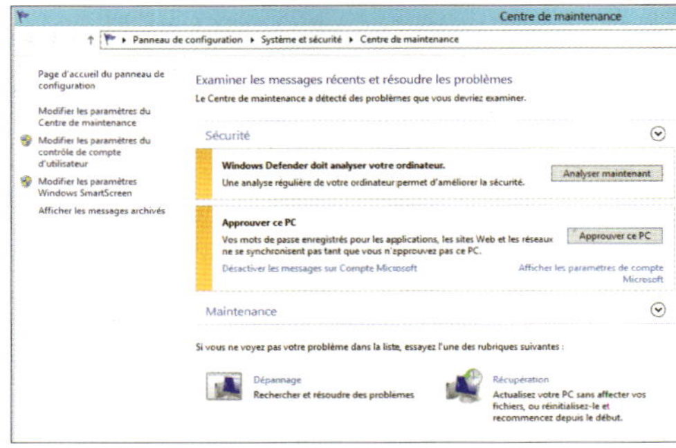

8. Microsoft vous envoie un code de sécurité par SMS sur votre téléphone. Consultez-le et entrez-le dans l'écran suivant, puis appuyez sur le bouton **Envoyer**.

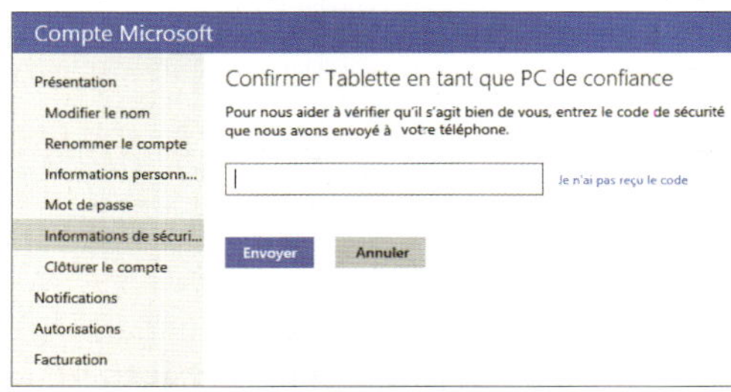

9. Si vous ne pouvez pas recevoir de SMS, appuyez sur la ligne **Je n'ai pas reçu le code**, puis ouvrez la liste déroulante et indiquez une autre méthode, par exemple en audio par téléphone, à une adresse de courriel, *etc*.

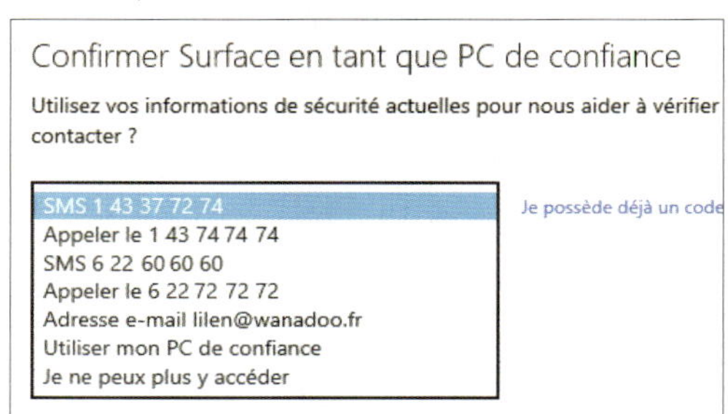

Installer un contrôle parental pour un enfant

Le **Contrôle parental** est intégré à Windows RT. il assure le suivi de l'activité de vos enfants sur la tablette et permet de définir des limites précises sur les jeux, les applications et les sites Web qu'ils sont autorisés à utiliser.

Pour activer le contrôle parental, vous (ou un parent désigné) devez démarrer la tablette sur un compte d'administrateur.

Chaque enfant que vous choisissez de surveiller a besoin d'un compte d'utilisateur standard.

1. Lorsque vous créez un compte pour un enfant, l'un des premiers écrans affiche la rubrique **S'agit-il du compte d'un enfant ? Activez le Contrôle parental pour obtenir des rapports sur son utilisation du PC**.

2. Cochez cette case et terminez la déclaration. Le contrôle parental est actif. Vous allez le vérifier tout de suite.

3. Revenez à l'écran **Accueil** et faites un clic droit, ou balayez l'écran depuis le bas pour afficher la barre horizontale du bas.

4. Appuyez sur **Tous les programmes**.

5. Faites défiler la page pour trouver, sur la droite, la rubrique **Système Windows**.

6. Appuyez sur **Panneau de configuration**.

7. Ce panneau s'ouvre. Sur la ligne **Afficher par**, vous devez lire **Catégorie**. Sinon, appuyez sur la petite flèche pour sélectionner ce mode d'affichage.

8. Sous la rubrique **Comptes et protection des utilisateurs**, appuyez sur **Configurer le contrôle parental pour un utilisateur**.

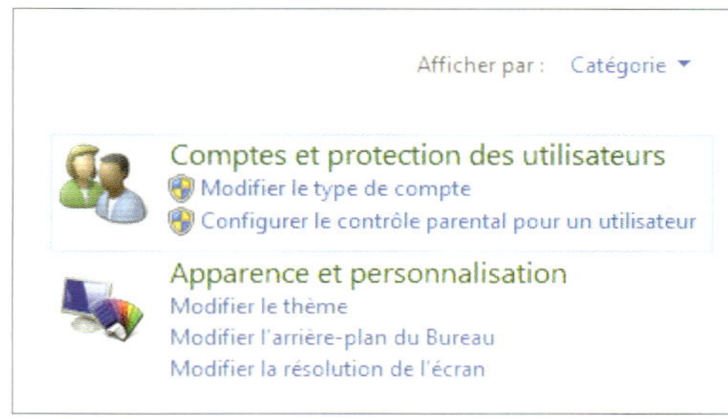

9. Dans la page suivante, la mention **Contrôle parental activé** doit apparaître sous le nom du mineur.

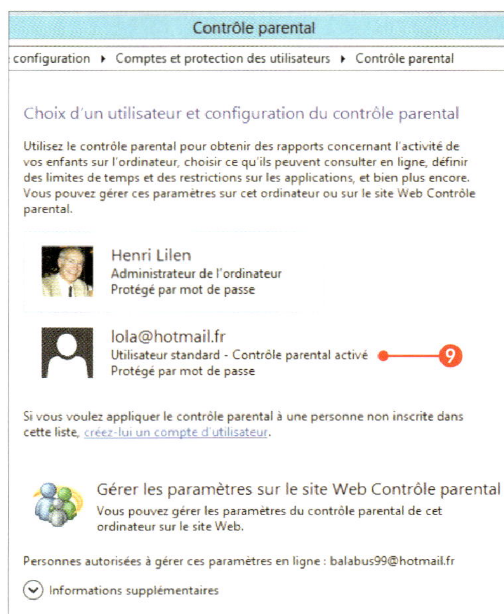

Afficher le rapport d'activité du contrôle parental

❶ Dans la page ci-dessus, appuyez sur **Gérer les paramètres sur le site Web Contrôle parental**. La page **Family Safety** (« sécurité familiale ») s'affiche.

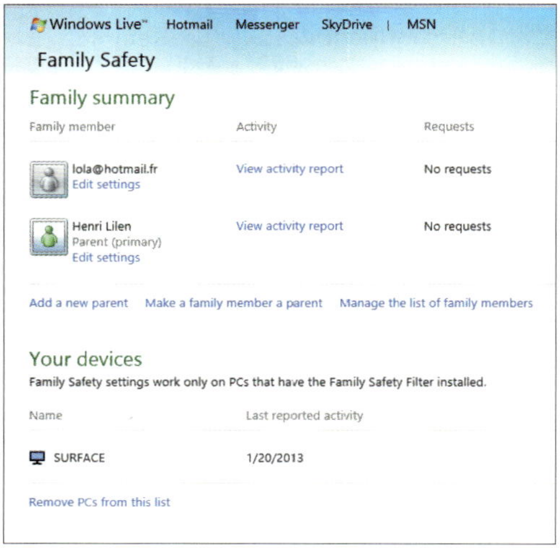

❷ Sous le nom de l'enfant, appuyez sur **Edit settings** (« modifier les paramètres »).

❸ Les paramètres s'affichent dans une page titrée du nom et de l'adresse de l'enfant avec **Family Safety**, hélas encore en anglais lors de la rédaction de ce livre.

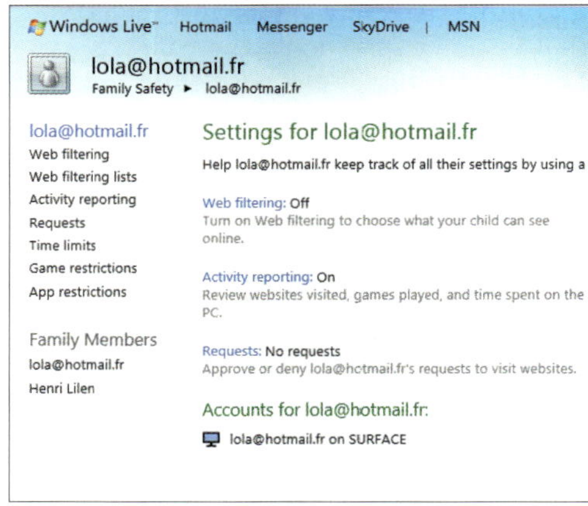

❹ Vous pouvez modifier les paramètres. Pour le moins, laissez activée l'option **Activity Reports** (« rapport d'activité ») si vous voulez surveiller ce que fait l'enfant.

❺ Pour afficher le rapport d'activité, revenez à la page **Family Safety** et appuyez sur **View activity report** en regard du nom de l'enfant.

Fixer les règles du contrôle parental

Pour ce qui suit, nous allons supposer qu'entre temps, Microsoft aura traduit ces pages en français en reprenant les écrans similaire qui apparaissent dans Windows 7. Voici quels sont les réglages essentiels, car ils vont bien au-delà de ce qui est ici simplement évoqué. Vous pouvez aller plus loin en examinant toutes les options l'une après l'autre.

❶ Passez dans la page d'édition **Edit settings**, présentée ci-dessus.

❷ Dans le volet gauche, appuyez ou cliquez sur **Limites horaires.**

❸ Appuyez ou cliquez sur l'onglet **Durée autorisée** et cochez la case **Limiter les heures**.

4 Déroulez les listes et choisissez le nombre d'heures et de minutes pendant lesquelles l'enfant peut utiliser le PC les jours de la semaine et les week-ends.

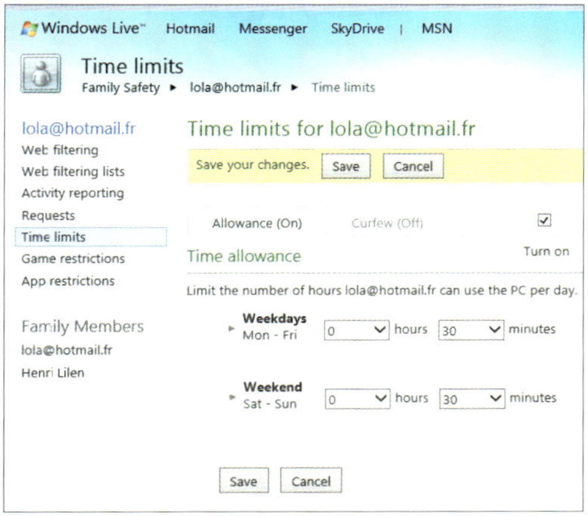

5 Appuyez ou cliquez sur l'onglet **Horaires non autorisés**. Assurez-vous que les limites horaires sont activées, puis faites glisser la souris pour sélectionner des plages horaires pour chaque jour où l'enfant n'est pas du tout autorisé à utiliser le PC.

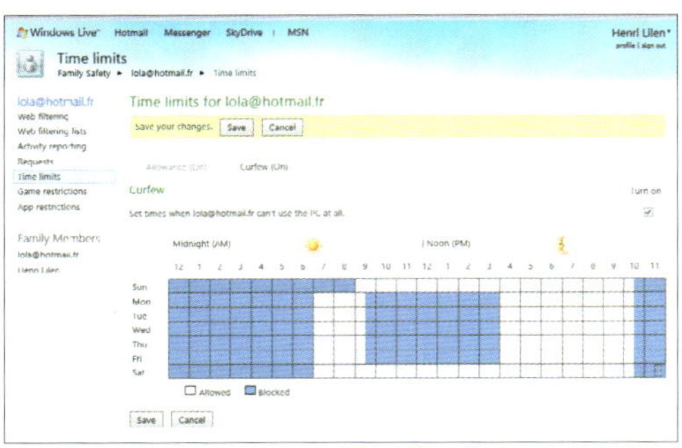

6 Appuyez ou cliquez sur **Enregistrer**.

7 L'étape suivante consiste à définir des limites sur les sites Web que votre enfant peut visiter. Vous pouvez limiter le contenu Internet que l'enfant est autorisé à consulter de deux façons :

- Vous pouvez utiliser le filtrage Web pour définir des catégories de sites que votre enfant peut visiter. Par exemple, vous pouvez l'autoriser à consulter des sites Web connus d'intérêt général et adaptés aux enfants tout en bloquant automatiquement tous les sites pour adultes.
- Vous pouvez également autoriser ou bloquer des sites Web individuels (ou même des pages spécifiques d'un site) selon leur adresse (ou URL).

8 Dans la colonne gauche de la même page, appuyez sur ou cliquez sur **Filtrage Web**.

9 Assurez-vous que le filtrage Web est activé en cochant sa case, puis utilisez le curseur pour choisir les catégories de sites Web que votre enfant peut visiter.

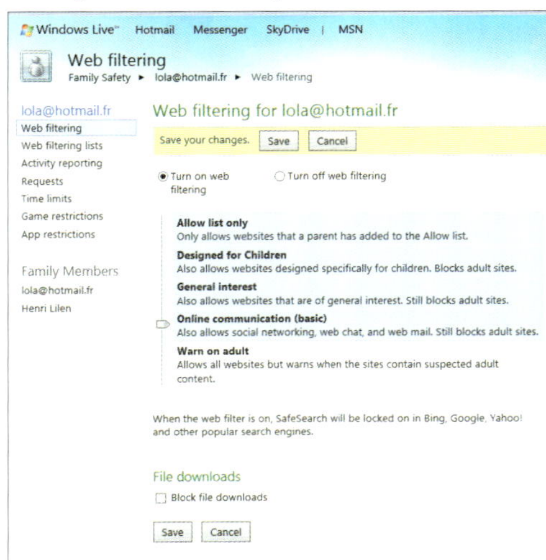

10 Appuyez ou cliquez sur **Enregistrer**.

⓫ L'étape suivante consiste à définir des limites sur les jeux et applications Windows Store. La définition de limites sur les jeux et applications que votre enfant est autorisé à utiliser revient à définir des restrictions sur les sites Web :

- Vous pouvez définir un niveau de classification fondé sur l'âge ou sur le contenu pour tous les jeux et pour les applications que l'enfant peut voir et télécharger à partir du Windows Store.
- Vous pouvez également autoriser ou bloquer des applications et des jeux individuels spécifiques.

⓬ Dans le volet de gauche, appuyez ou cliquez sur **Restrictions de jeux**.

⓭ Assurez-vous que les restrictions de jeux sont activées en cochant la case, puis utilisez le curseur pour choisir un niveau de classification. Vous pouvez également utiliser un système de classification des jeux différent, si vous le souhaitez.

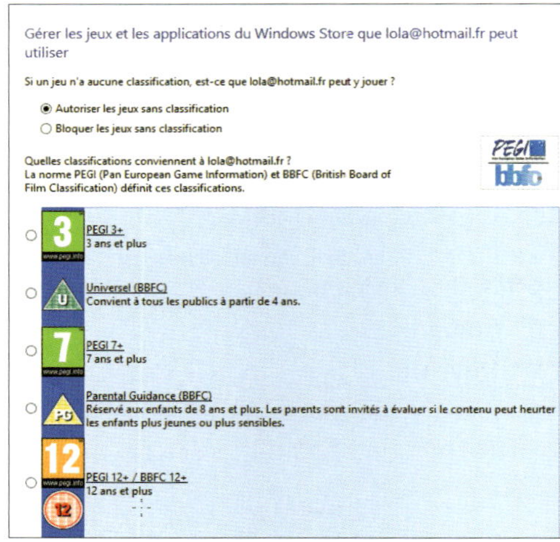

⓮ Appuyez ou cliquez sur **Enregistrer**.

> NOTE
> Le Windows Store fonde ses restrictions de téléchargement sur les restrictions de jeux d'un enfant dans le **Contrôle parental**.

Chapitre 5

Le Bureau

Dans ce chapitre

- Composition du Bureau
- Ouvrir et modifier les fenêtres
- La barre des tâches
- Plaquer des fenêtres côte à côte
- Ancrer une application
- Épingler une application
- Ouvrir le ruban de commandes
- Ouvrir l'Explorateur de fichiers
- Afficher les fichiers et dossiers
- Activer l'historique
- Désactiver des fonctions Windows
- Afficher toutes les fenêtres

Le mode Bureau restaure l'interface classique des Windows précédents. Il est indispensable pour exécuter certaines applications anciennes, non conçues pour MUI. Par exemple, pour ouvrir l'Explorateur de fichiers.

Vous retrouvez ici des fenêtres modifiables à volonté ainsi qu'une barre des tâches, mais dépourvue du bouton Démarrer.

Le Bureau et son contenu

Pour passer en mode Bureau, l'une des méthodes consiste à appuyer sur la vignette **Bureau**, dans la page **Accueil**.

Le Bureau s'affiche avec ses spécificités :

❶ Icône de la Corbeille

❷ Image de fond d'écran

❸ Icônes d'applications dans la barre des tâches

❹ Barre des tâches

❺ Appel du clavier virtuel

❻ Zone de notifications

Ouvrir une fenêtre en plein écran

Contrairement à ce qui se passe en mode MUI ou chaque application occupe tout l'écran, les fenêtres affichées en mode **Bureau** sont redimensionnables et corvéables à merci. Vous pouvez déplacer une fenêtre sur l'écran, si elle ne l'occupe pas totalement.

❶ La fenêtre à ouvrir en plein écran n'occupe qu'une surface restreinte, par exemple ici la fenêtre de l'excellent petit programme de dessin Paint.

❷ Avec la souris ou avec le doigt, pointez ou touchez sa barre de titre.

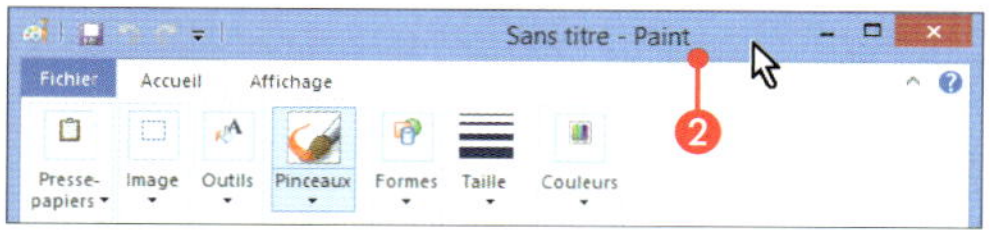

❸ Appuyez sur le bouton de la souris si vous utilisez cette dernière et maintenez-le enfoncé, ou appliquez le doigt, et faites glisser la fenêtre vers le haut de l'écran de sorte qu'elle le « heurte ».

Elle s'agrandit automatiquement et occupe tout l'écran, à l'exception de la barre des tâches qui reste toujours visible.

Ramener une fenêtre à sa taille antérieure

❶ C'est l'opération inverse. Avec la souris ou le doigt, pointez ou touchez sa barre de titre.

❷ Appuyez sur le bouton de la souris et maintenez-le enfoncé ou utilisez le doigt, et faites glisser la fenêtre vers le bas pour la détacher du haut de l'écran. Elle reprend sa taille antérieure.

Icônes de commandes des fenêtres

Examinez les trois boutons situés sur la droite de la barre de titre :

❶ Celui de gauche fait disparaître la fenêtre de l'écran. Elle ne subsiste plus que sous forme d'un bouton dans la barre des tâches. Si vous cliquez ensuite sur ce bouton, la fenêtre s'ouvre de nouveau telle qu'elle était.

❷ Le deuxième, au centre, sert à agrandir la fenêtre en plein écran ou, si elle se trouve déjà en plein écran, à la ramener à sa taille antérieure.

❸ Le troisième, à droite, sert à fermer définitivement la fenêtre. Appuyez ou cliquez sur le bouton de votre choix.

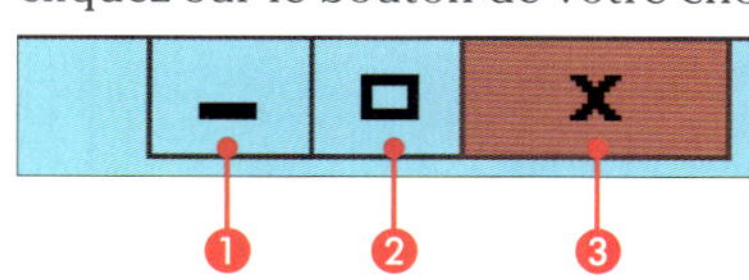

❹ Touchez ou appuyez sur le bouton central pour modifier la taille de la fenêtre qui bascule en plein écran ou revient à sa taille antérieure.

Déplacer une fenêtre

❶ Si la fenêtre n'occupe pas tout l'écran, vous pouvez la déplacer. Pointez sa barre de titre avec la souris (ou le doigt), appuyez sur le bouton de la souris et maintenez-le enfoncé.

❷ Faites glisser la fenêtre là où vous le voulez. Sa nouvelle position acquise, relâchez le bouton de la souris.

Modifier les dimensions d'une fenêtre

Toujours si votre fenêtre n'occupe pas tout l'écran, vous pouvez modifier ses dimensions.

❶ Touchez du doigt son cadre extérieur ou un angle et faites glisser sans vous attarder, sans faite un appui long.

❷ Avec la souris, pointez n'importe quel côté ou angle. Le pointeur devient une double flèche. Faites glisser le bord ou l'angle dans le sens désiré :

- Si c'est un bord, il se déplace dans le sens que vous imposez.
- Si c'est un angle, vous entraînez ses deux côtés adjacents simultanément.

❸ La bonne dimension acquise, relâchez tout.

Passer d'une fenêtre à l'autre

Vous pouvez ouvrir plusieurs fenêtres simultanément en lançant des applications diverses. Elles apparaissent sur le Bureau.

- À un instant donné, il ne peut y avoir qu'une seule fenêtre active. C'est celle que vous utilisez.

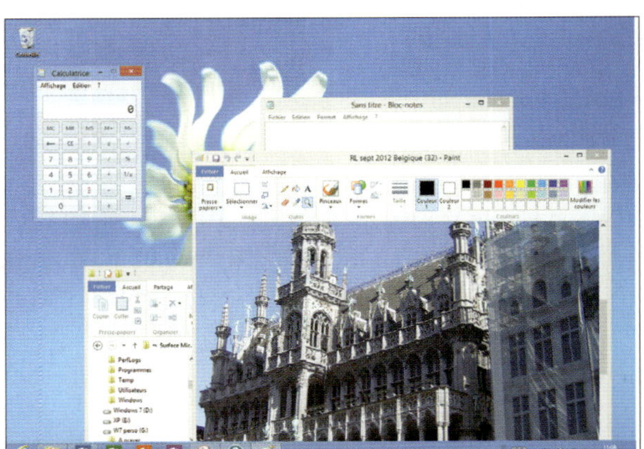

- Cliquez ou appuyez sur la fenêtre que vous voulez activer, même si une petite fraction seulement de cette fenêtre est visible. Elle passe en premier plan et devient la fenêtre active.
- Ou bien cliquez ou appuyez sur son bouton dans la barre des tâches.
- Autre méthode : maintenez la touche **Alt** enfoncée et appuyez au coup par coup sur la touche de tabulation **Tab**. Des miniatures des fenêtres ouvertes apparaissent ; il s'y ajoute la miniature du bureau. Poursuivez les appuis sur **Tab**, et arrêtez-vous sur la fenêtre que vous voulez ouvrir (son nom s'affiche au-dessus).
- Relâchez ensuite les touches ou bien cliquez sur la miniature à ouvrir.

La barre des tâches

La **barre des tâches** est la barre horizontale qui s'inscrit en bas du **Bureau** :

- Elle comporte plusieurs zones, comme le montre la figure dans laquelle cette barre a été scindée en deux.
- Certaines icônes sont placées là par Windows.
- Vous pouvez y insérer les vôtres pour en disposer facilement.
- Chaque fois que vous ouvrez une application, son icône représentative s'ajoute sur la barre des tâches et y reste tant que vous ne fermez pas cette application.

1. Poignée
2. Icône de l'Explorateur Internet
3. Icône de l'Explorateur Windows
4. Icônes d'applications diverses, ici les programmes Office Word, Excel, PowerPoint et OneNote
5. Affichage du clavier visuel
6. Messages Microsoft servant à résoudre des problèmes d'ordinateur
7. Icône d'état de la batterie
8. Icône indiquant la connexion à un réseau et à Internet.
9. Haut-parleur servant à ajuster le volume sonore
10. Horloge et calendrier

La zone de notification

❶ Vous pouvez appuyer, cliquer ou double-cliquer, ou faire un clic droit sur des icônes de la zone de notification pour effectuer certaines opérations.

❷ Cliquez ou appuyez sur le haut-parleur pour afficher le réglage du volume sonore. Déplacez verticalement le curseur avec la souris pour modifier ce volume.

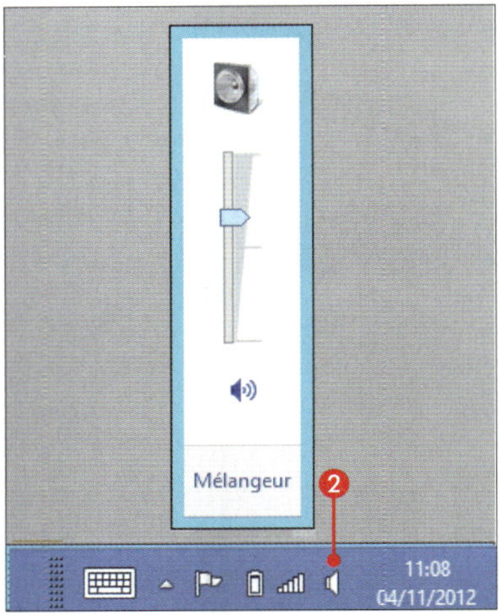

❸ Cliquez ou appuyez sur l'horloge pour afficher une fenêtre servant à spécifier la date et l'heure.

❹ Vous pourriez profiter de cette fenêtre pour modifier les paramètres de date et d'heure si l'affichage n'était pas correct.

❺ Cliquez ou appuyez sur l'icône de connexion à Internet avec ses barres verticales témoins de la qualité du signal Wi-Fi pour afficher la barre latérale de sélection du réseau et de passage en mode avion.

❻ Pointez ou appuyez sur l'icône témoin de la batterie pour afficher son état de chargement.

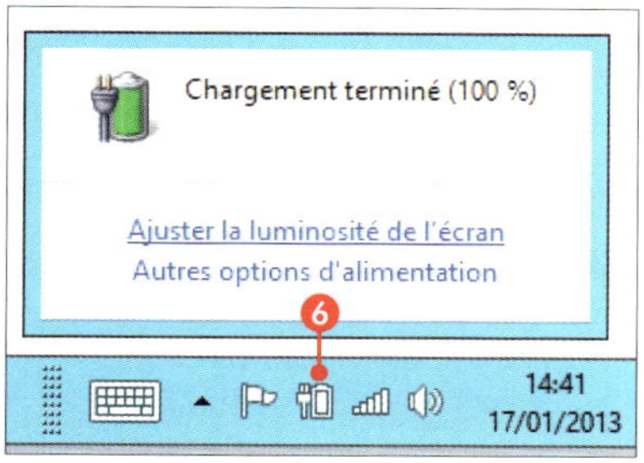

7 Appuyez ou cliquez sur l'icône en forme de drapeau **Résoudre les problèmes de l'ordinateur** pour afficher d'abord une petite fenêtre de messages. Puis appuyez sur le message de votre choix pour aller plus loin et, par exemple, lancer la correction demandée.

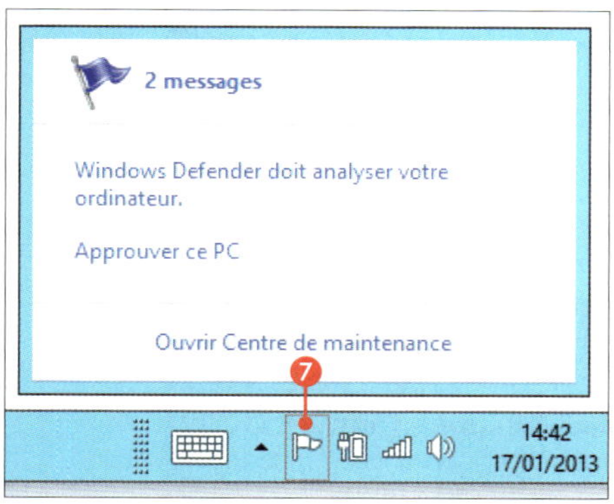

8 Appuyez ou cliquez sur la petite flèche dirigée vers le haut pour afficher des icônes supplémentaires de la zone de notification.

NOTE

L'option **Personnaliser** de cette dernière fenêtre ouvre l'écran de personnalisation des icônes de la zone de notification, comme cela sera présenté dans le chapitre 8 consacré à la personnalisation.

Plaquer des fenêtres côte à côte

1 Vous désirerez parfois, pour certaines opérations, afficher deux fenêtres côte à côte, chacune occupant une moitié verticale de l'écran. Pointez la barre de titre d'une fenêtre.

2 Avec le doigt ou bouton de la souris enfoncé, faites-la glisser le plus à gauche ou à droite possible, jusqu'à ce que la fenêtre se transforme et occupe une moitié d'écran.

3 Faites-en autant avec une seconde fenêtre, mais en la plaçant sur le côté inoccupé.

4 Vous pouvez manipuler ces fenêtres individuellement.

Ancrer une application en marge

Une autre forme d'affichage intéressante consiste à afficher une application à surveiller en marge de celle avec laquelle vous travaillez. L'application surveillée est placée en colonne, sur le bord de l'écran. Elle est dite **ancrée**

1 Ouvrez les applications qui vous intéressent.

2 En mode d'affichage Bureau, ouvrez le volet de commutation sur la gauche de l'écran, par exemple en déplaçant le pouce ou un doigt en aller-retour depuis le bord latéral gauche.

3 Faites un clic droit sur l'application à ancrer figurant dans ce volet de commutation. Dans le menu qui s'affiche, cliquez sur **Ancrer à gauche** ou sur **Ancrer à droite**. Ou avec le doigt, déplacez l'application vers la droite jusqu'à ce qu'elle s'ancre sur le bord latéral droit.

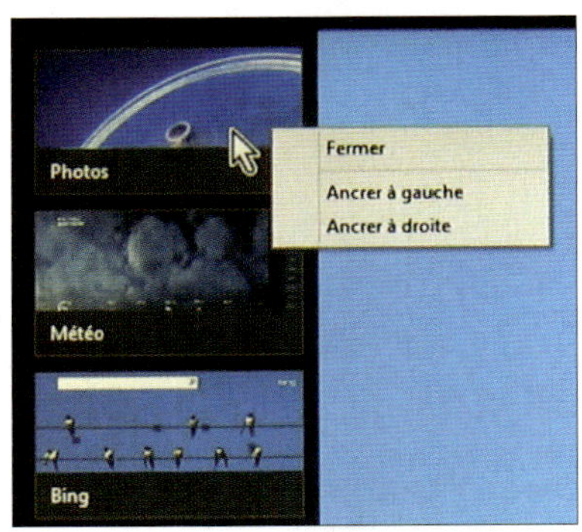

4 Cette application s'installe en volet ancré. Ici, il s'agit de l'application **Météo**.

5 Vous pouvez alors travailler avec la fenêtre ouverte dans la partie principale de l'écran en surveillant ce qui se passe dans l'application ancrée.

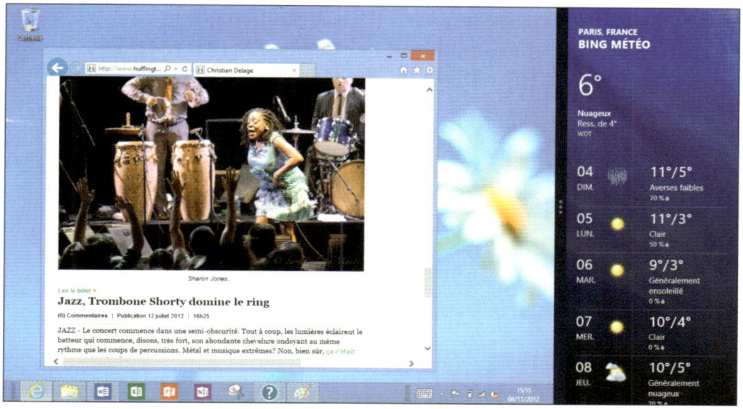

6 Pour fermer le volet ancré, faites glisser son bord interne ou ses trois boutons verticaux placés sur ce bord vers l'extérieur de l'écran, ici vers la droite.

7 Si vous double-cliquez sur ce triple bouton ou si vous faites glisser ces trois boutons verticaux ou le bord intérieur du volet vers le centre de l'écran, vous inversez la situation. C'est le contenu de ce volet qui prend la place principale, ramenant l'application courante en volet.

Choisir les applications par défaut

L'application par défaut est le programme qui s'ouvre de préférence à tout autre lorsque vous en avez besoin.

1 Affichez la page **Accueil** et ouvrez le volet latéral d'outils.

2 Cliquez sur **Rechercher** et, dans la zone de texte, tapez **par défaut**.

3 Sélectionnez, en dessous, le filtre voulu, ici, **Applications**.

❹ Cliquez ou appuyez sur **Programmes par défaut** dans les résultats de la recherche, à gauche. La fenêtre **Choisir les programmes que Windows utilise par défaut** s'ouvre.

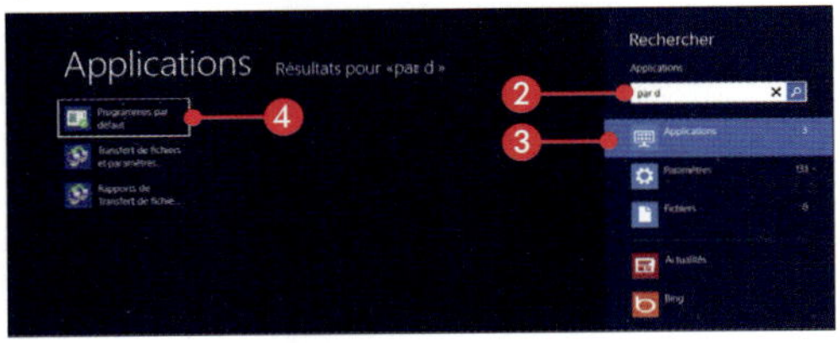

❺ Cliquez ou appuyez sur **Configurer les programmes par défaut**.

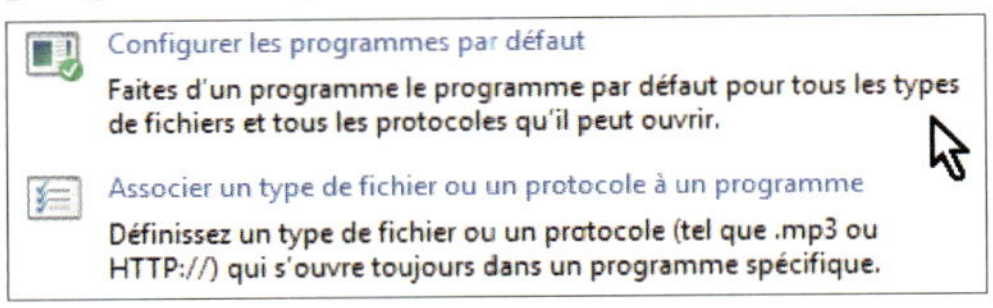

❻ Dans la liste qui apparaît, sélectionnez un programme dans la colonne **Programmes**, puis cliquez ou appuyez sur **Définir ce programme comme programme par défaut**.

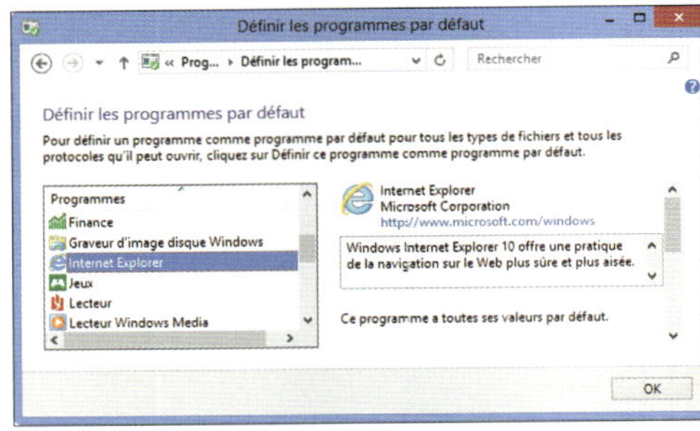

❼ Cliquez sur **OK** et fermez ces fenêtres.

Épingler une application à la barre des tâches

❶ Affichez toutes les applications.

❷ Faites un clic droit sur l'application à épingler. La barre inférieure d'options s'ouvre.

❸ Cliquez sur l'icône **Épingler à la barre des tâches**, ici la deuxième à gauche. Si cette icône n'apparaît pas, c'est que l'option n'est pas disponible avec l'application sélectionnée.

❹ Vous pourriez aussi cliquer sur l'icône **Épingler à l'écran d'accueil**, ici la première à gauche. Si cette icône n'apparaît pas, c'est que l'option n'est pas disponible avec l'application sélectionnée.

❺ L'épinglage s'effectue immédiatement.

Une fois l'épinglage assuré, les icônes de cette barre d'option deviennent :

- Détacher de l'écran d'accueil.
- Détacher de la barre des tâches.

NOTE

Si vous avez souvent besoin de l'application agrafée à la page Accueil, mettez-la en bonne place en la déplaçant.

Ajouter des icônes sur le Bureau

❶ Tout comme sous Windows 7, on peut ajouter quelques icônes système sur le Bureau. Faites un clic droit sur le Bureau et cliquez sur l'option **Personnaliser**.

La fenêtre **Personnalisation** s'ouvre.

❷ Dans la colonne gauche, cliquez sur **Changer les icônes du bureau**.

La fenêtre **Paramètres des icônes du Bureau** apparaît.

❸ Cochez les cases des icônes à afficher.

❹ Appuyez ou cliquez sur **OK**.

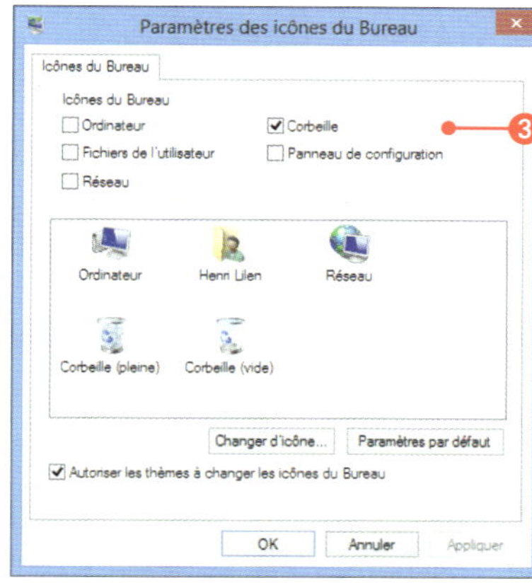

Ouvrir des applications Bureau depuis l'interface MUI

❶ Appuyez sur le bouton **Windows** au-dessous du clavier ou sur la touche **Windows** du clavier pour revenir à la page **Accueil**.

❷ Ou encore, affichez la barre latérale d'outils. Puis, appuyez ou cliquez sur l'icône **Accueil**. La page **Accueil** s'affiche.

❸ Faites un clic droit sur cette page ou faites glisser le doigt du bas vers le centre pour afficher la barre horizontale inférieure avec son bouton **Toutes les applications**.

❹ Appuyez ou cliquez sur ce bouton. **Windows** affiche toutes les applications disponibles sur votre machine.

❺ Appuyez ou cliquez sur une application relevant du mode Bureau. Par exemple dans les **Accessoires**, choisissez le petit programme de dessin **Paint**.

❻ Paint s'ouvre en mode **Bureau**, à l'ancienne. La preuve : vous pouvez le ramener en fenêtre alors que les applications purement Windows 8 s'ouvrent, elles, uniquement en plein écran. Ici, Paint affiche une image.

Ouvrir l'Explorateur de fichiers

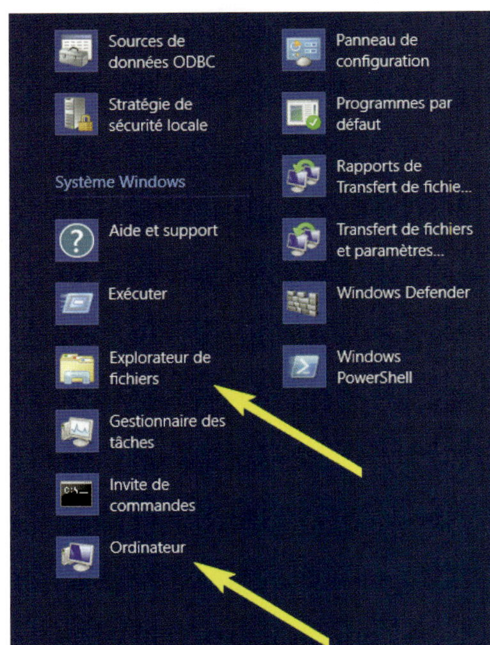

L'Explorateur de fichiers Windows sert à naviguer dans les mémoires de l'appareil pour afficher les dossiers et les fichiers qu'elles contiennent. Cet affichage effectué, vous pouvez les gérer, les déplacer, les supprimer, en ajouter, les renommer, les copier, *etc.*

1. Ouvrez la page **Accueil**.
2. Faites un clic droit sur cette page pour afficher la barre du bas comportant l'icône **Toutes les applications**. Sur un écran tactile, faites glisser le doigt du bas vers le centre de l'écran.
3. Cliquez sur cette icône. Toutes les applications s'affichent.
4. Sous la rubrique **Système Windows**, trouvez la vignette marquée **Explorateur de fichiers** ou son avatar, **Ordinateur**.

5 Touchez ou cliquez sur l'une de ces commandes. Si vous choisissez **Ordinateur**, la fenêtre qui s'ouvre commence par lister les disques composant votre machine. Les mémoires sont assimilées à des disques.

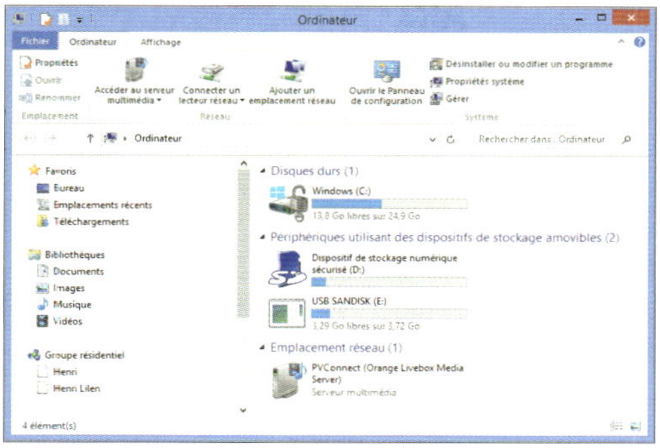

6 Si vous choisissez **Explorateur de fichiers**, cette première étape est ignorée et la fenêtre affiche directement le contenu d'une mémoire, d'un disque ou d'une partie de ce disque.

> NOTE
> L'Explorateur Windows s'ouvre en fenêtre, en mode **Bureau**, de façon traditionnelle et peut être manipulée comme n'importe quelle autre fenêtre.

Examiner la fenêtre de l'Explorateur de fichiers

La fenêtre de l'Explorateur comprend plusieurs zones :

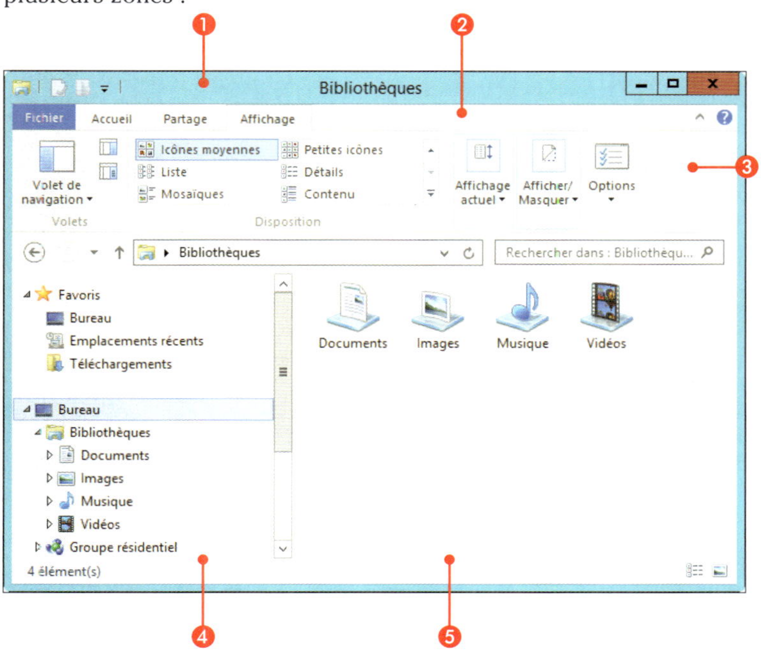

1 **Barre de titre** : avec son double jeu d'icônes.

2 **Barre d'onglets** : cliquez sur un onglet pour afficher le ruban qu'il gouverne.

3 **Ruban** : il dépend de l'onglet actif. Chaque ruban est divisé en **groupes** d'icônes portant un titre : **Disposition**, **Nouveau**, **Organiser**, *etc.*

4 **Volet de navigation** : il présente l'arborescence des dossiers.

5 **Volet des détails** : il affiche le contenu du dossier sélectionné dans le volet de navigation.

Épingler l'Explorateur à l'écran d'accueil

1. Comme ci-dessus, ouvrez **Toutes les applications**.

2. Faites un clic droit sur **Explorateur de fichiers**. Une barre d'options s'affiche en bas de l'écran.

3. Cliquez sur l'icône **Épingler à l'écran d'accueil**.

4. Appuyez sur la touche pour revenir à l'écran d'accueil. Vous trouvez la tuile **Explorateur de fichiers**. Déplacez-la où bon vous semble.

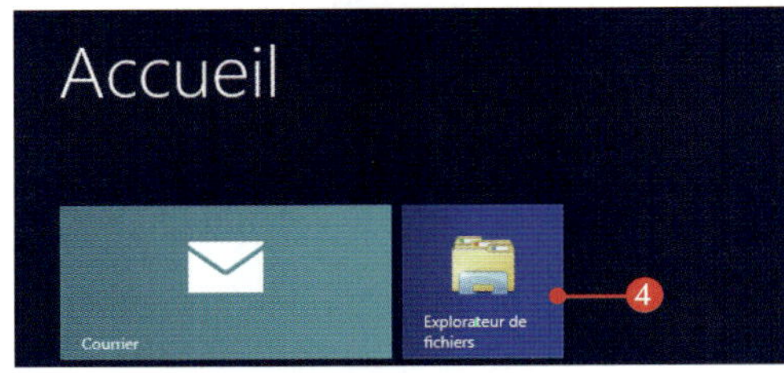

Épingler l'Explorateur à la barre des tâches

1. Cette opération est intéressante lorsque l'Explorateur ne se trouve pas déjà sur la barre des tâches ou s'il a disparu. Ouvrez **Explorateur de fichiers** (ou **Ordinateur**).

2. Dans la colonne gauche, cliquez sur la flèche qui préfixe le disque sur lequel Windows RT est installé pour ouvrir son contenu, cela toujours dans la colonne gauche.

3. Cliquez sur la ligne **Windows** pour afficher ce que contient ce dossier dans le volet droit, cette fois.

4. Faites défiler la liste de ce volet et cliquez sur **Explorer** ou sur **Explorer.exe**, le nom d'origine de l'Explorateur de fichiers, pour cocher sa case de sélection.

5. Faites un clic droit ou un appui long sur ce nom. Dans le menu contextuel qui s'ouvre, cliquez sur **Épingler à la barre des tâches**.

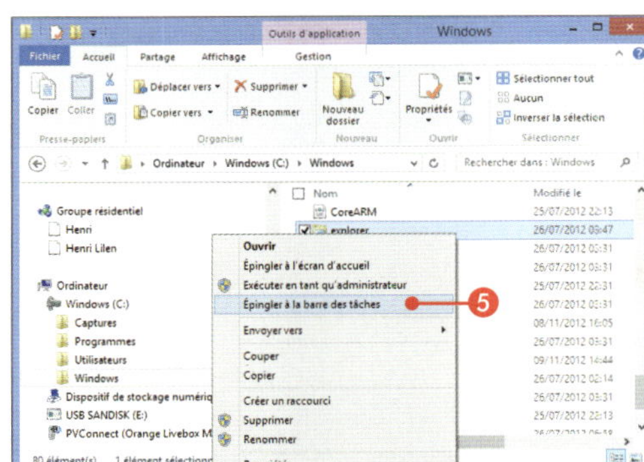

6. L'icône de cet explorateur apparaît dans la barre des tâches et y reste à demeure.

Ajouter ou supprimer le ruban de commandes de l'Explorateur

1. La disponibilité d'un ruban de commandes est une autre des grandes nouveautés de l'Explorateur Windows de Windows 8 et RT. Pour le faire apparaître s'il ne s'affiche pas automatiquement, comme dans l'écran précédent, ouvrez l'Explorateur de fichiers et cliquez sur la petite icône en forme de **V**, en haut et à droite.

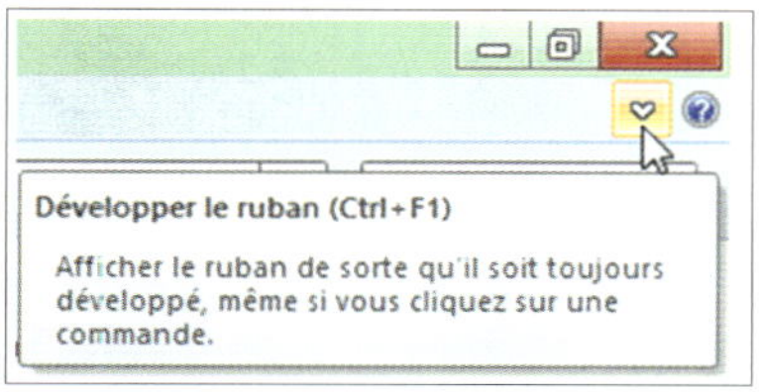

Un ruban de commandes avec ses onglets s'ouvre.

2. Cliquez sur les onglets (**Accueil**, **Partage**, **Affichage…**) pour ouvrir leurs commandes respectives, puis cliquez sur l'une d'elles pour en lancer l'exécution.

3. Recliquez sur la même icône qui a inversé son sens pour faire disparaître le ruban.

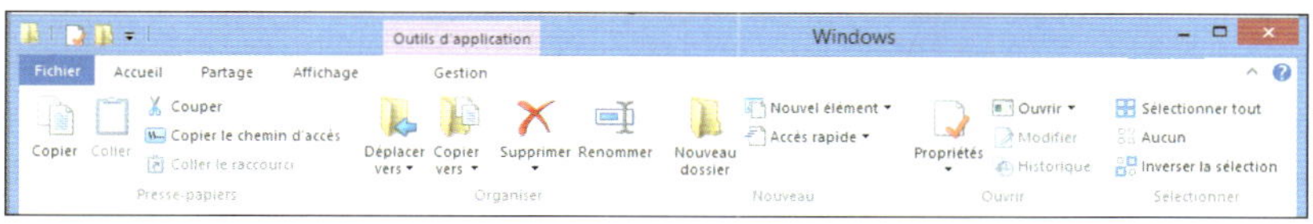

Commandes du ruban Affichage

Le ruban **Affichage** gère l'affichage des éléments dans la fenêtre :

1. Onglet actif.
2. Affiche ou supprime le volet de navigation.
3. Affiche ou supprime le volet des détails ou un volet supplémentaire de visualisation de l'élément sélectionné. Ce volet des détails s'ajoute sur la droite de la fenêtre.

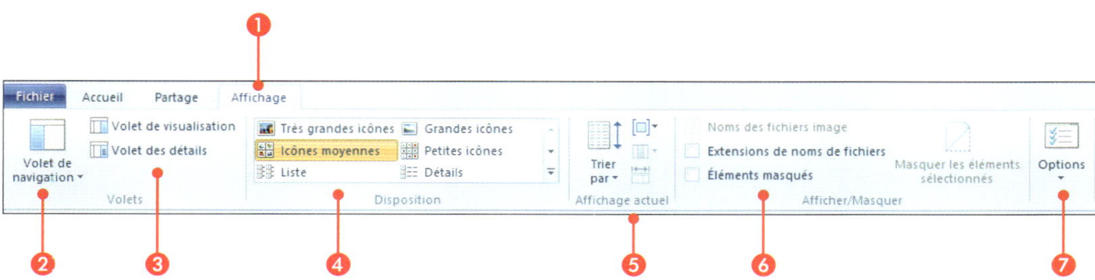

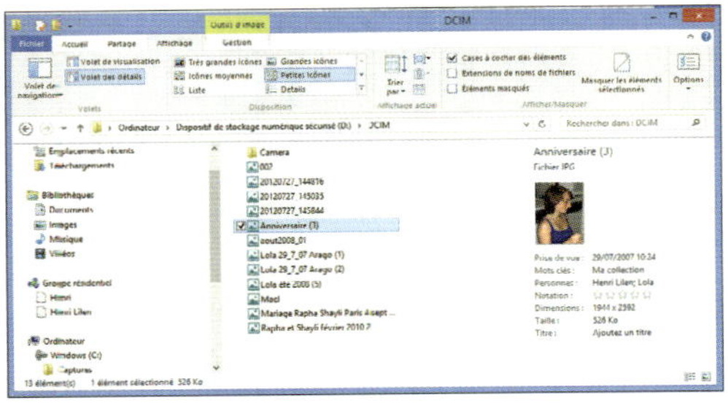

4 Gère les modes d'affichage : avec ou sans détails, en petites ou grandes icônes, *etc*. Expérimentez ces modes.

5 Gère les modes de tri et les colonnes.

6 Affiche ou masque les éléments listés. Une case cochée ordonne l'affichage. On souhaitera, par exemple, afficher les extensions des noms de fichiers ; pour cela, cochez la case correspondante, non cochée par défaut.

7 Affiche des options supplémentaires.

NOTE

Fichiers et extensions – Un fichier est l'enregistrement d'un document quelconque : une lettre, un dessin, un programme, une photo, *etc*. Les documents que vous produisez sont enregistrés en tant que fichiers sous le nom que vous leur décern ez.

Chaque application ou programme produisant un fichier lui imprime sa marque de fabrique sous la forme d'une extension : elle s'ajoute au nom et elle en est séparée par un point. Par exemple, un document produit par le traitement de texte Word porte comme extension .doc ou .docx. Si le nom du document est **lettre**, avec l'extension, vous lirez **lettre.docs**. Lorsque vous listez vos documents dans l'Explorateur Windows, l'affichage des extensions, s'il est autorisé, vous indique immédiatement d'où proviennent ces documents.

Icônes spéciales de l'Explorateur

Dans l'angle supérieur gauche, dans la barre de titre de l'Explorateur de fichiers par conséquent, se trouve la barre **Accès rapide** avec quelques icônes dont les fonctions sont les suivantes :

1 Ouvre un menu système.

2 Affiche les propriétés de l'élément sélectionné.

3 Crée un nouveau dossier dans le dossier sélectionné.

4 Personnalise la barre d'outils **Accès rapide**.

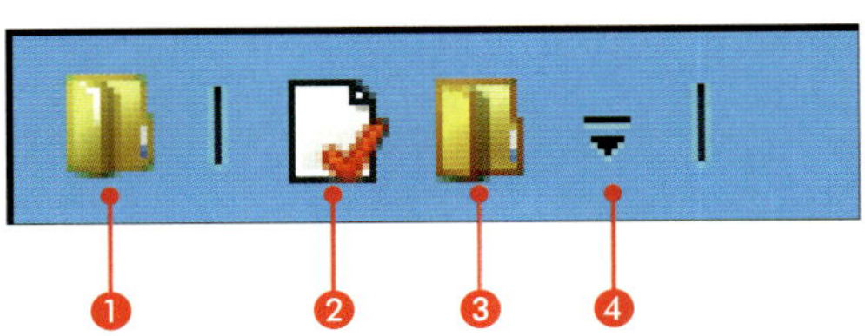

Sur la droite de la barre de titre apparaissent les trois boutons traditionnels servant à gérer la fenêtre.

❶ Réduit la fenêtre en bouton dans la barre des tâches.

❷ Agrandit la fenêtre en plein écran ou la ramène à sa taille antérieure.

❸ Ferme totalement la fenêtre et l'application.

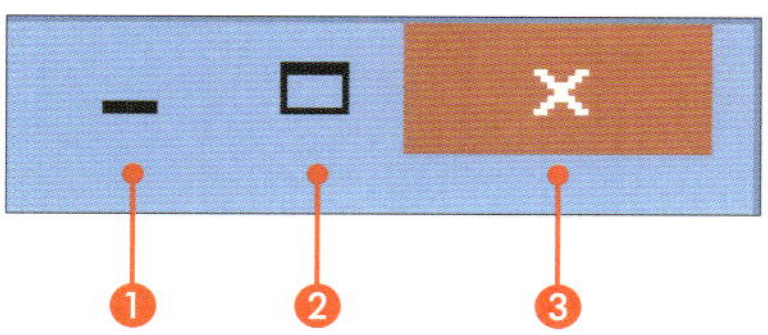

En bas et à droite figurent deux autres icônes :

❶ Affiche des informations détaillées sur chaque élément figurant dans le volet droit de la fenêtre.

❷ Affiche les éléments sous forme de grandes miniatures.

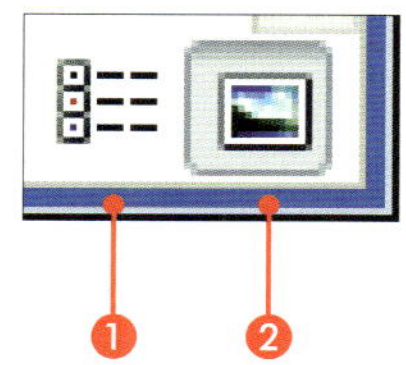

Actions avec l'Explorateur

- Cliquez sur une ligne dans le volet de circulation (gauche) pour afficher son contenu dans le volet des détails.
- Pointez le volet de circulation pour afficher des flèches préfixant les dossiers.
- Dans le volet de circulation, cliquez sur la petite flèche blanche horizontale qui préfixe un dossier ▷ pour lister son contenu. La flèche blanche devient une flèche noire orientée en biais vers le bas ◢.
- Cliquez sur cette flèche noire ◢ pour refermer la liste ouverte.
- Ou encore, double-cliquez sur un dossier dans le volet de circulation pour ouvrir ou refermer la liste des seuls autres dossiers qu'il contient, et ce dans ce même volet. En effet, les fichiers eux-mêmes n'apparaissent que dans le volet droit.
- Cliquez sur un dossier dans le volet de circulation pour lister son contenu dans le volet droit, dossiers et fichiers.
- Cliquer sur un dossier ou un fichier pour le sélectionner.

Modifier l'affichage des fichiers et des dossiers

❶ Dans l'Explorateur, appuyez sur l'onglet **Affichage**.

❷ Dans le groupe **Disposition**, appuyez sur l'une des huit options disponibles : **Très grandes icônes**, **Grandes icônes**, **Icônes moyennes**, **Petites icônes**, **Liste**, **Détails**, **Mosaïque** et **Contenu**.

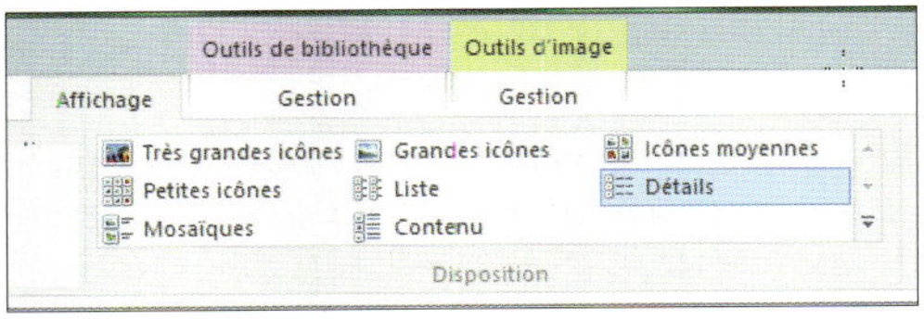

3 **Très grandes icônes**, par exemple, présente les fichiers sous forme de grandes icônes, montrant du même coup les images.

4 En revanche, **Détails** présente les fichiers sans illustration mais avec plusieurs informations telles que la date de modification, le type, la taille, *etc.*

5 Vous pouvez d'ailleurs ajouter ou supprimer des colonnes dans le mode de présentation Détails. Faites un clic droit sur l'un des titres de colonnes des détails. Une petite fenêtre contextuelle s'ouvre.

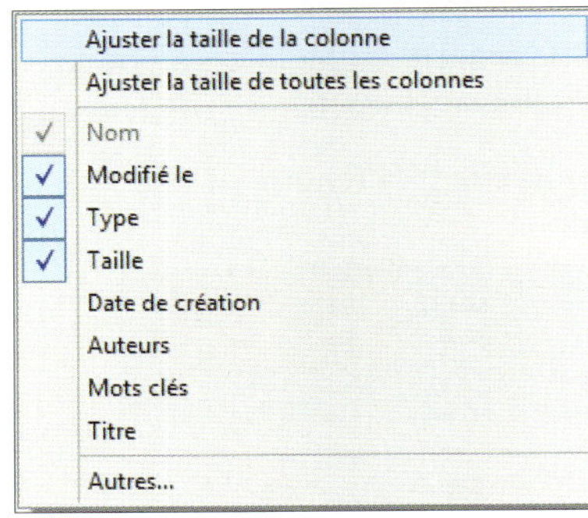

6 Cochez les colonnes à afficher et décochez les autres.

> **NOTE** La combinaison **Maj + Ctrl + les touches 1 à 8** du clavier modifient le mode d'affichage des fichiers et des dossiers comme le fait le ruban.

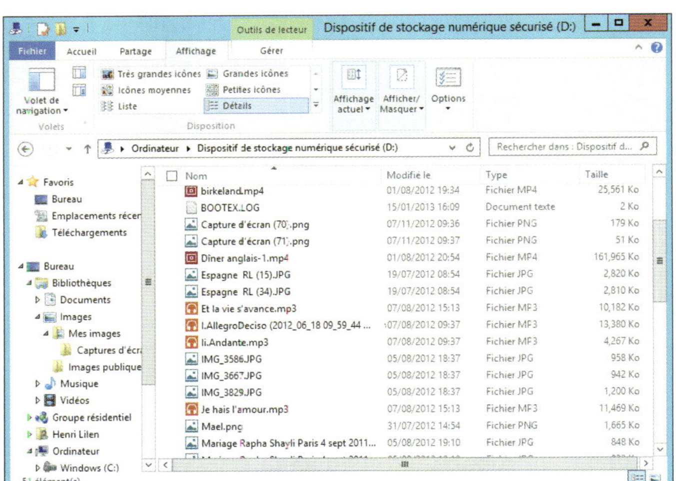

Dossiers personnels et bibliothèques

- **Les dossiers personnels** sont listés sous votre nom d'utilisateur et comprennent **Ma musique**, **Mes documents**, **Mes images** et **Mes vidéos**. Utilisez-les comme il se doit pour bien respecter l'organisation de Windows, quitte à créer autant de sous-dossiers que nécessaire. Cela facilitera aussi vos sauvegardes.
- **Les bibliothèques**, elles, sont des dossiers virtuels. Une bibliothèque n'affiche qu'un seul type de documents et agrège le contenu des dossiers que vous lui indiquez. C'est bien pratique : par exemple, vous pouvez placer des photos dans plusieurs dossiers différents. Vous l'indiquez à la bibliothèque concernée et, en ouvrant celle-ci, vous avez accès à toutes vos photos. Ces dernières n'en subsistent pas moins dans leur véritable dossier d'origine.

Couper, copier et coller

- **Couper** supprime l'élément sélectionné, dossier ou fichier, mais permet aussi de le déplacer, car il est mis en mémoire.
- **Copier** en établit une copie que vous implanterez en un autre endroit.
- **Coller** est l'action d'introduire ailleurs ce que vous avec coupé ou copié.

1 Affichez l'**Explorateur de fichiers** avec son ruban, l'onglet **Accueil** étant actif. Sur sa gauche, repérez les trois commandes **Copier**, **Coller** et **Couper,** plus quelques commandes complémentaires.

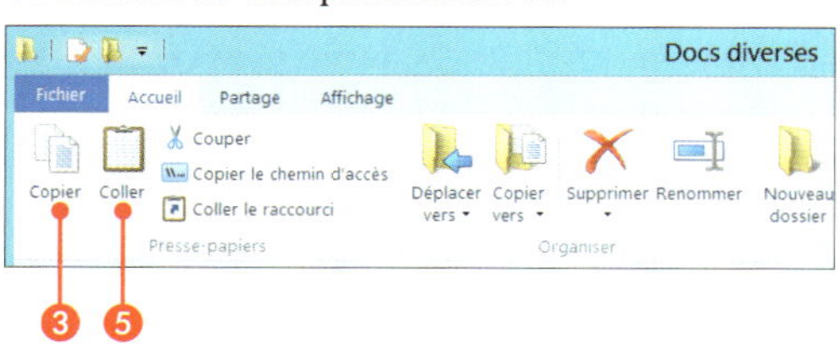

2 Sélectionner un dossier ou un fichier en cliquant dessus.

3 Cliquez sur la commande **Copier** ou **Couper**, selon ce que vous entendez faire.

4 Positionnez-vous dans le dossier destinataire.

5 Cliquez sur la commande **Coller**. La copie ou le déplacement est exécuté.

Afficher les fichiers et les dossiers cachés

❶ Ouvrez l'Explorateur Windows.

❷ Cliquez sur l'onglet **Affichage**.

❸ Dans le groupe **Afficher/Masquer**, cochez la case **Éléments masqués**.

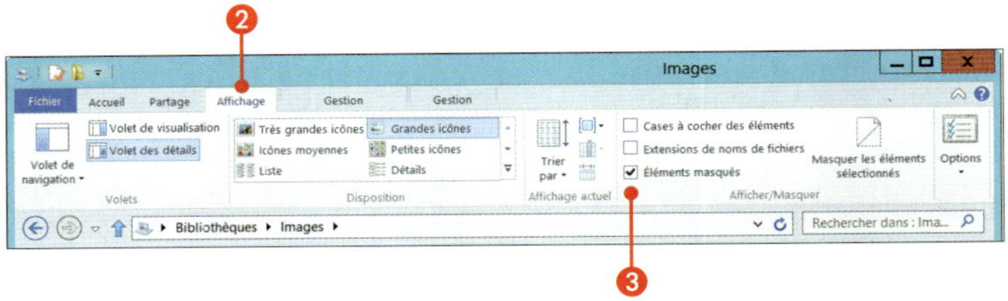

Mettre l'historique en service

❶ Affichez le ruban de commandes de l'Explorateur Windows et, sous l'onglet **Accueil**, passez dans le groupe **Ouvrir**.

Ce groupe comporte une nouvelle commande, **Historique**.

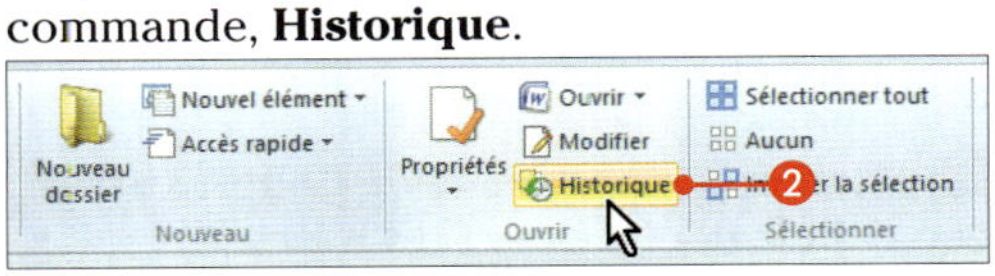

❷ Activez cette commande pour la mettre en service. Une fois activée, sélectionnez un objet et cliquez sur cette commande. Si cet objet a connu des évolutions dans le temps, la liste de ses versions successives s'affiche dans l'Explorateur. Vous pourrez cliquer sur l'une d'elles pour l'ouvrir, quand bien même il s'agirait d'une version datant de plusieurs années.

❸ Pour l'activer :

- Appuyez sur les touches ⊞ + **X** pour ouvrir le menu d'accès rapide. Dans ce menu, cliquez sur **Panneau de configuration**.
- Ou bien affichez **Toutes les applications** et appuyez sur **Panneau de configuration**.

Le Panneau de configuration s'ouvre.

❹ Affichez-le en mode par catégories : cliquez sur la flèche de la ligne **Afficher par** et cliquez sur **Catégorie**.

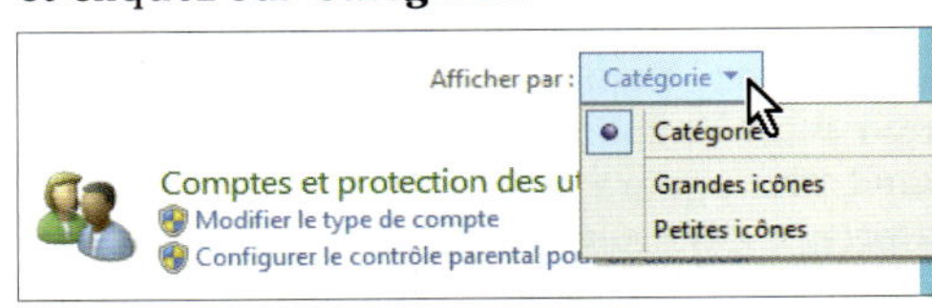

❺ Sous la rubrique **Système et sécurité**, cliquez sur **Enregistrer des copies de sauvegarde de vos fichiers à l'aide de l'Historique des fichiers**.

❻ Dans la nouvelle fenêtre, si l'historique n'est pas actif, cliquez sur le bouton **Activer**.

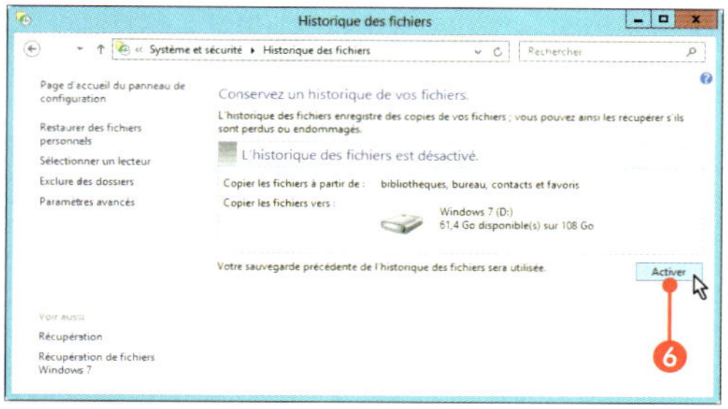

En un instant, l'écran affiche **L'historique des fichiers est activé** tandis que le bouton **Activer** devient **Désactiver**. L'historique est en fonctionnement.

Réafficher le Bureau à tout instant en mode Bureau

Si votre Bureau est par trop encombré, vous pouvez le débarrasser de toutes ses fenêtres rapidement selon deux méthodes principales.

Avec la Barre des tâches

❶ Examinez l'extrémité droite de la **Barre des tâches**, en bas de l'écran.

❷ Cliquez sur le petit pavé d'extrémité droite, libre, non différencié mais bel et bien actif. Le bureau se vide de toutes ses fenêtres.

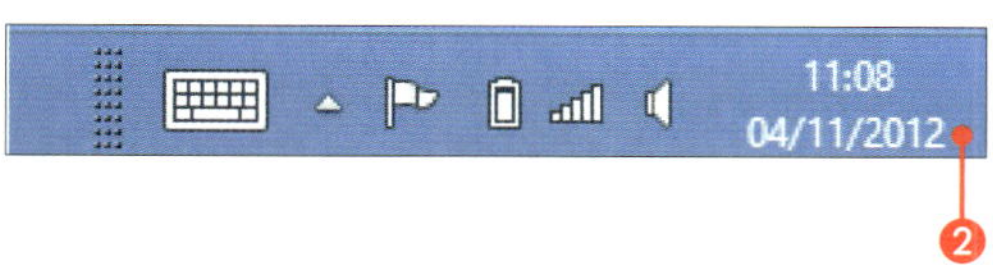

Avec le menu contextuel de la barre des tâches

❶ Faites un clic droit ou un appui long sur une zone libre de la **Barre des tâches** pour ouvrir un menu contextuel.

❷ Dans ce menu, cliquez sur **Afficher le Bureau**.

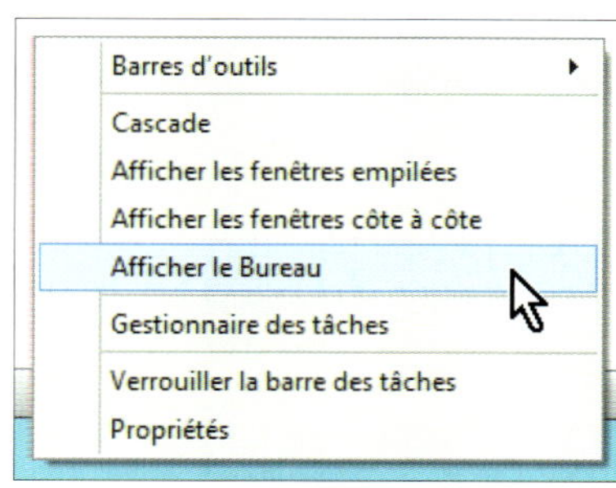

Activer ou désactiver des fonctions Windows

❶ Appuyez sur ⊞ + **X** pour ouvrir le menu d'accès rapide et cliquez sur **Panneau de configuration**.

❷ Affichez le **Panneau de configuration** en mode icônes et cliquez sur **Programmes et fonctionnalités**.

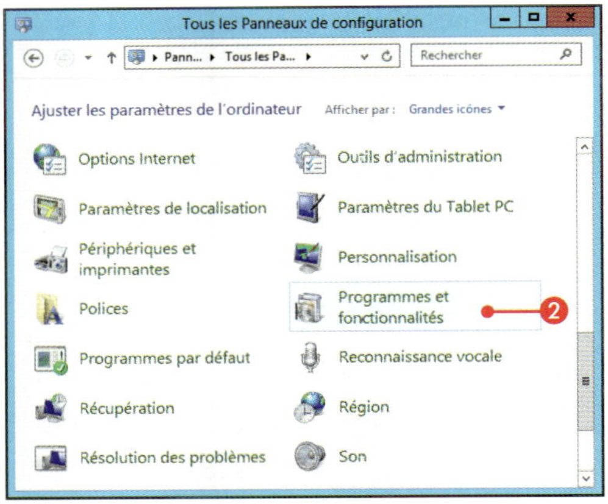

❸ Dans la colonne gauche de la fenêtre qui s'ouvre, cliquez sur **Activer ou désactiver des fonctionnalités Windows**.

❹ Cochez la case des fonctions à activer, ou décochez celles que vous souhaitez désactiver, puis cliquez sur **OK**.

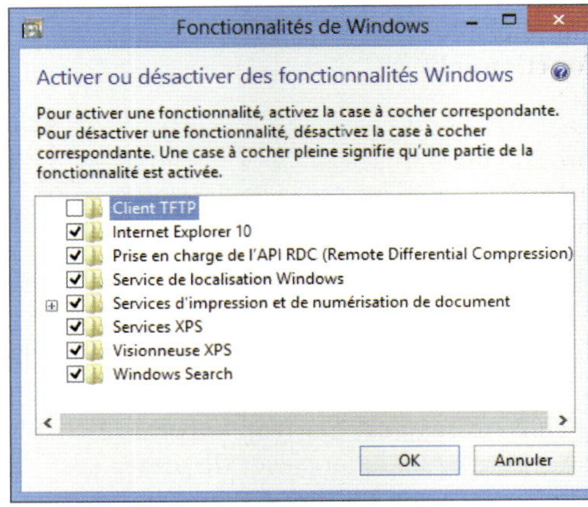

Ouvrir le menu d'accès rapide

❶ Appuyez sur les touches **Windows** + **X**. Ou bien faites un clic droit dans l'angle inférieur gauche de l'écran.

❷ Un menu d'accès rapide s'affiche dans l'angle inférieur gauche de l'écran.

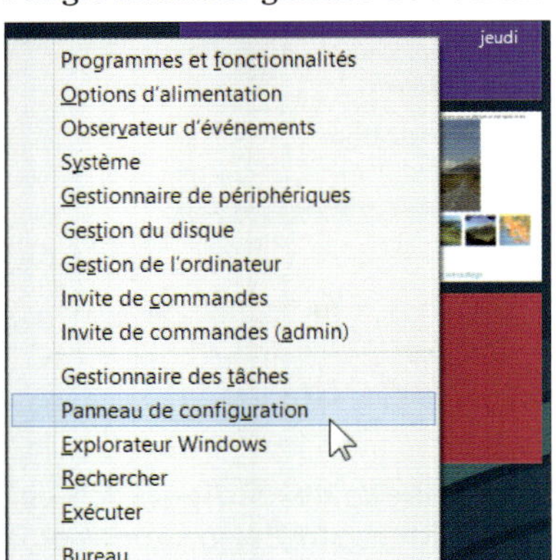

❸ Ce menu d'accès rapide dispose d'une collection de commandes fonctionnant presque toutes en mode Bureau.

❹ Les sections suivantes traitent de certaines de ces commandes. Les plus importantes seront développées dans leurs chapitres respectifs.

Ouvrir Programme et fonctionnalités

❶ Dans le menu d'accès rapide, appuyez sur la première commande, **Programmes et fonctionnalités**.

La fenêtre éponyme s'affiche. Elle liste les programmes que vous avez installés, et ceux-là uniquement. Au départ, il n'y en a bien sûr aucun.

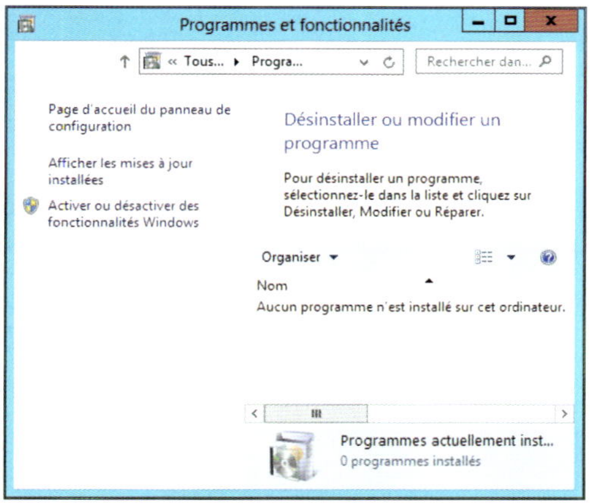

❷ La colonne gauche permet d'atteindre :

- Le Panneau de configuration.
- Les commandes d'activation ou de désactivation des fonctionnalités de Windows.
- La liste des mises à jour installées, ce qui permet d'en désinstaller en cas de conflit.

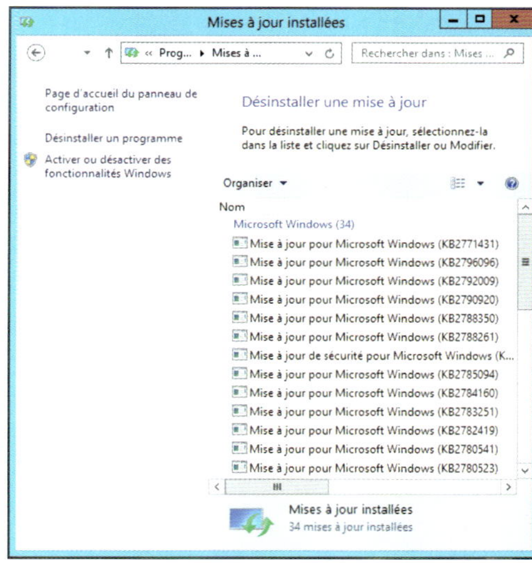

Ouvrir le Centre de mobilité

❶ Dans le menu d'accès rapide, appuyez sur la commande **Centre de mobilité**.

❷ Le **Centre de mobilité** s'ouvre. Appuyez sur l'icône de l'un de ses paramètres pour en afficher le contenu. Il permet de :

- Ajuster la luminosité de l'écran en déplaçant le curseur horizontalement. Pour ajuster définitivement la luminosité et gérer l'alimentation, appuyez sur l'icône de cette option. La fenêtre **Options d'alimentation** s'affiche.

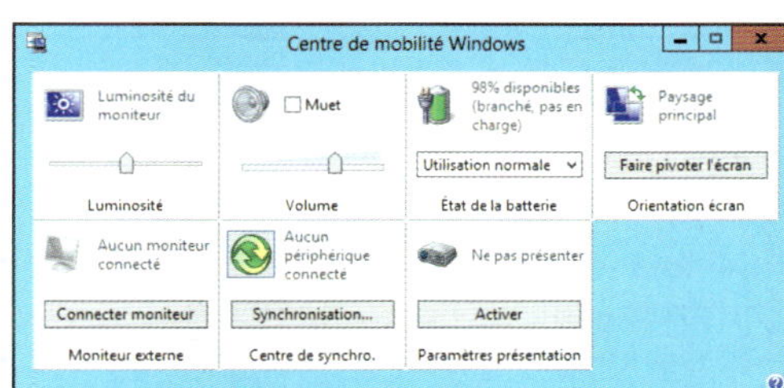

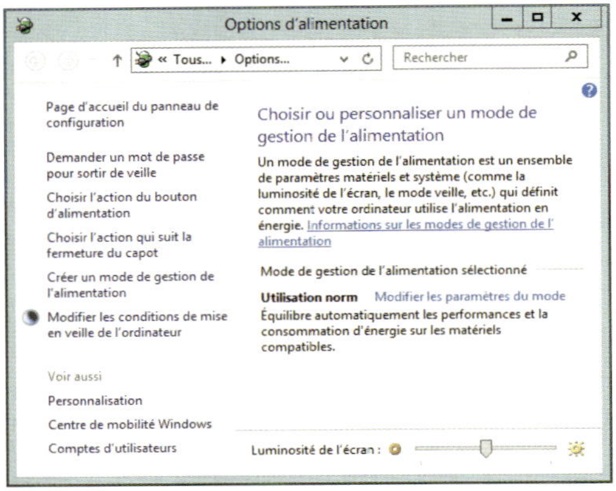

- Ajuster le volume des sons ou désactiver totalement les sons en cochant la case **Muet**. Si vous appuyez sur l'icône du haut-parleur, la fenêtre **Son** s'affiche.

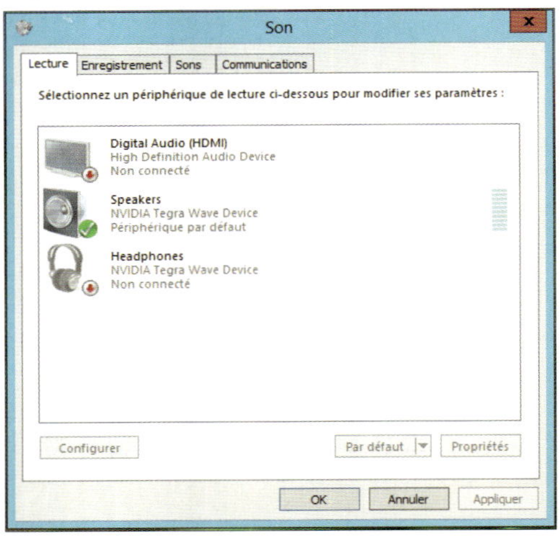

- Apprécier le niveau de charge de la batterie. Un appui sur l'icône ouvre la fenêtre **Options d'alimentation**.

- Commander l'orientation de l'affichage, horizontal ou vertical. Un appui sur l'icône du moniteur ouvre la fenêtre **Résolution d'écran**.

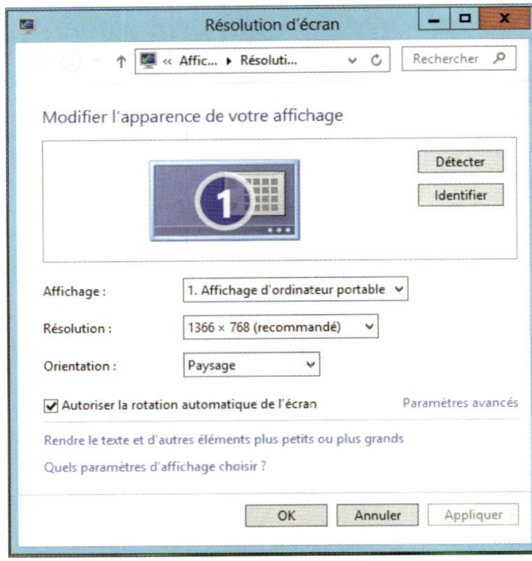

- Gérer un moniteur externe que vous pouvez connecter à la tablette. L'appui sur cette option ouvre un volet droit offrant plusieurs possibilités.

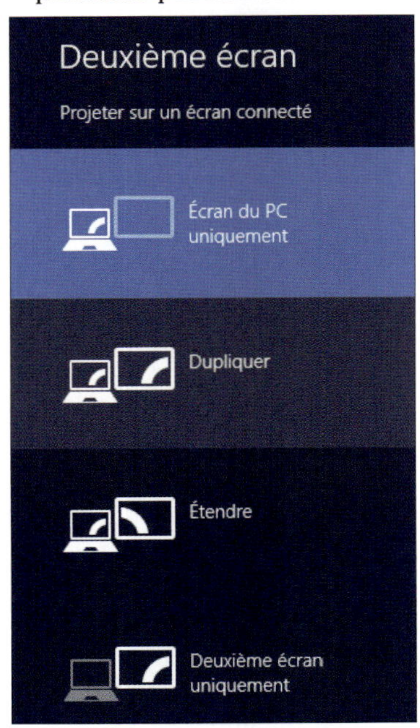

- Ouvrir le **Centre de synchronisation** si vous avez connecté des périphériques.

Gérer les paramètres d'une présentation PowerPoint

La dernière option du **Centre de mobilité** est **Paramètres de présentation**. Cette option est plus subtile. Si, avec votre tablette, vous effectuez une présentation avec l'application PowerPoint, Surface reste active, mais les notifications système sont désactivées pour ne pas perturber la présentation.

- Appuyez sur le bouton central pour activer ou désactiver cette option.
- Appuyez sur l'icône du vidéoprojecteur pour afficher la fenêtre **Paramètres de présentation**.

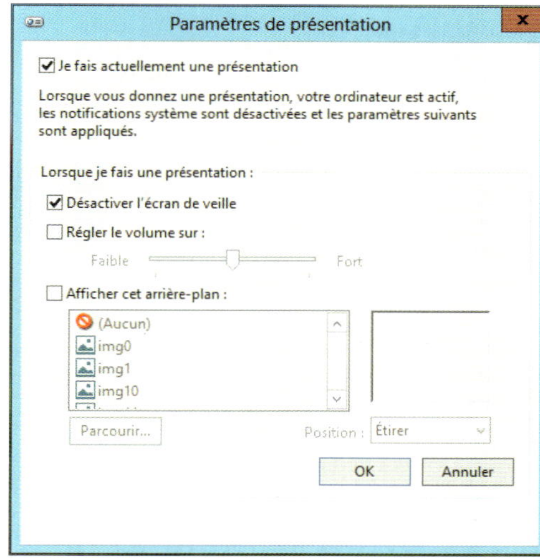

Ouvrir les paramètres Système

❶ Dans le menu d'accès rapide, appuyez sur la commande **Système**.

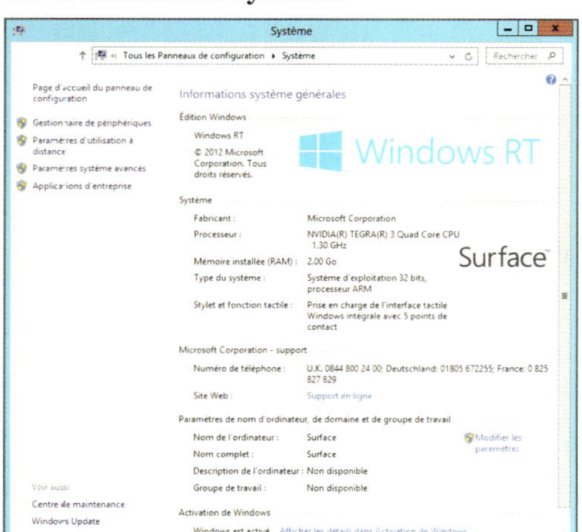

❷ La fenêtre **Système** s'ouvre. Elle affiche des informations générales sur le système Windows RT :

- **Édition Windows** : répertorie les informations sur le système d'exploitation en service.
- **Système** : fournit des informations complémentaires sur la tablette.
- **Paramètres de nom d'ordinateur, de domaine et de groupe de travail** : affiche le nom que vous avez décerné à votre tablette et des informations sur le groupe de travail si vous en avez formé un.
- **Activation de Windows** : précise si votre copie de Windows est authentique, ce qui ne peut qu'être le cas avec Surface.

❸ Vous avez accès à diverses fonctions *via* les liens de cette page et les options de sa colonne gauche :

- **Page d'accueil du Panneau de configuration**.
- **Gestionnaire de périphériques** : ce dernier sert à afficher et à gérer les périphériques internes de la tablette.

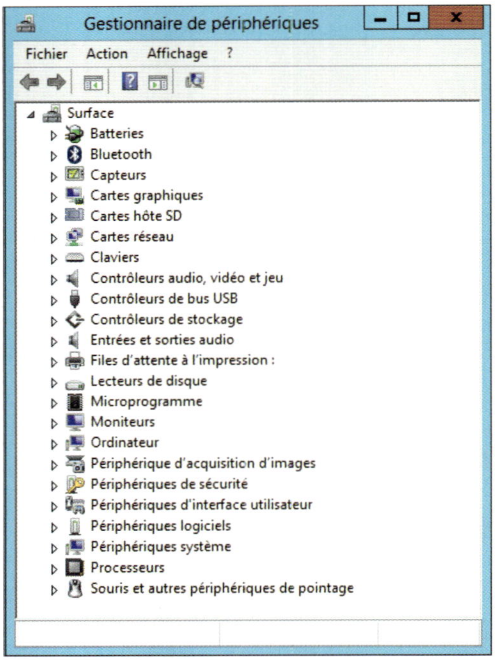

- **Paramètres d'utilisation à distance** : sert à modifier les paramètres de la fonction **Bureau à distance**, permettant de vous connecter à votre ordinateur sur votre point de travail, mais aussi de la fonction **Assistance à distance** en ouvrant la fenêtre **Propriétés système**.

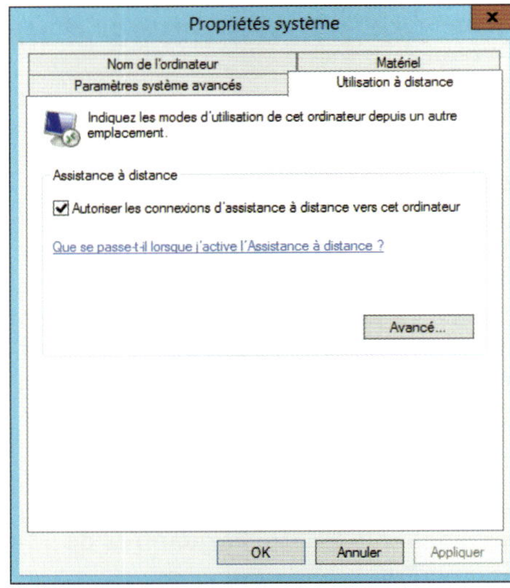

- **Paramètres système avancés** : donne accès aux paramètres de démarrage du système, au profil utilisateur et aux performances avancées, en particulier à la prévention de l'exécution des données (UAC). Cette option ouvre la même fenêtre **Propriétés système**, mais sous l'onglet **Paramètres système avancés**.

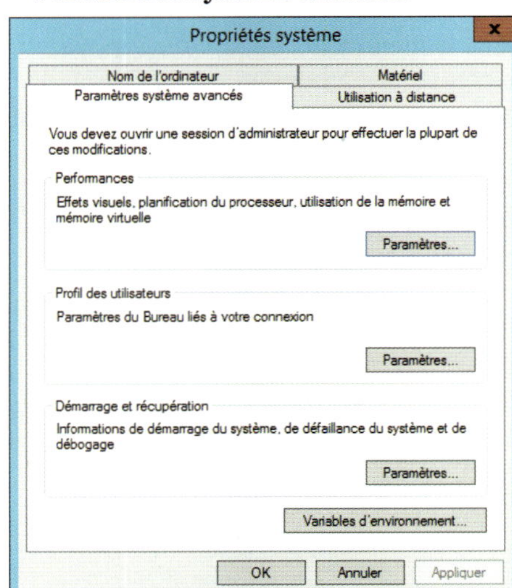

- **Applications d'entreprise** : sert à vous connecter à votre réseau d'entreprise en ouvrant la fenêtre de connexion **Applications de l'entreprise**.

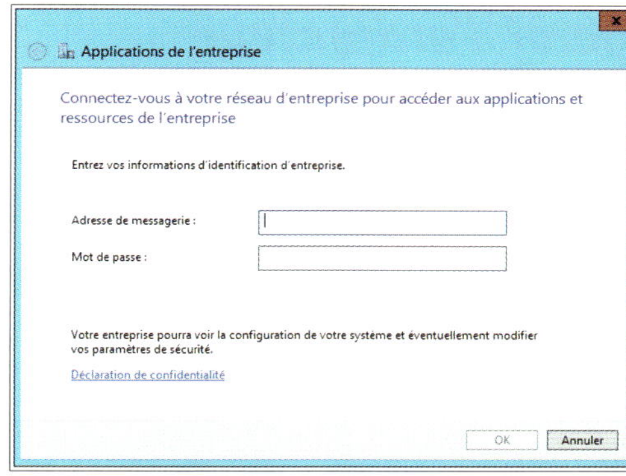

Gérer les mémoires disques

❶ Dans le menu d'accès rapide, appuyez sur la commande **Gestion du disque**.

❷ La fenêtre **Gestion des disques** s'ouvre. Elle affiche les mémoires ou disques internes et externes connectés avec l'indication des partitions, des capacités utiles et occupées, *etc.*

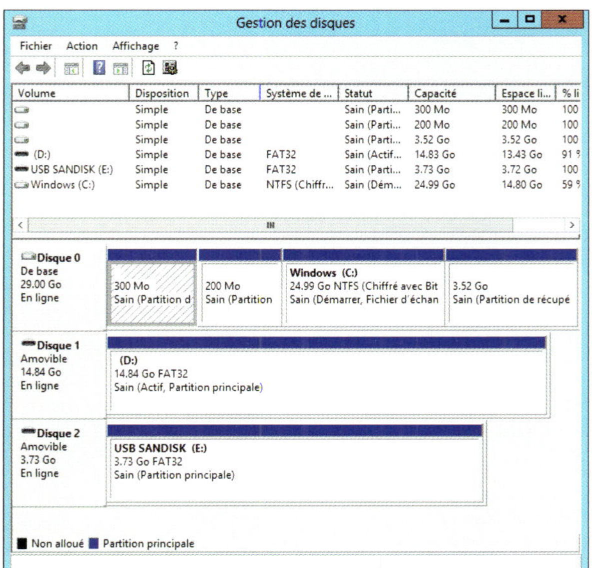

Gérer l'ordinateur

❶ Dans le menu d'accès rapide, appuyez sur la commande **Gestion de l'ordinateur**.

La fenêtre éponyme s'ouvre.

❷ Elle offre une multitude d'options et des fonctions auxquelles vous accédez en ouvrant les listes de sa colonne gauche.

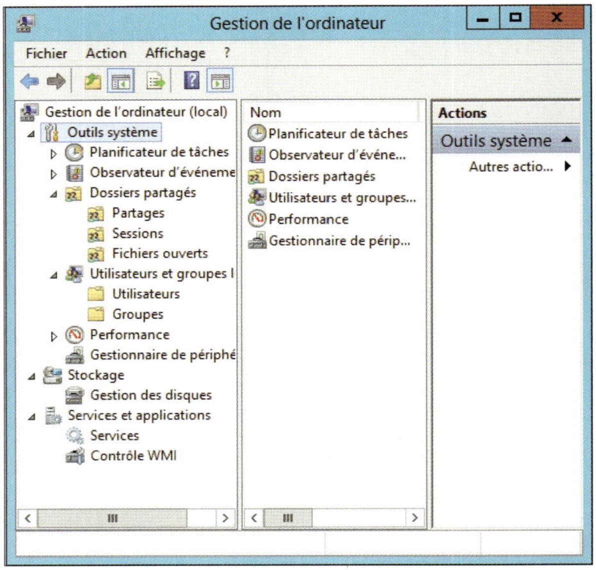

Ouvrir l'invite de commandes

❶ Dans le menu d'accès rapide, appuyez sur :

- **Invite de commandes** : pour l'ouvrir directement.
- **Invite de commandes (admin)** : pour l'ouvrir en mode administrateur.

La fenêtre d'invite s'affiche.

❷ Vous pouvez entrer des lignes de commandes si vous maîtrisez cette écriture.

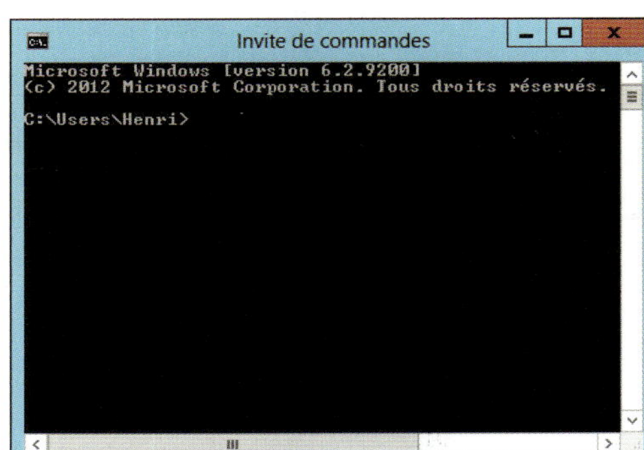

Ouvrir le Panneau de configuration avec le menu d'accès rapide

❶ Dans le menu d'accès rapide, appuyez sur **Panneau de configuration**.

Le Panneau de configuration s'affiche, par défaut en mode d'affichage par catégories. Nous y avons déjà maintes fois fait référence et cela continuera dans les chapitres suivants en raison de son rôle important.

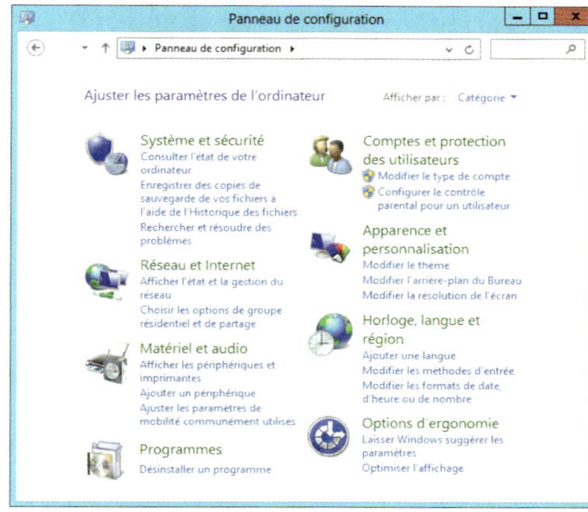

Ouvrir la fenêtre Exécuter

❶ Dans le menu d'accès rapide, appuyez sur **Exécuter**.

La fenêtre **Exécuter** s'ouvre. Elle sert à lancer des commandes spécifiques. Plusieurs chapitres suivants en traitent.

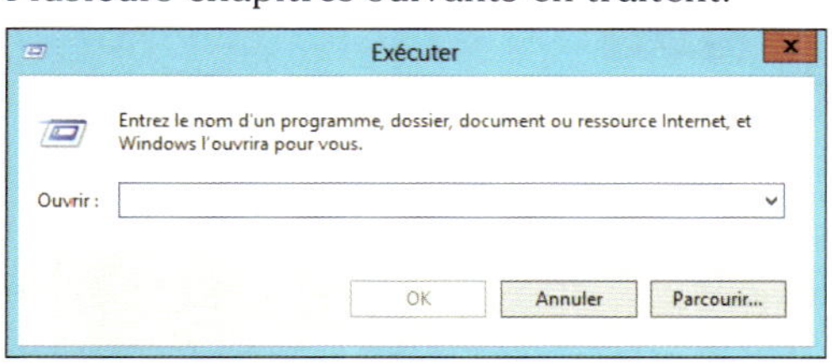

NOTE

Réafficher le Bureau avec l'accès rapide – Le menu d'accès rapide permet également de réafficher le Bureau. Dans ce menu, appuyez sur la dernière commande **Bureau**. La fenêtre du **Bureau** s'ouvre directement

Afficher toutes les fenêtres

1 Vous avez ouvert beaucoup de fenêtres sur le Bureau. Faites un clic droit sur la barre des tâches pour afficher son menu contextuel.

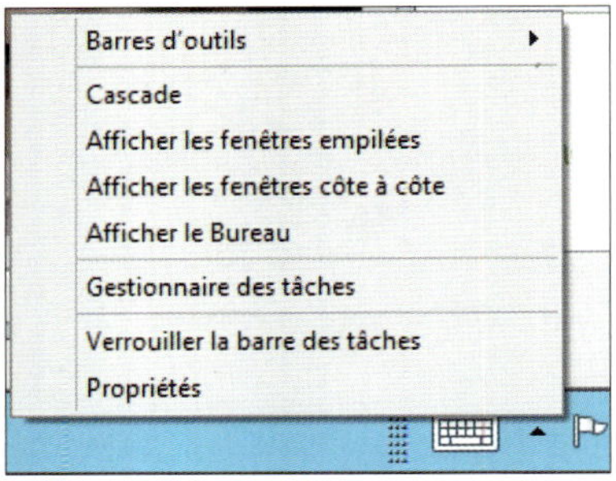

2 Trois propositions d'affichage des fenêtres vous sont présentées. La première est **Cascade**. Les fenêtres s'affichent en cascade.

3 La deuxième est **Afficher les fenêtres empilées**.

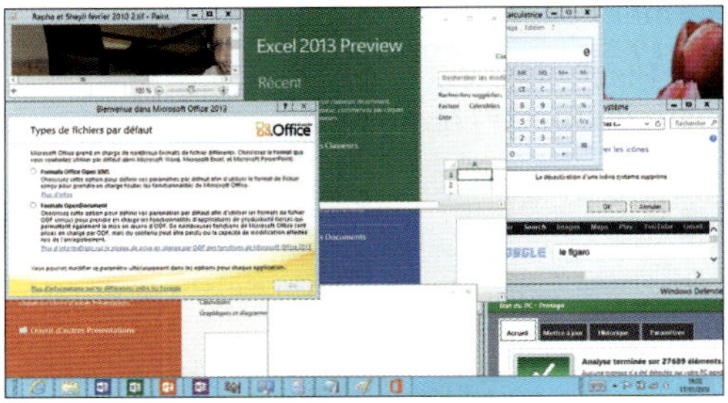

4 La troisième est **Afficher les fenêtres côte à côte**.

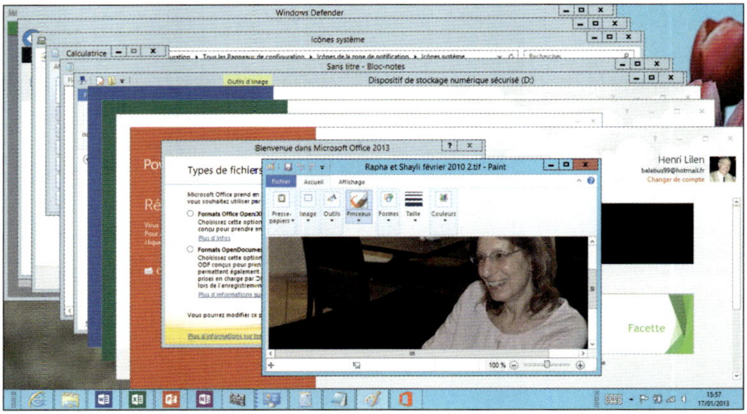

La dernière option d'affichage est **Afficher le Bureau**. Vous débarrassez le Bureau de ses fenêtres qui se rangent en boutons dans la barre des tâches.

Fermer le Bureau

Le Bureau est une application gérée par le mode MUI. Par conséquent, vous pouvez le fermer comme toute autre application.

1 Placez le pointeur de la souris tout en haut du Bureau de sorte qu'il devienne une main.

2 Avec cette main, faites glisser le Bureau jusqu'en bas de l'écran. Il se ferme.

Rappelez-vous toutefois qu'il n'est pas indispensable de fermer des applications ouvertes. Si vous les quittez, elles se mettent en veille.

Chapitre 6

Applications

Dans ce chapitre

- Lister les applications
- Afficher un répertoire alphabétique
- Ouvrir une application avec sa lettre d'appel
- Afficher la barre de commutation
- Basculer d'une application à l'autre
- Quitter ou fermer une application
- Afficher les options des applications
- Lancer une recherche
- Activer l'historique des recherches
- Définir les applications à utiliser pour la recherche
- Bloc-Notes
- Calculatrices
- Dessin avec Paint
- Panneau de saisie mathématique

Les applications sont les programmes que vous utilisez. Surface est, d'origine, déjà bien pourvue en applications. Apprenez à les ouvrir, quel que soit leur mode de fonctionnement, interface MUI ou Bureau.

Il n'est pas nécessaire de fermer une application, il suffit de la quitter pour la mettre en sommeil.

Quelques grandes applications incluses dans Windows RT et fonctionnant en mode Bureau sont présentées en fin de chapitre.

Lister toutes les applications

❶ Faites un clic droit sur une zone libre de la page d'accueil ou faites glisser votre doigt du bas de l'écran vers le centre.

❷ Une barre horizontale s'affiche en bas de l'écran avec un bouton **Toutes les applications**.

❸ Appuyez ou cliquez sur ce bouton. Vos applications s'affichent sous forme de petites vignettes. Des titres de groupes apparaissent également.

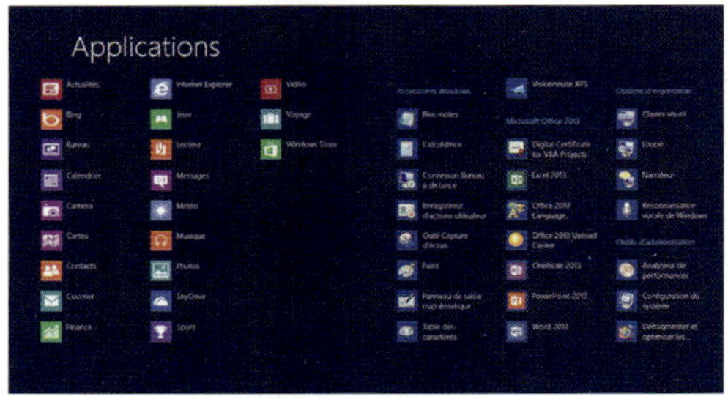

Afficher un répertoire alphabétique des applications

❶ Affichez les vignettes de vos applications, comme ci-dessus.

❷ Si la barre horizontale étroite du bas ne s'affiche pas, bougez la souris ou déplacez le doigt sur le pavé tactile du clavier.

❸ Faites un double appui ou cliquez sur le bouton **moins** (–), dans l'angle inférieur droit de cet écran.

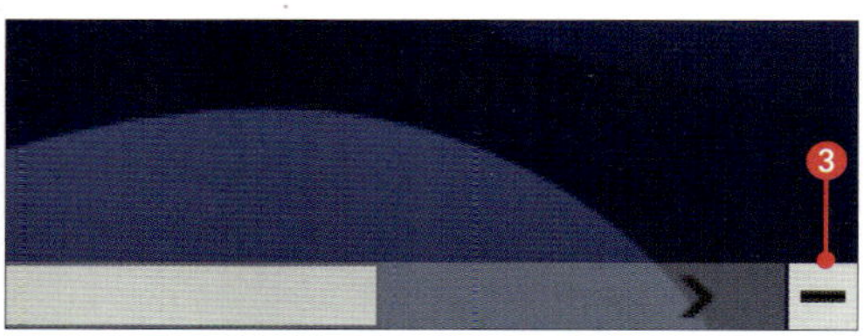

❹ Un répertoire alphabétique des applications apparaît.

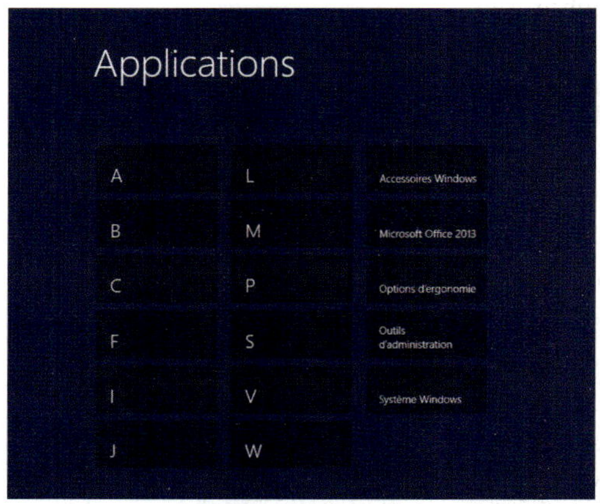

❺ Appuyez ou cliquez sur l'une de ses lettres ou de ses applications :

- Soit pour afficher la liste correspondante des applications.
- Soit pour ouvrir l'application sélectionnée.

Afficher les applications avec leur lettre d'appel

1 Affichez la page **Accueil**.

2 Tapez une lettre de l'alphabet. Les applications commençant par cette lettre s'affichent dans un volet gauche, par exemple pour le **B** dans la capture d'écran suivante.

3 Le volet droit ouvre l'option **Rechercher**.

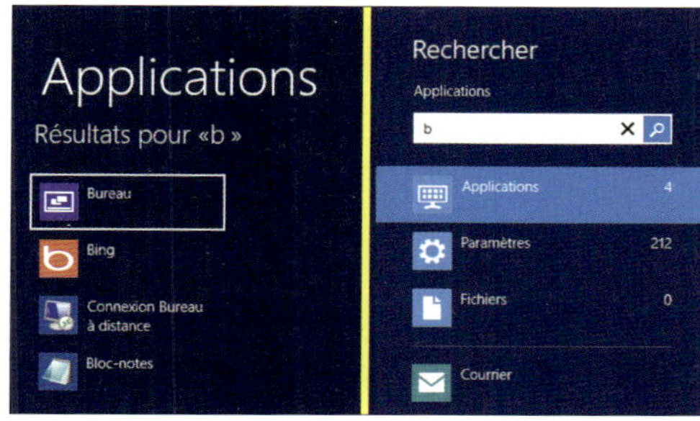

Afficher les applications avec Rechercher

1 Affichez la barre d'outils latérale. Par exemple, appuyez sur ⊞ + C.

2 Touchez ou cliquez sur l'option **Rechercher**.

3 La liste des applications s'affiche avec le volet **Rechercher**.

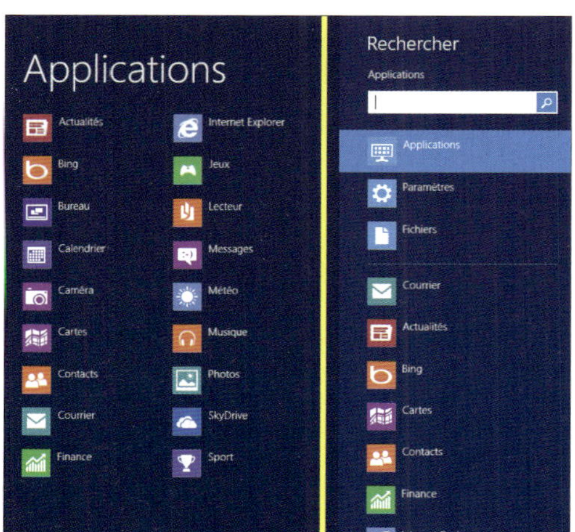

4 La zone de recherche, dans le volet droit, permet de taper l'objet de votre recherche, mais à la condition de sélectionner la bonne rubrique en dessous. Les résultats s'affichent instantanément, souvent sans même appuyer ou cliquer sur la loupe associée.

5 Pour faire disparaître le volet droit, appuyez ou cliquez sur une zone libre de la fenêtre principale gauche.

6 Vous pouvez appuyer ou cliquer sur une application pour l'ouvrir.

Afficher la barre contextuelle horizontale d'outils

1. Pour afficher la barre d'outils dans le contexte d'une application, ouvrez l'application voulue puis, au choix :

- Faites glisser le doigt du bas vers le milieu de l'écran.
- Avec la souris, faites un clic droit sur l'application ouverte.
- Appuyez sur le raccourci **Windows** + **Z**.
- Sur l'écran d'accueil, sélectionnez simplement l'application.

2. Appuyez ou cliquez sur l'outil que vous désirez activer.

Afficher l'application précédente

1. Pour afficher la plus récente des applications ouvertes, déplacez le pointeur de la souris dans l'angle supérieur ou inférieur gauche de l'écran. Une vignette de cette application y apparaît. Si vous partez de l'écran d'accueil, ce pourrait être la vignette **Bureau** si aucune application n'est ouverte.

2. Ou encore, faites glisser le doigt à mi-hauteur du bord extérieur gauche vers le centre de l'écran. Si vous poursuivez le mouvement, l'application s'ouvre. Ce sera le Bureau ou la dernière application Bureau ouverte si vous vous trouvez dans la page **Accueil**.

3. Si vous partez de l'application Bureau, pointez l'angle supérieur gauche pour afficher la vignette de la dernière application utilisée.

4. Si vous pointez l'angle inférieur gauche en partant du Bureau, c'est la vignette de l'écran d'accueil qui apparaît. Cliquez dessus pour l'ouvrir.

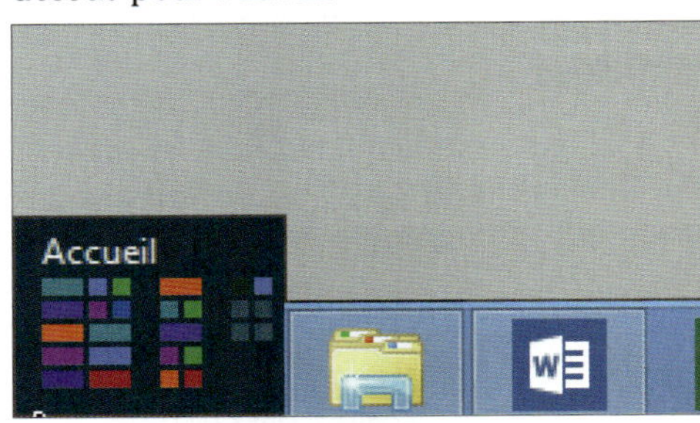

Afficher la barre de commutation des applications au doigt

❶ Sur l'écran tactile, effectuez un balayage depuis le bord gauche sans soulever votre doigt ou la main.

❷ Revenez vers le bord gauche. Les applications que vous avez récemment utilisées apparaissent dans la colonne gauche dans une **barre de commutation**.

❸ Appuyez sur l'application à ouvrir.

Afficher la barre de commutation des applications avec la souris

❶ Pointez l'angle inférieur ou supérieur gauche.

❷ Faites glisser la souris vers le bas si vous partez de l'angle supérieur, vers le haut si vous partez de l'angle inférieur. Les applications ouvertes s'affichent dans la colonne gauche dans une **barre de commutation**.

❸ Si vous réussissez mal avec la souris, allez dans l'angle supérieur ou inférieur gauche pour afficher une vignette, puis faites un clic droit dessus et, tout en maintenant le bouton de la souris enfoncé, faites glisser son pointeur vers le haut si vous partez du bas, vers le bas si vous partez du haut. La même colonne d'applications s'affiche.

❹ Appuyez ou cliquez sur une vignette de cette colonne pour ouvrir son application.

❺ Ou encore, pointez une vignette d'application et faites-la glisser vers la droite ; elle s'agrandit ; quand vous la relâchez, l'application s'ouvre.

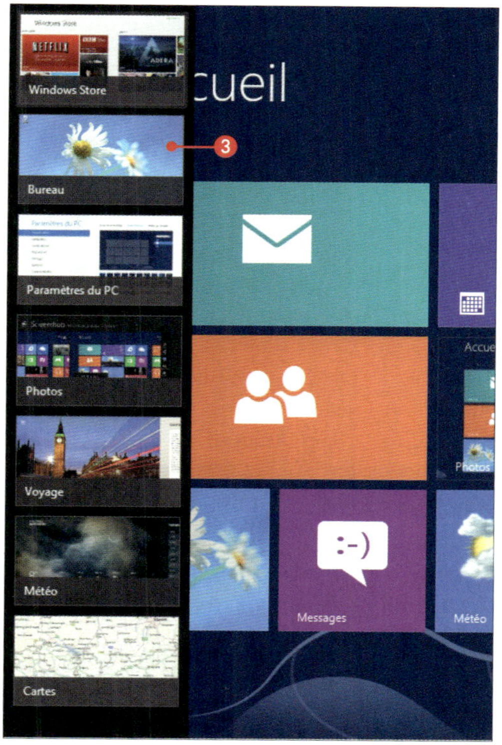

Basculer d'une application à l'autre

- Sur l'écran tactile, effectuez un balayage à partir du bord gauche pour ramener la dernière application utilisée.
- Avec la souris, placez son pointeur dans l'angle supérieur gauche, puis cliquez sur cet angle.
- Ouvrez la barre de commutation des applications et appuyez sur l'application qui vous intéresse.

Afficher les applications ouvertes avec Alt + Tab

❶ Le raccourci **Alt** + **Tab** s'applique aux deux interfaces, **MUI** et **Bureau**. Il ouvre une fenêtre horizontale affichant les vignettes des applications ouvertes, y compris le Bureau nu.

❷ Appuyez ou cliquez sur l'une d'elles, ou poursuivez les appuis sur **Tab** pour sélectionner l'application à activer.

Ouvrir une application

❶ Ouvrez la page **Accueil** avec ses vignettes ou encore la page **Tous les programmes**.

❷ Appuyez ou cliquez sur le programme à ouvrir. Il s'ouvre en plein écran s'il s'agit d'une application au nouveau format MUI, par exemple ici la météo.

❸ Si vous utilisez le clavier, tapez le nom de l'application et appuyez sur **Entrée**.

❹ Les applications ouvertes en mode MUI ne comportent ni cadre, ni icônes de pilotage, ni barre des tâches.

5 En revanche, si vous ouvrez un programme non MUI mais Windows, à l'ancienne et en mode Bureau, il apparaît en fenêtre avec un cadre, des barres de service et ses icônes spéciales dans la barre de titre. Par exemple Paint dans la capture suivante.

Ouvrir rapidement une application en mode recherche

1 Affichez l'écran **Accueil**.

2 Tapez le ou les premiers caractères de l'application à trouver.

3 La page **Applications** s'ouvre et présente les applications commençant par ces caractères. Par exemple, on a tapé simplement **w** pour ouvrir **Word**. La page **Applications** apparaît en plaçant **Word** en premier sur la liste. Bien sûr, ce programme doit avoir été installé sur votre tablette.

4 Cliquez dessus pour ouvrir l'application.

Quitter ou fermer une application

1 S'il s'agit d'une application en mode MUI, vous la quittez tout simplement et vous passez à autre chose. L'application est mise en pause. Pour la fermer réellement, il faut procéder à une opération supplémentaire présentée plus loin.

2 S'il ne s'agit pas d'une application MUI mais Bureau, touchez ou cliquez sur sa case de fermeture, le bouton rouge marqué d'un **X**, situé dans l'angle supérieur droit.

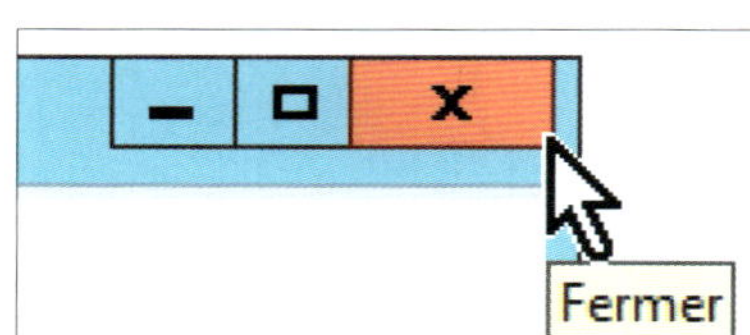

Fermer une application avec la barre de commutation

❶ Pointez l'angle supérieur gauche et descendez pour afficher la barre de commutation listant les applications ouvertes.

❷ Faites un clic droit sur la vignette de l'application à fermer.

❸ La mention **Fermer** apparaît avec les options d'ancrage (sous le mode Bureau). Cliquez dessus.

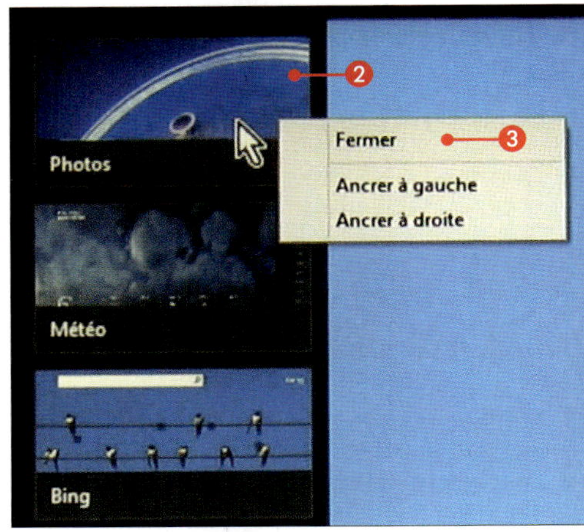

Fermer une application Windows MUI en baissant le rideau

Lorsque vous quittez une application MUI, elle reste ouverte et est mise en pause, ce qui n'est généralement pas gênant. Mais vous pouvez la fermer. Plusieurs méthodes s'y prêtent.

❶ Avec le doigt ou avec la souris, pointez le haut de l'écran de l'application ouverte jusqu'à ce qu'une main apparaisse.

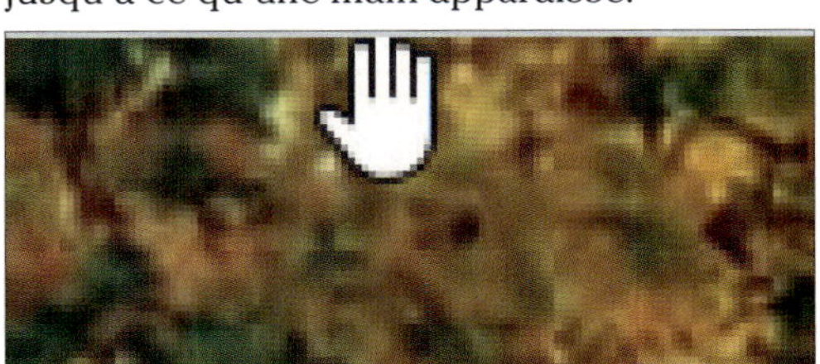

❷ Avec le doigt ou avec la souris ; bouton maintenu enfoncé, faites glisser la main vers le bas de l'écran. L'application s'affiche d'abord dans une fenêtre réduite.

❸ Poursuivez le mouvement jusqu'en bas de l'écran. L'application se ferme.

Fermer une application non affichée

❶ Si l'application n'est pas affichée, pointez l'angle supérieur gauche et descendez pour afficher la barre de commutation listant les applications ouvertes.

❷ Faites un clic droit sur la vignette de l'application à fermer.

❸ La mention **Fermer** apparaît. Cliquez dessus.

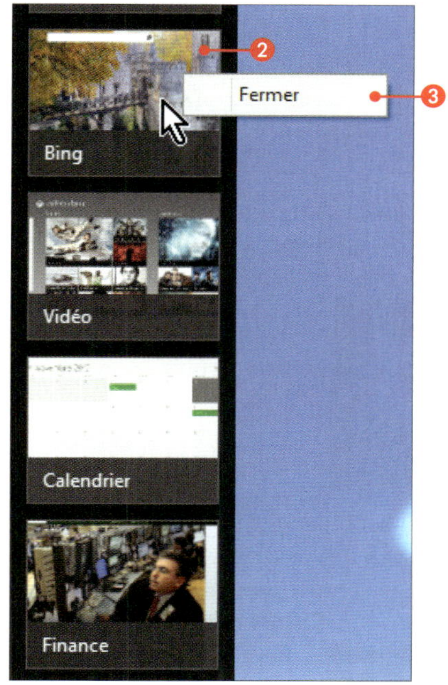

Afficher les options des applications

Vous pouvez afficher des options spécifiques à l'application courante. Elles apparaissent en bandeau en haut ou en bas de l'écran.

❶ Faites un clic droit sur l'écran. Ou faites glisser le doigt du bas de l'écran vers le haut.

❷ Un bandeau horizontal, en bas de l'écran, affiche une liste d'options circonstanciées et généralement évidentes. Par exemple, avec l'application boursière ci-dessous.

❸ Cliquez sur l'option de votre choix.

Ouvrir une application Bureau depuis la page Accueil

❶ Appuyez sur le bouton **Windows** au-dessous du clavier ou sur la touche **Windows** du clavier pour revenir à la page **Accueil**.

❷ Ou encore, affichez la barre latérale d'outils. Puis, appuyez ou cliquez sur l'icône **Accueil**. La page **Accueil** s'affiche.

❸ Faites un clic droit sur cette page ou faites glisser le doigt du bas vers le centre pour afficher la barre horizontale inférieure avec son bouton **Toutes les applications**.

❹ Touchez ce bouton. **Windows** affiche toutes les applications disponibles sur votre machine.

❺ Touchez ou cliquez sur une application relevant du mode Bureau. Par exemple dans les **Accessoires**, choisissez le petit programme de dessin **Paint**.

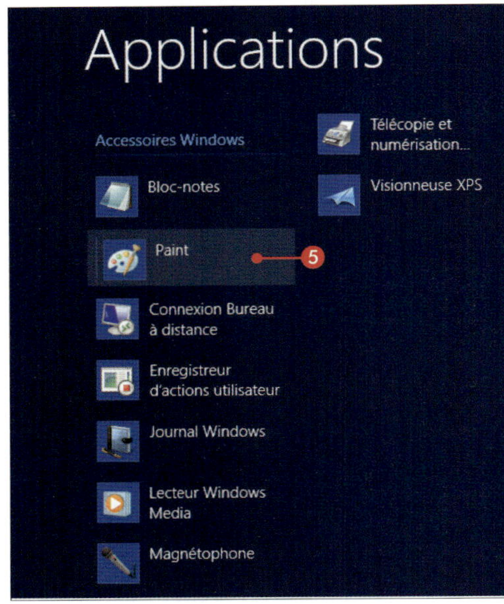

❻ Paint s'ouvre en mode **Bureau**, à l'ancienne. La preuve : vous pouvez le ramener en fenêtre alors que les applications purement Windows 8 s'ouvrent, elles, uniquement en plein écran. Ici, Paint afficher une image.

Lancer une recherche

1. Appuyez sur **Windows** + **C** ou faites glisser la paume de la main pour ouvrir la barre d'icônes latérale de droite.

2. Dans cette barre et en haut, cliquez sur **Rechercher**.

3. Le volet **Rechercher** s'ouvre. Comme de nombreux autres volets, il comprend une zone réservée à la recherche directement sous le titre.

4. Sélectionnez d'abord, dans la liste des sujets listés en dessous, le thème de votre recherche : **Applications**, **Paramètres**, **Fichiers**, *etc.*

5. Tapez l'objet de votre recherche dans le cadre de texte, puis cliquez sur la petite loupe de droite pour lancer cette recherche. Le plus souvent, les résultats s'afficheront avant même ce dernier clic.

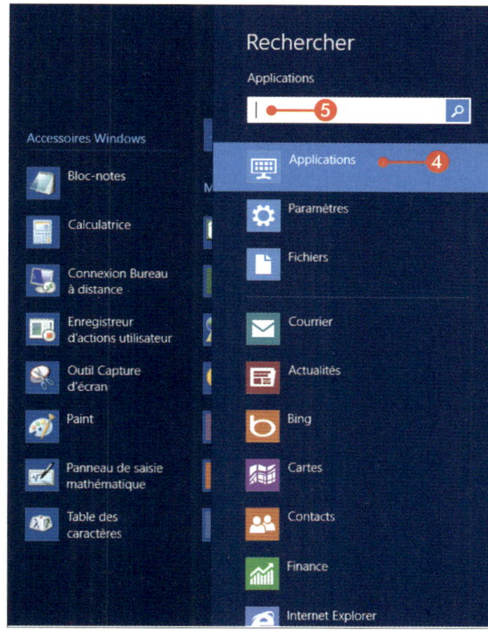

Activer l'historique des recherches

1. Ouvrez la barre latérale d'outils.

2. Appuyez sur **Paramètres**, puis sur **Modifier les paramètres du PC**.

3. Dans la colonne gauche, appuyez sur **Rechercher**.

4. Dans le volet droit, sous la rubrique **Historique de recherche**, activez les deux fonctions :

- **Afficher en premier les applications les plus recherchées**.
- **Laisser l'historique enregistrer mes recherches pour les suggérer à l'avenir**.

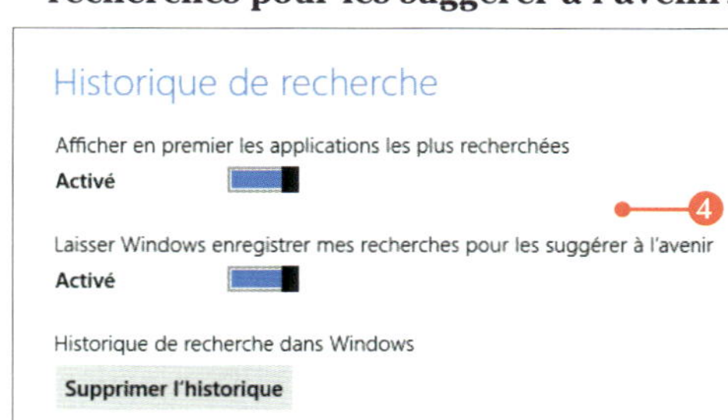

Supprimer l'historique des recherches

❶ Dans le même écran des paramètres, appuyez sur le bouton **Supprimer l'historique**.

❷ L'historique supprimé, la mention **Terminé** s'affiche.

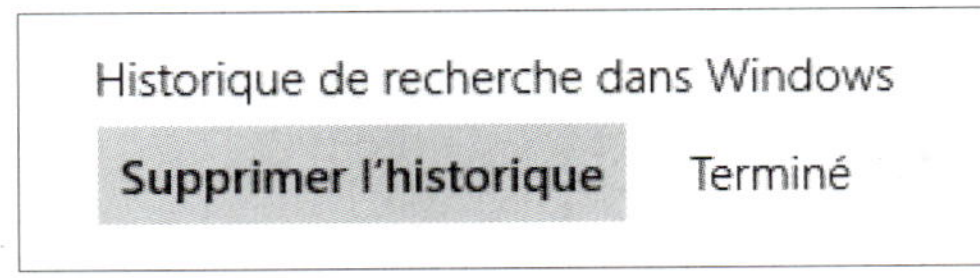

Définir les applications à utiliser pour la recherche

❶ Ouvrez la barre latérale d'outils.

❷ Appuyez sur **Paramètres**, puis sur **Modifier les paramètres du PC**.

❸ Dans la colonne gauche, appuyez sur **Rechercher**.

❹ Dans le volet droit, sous la rubrique **Utiliser ces applications pour lancer une recherche**, activez les applications de votre choix. Par défaut, elles sont toutes actives, par conséquent vous désactiverez celles qui ne vous intéressent pas.

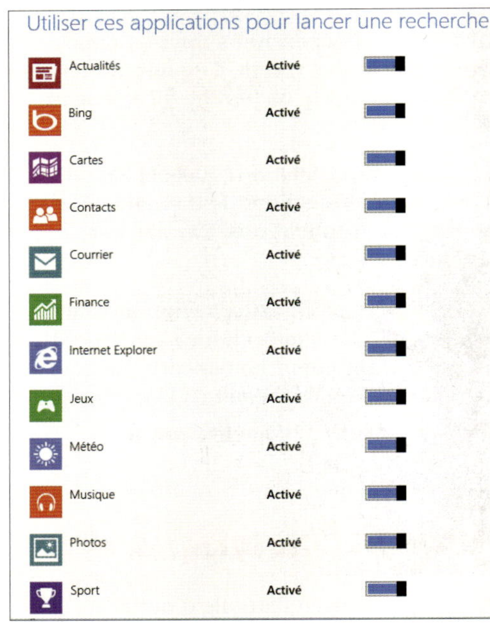

Le Bloc-notes

Le Bloc-notes est un éditeur de texte élémentaire qui sert le plus souvent à consulter ou à modifier des fichiers texte. Un fichier texte est un type de fichier identifié le plus souvent par l'extension de nom de fichier **.txt**. Il est simple, rapide et efficace.

❶ Ouvrez l'écran **Accueil**.

❷ Affichez la barre horizontale d'options en balayant l'écran du bas vers le centre ou en faisant un clic droit sur l'écran.

3 Appuyez sur **Toutes les applications**.

4 Dans le groupe **Accessoires Windows**, appuyez sur **Bloc-notes**.

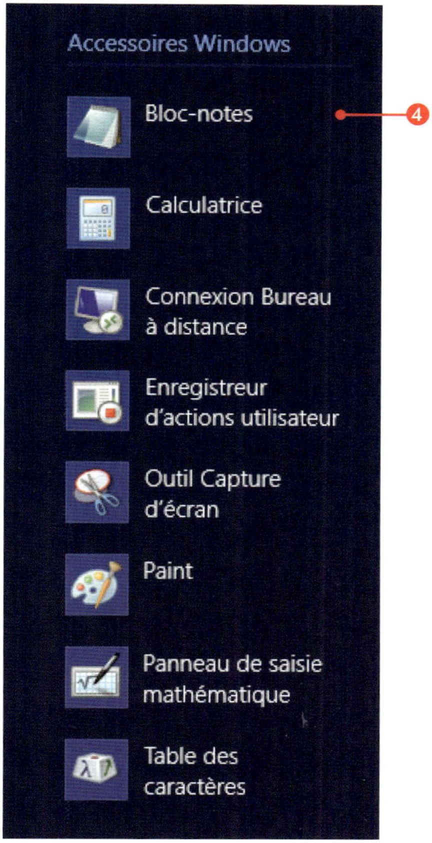

5 Le Bloc-notes s'ouvre.

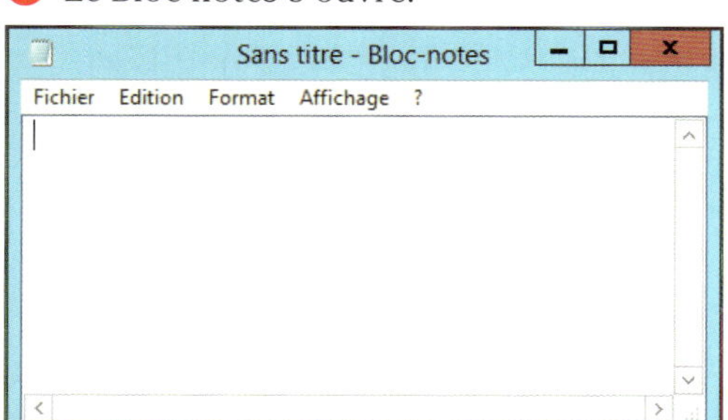

Modifier le style et la taille de la police

Les modifications apportées au style et à la taille de la police affectent tout le texte du document.

1 Ouvrez le Bloc-notes et appuyez ou cliquez sur le menu **Format**, puis sur **Police**.

2 Sélectionnez la police, le style de police et la taille dans les zones correspondantes. Un exemple de la police sélectionnée s'affiche dans la zone **Échantillon**.

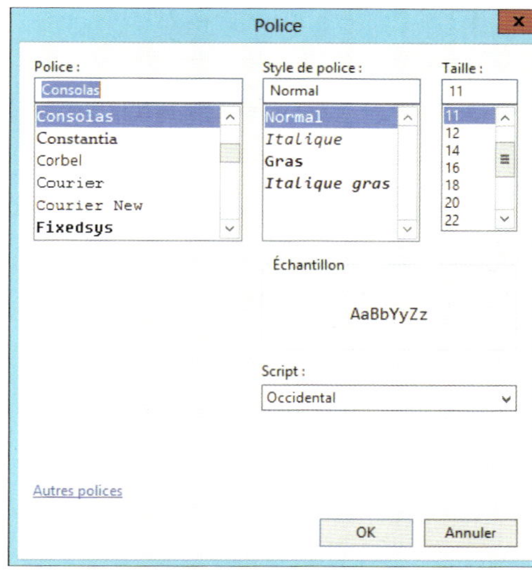

Couper, copier, coller et supprimer du texte

- Pour couper du texte afin de le coller à un autre emplacement : sélectionnez-le, cliquez sur le menu **Edition**, puis sur **Couper**.
- Pour copier du texte afin de le coller à un autre emplacement : sélectionnez-le, cliquez sur le menu **Edition**, puis sur **Copier**.

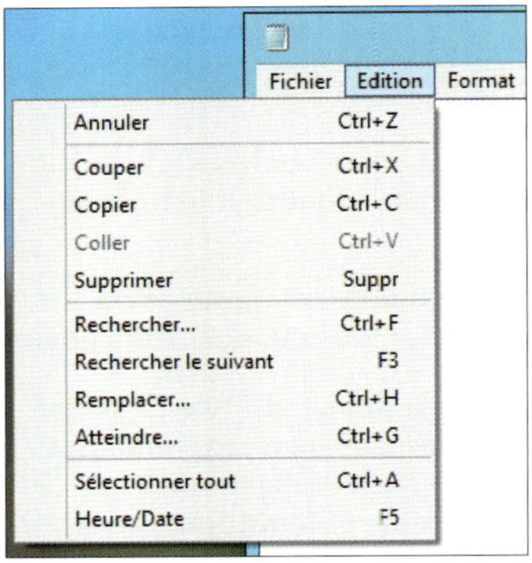

- Pour coller le texte que vous avez coupé ou copié : cliquez sur l'emplacement voulu, cliquez sur le menu **Edition**, puis sur **Coller**.
- Pour supprimer du texte : sélectionnez-le, cliquez sur le menu **Edition**, puis sur **Supprimer**.
- Pour annuler la dernière action : cliquez sur le menu **Edition**, puis sur **Annuler**.

Insérer l'heure et la date dans un document

1 Cliquez dans le document à l'endroit où vous souhaitez insérer l'heure et la date.

2 Cliquez sur le menu **Edition**, puis sur **Heure/Date**.

Rechercher dans un document

1 Cliquez sur le menu **Edition**, puis sur **Rechercher**.

2 Dans la zone **Rechercher**, tapez les caractères ou les mots à rechercher.

3 Sous **Direction**, cliquez sur **Haut** ou **Bas** pour rechercher à partir de l'emplacement du curseur jusqu'au début du document ou cliquez sur **Descendre** pour rechercher à partir de l'emplacement du curseur jusqu'à la fin du document.

4 Cliquez sur **Suivant**.

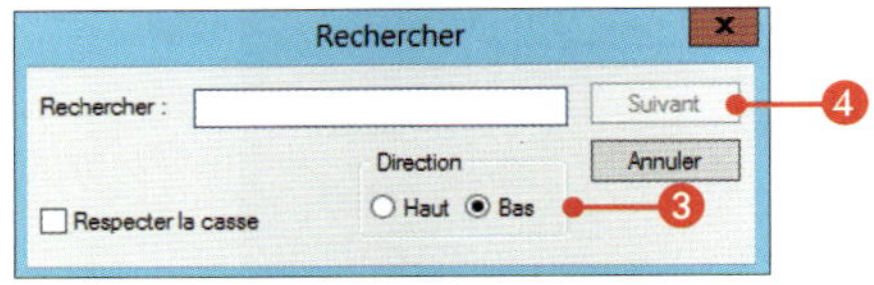

Remplacer des caractères ou des mots

1 Cliquez sur le menu **Edition**, puis sur **Remplacer**.

2 Dans la zone **Rechercher**, tapez les caractères ou les mots à rechercher.

3 Dans la zone **Remplacer par**, tapez le texte de remplacement.

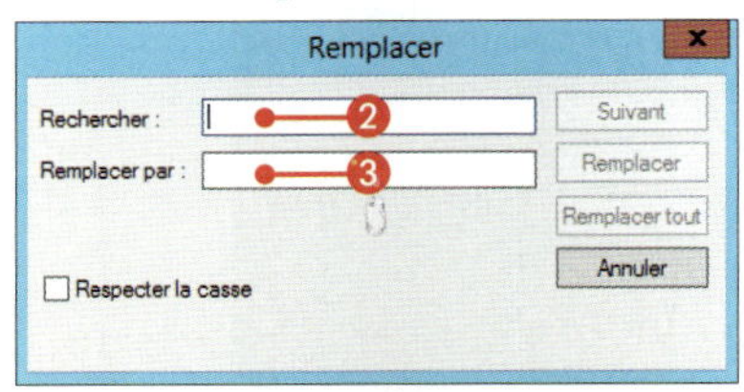

4 Cliquez sur **Suivant**, puis sur **Remplacer**.

5 Pour remplacer toutes les occurrences de ce texte, cliquez sur **Remplacer tout**.

> NOTE
> Pour rechercher ou remplacer uniquement le texte qui correspond à l'utilisation de majuscules et de minuscules spécifiées dans la zone **Rechercher**, activez la case à cocher **Respecter la casse**.

Cadrer le texte dans la fenêtre

1. Cliquez sur le menu **Format**.

2. Cliquez sur **Retour automatique à la ligne**.

Créer un en-tête ou un pied de page

1. Cliquez sur le menu **Fichier**, puis sur **Mise en page**.

2. Dans les zones **En-tête** et **Pied de page**, tapez le texte de l'en-tête et du pied de page de votre choix. Vous pouvez utiliser les combinaisons de caractères du tableau suivant pour créer d'autres en-têtes et pieds de page plus élaborés.

Opération	Frappe
Insérer la date	&d
Insérer l'heure	&t
Insérer les numéros de page	&p
Insérer le nom du fichier	&f
Insérer le caractère &	&&
Aligner l'en-tête ou le pied de page à gauche, au centre ou à droite	&l, &c, ou &r

NOTE

Vous pouvez aussi associer votre propre texte aux combinaisons de caractères. Par exemple, Page &p s'imprimera sous la forme Page 1, Page 2, et ainsi de suite.

Enregistrer ou imprimer un document

1. Cliquez sur le menu **Fichier**.

2. Cliquez sur **Enregistrer** ou sur **Enregistrer sous**.

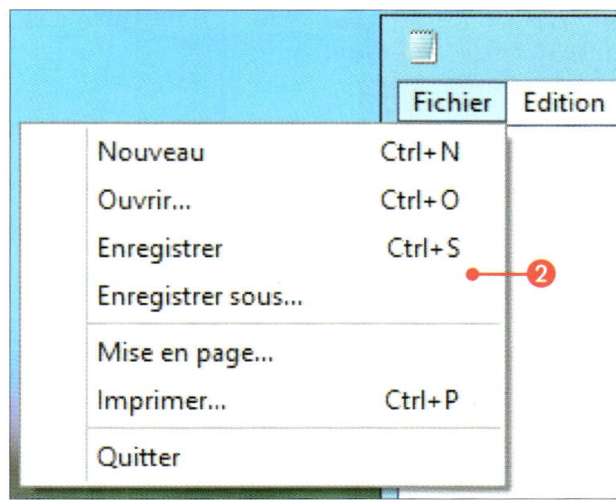

3. Pour imprimer, cliquez sur **Imprimer**.

Trouver l'exécutable du Bloc-notes

Si vous recherchez l'exécutable du Bloc-notes, sachez qu'il s'appelle, en anglais, `notepad.exe`. Vous le trouverez à :

`C:\Windows\notepad.exe`

Calculatrice

La calculatrice sert à effectuer des calculs simples tels que des additions, des soustractions, des multiplications et des divisions. Elle offre aussi les fonctions avancées d'une calculatrice programmable, scientifique et statistique.

1. Ouvrez l'écran **Accueil**.

2. Affichez la barre horizontale d'options en balayant l'écran du bas vers le centre ou en faisant un clic droit sur l'écran.

3. Appuyez sur **Toutes les applications**.

4. Dans le groupe **Accessoires Windows**, appuyez sur **Calculatrice**.

Appuyez ou cliquez sur les touches de la Calculatrice pour effectuer les calculs de votre choix. Dans toutes ses déclinaisons, la calculatrice respecte les priorités des opérateurs.

Ouvrir les variantes de la calculatrice

1. Ouvrez la calculatrice et cliquez sur le menu **Affichage**, puis sur **Scientifique** pour afficher une calculatrice scientifique. Pour accéder aux fonctions inverses, cliquez sur la touche **Inv**.

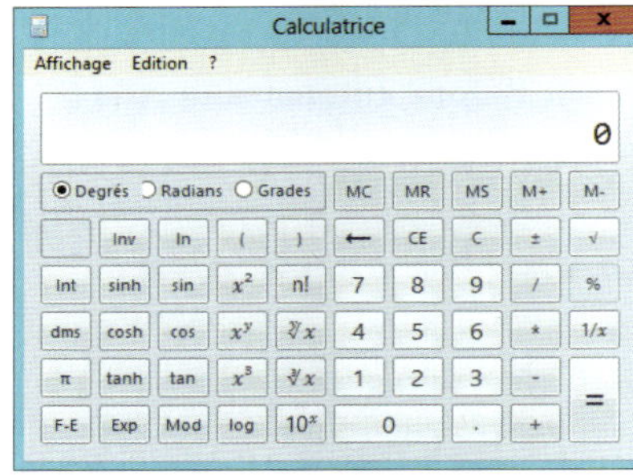

En mode Scientifique, la calculatrice prend en charge une précision de 32 chiffres significatifs.

2. Ouvrez la calculatrice et cliquez sur le menu **Affichage**, puis sur **Programmeur** pour afficher une calculatrice destinée aux programmeurs.

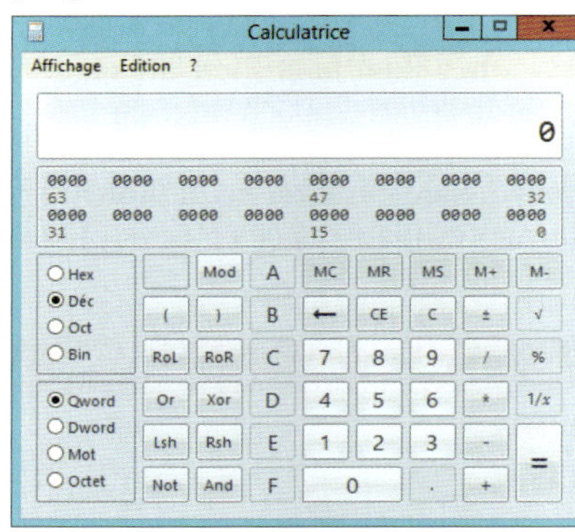

3. Ouvrez la calculatrice et cliquez sur le menu **Affichage**, puis sur **Statistiques** pour afficher une calculatrice destinée aux calculs statistiques.

Convertir des valeurs à partir d'une unité de mesure vers une autre

❶ Cliquez sur le menu **Affichage**, puis sur **Conversion d'unités**.

❷ Sous **Sélectionner le type d'unité à convertir**, cliquez sur les trois listes pour sélectionner les types d'unités que vous voulez convertir, puis, dans la zone **De**, entrez la valeur à convertir.

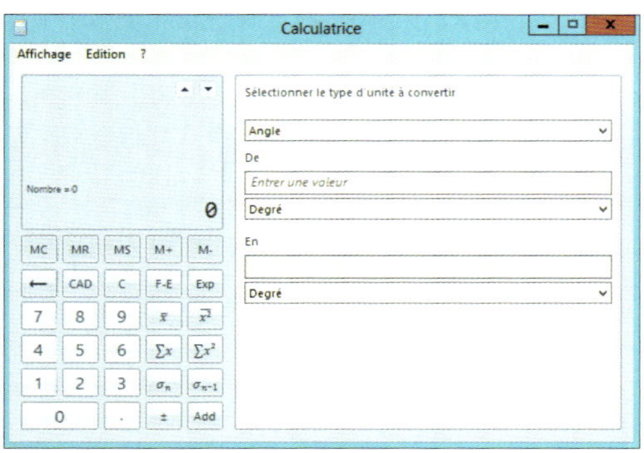

Calculer sur des dates

❶ Cliquez sur le menu **Affichage**, puis sur **Calcul de la date**.

❷ Sous **Sélectionner un type de calcul sur dates**, cliquez sur la liste et sélectionnez le type de calcul que vous souhaitez effectuer.

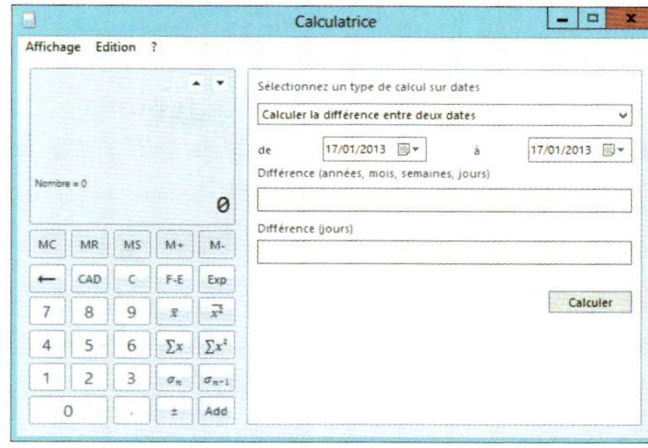

Autres calculs

❶ Cliquez sur le menu **Affichage**.

❷ Cliquez sur **Feuilles de calcul**.

❸ Dans le sous-menu, cliquez sur la feuille de calcul correspondant au calcul de votre choix :

- Prêt hypothécaire.
- Crédit-bail.
- Consommation en carburant.

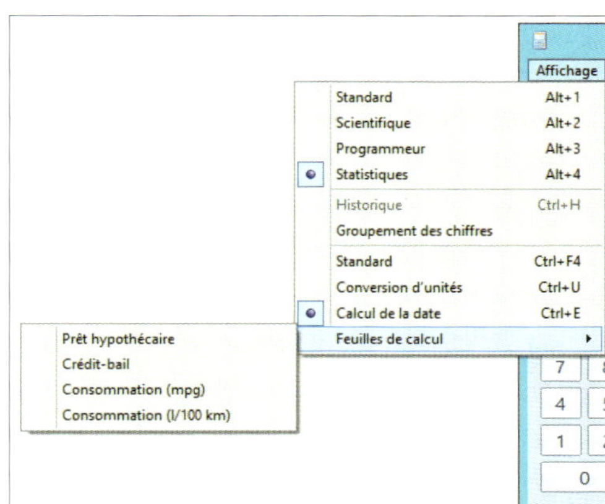

Le dessin avec Paint

Paint est une application de Windows qui vous permet de créer des dessins sur une zone de dessin vierge ou sur des images existantes. Bon nombre des outils utilisés dans Paint sont disponibles dans le Ruban, situé en haut de la fenêtre Paint.

1. Ouvrez l'écran **Accueil**.

2. Affichez la barre horizontale d'options en balayant l'écran du bas vers le centre ou en faisant un clic droit sur l'écran.

3. Appuyez sur **Toutes les applications**.

4. Dans le groupe **Accessoires Windows**, appuyez sur **Paint**. Paint s'ouvre.

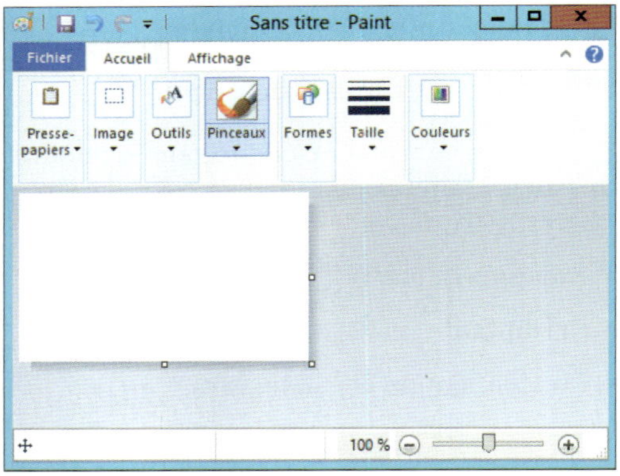

> **NOTE** Le principe de fonctionnement de Paint est simple et rejoint celui de quasiment tous les programmes de dessin : sélectionnez un outil de dessin, une couleur, et dessinez.

Outils de Paint

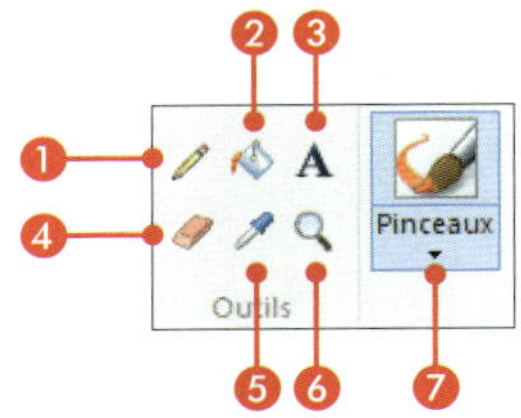

1. **Crayon** : pour tracer des lignes droites ou libres.

2. **Remplissage** : pour remplir une zone avec la couleur sélectionnée.

3. **Texte** : pour insérer du texte.

4. **Gomme** : pour effacer et remplacer la partie effacée par la couleur d'arrière-plan.

5. **Sélecteur de couleur** : pour prélever un échantillon de couleur et l'appliquer ensuite.

6. **Loupe** : pour grossir ou réduire l'affichage.

7. **Pinceaux** : pour dessiner des lignes ayant des apparences et des textures distinctes ; cela revient à utiliser différents pinceaux artistiques. En utilisant différents pinceaux, vous pouvez dessiner des lignes libres et des courbes avec divers effets.

> **NOTE** Pour peindre avec la couleur 2 (arrière-plan), appuyez sur le bouton droit tout en faisant glisser le pointeur.

Couleurs

❶ Cliquez sur **Couleur 1** (la couleur d'avant-plan) ou sur **Couleur 2** (la couleur d'arrière-plan).

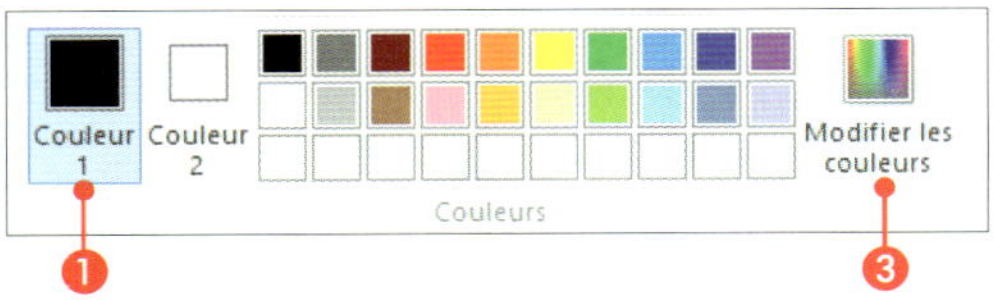

❷ Cliquez sur la couleur de votre choix dans la palette.

❸ Ou bien cliquez sur **Modifier les couleurs** pour ouvrir une palette. Composez votre couleur.

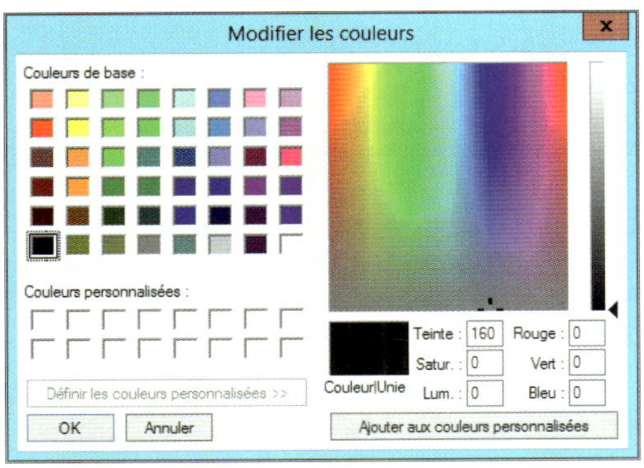

Taille de ligne

❶ Cliquez sur la flèche **Taille**.

❷ Cliquez sur la taille de ligne désirée.

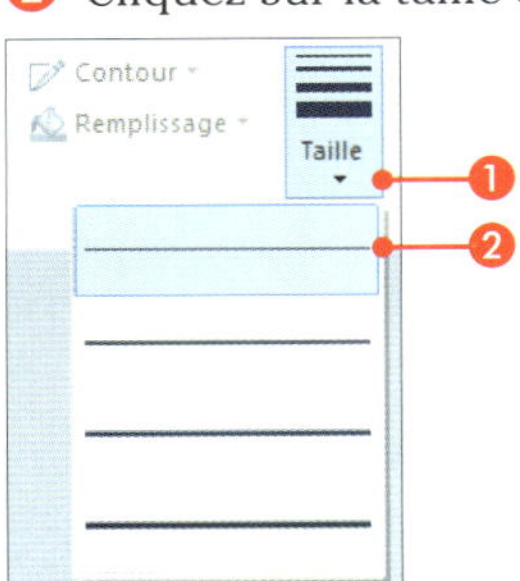

Dessiner des lignes

❶ Sous l'onglet **Accueil**, dans le groupe **Outils**, cliquez sur l'outil **Crayon**.

❷ Dans le groupe **Couleurs**, cliquez sur **Couleur 1**, puis sur une couleur, puis faites glisser le pointeur sur l'image pour dessiner.

❸ Pour dessiner avec la **couleur 2** (arrière-plan), cliquez avec le bouton droit tout en faisant glisser le pointeur.

❹ Pour dessiner une ligne horizontale ou verticale, maintenez enfoncée la touche **Maj** tout en traçant la ligne.

Pinceaux

❶ Sous l'onglet **Accueil**, cliquez sur la flèche vers le bas située sous **Pinceaux**.

❷ Cliquez sur le pinceau que vous souhaitez utiliser.

Formes

❶ Cliquez sur l'une des 23 formes disponibles.

2 Cliquez sur **Taille**, puis sur une taille de ligne, afin de déterminer l'épaisseur du tracé.

3 Dans le groupe **Couleurs**, cliquez sur **Couleur 1**, et sur une couleur.

4 Tracez la forme dans le cadre de dessin.

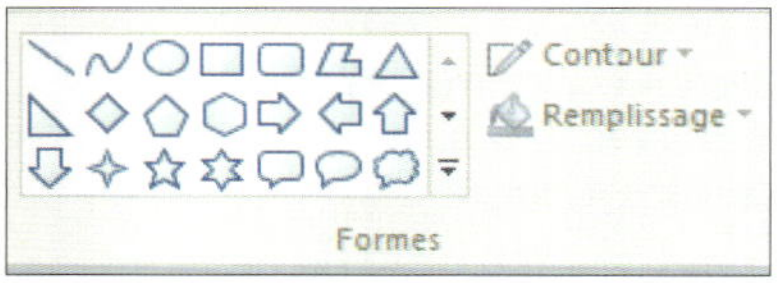

Outil Courbe

1 Utilisez l'outil **Courbe** pour dessiner une ligne courbe et lissée. Cliquez sur cet outil et tracez une ligne.

2 Une fois la ligne créée, cliquez sur la zone de l'image où vous souhaitez placer l'arc de la courbe, puis faites glisser le pointeur pour régler la courbe.

Texte

1 Pour introduire du texte, cliquez sur l'outil Texte marqué par un **A**.

2 Bouton de la souris enfoncé, faites glisser le pointeur vers la zone de dessin où vous souhaitez ajouter du texte pour dessiner son cadre.

3 Le ruban **Texte** s'affiche. Sous **Outils Texte**, dans le groupe **Police**, cliquez sur le type, la taille et le style de police.

4 Tapez le texte que vous voulez ajouter.

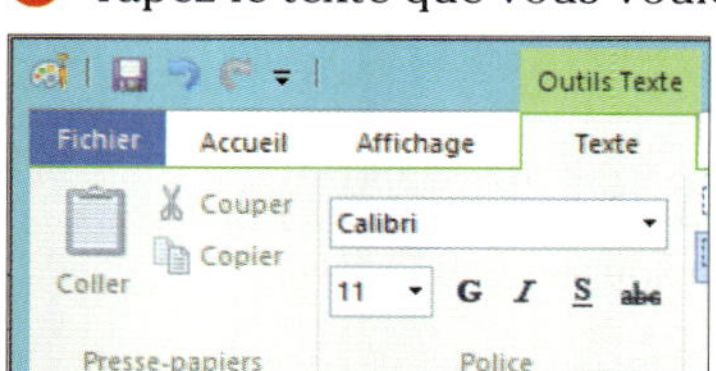

Outil Sélection

1 Sous l'onglet **Accueil**, dans le groupe **Image**, cliquez sur la flèche vers le bas sous **Sélectionner**.

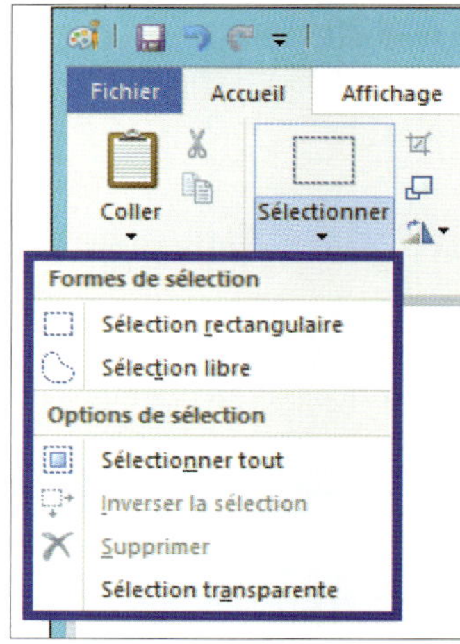

2 Pour sélectionner une partie carrée ou rectangulaire de l'image, cliquez sur **Sélection rectangulaire**, puis faites glisser le pointeur afin de sélectionner la partie de l'image souhaitée.

3 Pour sélectionner une partie irrégulière de l'image, cliquez sur **Sélection libre**, puis faites glisser le pointeur afin de sélectionner la partie de l'image souhaitée.

4 Pour sélectionner l'ensemble de l'image, cliquez sur **Sélectionner tout**.

5 Pour sélectionner tout le contenu de l'image à l'exception de la zone actuellement sélectionnée, cliquez sur **Inverser la sélection**.

6 Pour supprimer l'objet sélectionné, cliquez sur **Supprimer**.

7 Pour rendre la sélection transparente de sorte qu'elle ne contienne pas de couleur d'arrière-plan, cliquez sur **Sélection transparente**.

Rogner

1. Utilisez l'outil **Rogner** pour rogner une image de sorte que seule la partie que vous avez sélectionnée s'affiche.

2. Sous l'onglet **Accueil**, dans le groupe **Image**, cliquez sur la flèche vers le bas sous **Sélectionner**, puis cliquez sur le type de sélection à effectuer.

3. Faites glisser le pointeur pour sélectionner la partie de l'image que vous souhaitez afficher.

4. Dans le groupe **Image**, cliquez sur **Rogner**.

Faire pivoter

1. Pour faire pivoter l'ensemble de l'image, sous l'onglet **Accueil**, dans le groupe **Image**, cliquez sur **Faire pivoter**, puis sur le sens de rotation.

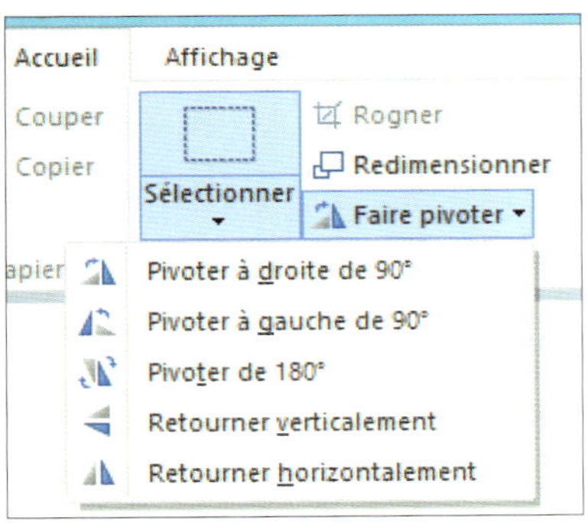

2. Pour faire pivoter un objet ou une partie d'une image, sous l'onglet **Accueil**, dans le groupe **Image**, cliquez sur **Sélectionner**. Faites glisser le pointeur pour sélectionner la zone ou l'objet, cliquez sur **Faire pivoter**, puis cliquez sur le sens de rotation.

Redimensionner

1. Pour redimensionner l'ensemble de l'image, sur l'onglet **Accueil**, dans le groupe **Image**, cliquez sur **Redimensionner**.

2. Dans la boîte de dialogue **Redimensionner et incliner**, cochez la case **Conserver les proportions** pour que l'image redimensionnée ait les mêmes proportions que l'original.

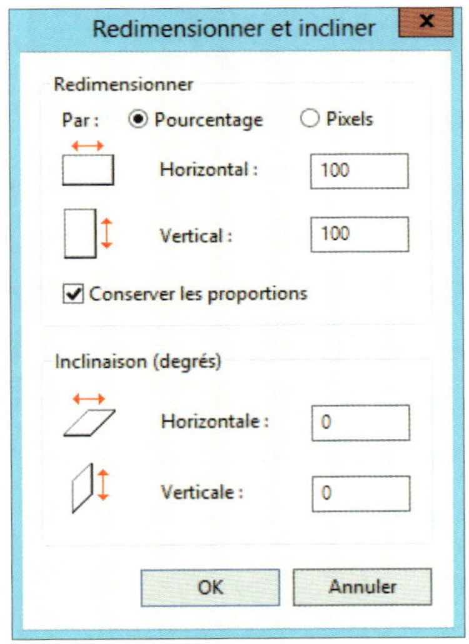

3. Dans la zone **Redimensionner**, cliquez sur **Pixels**, puis entrez une nouvelle largeur dans la zone **Horizontal** ou une nouvelle hauteur dans la zone **Vertical**. Cliquez sur **OK**.

4. Pour redimensionner une partie de l'image, sélectionnez d'abord la zone à redimensionner.

Incliner un objet

1. Sous l'onglet **Accueil**, cliquez sur **Sélectionner**, puis faites glisser le pointeur pour sélectionner la zone ou l'objet.

2. Cliquez sur **Redimensionner**.

❸ Dans la boîte de dialogue **Redimensionner et incliner**, tapez la valeur d'inclinaison de la sélection (en degrés) dans les zones **Horizontale** et **Verticale** de la zone **Inclinaison** (degrés), puis cliquez sur **OK**.

Enregistrer

❶ Pour enregistrer une image pour la première fois, cliquez sur le bouton **Fichier**, puis sur **Enregistrer**.

❷ Dans la zone de liste **Type**, sélectionnez le format de votre choix.

❸ Dans la zone **Nom de fichier**, tapez un nom, puis cliquez sur **Enregistrer**.

> NOTE
> Toutes les options de ce petit programme de dessin n'ont pas été présentées ici. Expérimentez-le. Il est bien plus efficace qu'on ne l'imagine.

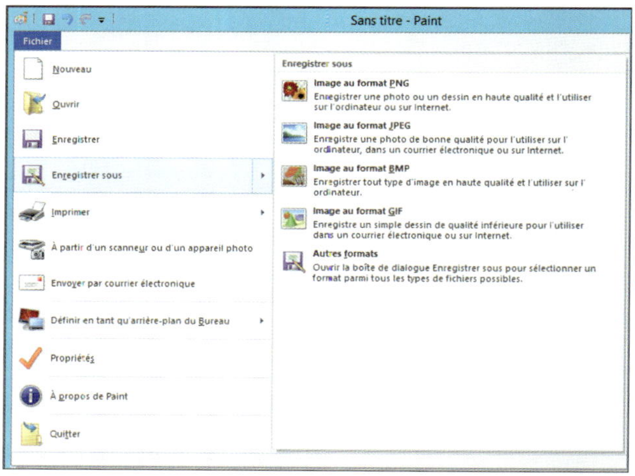

Panneau de saisie mathématique

Le **Panneau de saisie mathématique** s'appuie sur le moteur de reconnaissance d'écriture mathématique intégré pour reconnaître des expressions mathématiques manuscrites. Vous pouvez ensuite insérer les écritures reconnues dans un traitement de texte ou un autre programme informatique.

❶ Ouvrez l'écran **Accueil**.

❷ Affichez la barre horizontale d'options en balayant l'écran du bas vers le centre ou en faisant un clic droit sur l'écran.

❸ Appuyez sur **Toutes les applications**.

❹ Dans le groupe **Accessoires Windows**, appuyez pour l'ouvrir sur le **Panneau de saisie mathématique**.

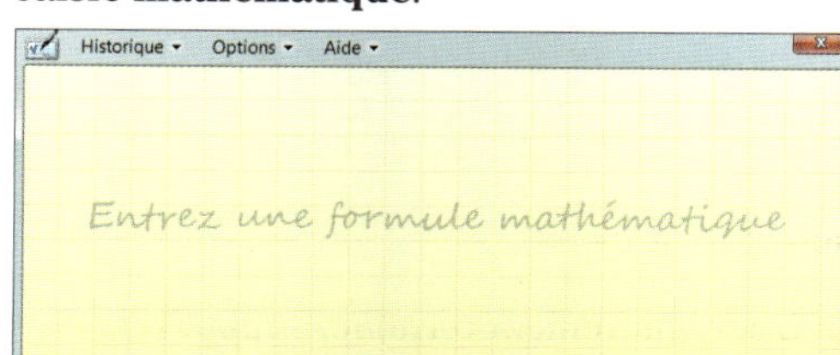

❺ Avec le doigt, écrivez une expression mathématique correctement formulée dans la zone d'écriture. L'écriture mathématique reconnue s'affiche dans la zone de prévisualisation.

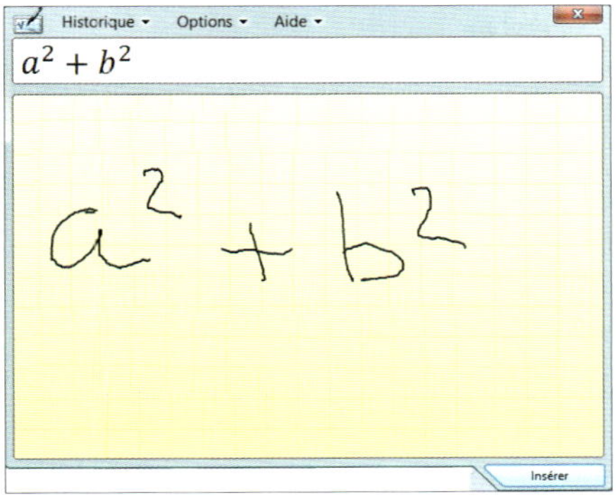

❻ Cliquez sur **Insérer** pour placer l'écriture mathématique reconnue dans votre traitement de texte ou un autre programme informatique.

> **NOTE** Réservé aux mathématiciens en herbe ou confirmés, le Panneau de saisie mathématique peut uniquement insérer des écritures mathématiques dans des programmes prenant en charge le langage MathML (*Mathematical Markup Language*).

Enregistreur d'actions utilisateur

L'**Enregistreur d'actions utilisateur** est un outil de conseil, d'exemple ou de dépannage. Il capture automatiquement les actions effectuées sur la tablette. Vous les enregistrez dans un fichier que vous transmettez à qui de droit.

❶ Ouvrez l'écran **Accueil**.

❷ Affichez la barre horizontale d'options en balayant l'écran du bas vers le centre ou en faisant un clic droit sur l'écran.

❸ Appuyez sur **Toutes les applications**.

❹ Dans le groupe **Accessoires Windows**, appuyez sur **Enregistreur d'actions utilisateur**. Sa fenêtre s'ouvre.

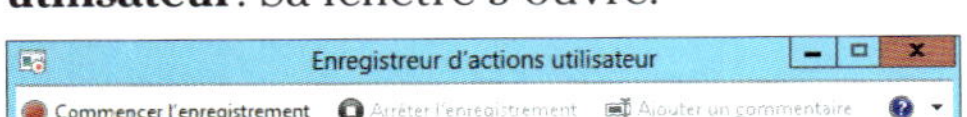

❺ Appuyez sur **Commencer l'enregistrement**.

❻ L'enregistrement terminé, appuyez sur la commande de substitution **Arrêter l'enregistrement**.

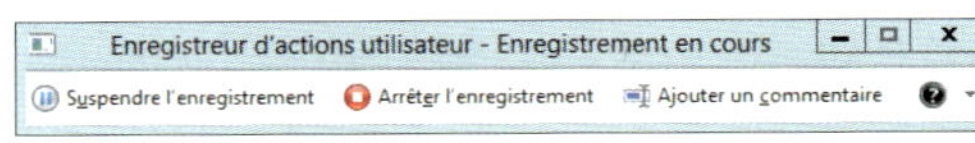

❼ La fenêtre terminale s'affiche, listant les opérations effectuées. Appuyez sur **Enregistrer** ou sur **Envoyer un message électronique**.

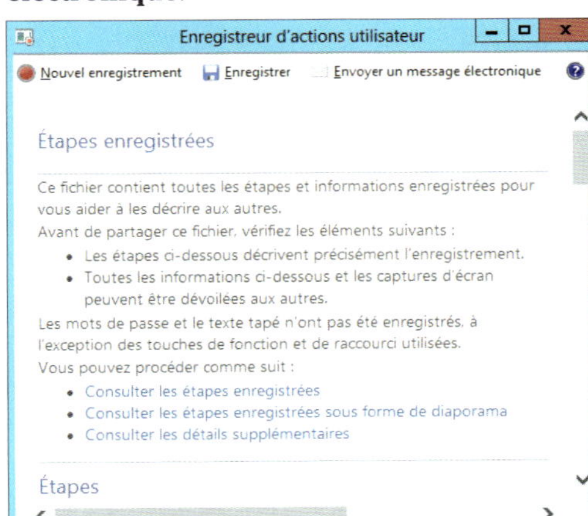

Table des caractères

La **Table de caractères** sert à examiner les caractères disponibles dans une police sélectionnée. À l'aide de la Table des caractères, vous pouvez copier des caractères individuels ou des groupes de caractères dans le Presse-papiers et les coller dans tout programme capable de les afficher.

1. Ouvrez l'écran **Accueil**.

2. Affichez la barre horizontale d'options en balayant l'écran du bas vers le centre ou en faisant un clic droit sur l'écran.

3. Appuyez sur **Toutes les applications**.

4. Dans le groupe **Accessoires Windows**, appuyez sur **Table des caractères**. Sa fenêtre s'ouvre.

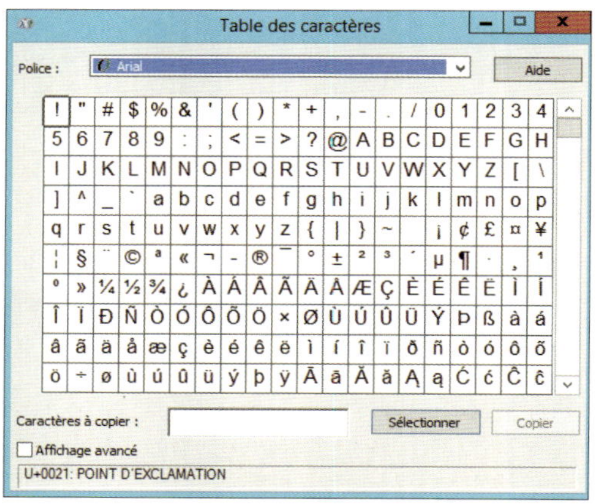

5. Cliquez sur la liste **Police**, puis sur la police que vous souhaitez utiliser.

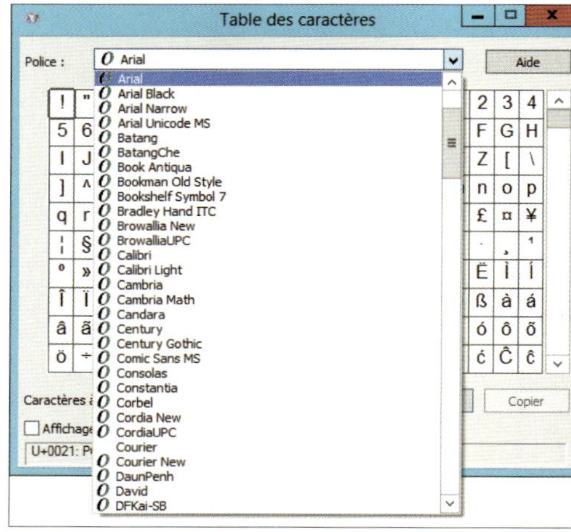

6. Cliquez sur le caractère spécial que vous voulez insérer dans le document.

7. Cliquez sur **Sélectionner**, puis sur **Copier**.

8. Ouvrez votre document et cliquez sur l'emplacement dans le document où vous voulez faire apparaître le caractère spécial.

9. Cliquez sur le menu **Edition**, puis sur **Coller**.

10. Nombre de programmes permettent de faire glisser des caractères spéciaux dans des documents. Cliquez sur le caractère à copier. Lorsque le caractère s'affiche dans une taille plus grande, faites-le glisser dans le document.

> NOTE
>
> Dans le chapitre 18, vous apprendrez comment vous connecter au marché Windows Store pour acquérir davantage d'applications.

Chapitre 7

Connecter des périphériques

Dans ce chapitre

- Connecter une clé USB
- Connecter un disque dur USB externe
- Connecter une souris
- Connecter un téléviseur
- Connecter des écouteurs ou un casque
- Connecter une chaîne hi-fi
- Connecter une imprimante
- Imprimer sans se connecter par câble
- Afficher les périphériques
- Supprimer un périphérique
- Se connecter en Bluetooth

La tablette Surface est bien équipée de connecteurs servant à développer le système. Ces connecteurs d'extension permettent l'utilisation de nombreux périphériques.

La bonne nouvelle est que nombre d'entre eux sont automatiquement et immédiatement reconnus et exploitables. La mauvaise nouvelle est que les imprimantes ou les scanners non certifiés Windows RT ne fonctionneront très certainement pas.

Connecter une clé USB à la tablette

❶ Repérez la prise USB située sur la tranche droite de la tablette.

❷ Connectez votre clé USB. Elle est automatiquement reconnue, à l'exception peut-être de certaines clés exotiques.

❸ L'écran affiche une annonce.

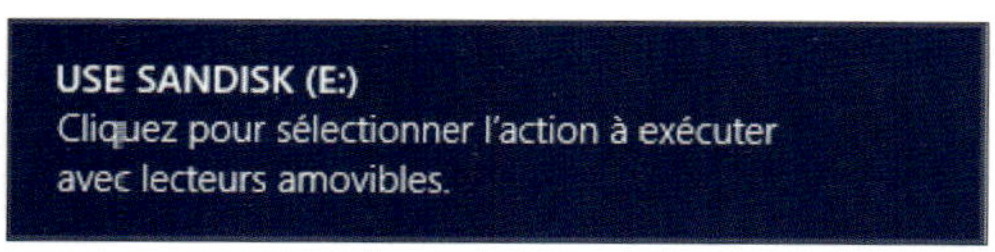

❹ Cliquez dessus pour lister les options proposées.

❺ Vous pouvez aussi ouvrir l'Explorateur de fichiers pour lire son contenu. Cela vous permettra alors d'exécuter tous les transferts possibles dans les deux sens.

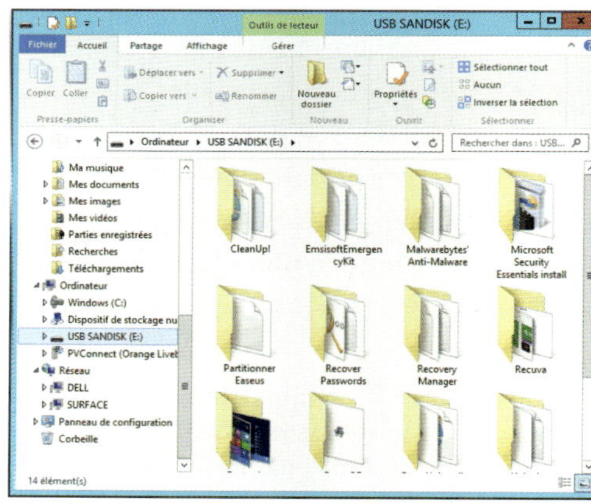

Note : En déplaçant la clé USB sur un ordinateur, vous pouvez effectuer très simplement des échanges de fichiers et de dossiers : images, vidéos, musique, fichiers de travail, *etc.*

Connecter un disque dur USB externe

❶ Le principe est le même pour connecter un disque dur externe USB. Repérez la prise USB située sur la tranche droite de la tablette.

❷ Connectez le disque USB. Il est automatiquement reconnu.

❸ Il est possible que, tout comme avec une clé USB, l'écran demande ce que vous entendez faire. Sélectionnez l'action à lancer.

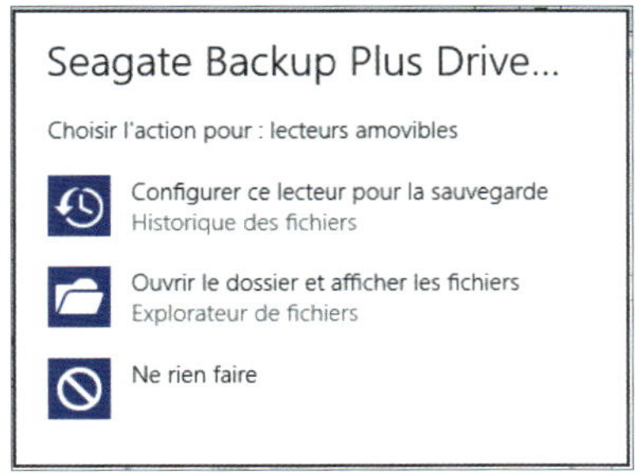

Connecter une souris

❶ Vous trouvez, dans le commerce, des souris courantes ou miniatures à partir de dix euros. Si vous appréciez l'utilisation d'une souris physique, adoptez-en une.

❷ Connectez-la au port USB de la tablette. Elle est automatiquement reconnue.

Connecter une TV

❶ Surface dispose d'un connecteur de sortie vidéo sur sa face latérale gauche.

❷ Reliez la tablette au téléviseur à l'aide d'un câble HDMI, le connecteur étant au format micro HDMI du côté tablette.

❸ Réglez le téléviseur sur l'entrée HDMI. Tout ce qui s'affiche sur la tablette est reproduit sur le grand écran du téléviseur.

Vous pouvez ainsi visionner des vidéos, des tableaux, des jeux, *etc.*

Connecter des écouteurs, un casque ou des haut-parleurs

Les haut-parleurs de la tablette font ce qu'ils peuvent et s'en sortent quand même assez bien. Mais pour écouter de la musique dans de meilleures, sinon d'excellentes conditions, utilisez des écouteurs, un casque de qualité ou même des haut-parleurs.

❶ Le côté latéral gauche de la tablette dispose d'un connecteur femelle de sortie son au format jack de 3,5 mm, donc parfaitement standard. Le connecteur mâle a l'aspect suivant.

❷ Connectez directement vos écouteurs ou votre casque à ce connecteur.

❸ Vous pouvez aussi connecter des haut-parleurs externes, amplifiés de préférence, bien que des essais avec de petits haut-parleurs non amplifiés se soient révélés très honorables.

Connecter une chaîne hi-fi

❶ Utilisez un câble de la longueur voulue, terminé aux deux extrémités par un connecteur jack 3,5 mm.

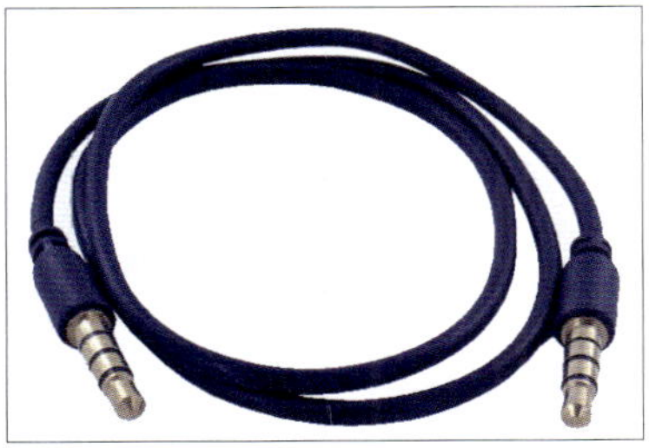

❷ Connectez une extrémité du câble à la sortie son de Surface.

❸ Connectez l'autre extrémité à l'entrée son de la chaîne hi-fi. Selon la puissance de votre chaîne, vous pourrez sonoriser une salle des fêtes !

Se connecter à un ordinateur en réseau

❶ Surface peut accéder à de la musique, des photos, des vidéos et des documents sur les ordinateurs de votre réseau domestique.

❷ Vous devez d'abord créer un réseau de préférence en mode **Groupe résidentiel** sur votre ordinateur. Reportez-vous au chapitre 20, à la section « Créer un réseau résidentiel ».

❸ Dès lors et avec la tablette, pour afficher les fichiers et dossiers qui ont été partagés sur votre réseau, accédez à l'écran d'accueil.

❹ Passez sur le Bureau et ouvrez l'Explorateur de fichiers. Les éléments partagés apparaissent sous la rubrique **Groupe résidentiel** ou sous **Réseau**.

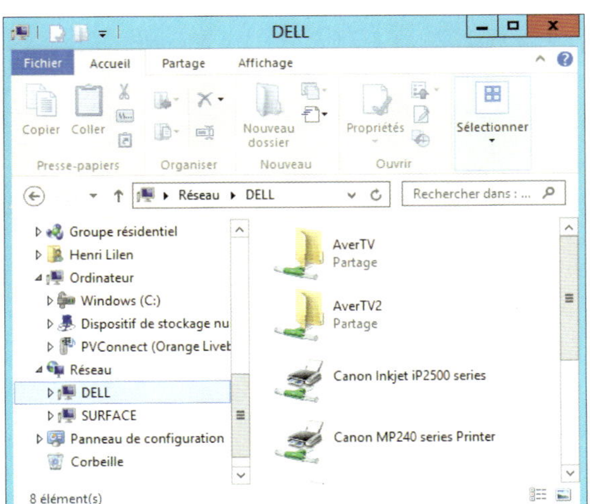

Échanger avec un ordinateur via une clé USB ou une carte mémoire

❶ Vous pouvez transférer des fichiers sur ou vers Surface en les copiant vers un lecteur flash USB ou sur une carte mémoire. Les cartes microSD, microSDHC, microSDXC fonctionnent toutes sur Surface.

❷ Déplacez ensuite cet élément sur Surface ou sur l'ordinateur.

❸ Si vous insérez le lecteur flash USB ou la carte mémoire dans Surface, appuyez ou cliquez sur la notification qui s'affiche dans l'angle supérieur droit de l'écran.

❹ Appuyez ou cliquez sur **Ouvrir le dossier et afficher les fichiers**. L'Explorateur de fichiers s'ouvre.

❺ Sélectionnez les fichiers ou dossiers que vous souhaitez ajouter à Surface, appuyez ou cliquez sur **Accueil**, puis appuyez ou cliquez sur **Copier vers**.

❻ Sélectionnez un emplacement. Par exemple, choisissez **Images** si le lecteur flash ou la carte mémoire contient des photos.

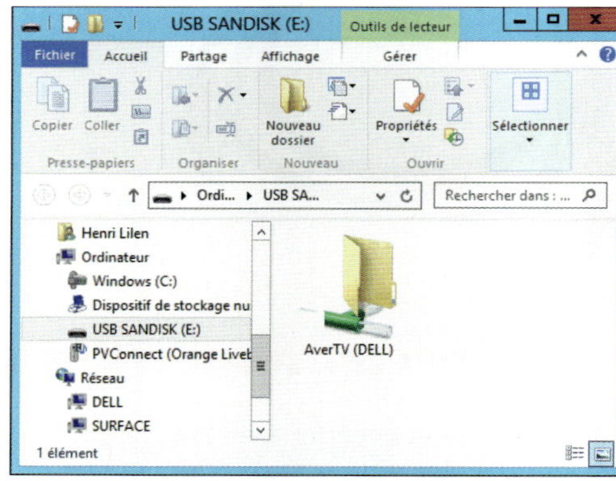

Échanger avec un PC via SkyDrive

SkyDrive est l'espace en nuage qui permet de stocker de la musique, des photos et des documents et d'y accéder à partir de n'importe quel matériel connecté à Internet. Il s'agit notamment de votre Surface, de votre smartphone ou d'un ordinateur.

Pour pouvoir utiliser SkyDrive, vous devez disposer d'un compte Microsoft associé à votre compte utilisateur.

> NOTE
> Voyez le chapitre 17 consacré à SkyDrive pour apprendre à exploiter cet espace « en nuage » bien pratique.

Connecter une imprimante

- La tablette Surface n'accepte pas directement toutes les imprimantes. En effet, Windows RT n'est compatible qu'avec les imprimantes certifiées pour Windows RT.
- Ces périphériques sont signalés par le logo de certification Windows RT et fonctionnent dès qu'ils sont connectés, sans avoir à installer de pilotes.
- Certaines imprimantes que vous utilisez actuellement risquent donc de ne pas fonctionner avec Windows RT.

Pour installer une imprimante compatible et imprimer :

1. Pour ajouter une imprimante locale compatible, branchez simplement le câble USB de l'imprimante sur le port USB de Surface. Si elle est compatible, elle est immédiatement reconnue et utilisable.
2. Si votre imprimante est une imprimante réseau ou sans fil déjà connectée à votre réseau domestique, vous n'avez rien de plus à faire. Assurez-vous simplement que l'imprimante est branchée sur le secteur et qu'elle est allumée.
3. Une fois l'imprimante ajoutée, vous êtes prêt à lancer une impression. Ouvrez ce que vous voulez imprimer. Vous pouvez, par exemple, ouvrir une image dans **Photos**, une page Web dans **Internet Explorer** ou un courrier électronique dans l'application de messagerie.
4. Lancez l'impression depuis l'application en respectant ses procédures. Choisissez les options d'impression qui vous conviennent et appuyez ou cliquez sur **Imprimer**.
5. Pour imprimer à partir d'une application d'Office Famille et Etudiant 2013 RT ou d'Internet Explorer sur le Bureau, utilisez la commande **Imprimer** de l'application ou appuyez sur les touches **Ctrl** + **P**.

Imprimer sans se connecter par câble

Si vous ne disposez pas d'une imprimante connectée ou en réseau, vous pouvez encore adopter différentes méthodes telles que :

- Envoyez votre document ou votre photo sur SkyDrive et récupérez-le sur un ordinateur possédant une imprimante connectée.
- Transférez le document *via* une clé USB ou une carte mémoire sur un ordinateur.

Afficher les périphériques

1. Affichez la page **Accueil** et faites apparaître la barre latérale d'outils en balayant l'écran du bord extérieur droit vers l'intérieur. Ou en emmenant le pointeur de la souris dans l'un des angles de droite.

2. Appuyez sur l'icône **Paramètres**.

3. Appuyez sur **Modifier les paramètres du PC**.

4. La page titrée **Paramètres du PC** s'affiche.

5. Dans le volet gauche, sélectionnez **Périphériques**.

6. Le volet droit liste les périphériques installés.

7. Pour en ajouter un, connectez-le et appuyez sur le bouton + **Ajouter un périphérique**. Le programme partira à sa recherche.

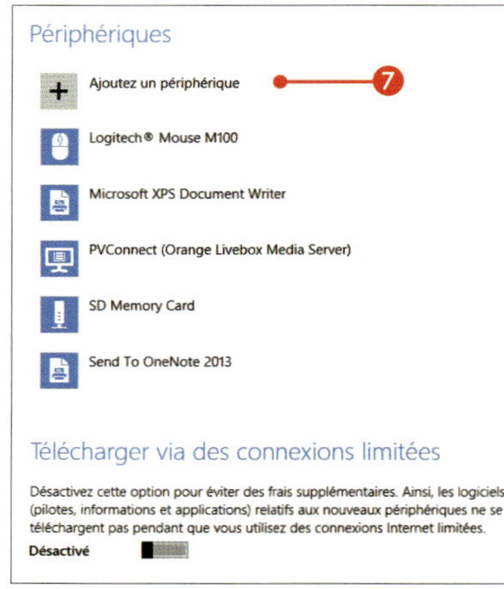

8. Si votre connexion Internet est limitée en débit, laissez l'option **Télécharger via des connexions limitées** sur **Désactivé**.

Supprimer un périphérique

1. Si vous déconnectez un périphérique, il est *ipso facto* supprimé.

2. Pour en supprimer un depuis l'écran représenté ci-dessus, appuyez sur ce périphérique pour qu'un signe – (moins) apparaisse sur sa droite.

3. Appuyez sur ce signe –. Un cadre vous demande de confirmer la suppression.

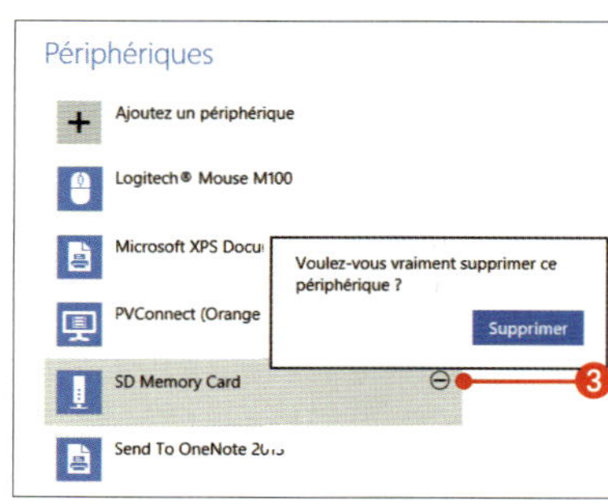

NOTE

Surface reconnaît automatiquement la plupart des périphériques agréés que vous pouvez lui connecter : carte mémoire supplémentaire, clé USB, disque dur USB, souris physique, *etc*.

Activer le mode de liaison Bluetooth

Bluetooth est un mode de liaison par ondes radio, mais sur une très courte distance. Vous l'utiliserez pour vous connecter à un clavier, une souris, une imprimante, un casque ou tout autre périphérique Bluetooth. On encore pour échanger des documents.

1 Balayez l'écran du bord extérieur droit vers le centre pour ouvrir la barre verticale d'outils sur la droite.

2 Appuyez sur l'icône **Paramètres**, puis sur **Modifier les paramètres du PC** pour ouvrir la page **Paramètres du PC**.

3 Dans le volet gauche, appuyez sur **Sans fil**.

4 Dans le volet droit, sous la rubrique **Appareils sans fil**, positionnez le curseur de la ligne Bluetooth sur la droite, en mode **Activé**, pour activer le Bluetooth.

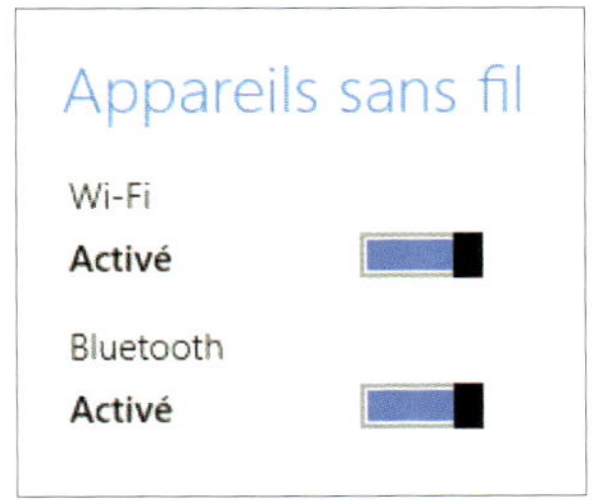

5 Si vous ne vous servez pas du mode de liaison Bluetooth, désactivez-le pour économiser le courant.

> NOTE
>
> Bluetooth est un mode de liaison par ondes radio à courte distance. Bluetooth, littéralement « dent bleue », est inspiré du nom du roi danois Harald Ier surnommé Harald Blåtand (homme à la dent bleue), connu pour avoir réussi, au 10e siècle, à unifier les états du Danemark, de Norvège et de Suède.

Se connecter en Bluetooth

1 Pour mettre en communication deux appareils Bluetooth, il faut les appairer. Mettez Bluetooth en service sur les deux et vérifiez que le Bluetooth est détectable (il peut ne pas l'être sur l'appareil connecté, par sécurité).

2 Sur la tablette, faites un balayage du bord droit vers le centre pour ouvrir la barre latérale d'outils.

3 Appuyez sur **Paramètres**, puis sur **Modifier les paramètres du PC**.

4 Dans la page des paramètres et dans le volet gauche, appuyez sur **Périphériques**.

5 Dans le volet droit, appuyez sur **Ajouter un périphérique**.

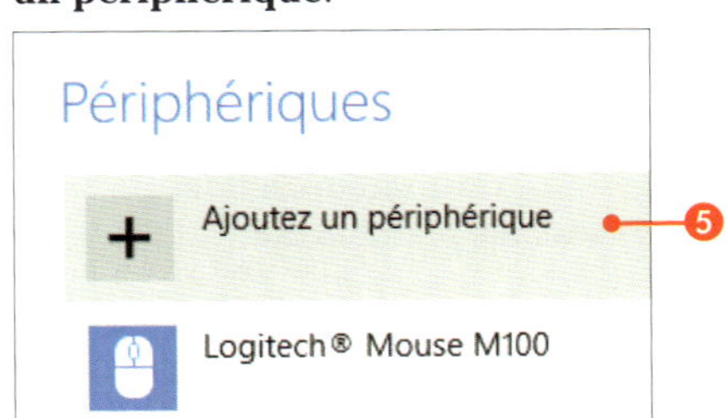

6 Windows détecte les périphériques Bluetooth à proximité et en affiche la liste.

❼ Sélectionnez votre appareil Bluetooth dans la liste des périphériques sans fil.

❽ La connexion peut nécessiter un code d'identification **PIN** parfois appelé **code d'appariement**. Ce doit être le même sur les appareils à appairer. Il peut vous être proposé par l'un des deux appareils ou laissé à votre libre initiative. Entrez ce code. Vous ne disposez que de très peu de temps pour cet échange, toujours par mesure de sécurité.

❾ L'appariement s'effectue, les deux appareils se reconnaissant mutuellement. Par exemple, sur l'ordinateur Dell ici apparié, un message le confirme.

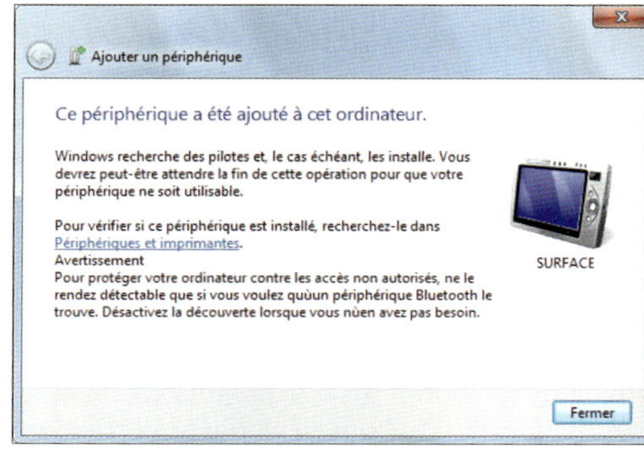

❿ De plus, Surface apparaît dans la liste des périphériques de l'ordinateur de bureau.

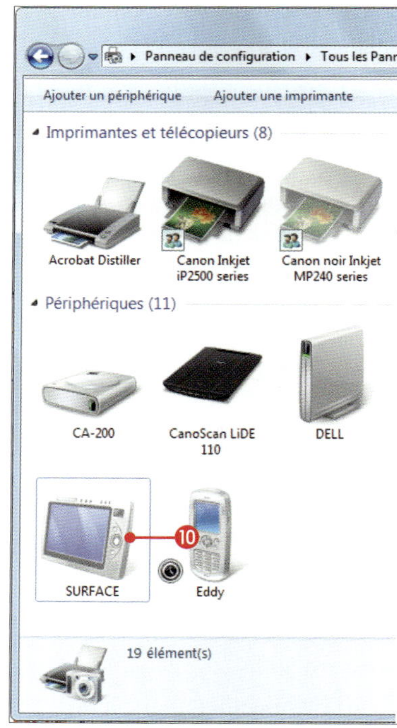

⓫ Sur la tablette, l'ordinateur Dell de bureau est également reconnu et enregistré dans la collection **Périphériques et imprimantes**.

- Lorsque vous connectez un téléphone à Surface, assurez-vous que le téléphone est déverrouillé et affiche l'écran des paramètres Bluetooth.
- Si vous ajoutez un clavier Bluetooth, vous pouvez désactiver le **Touch Cover** ou le **Type Cover** en le rabattant ou en le déclipsant.

NOTE

Vous pouvez maintenant utiliser votre nouveau périphérique Bluetooth et procéder à des échanges en respectant les procédures s'appliquant au matériel apparié.

Chapitre 8

Personnaliser votre tablette

Dans ce chapitre

- Remplacer les silhouettes par des photos
- Modifier l'arrière-plan Accueil
- Modifier la couleur d'accueil
- Changer l'arrière-plan du Bureau
- Changer l'écran de verrouillage
- Afficher des informations sur l'écran de verrouillage
- Ajouter une langue
- Supprimer l'écran de verrouillage
- Ajuster le fuseau horaire
- Régler la temporisation avant extinction de l'écran
- Utiliser le menu contextuel du Bureau
- Redéfinir les sons système
- Personnaliser la zone de notification

De nombreuses options de personnalisation sont à votre disposition. Pour commencer, vous personnaliserez les écrans de verrouillage et d'accueil, ainsi que l'arrière-plan du Bureau. Vous pouvez sélectionner une image standard parmi celles que Windows vous offre ou une image personnelle.

Vous remplacerez aussi les silhouettes par des photos chaque fois que faire se peut. Enfin, vous poursuivrez les personnalisations jusqu'à intervenir sur les sons système.

Domaines de personnalisation

❶ Ouvrez la barre latérale d'outils et appuyez sur **Paramètres**.

❷ Appuyez sur **Modifier les paramètres du PC**.

❸ Les paramètres sur lesquels vous pouvez agir sont regroupés dans les douze catégories listées dans le volet gauche.

❹ Hormis ces catégories, vous pouvez personnaliser la tablette en agissant sur les différents écrans, sur les avatars du ou des comptes, *etc.*, comme le montrent les sections suivantes.

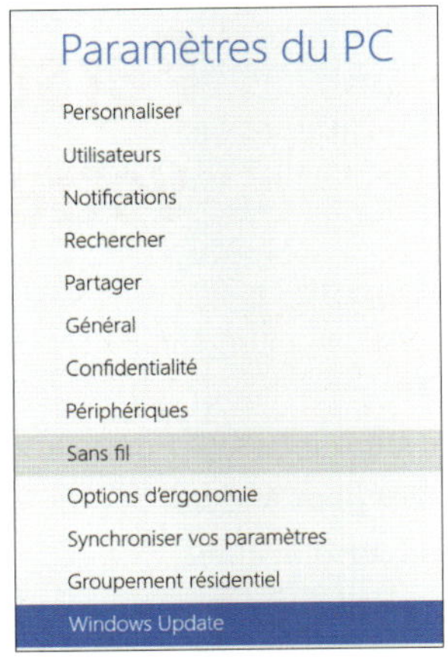

Remplacer votre avatar par une photo

Les écrans d'accueil qui rappellent un nom d'utilisateur sont d'origine accompagnés par une silhouette impersonnelle, un avatar. Remplacez-la par votre photo.

Au choix :

- Vous avez enregistré votre photo sur votre ordinateur. Elle se trouve dans le dossier personnel **Mes images**. Ouvrez l'Explorateur de fichiers Windows pour trouver ce dossier à :

```
C:\Utilisateurs\Nom_utilisateur\Mes
images
```

- En variante, vous pourrez aussi prendre votre photo avec votre webcam en cours de route.

Pour remplacer la silhouette par une photo :

❶ Affichez l'écran d'accueil comportant votre nom de connexion et une silhouette.

❷ Faites un appui long ou cliquez sur la silhouette. Un petit menu s'ouvre.

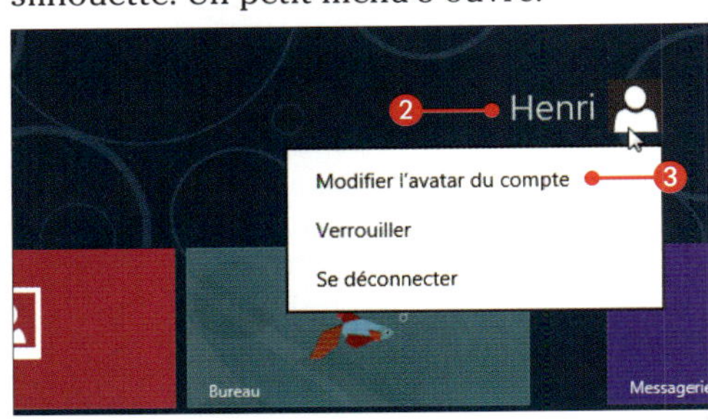

❸ Cliquez sur **Modifier l'avatar du compte**.

4 La fenêtre **Paramètres** s'affiche. Dans la colonne gauche, c'est l'onglet **Personnaliser** qui est sélectionné.

5 Vérifiez que, en haut et à droite, c'est bien l'option **Avatar du compte** qui est active. Sinon, appuyez ou cliquez dessus.

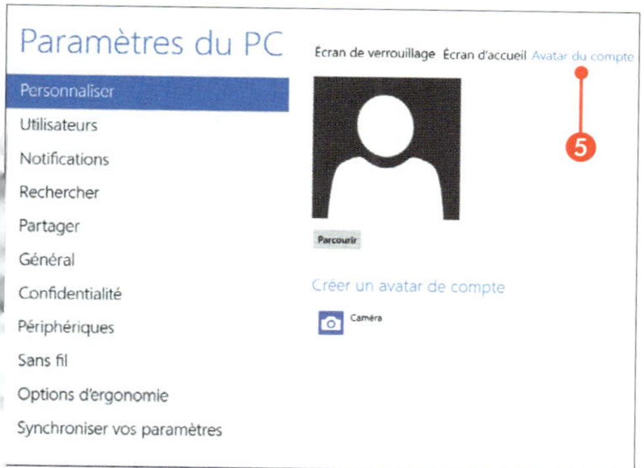

6 Si vous voulez vous prendre en photo, cliquez sur le bouton **Caméra**. Si vous souhaitez récupérer la photo que vous avez déjà enregistrée, cliquez sur le bouton **Parcourir** pour la trouver.

7 Si vous avez opté pour une photo enregistrée, Windows la détecte immédiatement dans son dossier par défaut **Mes images**.

8 Cliquez sur l'image pour l'activer, puis sur le bouton **Choisir cette image** qui se trouve en bas de la fenêtre.

9 Vous pouvez quitter cette séquence. Désormais, vous retrouverez votre image à la place de la silhouette impersonnelle dans les écrans d'accueil.

La photo que vous avez choisie se retrouve numérotée dans le dossier caché :

```
C:\Utilisateurs\Nom_utilisateur\
AppData\Roaming\Microsoft\Windows\
Avatars du compte
```

Modifier l'arrière-plan et la couleur de l'écran Accueil

1 Affichez la colonne latérale d'outils en appuyant sur **Windows** + **C** ou en balayant l'écran du bord gauche vers la droite.

2 Dans cette colonne, en bas, appuyez sur le bouton **Paramètres.**

❸ Le volet **Paramètres** s'ouvre sur la droite de l'écran.

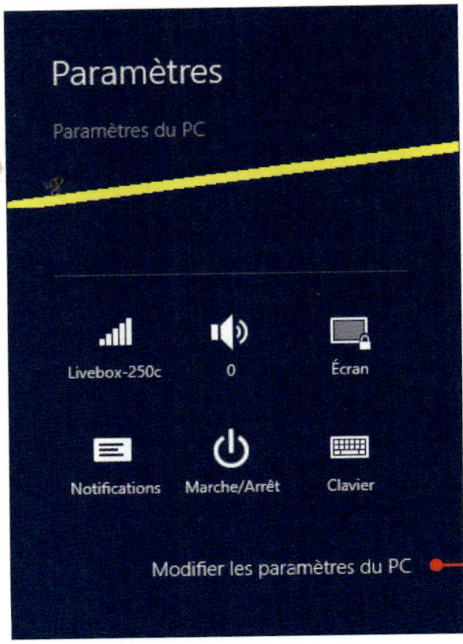

❹ Tout en bas, appuyez sur **Modifier les paramètres du PC**. La même fenêtre **Paramètres** que celle présentée dans la section précédente s'affiche.

❺ Dans la colonne gauche, l'onglet **Personnaliser** doit être sélectionné. Sinon, appuyez dessus.

❻ Dans cette fenêtre, appuyez sur l'onglet **Écran d'accueil**, en haut. Les options de personnalisation s'affichent.

❼ Choisissez le dessin de fond dans la collection des images placées sous la reproduction principale de l'écran.

❽ Faites glisser horizontalement le curseur de la règle du bas pour modifier la couleur d'arrière-plan. L'image supérieure vous donne un aperçu de vos choix.

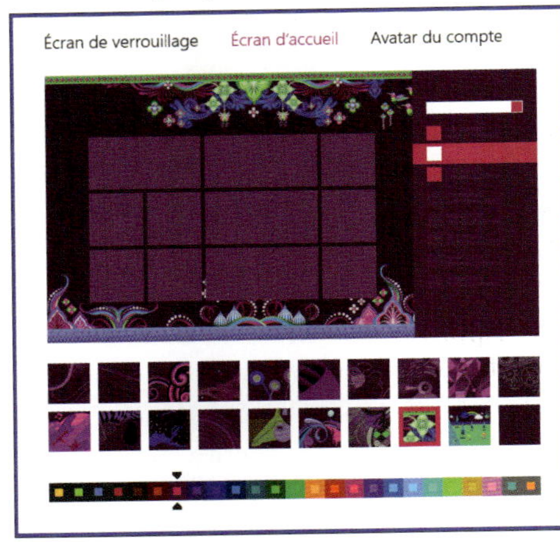

❾ Quittez cette séquence. Vos options sont appliquées.

> NOTE
>
> L'icône **Paramètres** donne accès à des paramètres qui dépendent de l'application affichée d'où vous partez. Ces paramètres sont donc éminemment variables.

Modifier l'arrière-plan du Bureau

1 Affichez le Bureau.

2 Faites un clic droit dessus pour ouvrir un menu contextuel.

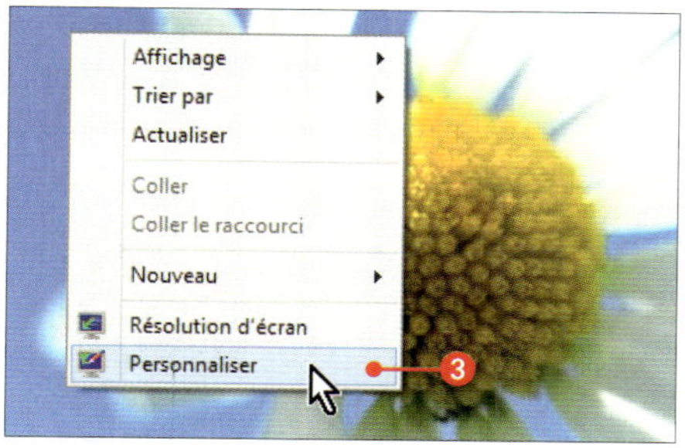

3 Appuyez sur l'option **Personnaliser**. La fenêtre de personnalisation s'ouvre.

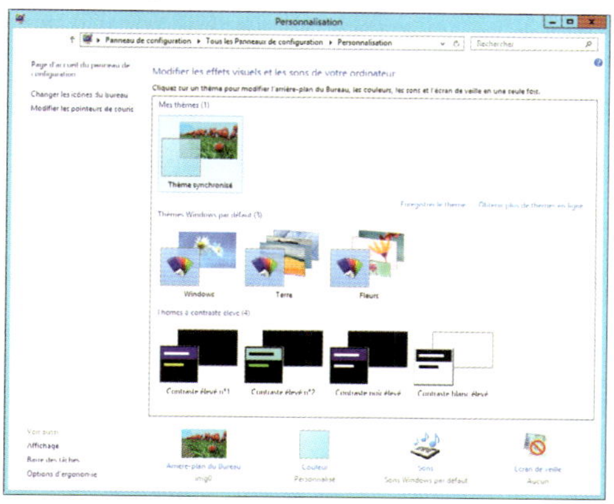

4 Appuyez sur l'un des modèles exposés pour en faire votre arrière-plan, par exemple sur **Terre**.

5 En bas, appuyez sur **Arrière-plan du Bureau** pour décider de votre modèle exact.

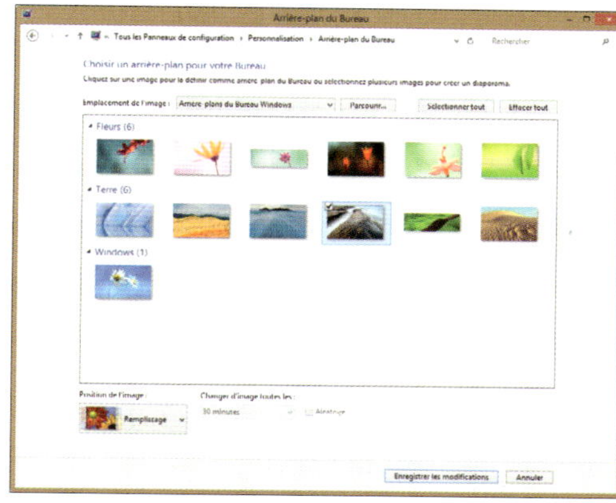

6 Appuyez sur le modèle à adopter.

7 Appuyez sur le bouton **Enregistrer les modifications**.

8 La métamorphose est immédiate. Vous pouvez fermer cette fenêtre.

Utiliser une image personnelle

1 Vous pouvez utiliser une image personnelle comme fond d'écran Bureau. Dans la fenêtre de sélection des arrière-plans, appuyez sur le bouton **Parcourir**.

2 Trouvez l'image qui vous convient parmi celles que vous avez enregistrées sur votre machine.

3 Appuyez sur le bouton **Enregistrer les modifications**. Cette image devient votre fond d'écran pour le mode Bureau.

Changer d'écran de verrouillage

L'écran de verrouillage est le tout premier écran qui s'affiche lorsque vous allumez la tablette. C'est un volet qu'il faut relever pour avoir accès à Windows.

1 Commencez très exactement comme précédemment. Affichez la colonne latérale d'outils à droite de l'écran.

2 Appuyez sur le bouton **Paramètres**. Le volet éponyme s'ouvre sur la droite de l'écran.

3 Tout en bas, appuyez sur **Modifier les paramètres du PC**. La fenêtre **Paramètres** s'affiche.

4 Dans la colonne gauche, l'onglet **Personnaliser** doit être sélectionné. Sinon, appuyez dessus.

5 Dans cette fenêtre, appuyez sur l'onglet **Écran de verrouillage**, en haut. L'écran actuel est rappelé. Les images de personnalisation apparaissent en dessous.

6 Appuyez sur l'une de ces images pour en faire votre écran de verrouillage, ce que montre aussitôt la fenêtre supérieure.

7 Quittez cette séquence. L'écran de verrouillage que vous avez sélectionné est adopté.

Choisir une image personnelle

Choisissez une image personnelle en appuyant, dans la fenêtre de sélection, sur le bouton **Parcourir** comme vous l'avez peut-être fait en personnalisant le Bureau.

1 L'écran affiche les photos que vous avez rangées dans votre dossier personnel **Mes images**. Ce dernier se trouve dans le dossier **Utilisateurs**, sous votre nom d'utilisateur, selon le chemin d'accès :

```
C:\Utilisateurs\Nom_utilisateur\Mes
images
```

2 Vous pouvez aussi rechercher des images enregistrées sur une carte mémoire additionnelle.

3 Appuyez sur une image pour la sélectionner, puis cliquez sur le bouton du bas **Choisir cette image**.

4 Cette image devient votre écran de verrouillage.

5 Vous pouvez quitter cette séquence.

Afficher des informations sur l'écran de verrouillage

'écran de verrouillage peut afficher non eulement une image mais aussi des ıformations, par exemple la météo ou : nombre de messages reçus. Il vous ppartient de choisir ces informations.

Commencez très exactement comme récédemment. Affichez la barre latérale outils à droite de l'écran.

Appuyez sur le bouton **Paramètres**. : volet éponyme s'ouvre sur la droite : l'écran. Tour en bas, appuyez sur **odifier les paramètres du PC**. La fenêtre **ıramètres** s'affiche.

Dans la colonne gauche, activez l'onglet **ersonnaliser**.

Passez en bas du volet droit à la brique **Applications de l'écran de rrouillage**.

Appuyez sur l'un des gros ›utons + pour afficher les applications ›ponibles.

6 Appuyez sur l'application voulue. Son icône prend la place du signe +.

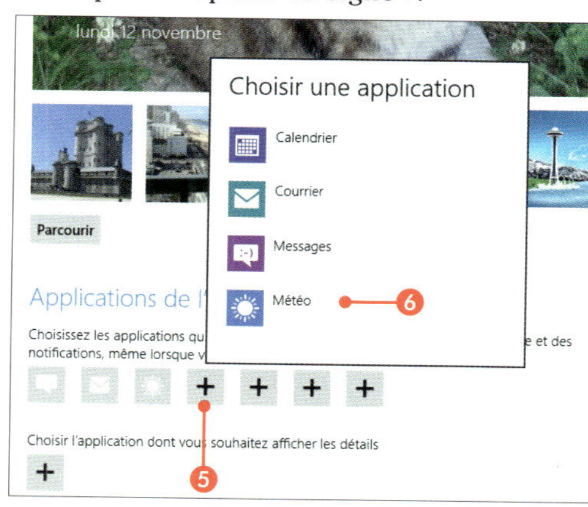

7 Vous trouverez dès lors cette notification sur l'écran d'accueil.

Ajouter une langue

Vous avez sélectionné le français, mais vous souhaitez utiliser une ou plusieurs autres langues.

1 Ouvrez la barre latérale d'outils et appuyez sur **Paramètres**, puis sur **Modifier les paramètres du PC**.

2 Dans le volet gauche, sélectionnez **Général**.

3 Dans le volet droit, sous **Langue**, appuyez sur **Préférences linguistiques**.

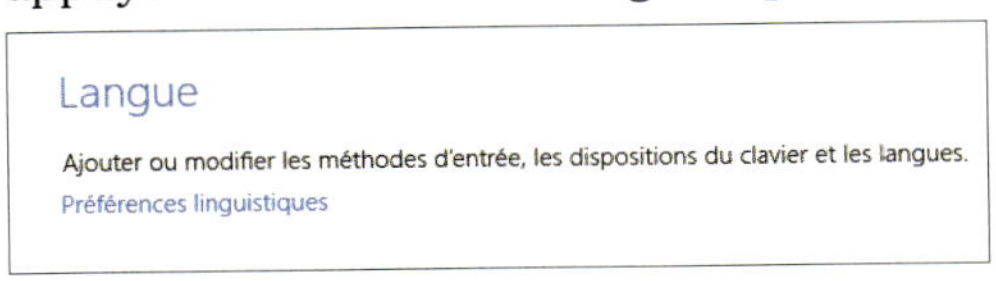

4 La fenêtre **Langue** s'affiche.

5 Appuyez sur **Ajouter une langue**.

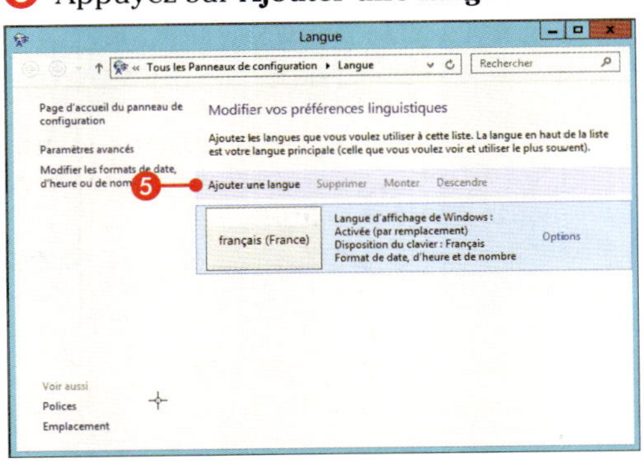

6 Dans la fenêtre Ajouter des langues qui s'affiche, appuyez deux fois ou double-cliquez sur la langue que vous souhaitez ajouter. Parfois, la fenêtre suivante vous proposera les déclinaisons de la langue choisie. Sélectionnez celle que vous recherchez.

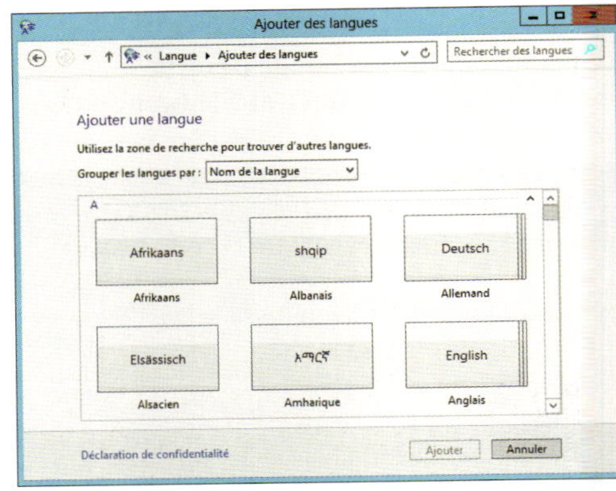

7 Appuyez sur le bouton **Ajouter**.

8 La langue est ajoutée dans la fenêtre.

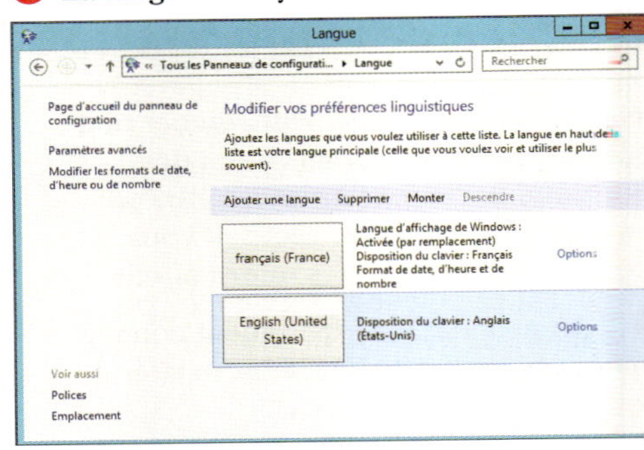

9 Si une langue n'est pas déjà installée, vous devrez télécharger son module linguistique afin de pouvoir lire des textes. Dans un tel cas, l'écran affichera le texte **Disponible en téléchargement** au regard de la langue. Appuyez ou cliquez sur **Options**, puis suivez les instructions affichées.

10 Dans la fenêtre **Langue**, vous pouvez définir une langue en tant que langue d'affichage. Vérifiez si la langue souhaitée porte les mentions **Langue d'affichage de Windows**.

11 Si tel est le cas, appuyez ou cliquez sur **Monter** jusqu'à ce que la langue apparaisse en haut de la liste.

⓬ Avec certaines langues, vous devrez parfois redémarrer.

⓭ Dès lors, pour utiliser une langue installée avec un clavier physique, appuyez sur la touche du logo Windows puis appuyez plusieurs fois sur la barre d'espace jusqu'à ce que vous parveniez à la langue que vous souhaitez sélectionner dans la petite fenêtre qui s'affiche.

⓮ Avec un clavier tactile, appuyez sur l'abréviation en trois lettres de la langue courante, puis appuyez sur la langue à sélectionner.

Supprimer l'écran de verrouillage

L'écran de verrouillage qui apparaît lorsque vous allumez l'ordinateur vous paraît inutile ? Supprimez-le. Vous démarrerez directement sur l'écran demandant votre mot de passe.

❶ Faites un clic droit dans l'angle inférieur gauche de l'écran pour ouvrir le menu d'accès rapide.

❷ Sélectionnez l'option **Exécuter** et, dans la fenêtre **Exécuter** qui s'ouvre, tapez :

```
gpedit.msc
```

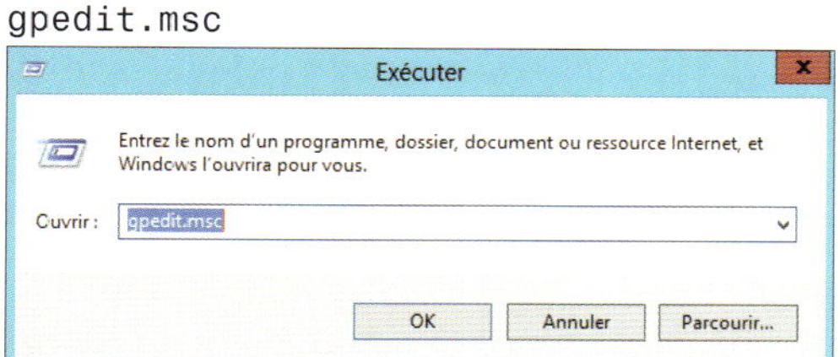

❸ Appuyez sur **OK**. La fenêtre **Éditeur de stratégie de groupe locale** s'ouvre.

❹ Dans le volet gauche du nouvel écran, ouvrez les listes **Configuration ordinateur** puis **Modèles d'administration**, et appuyez sur **Tous les paramètres**.

❺ Passez dans le volet droit en appuyant dessus. Trouvez la ligne **Ne pas afficher l'écran de verrouillage**.

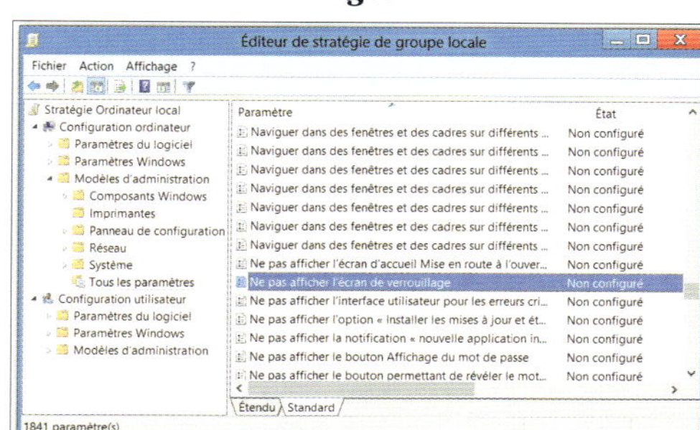

❻ Double-cliquez dessus, sélectionnez **Activé**, puis cliquez sur **OK**.

❼ Redémarrez la tablette. Le volet de verrouillage n'apparaîtra plus.

Ajuster le fuseau horaire

❶ Ouvrez la barre latérale d'outils et cliquez sur **Paramètres**, puis sur **Modifier les paramètres du PC**.

❷ Dans la page **Paramètres du PC**, sélectionnez **Général** dans le volet gauche.

❸ Dans le volet droit, ouvrez la liste **Heure**. La liste des fuseaux horaires s'affiche.

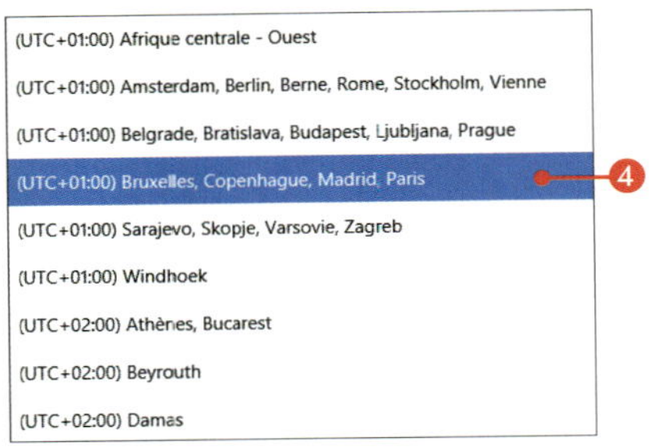

❹ Appuyez sur le fuseau horaire correspondant à votre situation géographique.

NOTE

Laissez sur le mode **Activé** la ligne sous **Régler automatiquement sur l'heure d'été**.

Ajuster la temporisation avant extinction de l'écran

❶ Affichez le menu d'accès rapide en bas et à gauche de l'écran en y faisant un clic droit.

❷ Dans le menu qui s'ouvre, appuyez sur **Panneau de configuration**. Ce dernier s'ouvre à son tour.

❸ Réglez l'affichage sur **icônes**.

❹ Appuyez sur **Options d'alimentation**.

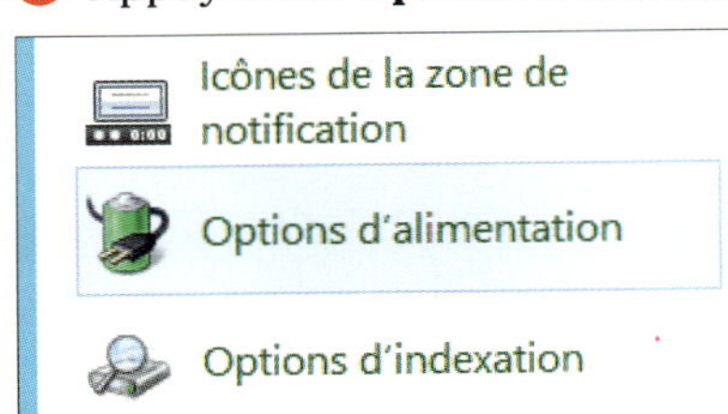

5 Dans la fenêtre **Options d'alimentation** et sur la ligne **Utilisation normale** (c'est le seul mode proposé avec Windows RT), appuyez sur **Modifier les paramètres du mode**.

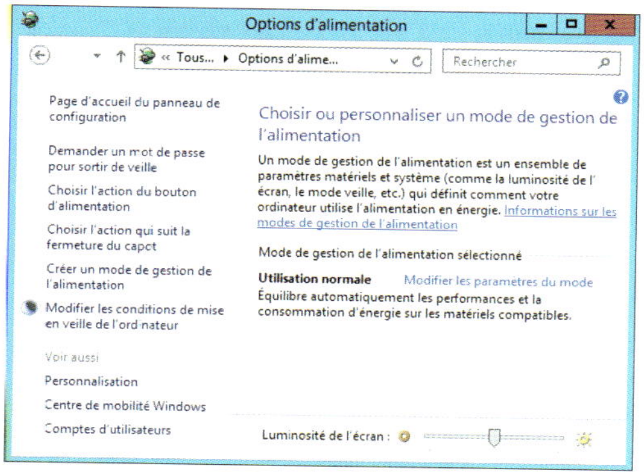

6 Une fenêtre de modification s'affiche avec quatre zones de temporisation : sur batterie ou sur secteur avec **Estomper l'affichage** et **Mettre l'ordinateur en veille**.

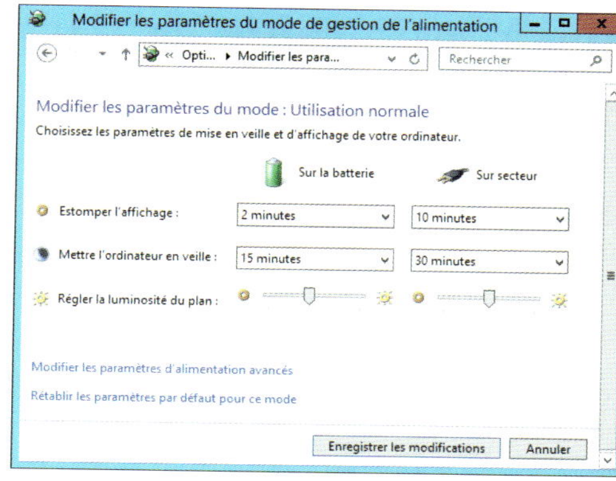

7 Ouvrez les listes déroulantes respectives et choisissez les temps.

8 Appuyez sur le bouton **Enregistrer les modifications**.

9 De retour dans la fenêtre **Options d'alimentation**, ajustez la luminosité de l'écran en déplaçant son curseur de réglage, tout en bas.

NOTE

Une temporisation courte permet d'économiser le courant et de prolonger l'autonomie de la tablette.

Utiliser le menu contextuel du Bureau

1 Affichez l'**Explorateur de fichiers**.

2 Faites un clic droit sur une zone libre du Bureau. Un menu contextuel s'ouvre. Il permet de se livrer à plusieurs sortes d'opérations visant à présenter plus confortablement les fichiers et les dossiers.

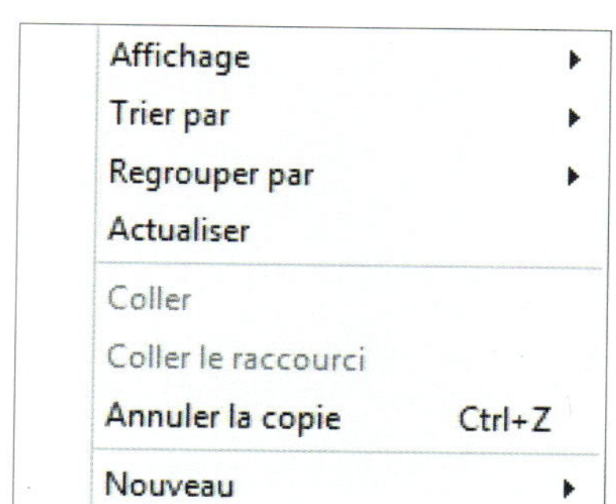

Modifier la taille de l'affichage des fichiers

❶ Dans le menu contextuel du Bureau, appuyez sur **Affichage**.

❷ Choisissez votre option d'affichage dans le sous-menu qui apparaît.

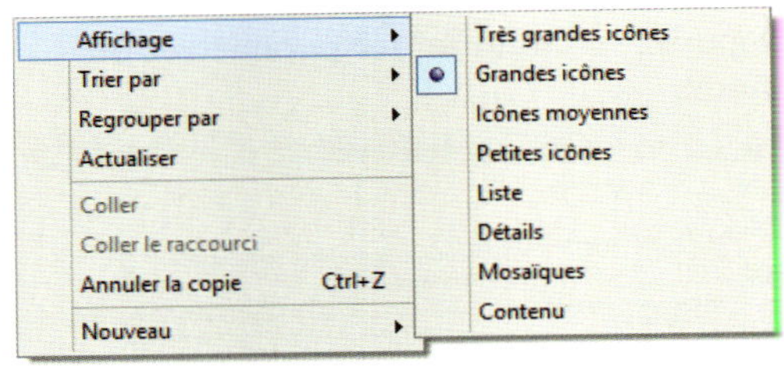

Trier l'affichage

❶ Dans le menu contextuel du Bureau, appuyez sur **Trier par**.

❷ Choisissez votre option de tri dans le sous-menu qui apparaît.

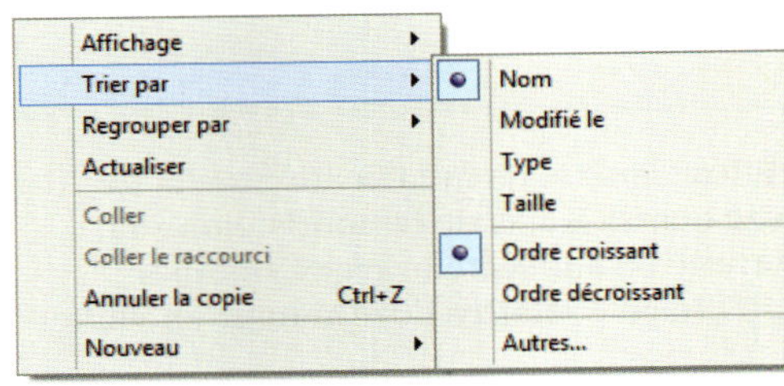

Effectuer des regroupements

❶ Dans le menu contextuel du Bureau, appuyez sur **Regrouper par**.

❷ Choisissez votre option de regroupement dans le sous-menu qui apparaît.

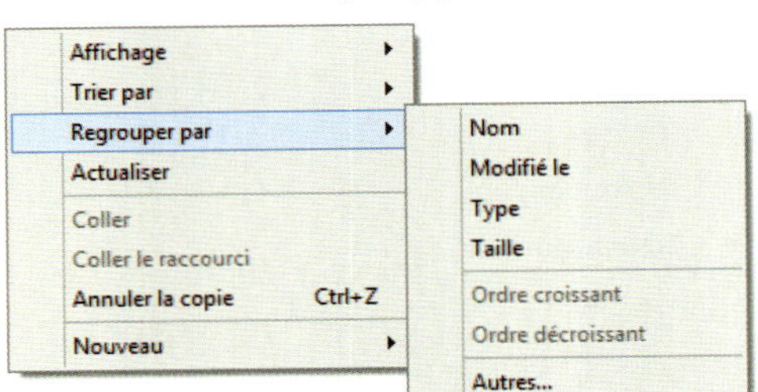

❸ L'appui sur l'option **Autres** ouvre la fenêtre **Choisir les détails** servant à sélectionner les informations à afficher.

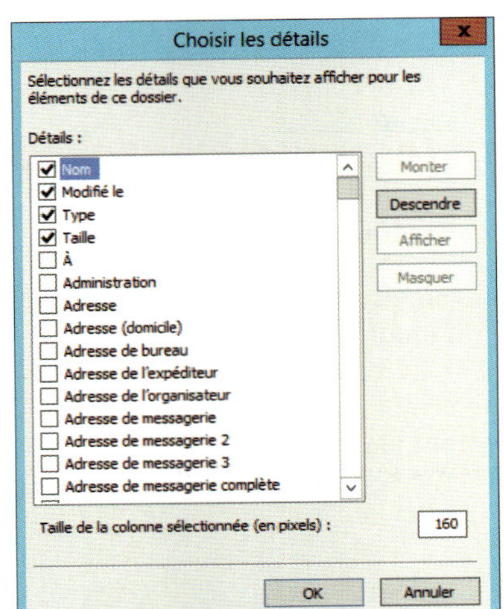

Organiser la fenêtre de l'Explorateur de fichiers

1 Ouvrez l'**Explorateur de fichiers**.

2 Sous l'onglet **Affichage**, appuyez sur la lèche du **Volet de navigation**.

3 Cochez les éléments à afficher ou lécochez ceux que vous voulez supprimer.

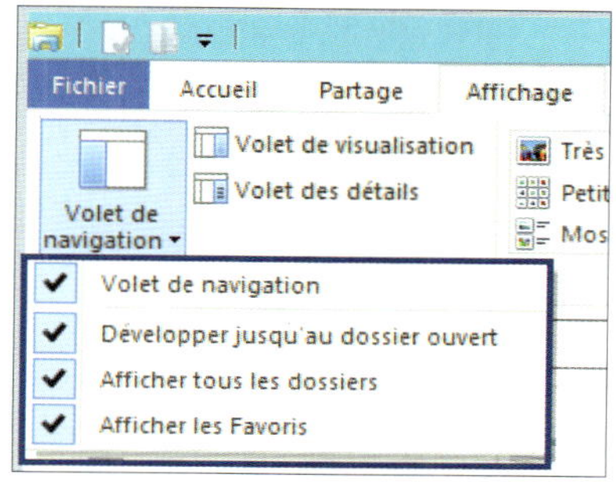

Gérer avec le menu contextuel de la barre des tâches

Faites un clic droit sur une zone libre de barre des tâches. Son menu contextuel ouvre.

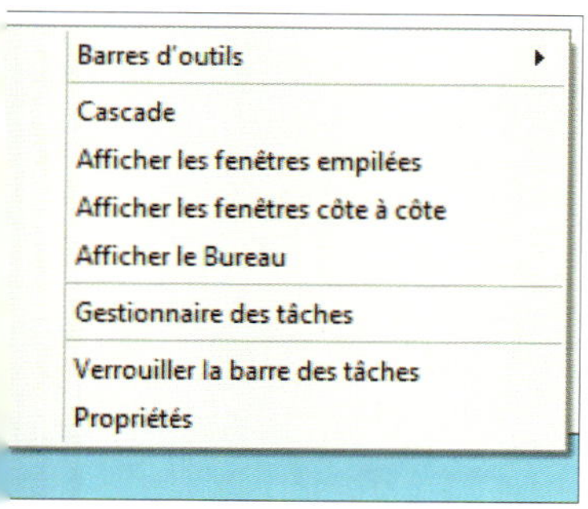

2 Appuyez sur la flèche de la ligne **Barres d'outils** pour ouvrir un sous-menu.

3 Cochez les barres à afficher.

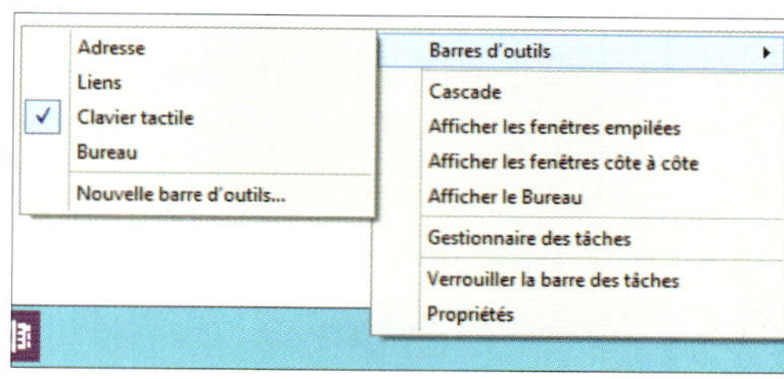

4 Sélectionnez le mode d'affichage des fenêtres ouvertes.

Verrouiller et déverrouiller la barre des tâches

Dans le menu contextuel de la figure écédente, cochez la ligne **Verrouiller barre des tâches** pour interdire sa odification.

2 Décochez-la pour permettre des modifications.

Redéfinir les sons système

1 Le système émet des sons préconfigurés. Pour les modifier, affichez la page **Accueil** et faites un clic droit dessus pour ouvrir la barre horizontale d'options du bas.

2 Appuyez sur **Toutes les applications**.

3 Dans les applications et vers la droite, appuyez sur **Panneau de configuration**.

4 Affichez-le en mode icônes et appuyez sur l'icône **Son**.

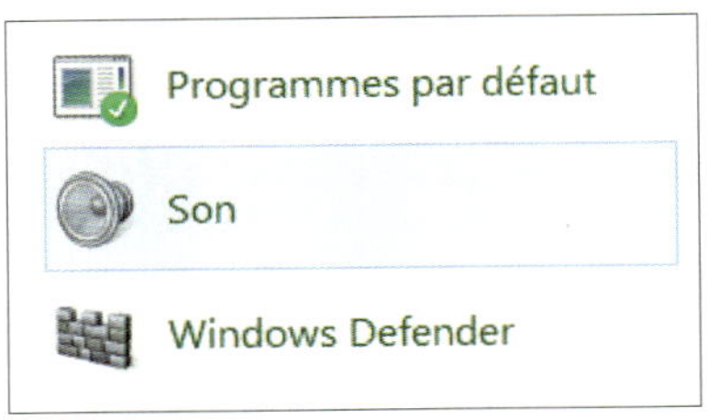

5 La fenêtre **Son** s'ouvre. Appuyez sur son onglet **Sons** pour lister les sons système.

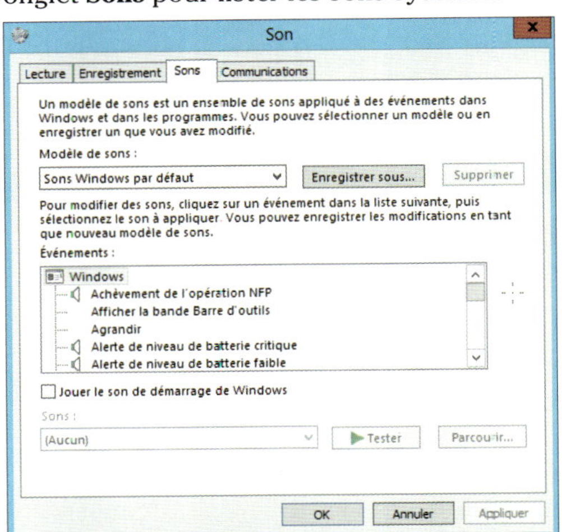

6 La liste **Modèle de sons** n'offre pas d'autre choix que la suppression des sons. On peut donc laisser **Sons Windows par défaut**.

7 Sélectionnez un son dans la liste centrale et appuyez sur le bouton **Tester** pour l'écouter.

8 Pour modifier un son, sélectionnez-le dans la liste centrale et ouvrez la liste du bas **Sons**. Dans la collection qui s'ouvre, sélectionnez-en un autre.

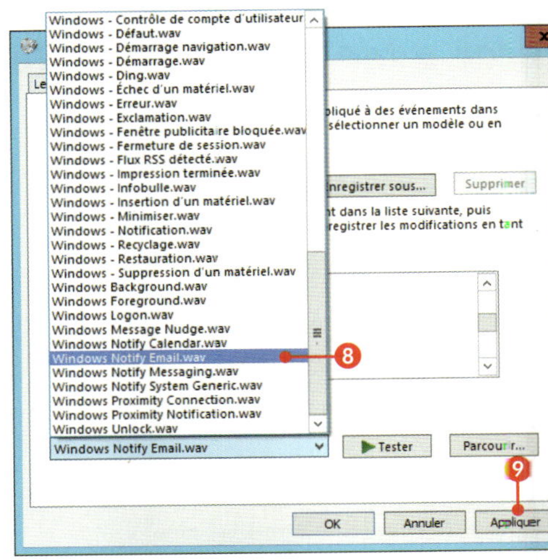

9 Appuyez sur **Appliquer** puis sur **OK**.

Ajuster l'heure et la date

1 Affichez le Bureau.

2 Dans la barre des tâches et sur la droite, appuyez ou cliquez sur le groupe Date et heure. Une petite fenêtre s'ouvre.

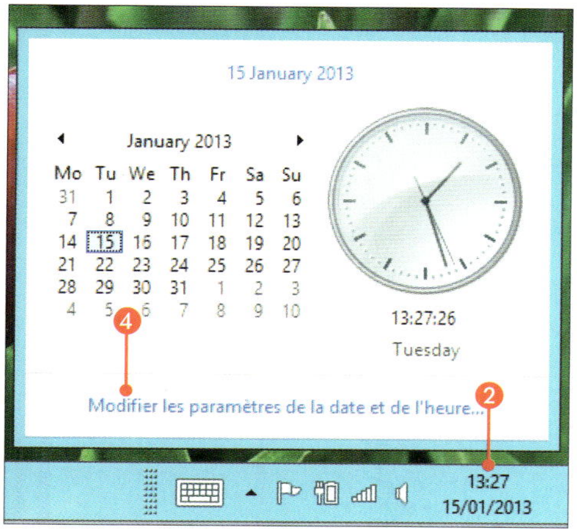

3 Vous pouvez faire défiler le calendrier en cliquant sur les flèches pour changer de mois.

4 Appuyez sur **Modifier les paramètres de date et d'heure**. La fenêtre **Date et heure** s'ouvre.

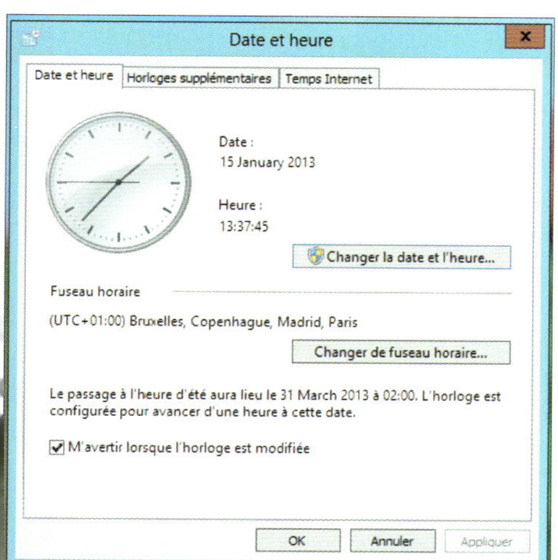

5 Pour modifier la date et l'heure, appuyez sur le bouton **Changer de date et d'heure**. La fenêtre **Réglage de la date et de l'heure** s'affiche, son onglet **Date et heure** étant actif.

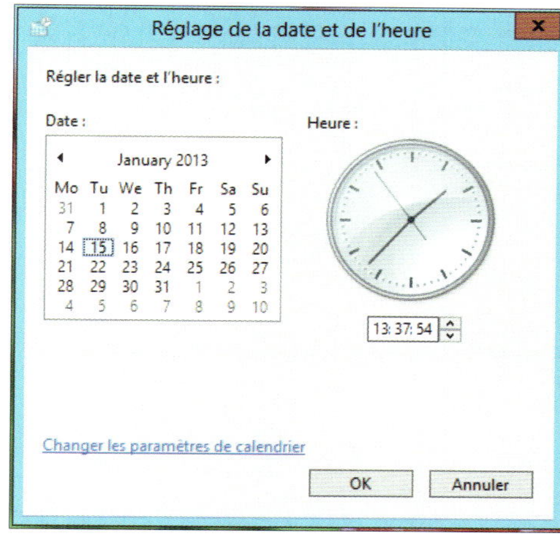

6 Sélectionnez une date dans le calendrier en cliquant dessus.

7 Pour changer l'heure, cliquez successivement sur les chiffres des heures, minutes et secondes et appuyez sur les flèches de croissance/décroissance pour modifier les valeurs. Ou tapez les bonnes valeurs.

8 Pour modifier les paramètres du calendrier, appuyez sur **Changer les paramètres du calendrier**. La fenêtre **Personnaliser le format** s'ouvre. Sélectionnez vos options.

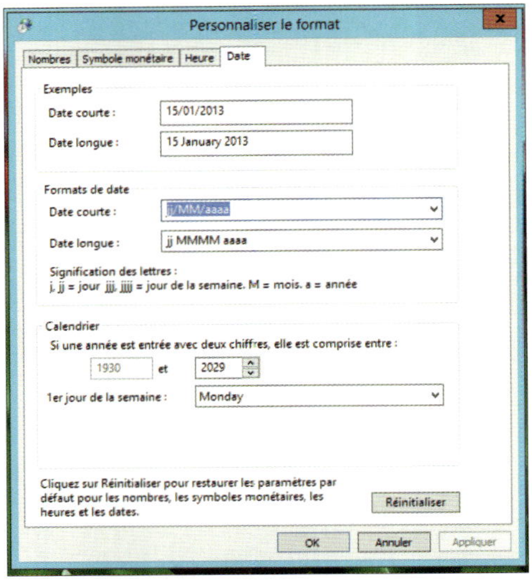

9 De retour dans la fenêtre **Date et heure**, appuyez sur le bouton **Changer de fuseau horaire** pour sélectionner un autre fuseau dans la fenêtre **Paramètres de fuseau horaire**.

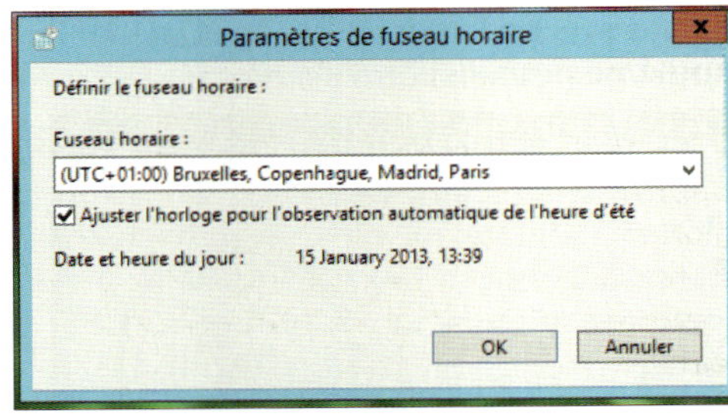

10 Dans la même fenêtre **Date et heure**, cochez la case **M'avertir lorsque l'horloge est modifiée**, à l'occasion du passage à l'heure d'été ou d'hiver.

Appliquer le temps Internet

1 Ouvrez la fenêtre **Date et heure** comme ci-dessus.

2 Appuyez sur l'onglet **Temps Internet**.

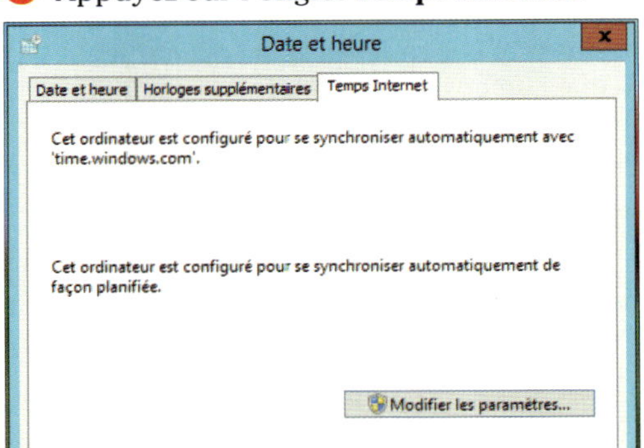

3 Par défaut, les paramètres de synchronisation de Surface sont actifs. Appuyez sur le bouton **Modifier les paramètres** pour le vérifier.

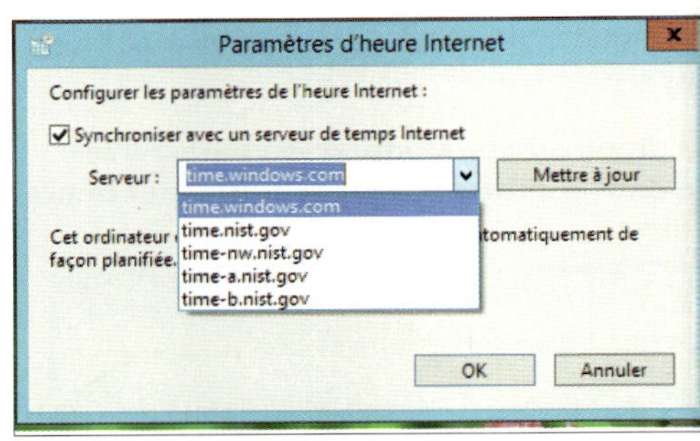

4 Dans la fenêtre **Paramètres d'heure Internet** qui s'ouvre, vous pouvez sélectionner un autre serveur de référence, ce qui ne serait utile que si le serveur courant était défaillant.

Afficher des horloges supplémentaires

1. Ouvrez la fenêtre **Date et heure** comme ci-dessus.

2. Appuyez sur l'onglet **Horloges supplémentaires**.

3. Comme l'indique ce volet, une horloge supplémentaire permet d'afficher l'heure selon un autre fuseau horaire, ce qui est intéressant si vous voyagez sous d'autres tropiques. Cochez la case **Afficher cette horloge**.

4. Sélectionnez le fuseau horaire et décernez un nom à cette deuxième horloge.

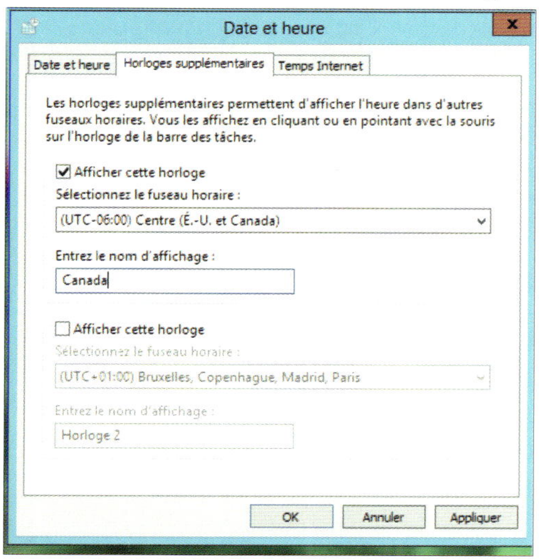

5. Appuyez sur **Appliquer**, puis sur **OK**.

6. Si vous appuyez sur la zone date/heure de la barre des tâches, les deux horloges apparaissent.

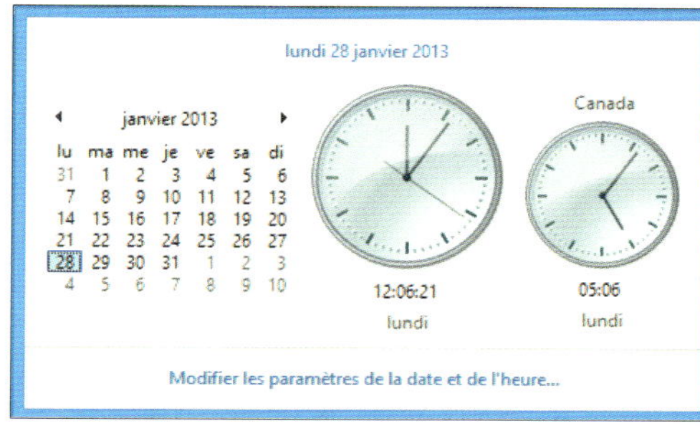

Vous pouvez déclarer une troisième horloge en utilisant la même fenêtre **Date et heure**.

Personnaliser les icônes de la zone de notification

1. Affichez le Bureau.

2. Appuyez sur l'icône de gauche dans la zone de notification, l'icône en forme de flèche.

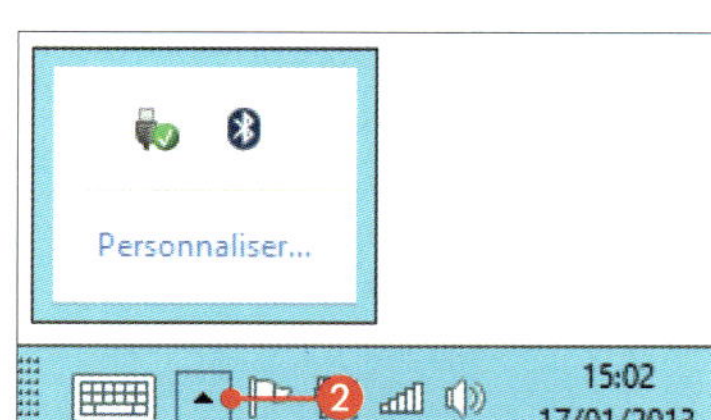

❸ Dans la petite fenêtre qui apparaît, appuyez sur **Personnaliser**.

❹ La page de personnalisation s'affiche. Elle est titrée **Sélectionnez les icônes et les notifications qui apparaissent sur la barre des tâches**.

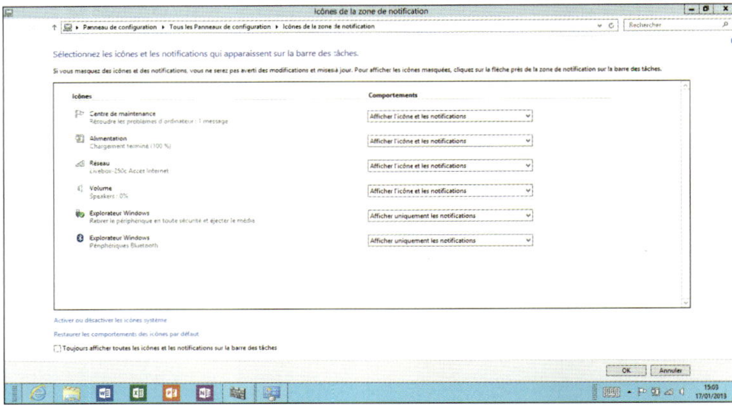

❺ Ouvrez la liste déroulante en regard de chacune des propositions d'icône, à tour de rôle, pour choisir entre les trois options :

- Afficher l'icône et les notifications.
- Masquer l'icône et les notifications.
- Afficher uniquement les notifications.

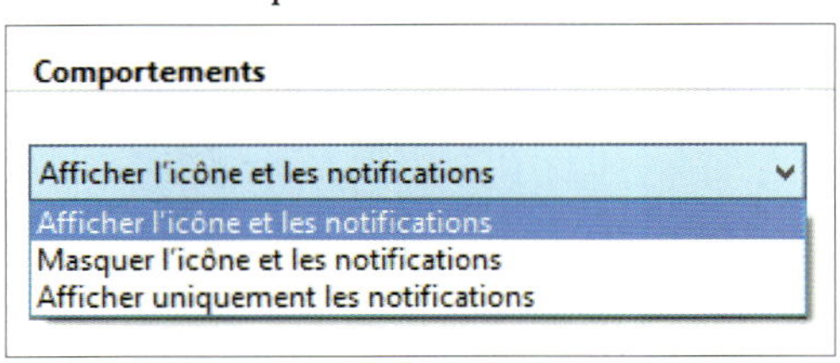

❻ La sécurité commande que vous laissiez tout en l'état et même que vous cochiez, en bas de la fenêtre, la case **Toujours afficher toutes les icônes et les notifications sur la barre des tâches**.

❼ Si vous avez introduit trop de modifications, appuyez sur **Restaurer les comportements des icônes par défaut** pour revenir à la configuration d'origine.

Activer ou désactiver les icônes système

❶ Ouvrez la page de personnalisation comme ci-dessus. Elle est titrée **Sélectionnez les icônes et les notifications qui apparaissent sur la barre des tâches**.

❷ En bas, appuyez sur **Activer ou désactiver les icônes système**.

❸ La page de même titre apparaît.

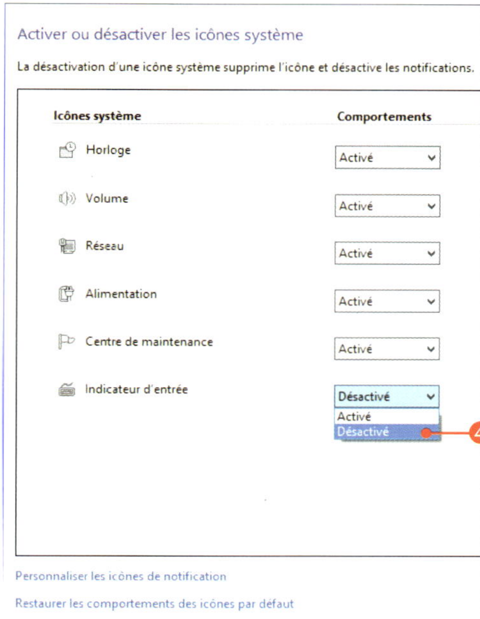

4 Pour chaque thème, ouvrez la liste déroulante en regard et choisissez entre **Activé** et **Désactivé**.

> NOTE
>
> Si vous avez introduit beaucoup de modifications, pour les annuler et revenir à l'état d'origine, appuyez sur **Restaurer le comportement des icônes par défaut**.

Accéder à l'écran de personnalisation avec la barre des tâches

1 Faites un clic droit sur la barre des tâches pour ouvrir son menu contextuel.

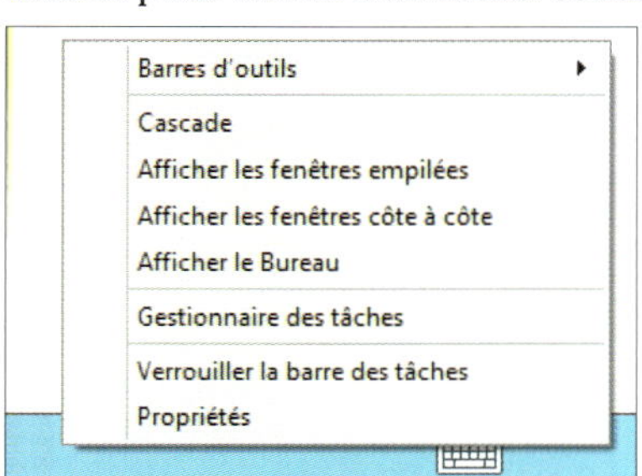

2 Appuyez sur **Propriétés**. La fenêtre **Propriétés de la barre des tâches** apparaît.

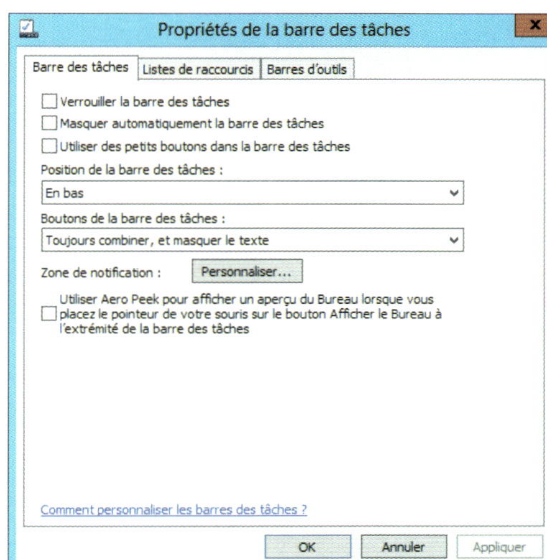

3 Appuyez sur son bouton **Personnaliser**. La fenêtre **Icônes de la zone de notification** s'affiche.

NOTE

D'autres options de personnalisation sont à votre disposition. Elles sont présentées dans le chapitre 20 plus spécifiquement dévolu au paramétrage de Windows RT.

Chapitre 9

Internet

Dans ce chapitre

- Ouvrir le navigateur Internet Explorer
- Forcer l'affichage de la barre de circulation
- Ouvrir un nouvel onglet
- Surfer en mode Bureau
- Composer une adresse Web
- Cliquer sur un lien
- Rechercher un site avec Bing
- Épingler un site à l'écran Accueil
- Utiliser les favoris
- Exploiter l'historique
- Choisir la page de démarrage en mode Bureau
- Ouvrir les liens dans la même version
- Paramétrer le navigateur
- Assurer la sécurité
- Trouver les adresses IP et DNS

Pour surfer sur Internet et sur le Web, vous devez avoir souscrit un abonnement auprès d'un fournisseur d'accès Internet, un FAI en abrégé.

Vous pouvez vous connecter depuis votre domicile en Wi-Fi *via* votre box locale ou à l'extérieur, *via* des points d'accès comme il en existe de plus en plus. Vous utiliserez le navigateur Internet Explorer incorporé à Surface. Toutefois, son comportement diffère quelque peu selon que vous travaillez en mode MUI ou en mode Bureau.

Ouvrir le navigateur Internet Explorer

1 Dans la page **Accueil**, appuyez ou cliquez sur la vignette **Internet Explorer**.

2 Internet Explorer s'ouvre et affiche le site Web proposé par défaut par Microsoft. Par la suite, ce sera la dernière page consultée qui s'affichera. Constatez que le maximum d'espace est réservé au site lui-même.

3 En bas de cette page apparaît une barre horizontale d'outils de contrôle avec une zone réservée aux adresses Web.

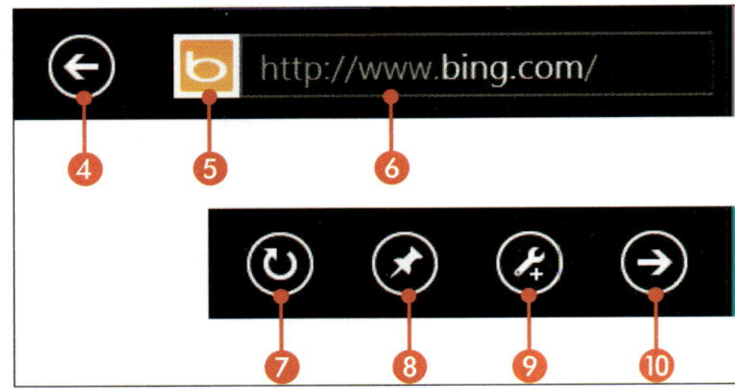

4 Page précédente.

5 Icône du site affiché.

6 Zone de saisie de l'adresse.

7 Actualiser, rafraîchir l'affichage.

8 Épingler à l'écran d'accueil.

9 Outils de page. Ce bouton ouvre un petit menu avec des options parmi lesquelles : Obtenir l'application de ce site, Rechercher dans la page et Afficher sur le Bureau.

10 Page suivante.

11 Tapez l'adresse d'un site dans la zone d'adresses pour vous y rendre et, si le site ne s'affiche pas de lui-même, appuyez ou cliquez sur la petite flèche vers la droite qui apparaît alors sur la zone d'adresses, ou bien appuyez sur la touche **Entrée**.

NOTE

Microsoft ne peut pas proposer sous Windows RT le choix du navigateur comme il le fait dans les autres versions. En effet, aucun autre navigateur ne tournait sous RT, du moins jusqu'à la rédaction de ce livre.

Forcer l'affichage de la barre de circulation

Si la barre de circulation du bas ne s'affiche pas (elle disparaît automatiquement pour laisser toute la place aux sites) :

❶ Faites un clic droit sur une zone libre de la fenêtre ou effectuez un léger balayage avec le doigt du bas de l'écran vers le centre.

❷ La barre de circulation réapparaît.

> **NOTE** Remarquez qu'en plus de cette barre de circulation, une barre supérieure liste les sites ouverts dans les onglets. Appuyez ou cliquez sur l'un d'eux pour y revenir.

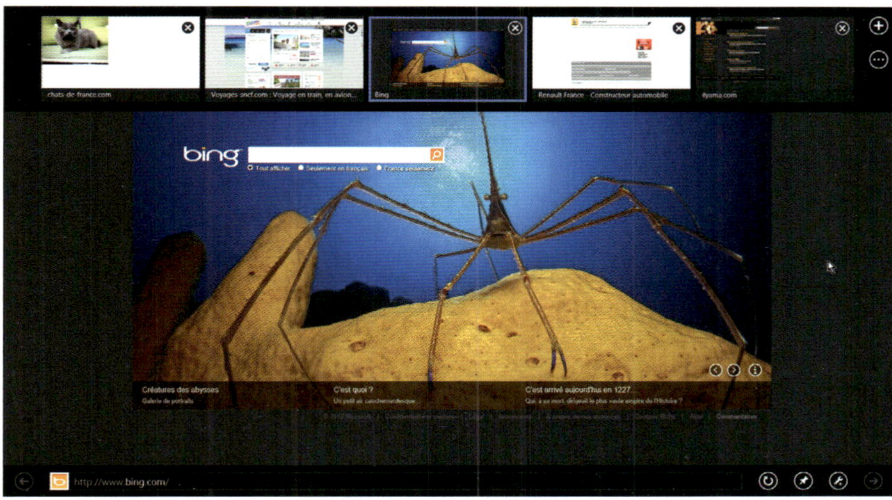

Ouvrir un nouvel onglet

❶ Affichez la barre de circulation.

❷ Appuyez ou cliquez sur le signe + en haut et à droite de l'écran. Une page vide s'affiche.

❸ Tapez une adresse et rendez-vous sur un nouveau site. Il s'inscrit dans le nouvel onglet.

> **NOTE** Les onglets, tout comme les contrôles de navigation, apparaissent uniquement lorsque vous en avez besoin avant de disparaître à nouveau lorsqu'ils deviennent inutiles.

Surfer en mode Bureau depuis MUI

En mode Bureau, **Internet Explorer** s'ouvre en fenêtre. Vous pouvez transférer Internet Explorer en mode Bureau depuis le mode MUI, ou encore afficher au préalable le mode Bureau pour ouvrir ensuite Internet Explorer.

❶ Vous avez ouvert Internet Explorer en mode MUI. Faites un clic droit sur une zone libre de la page pour afficher la barre horizontale inférieure de circulation.

❷ Appuyez, dans cette barre, sur l'outil en forme de clé plate d'ajusteur. Son menu apparaît.

❸ Cliquez sur **Afficher sur le Bureau**. Le navigateur passe aussitôt en mode **Bureau**.

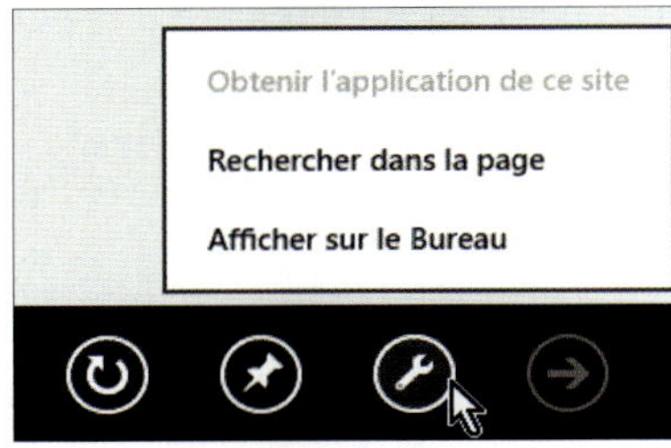

Surfer depuis le Bureau

❶ Dans la page **Accueil**, cliquez sur la vignette **Bureau** pour afficher le bureau.

❷ Appuyez sur l'icône **Internet Explorer** à gauche de la barre des tâches.

❸ Si cette icône ne s'y trouve pas, ouvrez l'**Explorateur de fichiers** et, dans la colonne de navigation, ouvrez successivement **Ordinateur**, le disque **C:**, puis **Programmes**.

❹ Cliquez sur **Internet Explorer**.

❺ Dans le volet des détails, cliquez sur **iexplore**, avec l'extension **.exe** si vous affichez les extensions.

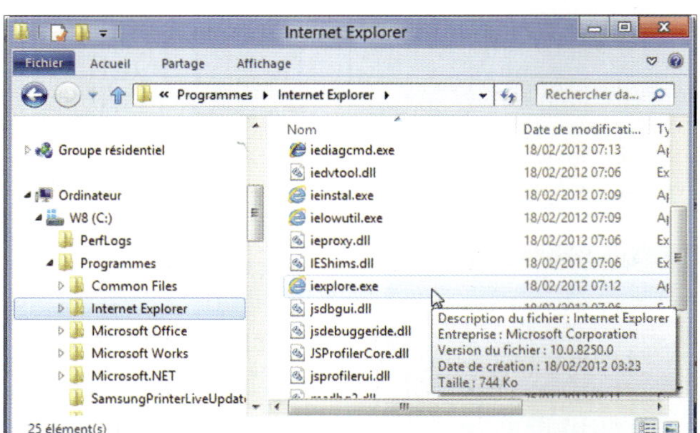

6 Internet Explorer s'ouvre à l'écran. Sa première fenêtre affiche un site qui peut être celui de Bing, de MSN ou celui de votre fournisseur d'accès, mais peu importe. Cette fois, il s'agit bien d'une fenêtre que vous pouvez déplacer et redimensionner.

La barre de circulation en mode Bureau

Cette barre apparaît en haut de la fenêtre.

1 Page précédente

2 Page suivante

3 Icône du site affiché

4 Zone d'adresses

5 Loupe pour lancer une recherche.

6 Actualiser, ou avec une flèche droite, aller au site indiqué

7 Zone réservée aux onglets des pages visitées

8 Ramener en icône dans la barre des tâches

9 Agrandir en plein écran ou revenir à la taille antérieure

10 Fermer Internet Explorer

11 Accueil (la petite maison) ramène à la page d'accueil.

12 Afficher les favoris, les flux et l'historique

13 Outils d'Internet Explorer

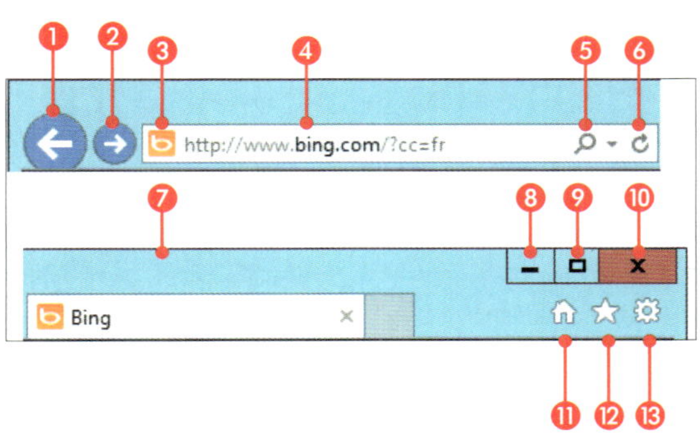

Composer une adresse Web

1. Votre navigateur étant ouvert, pour visiter un site Web, tapez son adresse dans la barre d'adresses.

2. Appuyez ou cliquez sur la petite flèche vers la droite qui apparaît à droite de la barre d'adresses.

Règles de composition d'une adresse Web

- Toutes les adresses des sites Web commencent par les caractères **http://** mais vous n'êtes pas tenu de les saisir. Internet Explorer est intelligent et il complétera de lui-même.
- Notez que certains sites sécurisés, pour des paiements, par exemple, commencent par **https** qu'il faut alors composer.
- Très souvent, mais pas toujours, l'adresse commence par les trois caractères **www** que vous devez taper, cette fois. C'est le diminutif de **World Wide Web**, la toile mondiale.
- Les adresses s'écrivent en minuscules et n'acceptent pas les caractères accentués ou spéciaux tels que é, è, à, î, ç, *etc.* Sauf rares exceptions. Ne les utilisez donc pas.
- Parfois, l'adresse elle-même est complétée, après la présence d'une troisième barre oblique (/) par d'autres informations lesquelles, cette fois, peuvent imposer l'usage de majuscules.
- Ne commettez pas d'erreur de frappe et n'introduisez pas d'espace dans l'adresse, car le Web est plus rigoureux que La Poste et exige des adresses d'une fidélité absolue !

Cliquer sur un lien

Si le site ou la page que vous voulez visiter figure sous la forme d'un **lien** (encore appelé **lien hypertexte**) dans la page que vous affichez, appuyez ou cliquez dessus pour vous y rendre.

- Lorsque vous pointez un lien avec la souris, le pointeur prend la forme d'une main.
- Un lien peut être un texte. Dans ce cas, il est généralement souligné, ou alors il se souligne lorsque vous passez le pointeur de la souris dessus. Il peut être aussi écrit en couleur, en bleu.
- Un lien peut encore être une image, comme le montrent les deux extraits ci-après.

Revenir à la page précédente ou passer à la suivante

❶ Alors que vous surfez allègrement, passant d'un site ou d'une page à l'autre, vous désirerez parfois revoir des pages précédentes et repartir aux pages suivantes.

❷ Internet Explorer en mode **Bureau** affiche deux icônes, en haut et à gauche, servant à revenir à la page précédente s'il en existe une ou à repasser à la page suivante. Les icônes **flèche vers la gauche** et/ou **flèche vers la droite** deviennent actives selon les cas.

❸ En mode **MUI**, ces icônes sont placées en bas de la page, à gauche et à droite. Si la barre du bas n'est pas affichée, faites un clic droit sur une zone libre de la page.

❹ Une autre façon de passer d'une page à l'autre en mode MUI est la suivante : promenez la souris sur le bord gauche ou droit de la page, à mi-hauteur. Un chevron dirigé vers la gauche ou vers la droite apparaît. Touchez-le ou cliquez dessus.

Rechercher un site avec Bing

❶ Ouvrez Internet Explorer dans le mode que vous préférez et, dans la barre d'adresses, tapez l'adresse du moteur de recherche **Bing** si sa page n'est pas déjà affichée :

`www.bing.com`

❷ Rappelez-vous qu'il est inutile de taper le préfixe **http://**. Lancez la connexion.

❸ La page Bing s'ouvre.

❹ Cliquez sur la zone réservée au texte de la recherche et tapez ce que vous recherchez. Par exemple, vous recherchez des sites traitant des chats. Tapez alors *chats*.

❺ Bing vous propose plusieurs déclinaisons pour chats. Si vous y trouvez votre bonheur, appuyez dessus.

❻ Si l'écran ne répond pas automatiquement, appuyez sur le bouton de recherche en forme de loupe.

❼ Bing ouvre une liste de liens vers des sites spécifiques répondant à votre demande.

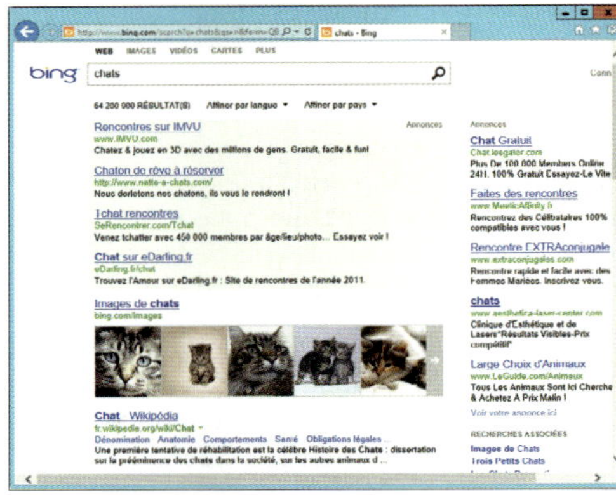

❽ Si l'un d'eux vous convient, appuyez dessus.

❾ Si aucun ne répond à votre attente, descendez en bas de la page et appuyez sur un numéro de page suivant ou sur **Suivant**.

NOTE

Un risque subsiste : vous obtenez une avalanche de réponses ! Tentez alors d'affiner votre recherche en ajoutant d'autres critères, par exemple *chats siamois*…

Épingler un site à l'écran Accueil

Pour rendre visite au même site ultérieurement, enregistrez-le dans les **Favoris** ou, mieux, épinglez-le dans la page **Accueil**. Il suffira d'un clic ou d'un appui pour y revenir.

❶ Ouvrez le site à épingler dans la page d'accueil en mode **Windows 8**.

❷ Faites apparaître la barre de circulation, en bas de l'écran, par exemple en faisant un clic droit sur la page.

❸ Dans cette barre, appuyez sur l'icône représentant une punaise d'agrafage. Une petite boîte de dialogue s'affiche.

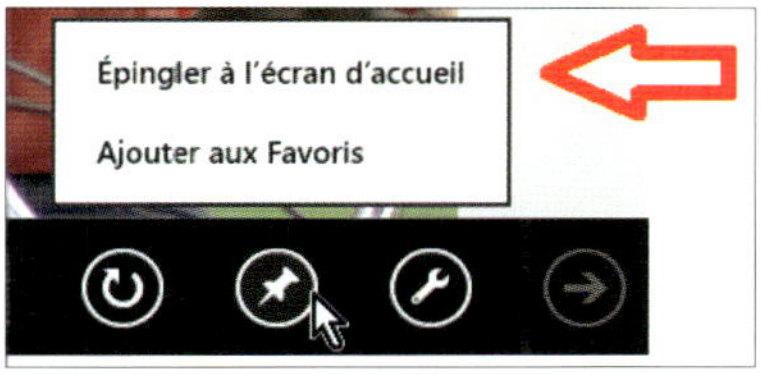

4 Appuyez sur **Épingler à l'écran d'accueil**.

5 Une seconde petite boîte de dialogue s'ouvre. Vous pouvez décerner un autre nom à la nouvelle vignette.

6 Appuyez sur **Épingler à l'écran d'accueil**. Vous retrouvez la vignette de ce site dans cette page.

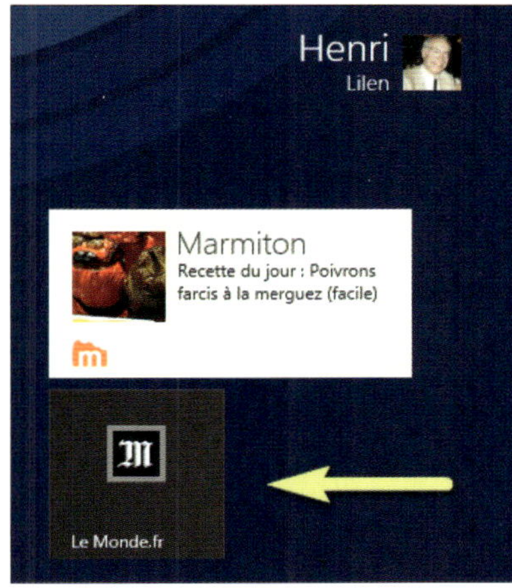

7 Appuyez sur cette vignette pour ouvrir de nouveau ce site.

> NOTE
>
> Si vous deviez ainsi épingler de nombreux sites à l'écran d'accueil, rassemblez-les dans un groupe.

Ajouter un site aux favoris en mode MUI

1 Pour ajouter un site dans la collection des favoris, reprenez la procédure précédente mais, dans la première petite boîte de dialogue, cliquez sur **Ajouter aux Favoris**.

2 Le site est aussitôt ajouté dans la liste des favoris.

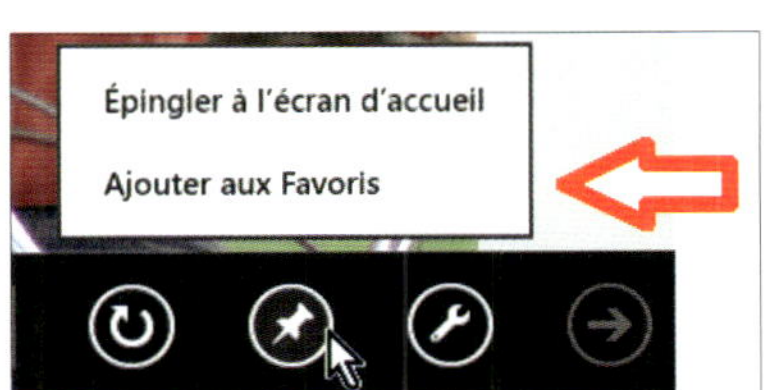

Visiter un site enregistré dans les favoris en mode MUI

❶ Affichez la barre de circulation (en mode MUI) en faisant glisser le doigt du bas de l'écran vers le haut, ou en faisant un clic droit sur une zone libre.

❷ Placez votre doigt sur la zone d'adresses et faites-la glisser vers le haut, ou encore cliquez sur cette zone en dehors de l'adresse. Il y a là un petit coup de main à prendre.

❸ La liste des favoris s'affiche en bas de l'écran. Faites-la défiler.

❹ Appuyez ou cliquez sur le site à revisiter.

Enregistrer des favoris en mode Bureau

❶ Ouvrez **Internet Explorer** en mode **Bureau**.

❷ Affichez le site à enregistrer.

❸ Cliquez ou appuyez sur le bouton **Favoris** en forme d'étoile situé sur la droite de la fenêtre. Il devient jaune quand vous le pointez.

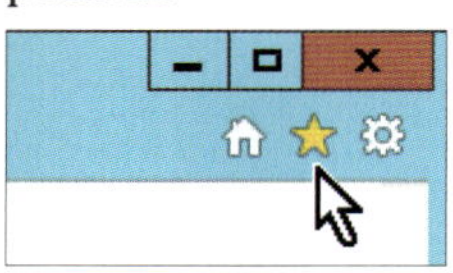

❹ Un volet s'ouvre. Cliquez sur le bouton **Ajouter aux Favoris**.

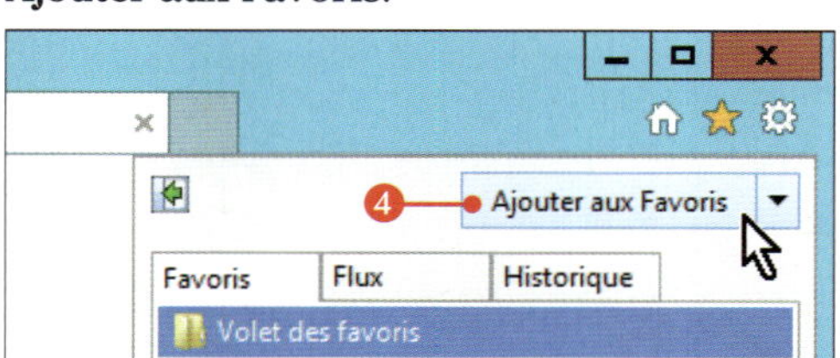

❺ La boîte de dialogue **Ajouter un favori** s'ouvre. Modifiez le nom de ce site tel qu'il apparaît sur la ligne **Nom** si vous désirez faire plus court ou plus précis.

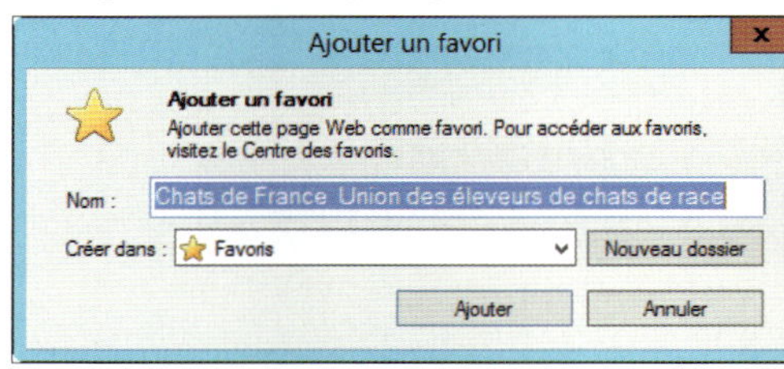

❻ Sans autre spécification de votre part, l'adresse de cette page est enregistrée dans la liste générale des favoris. Vous pouvez toutefois, au choix :

- Utiliser l'un des dossiers existants dans la collection **Favoris** en cliquant sur la flèche au bout de la ligne **Créer dans** et en sélectionnant le dossier voulu.
- Ou encore créer un dossier spécial, **Animaux de compagnie**, par exemple, en cliquant sur **Nouveau dossier**, à droite de la ligne **Créer dans**.

❼ Cliquez ou appuyez sur le bouton **Ajouter**. L'adresse de la page affichée est enregistrée dans les favoris.

Visiter un site enregistré dans les favoris avec le Bureau

1 Cliquez ou appuyez sur le bouton **Favoris** en forme d'étoile, comme ci-dessus.

2 Vérifiez que c'est bien l'onglet **Favoris** qui est actif, et non **Flux** ou **Historique**. Si besoin est, cliquez sur cet onglet.

3 Si vous avez créé plusieurs dossiers, trouvez le dossier dans lequel vous avez enregistré la page désirée et cliquez dessus. Son contenu s'affiche. Vous y trouvez tous les **Favoris** que vous avez enregistrés, aussi bien en mode Bureau qu'en mode Windows 8.

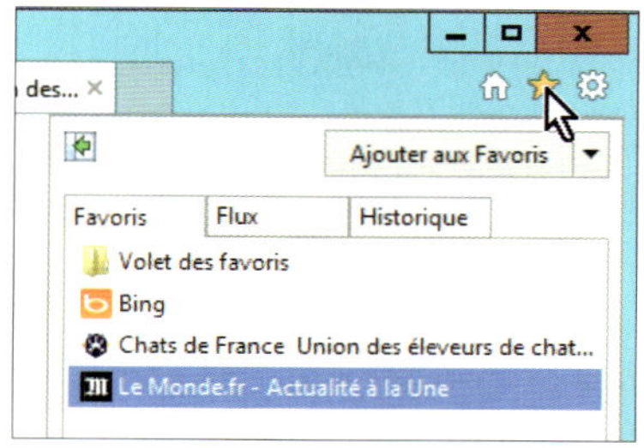

4 Appuyez ou cliquez sur le site que vous voulez revoir. Il s'ouvre dans l'Explorateur Internet.

Retrouver un site avec l'historique

Vous pouvez retourner vers un site que vous avez négligé d'enregistrer dans les favoris, car l'explorateur Internet en conserve l'adresse. Pour cela, ouvrez l'historique de vos visites ; vous y trouverez la liste des sites que vous avez récemment visités et qui ont été automatiquement enregistrés.

1 Dans l'Explorateur Internet en mode Bureau, cliquez ou appuyez sur le bouton **Favoris** en forme d'étoile, comme ci-dessus.

2 Dans la petite fenêtre qui s'ouvre, cliquez sur l'onglet **Historique**.

3 La liste des sites que vous avez récemment visités s'affiche par dates. Cliquez sur la date qui vous convient pour lister les visites effectuées à ce moment.

4 Cliquez enfin sur le site auquel vous souhaitez rendre de nouveau visite.

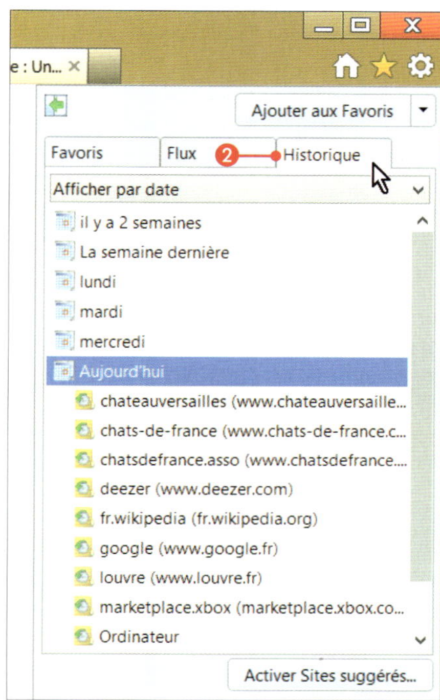

Supprimer l'historique avec les Options Internet

❶ Pour des raisons de confidentialité, vous souhaitez supprimer l'historique. En mode Bureau, appuyez sur l'icône **Outils**, en haut et à droite de la fenêtre du navigateur. Il a la forme d'une roue dentée.

❷ Dans le menu qui s'ouvre, appuyez sur **Options Internet**. La fenêtre éponyme s'ouvre.

❸ Sous l'onglet **Général** et sous la rubrique **Historique de navigation**, appuyez sur le bouton **Supprimer**.

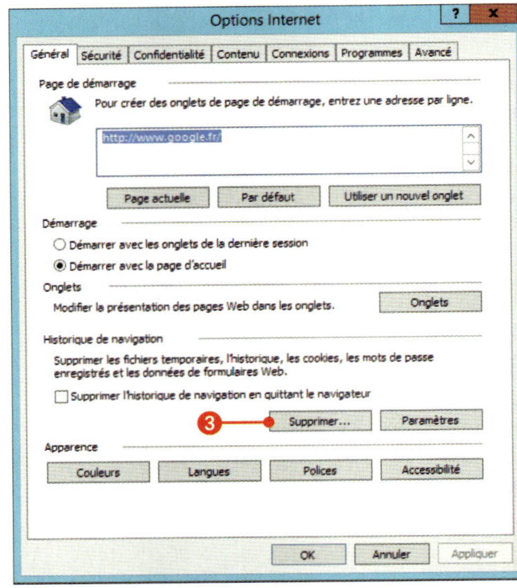

Ajouter un site à l'écran d'accueil en mode Bureau

❶ En mode Bureau, affichez le site à épingler dans la page **Accueil**.

❷ Appuyez sur l'icône **Outils** en forme de roue dentée, en haut et à droite de la fenêtre du navigateur.

❸ Dans le menu qui s'ouvre, appuyez sur **Ajouter un site à l'écran d'accueil**.

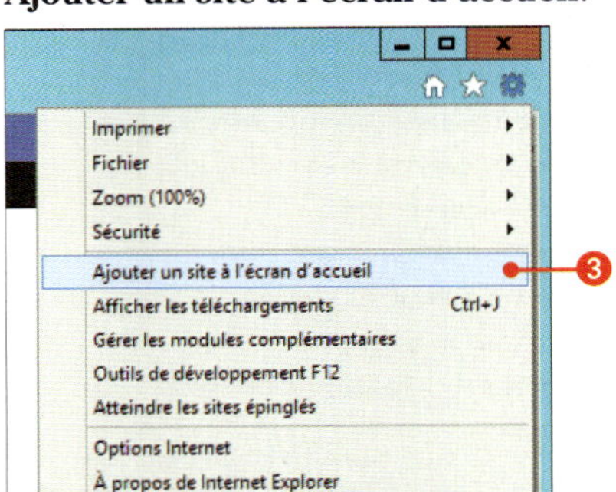

❹ La fenêtre d'ajout s'ouvre. Modifiez le nom ou l'adresse elle-même, puis cliquez sur le bouton **Ajouter**. Vous retrouverez la vignette du site sur la page **Accueil**.

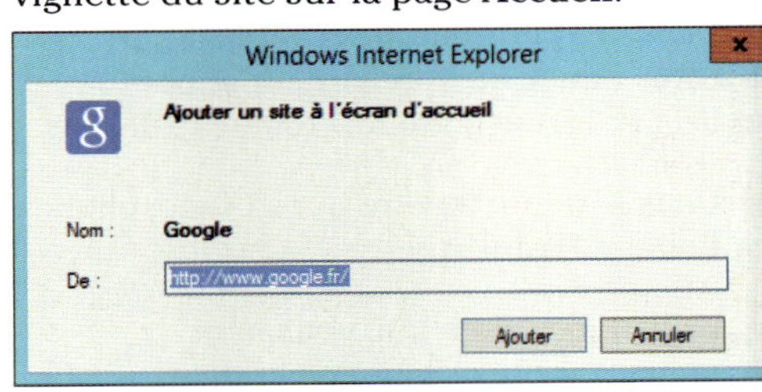

Choisir la page de démarrage en mode Bureau

La page qui s'affiche lorsque vous ouvrez Internet Explorer en mode **Bureau** est imposée au départ. Vous pouvez en choisir une autre. Par exemple, de nombreux utilisateurs aiment bien ouvrir leur navigateur sur la page de recherche **Google** : faites-en votre page de démarrage. La même méthode s'appliquerait à n'importe quelle page de votre choix.

1. Ouvrez **Internet Explorer** et, dans la barre d'adresses, tapez l'adresse de la page qui vous intéresse, par exemple celle de Google :

```
www.google.fr
```

2. Cliquez sur la petite flèche à droite de l'adresse pour afficher ce site.

3. Cliquez sur le bouton **Outils**, à droite de la fenêtre. Il représente une roue dentée. Un menu s'affiche.

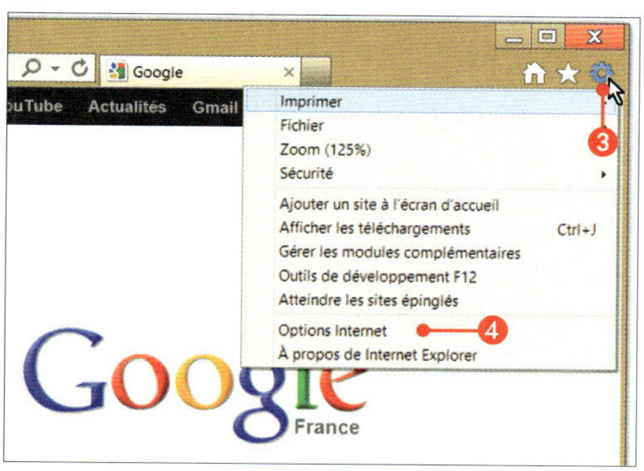

4. Dans ce menu, cliquez sur la commande **Options Internet**.

5. La fenêtre **Options Internet** apparaît. Son onglet **Général** est ouvert, sinon activez-le.

6. Dans la section **Page de démarrage**, cliquez sur le bouton **Page actuelle**.

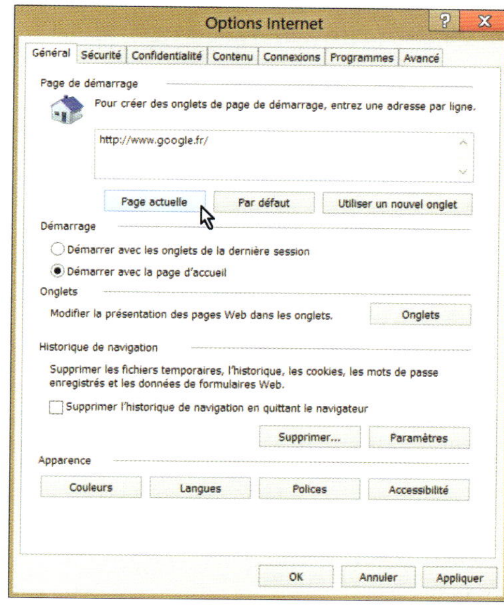

7. Cliquez sur le bouton du bas **Appliquer**, puis sur **OK** pour fermer cette fenêtre.

8. Désormais, la page que vous avez sélectionnée devient la page sur laquelle Internet Explorer s'ouvre en mode Bureau. En mode Windows 8, c'est la dernière page ouverte qui s'affiche en premier.

Ouvrir l'explorateur sur un site choisi via la page Accueil

Pour ouvrir Internet Explorer sur le site de votre choix en mode MUI, il suffit d'agrafer ce site dans la page d'accueil.

1. Ouvrez ce site.

2. Affichez la barre d'outils en faisant glisser votre doigt du bas de l'écran vers le centre ou faites un clic droit sur une zone libre de l'écran.

3. Appuyez ou cliquez sur l'outil en forme de punaise de bureau pour afficher son menu.

4. Dans ce menu, appuyez ou touchez la commande **Épingler à l'écran d'accueil**, puis confirmez.

5. Revenez dans la page d'accueil et positionnez la vignette correspondante qui vient de se créer là où vous l'entendez.

6. Pour accéder à ce site, cliquez ou appuyez sur cette vignette.

Toujours ouvrir les liens dans la même version

Avec l'interface MUI, lorsque vous ouvrez un lien, Internet Explorer choisit dans quelle version du navigateur il doit l'ouvrir : MUI ou Bureau. Vous pouvez imposer le mode d'ouverture dans l'interface de votre choix.

1. Ouvrez la version Bureau d'Internet Explorer.

2. Appuyez sur le menu **Outils** en forme de roue dentée, en haut et à droite, puis sur **Options Internet**.

3. Dans la fenêtre **Options Internet** qui apparaît, appuyez sur l'onglet **Programmes**.

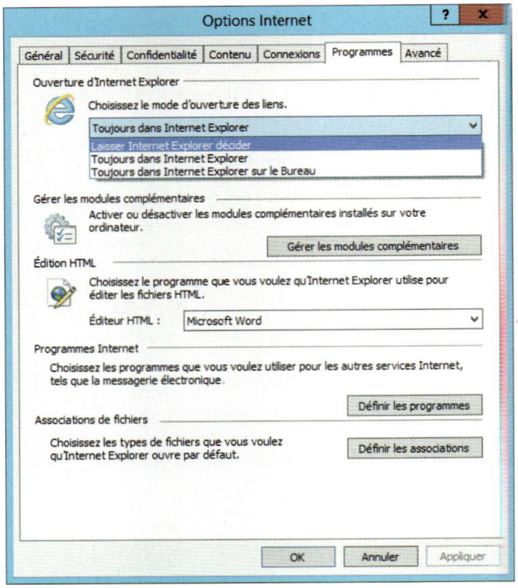

❹ Déroulez la liste **Choisissez le mode d'ouverture des liens** et sélectionnez l'option :

- **Toujours dans Internet Explorer sur le Bureau** : pour ouvrir tous les liens avec la version Bureau d'Internet Explorer.
- **Toujours dans Internet Explorer** : pour utiliser l'interface Modern UI d'Internet Explorer.

❺ Cochez la case **Ouvrir les vignettes Internet Explorer sur le Bureau**.

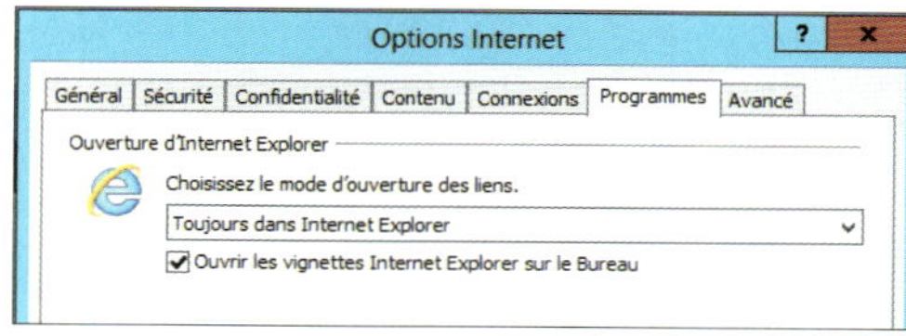

❻ Confirmez en appuyant sur **OK**.

Paramétrer Internet Explorer en mode MUI

❶ En mode MUI, ouvrez une page avec Internet Explorer et faites apparaître la barre latérale d'outils.

❷ Appuyez ou cliquez sur **Paramètres**, puis sur **Options Internet**. Un volet de paramétrage s'ouvre.

- **Supprimer l'historique de navigation** : supprime cet historique par souci de confidentialité.
- **Autorisations – Demander l'emplacement** : certains sites peuvent souhaiter vous localiser géographiquement. Vous pouvez l'autoriser ou l'interdire en plaçant le curseur noir sur **Activé** ou sur **Désactivé**. Vous pouvez aussi effacer toutes les autorisations préalables.
- **Zoom** : pour ajuster l'affichage.
- **Avance rapide** : voyez une section suivante.

Paramétrer Internet Explorer en mode Bureau

❶ Ouvrez **Internet Explorer** et cliquez sur son menu **Outils**, représenté par une roue dentée en haut et à droite.

❷ Le menu s'ouvre. Cliquez sur sa commande **Options Internet**. La boîte de dialogue des options s'affiche. Vous l'utilisez comme sous les Windows précédents.

❸ En particulier, la page de l'onglet **Général** permet de définir la page d'accueil. Les pages **Sécurité** et **Confidentialité** offrent un riche éventail d'options.

❹ Dans le menu **Outils**, cliquez aussi sur **Sécurité** pour examiner les options qui vous sont offertes.

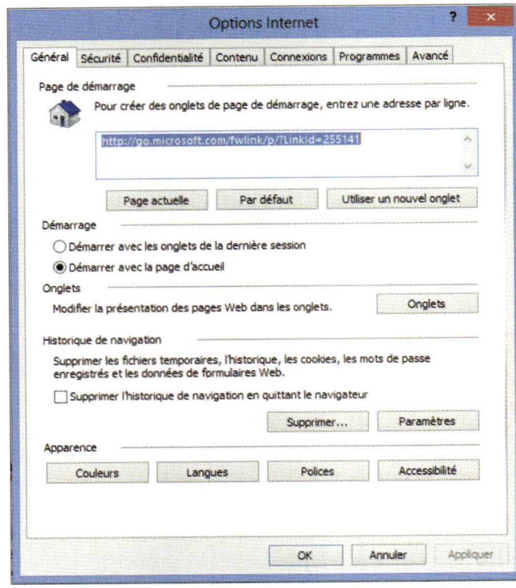

Feuilleter les pages Web

Internet Explorer permet de feuilleter les pages Web au doigt selon un mode appelé **Avance rapide** qui ne fonctionne qu'en mode MUI sur un écran tactile.

❶ Ouvrez le volet de paramétrages d'Internet Explorer comme indiqué ci-dessus, en mode MUI.

❷ Passez à la rubrique **Avance rapide**, normalement désactivée, et faites glisser le bouton vers la droite pour passer en mode **Activé**.

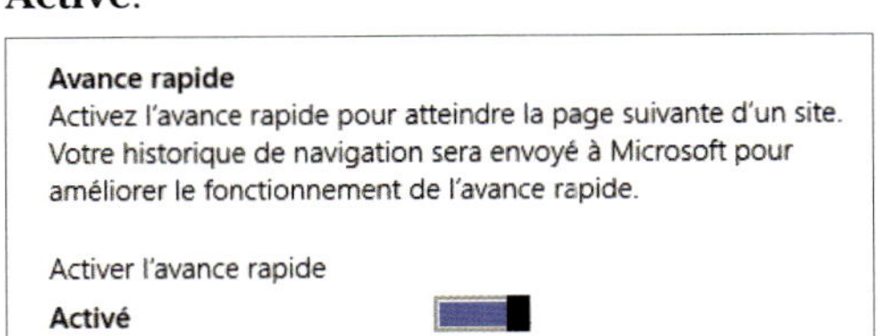

❸ Lorsqu'il est actif, ce mode permet accessoirement à Microsoft de collecter votre historique de navigation.

❹ Une fois l'avance rapide activée, faites glisser le doigt de droite à gauche ou de gauche à droite en partant non pas du bord de l'écran mais d'une position plus centrale.

Activer les sites suggérés

1. Ouvrez le navigateur en mode Bureau.

2. Appuyez sur la petite étoile des **Favoris**, en haut et à droite.

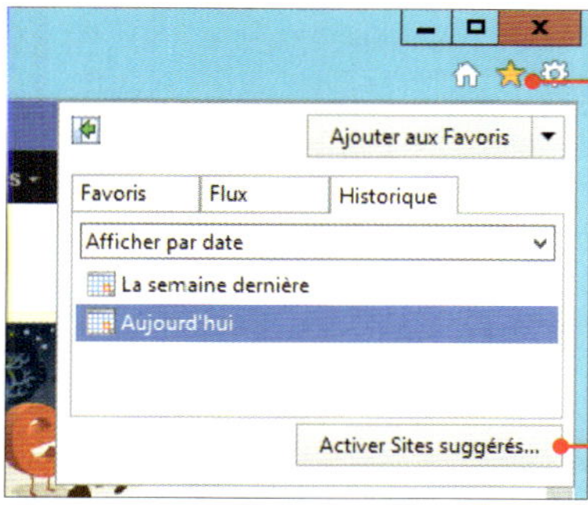

3. Dans la fenêtre qui s'ouvre et en bas, appuyez sur le bouton **Activer Sites suggérés**.

4. Une fenêtre d'information s'affiche.

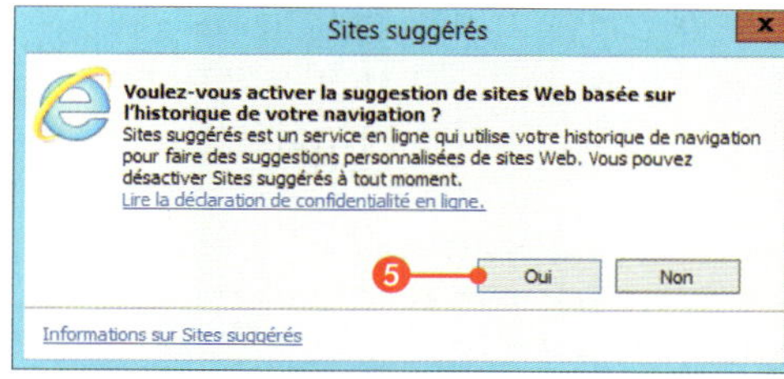

5. Appuyez sur **Oui**. Une page de suggestions s'affiche après quelques instants. Elle se complétera par la suite.

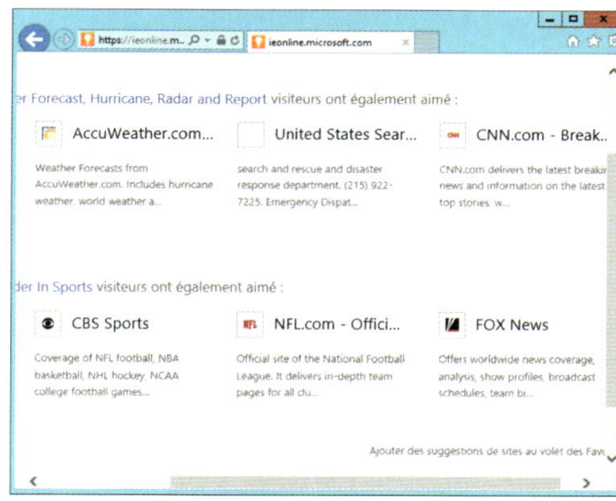

Installer la recherche Google dans la page d'accueil

1. Si vous souhaitez utiliser plus largement la recherche avec Google, installez son application en vous rendant sur le marché Windows Store (voyez le chapitre 18 si vous n'en avez pas encore fait l'expérience).

❷ L'application installée, sa vignette apparaît dans la page **Accueil**.

❸ Appuyez dessus pour afficher son écran.

❹ Vous disposez même d'un mode de recherche vocale.

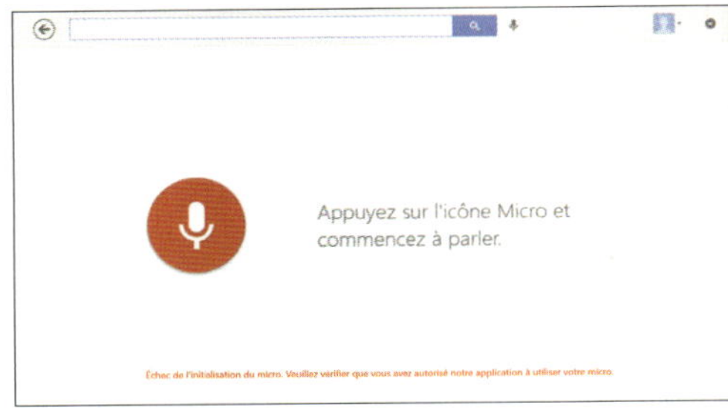

Assurer la sécurité

❶ Ouvrez le navigateur **Internet Explorer** en mode Bureau.

❷ Appuyez sur l'icône **Outils**, en haut et droite, en forme de roue dentée.

❸ Dans le menu qui s'ouvre, appuyez sur l'option **Sécurité**.

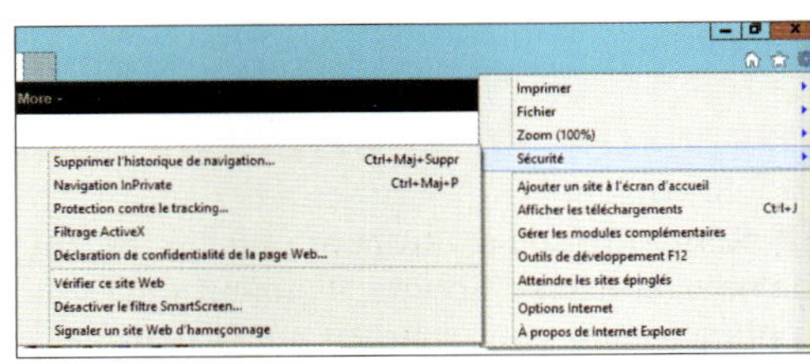

❹ Examinez les options de ce menu, dont quelques-unes sont commentées dans les sections suivantes.

Supprimer l'historique avec le menu

❶ Dans le sous-menu ci-dessus, appuyez sur **Supprimer l'historique de navigation**. La page éponyme s'ouvre.

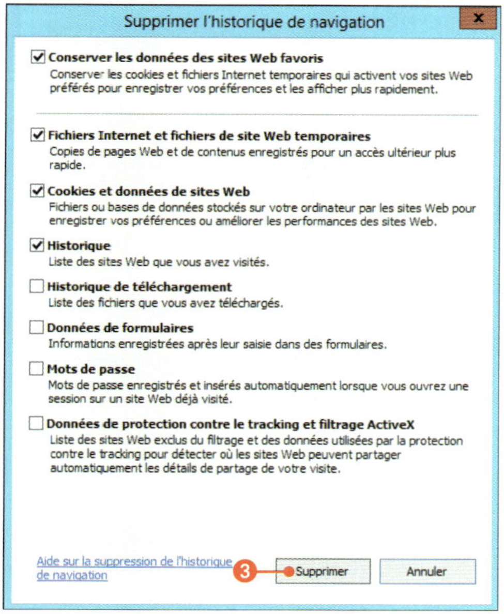

❷ Cochez les cases de ce que vous voulez supprimer.

❸ Appuyez sur le bouton **Supprimer**. Aucune demande de confirmation n'est requise.

> **NOTE** La suppression de l'historique de navigation n'affecte pas votre liste de favoris ou les flux auxquels vous êtes abonné. L'action supprime uniquement les fichiers temporaires, l'historique de navigation, les cookies, les données de formulaires enregistrées et les mots de passe enregistrés si vous avez coché ces cases.

Supprimer l'historique en quittant le navigateur

❶ Si vous préférez supprimer systématiquement l'historique en quittant le navigateur, appuyez sur le bouton **Outils**, puis sur **Options Internet**.

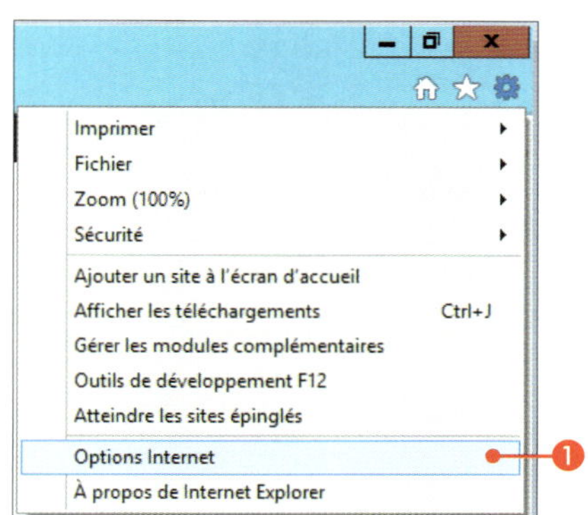

❷ La fenêtre **Options Internet** s'affiche. Sous l'onglet **Général**, passez dans la section **Historique de la navigation** et cochez la case **Supprimer l'historique de navigation en quittant le navigateur**.

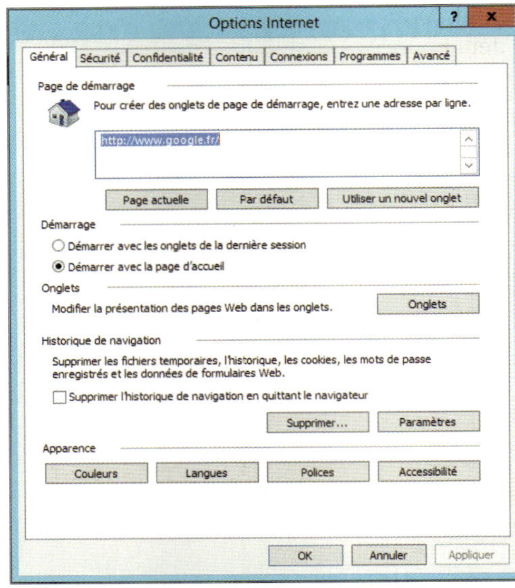

Sécuriser les zones Internet

❶ Ouvrez **Internet Explorer**, appuyez sur le bouton **Outils**, puis sur **Options Internet** et enfin sur l'onglet **Sécurité**.

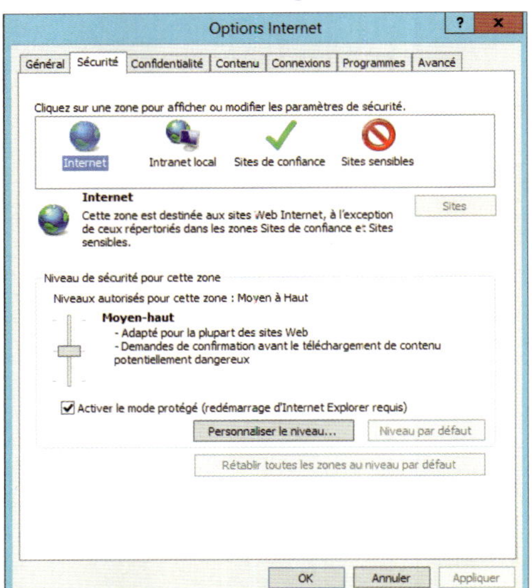

❷ Sous **Cliquez sur une zone pour afficher ou modifier les paramètres de sécurité**, sélectionnez une zone parmi les quatre disponibles pour ajuster son niveau de sécurité.

- **Internet** : le niveau de sécurité défini pour la zone **Internet** est appliqué à tous les sites Web par défaut. La sécurité de cette zone est définie sur **Moyen-haut**, mais vous pouvez choisir **Moyenne** ou **Haute**. Les seuls sites Web pour lesquels ce paramètre de sécurité n'est pas utilisé sont ceux qui se trouvent dans la zone **Intranet local** ou ceux que vous avez spécifiquement entrés dans les zones **Sites de confiance** ou **Sites sensibles**.
- **Intranet local** : le niveau de sécurité défini pour la zone **Intranet local** est appliqué aux sites Web et aux contenus stockés sur un réseau d'entreprise. La sécurité de la zone Intranet local est définie sur **Moyenne-basse**, mais vous pouvez choisir un autre niveau.

- **Sites de confiance** : le niveau de sécurité défini pour la zone **Sites de confiance** est appliqué aux sites que vous avez spécifiquement désignés comme ne risquant pas d'endommager votre ordinateur ou vos informations. La sécurité de la zone Sites de confiance est définie sur **Moyenne**, mais vous pouvez choisir un autre niveau.
- **Sites sensibles** : le niveau de sécurité défini pour la zone **Sites sensibles** est appliqué aux sites qui peuvent potentiellement endommager votre ordinateur ou vos informations. L'ajout de sites à la zone **Sites sensibles** ne les bloque pas. Simplement, ces sites ne peuvent pas utiliser de scripts ou de contenus actifs. La sécurité de la zone Sites sensibles est définie sur **Haute**, et ce niveau ne peut pas être modifié.

Modifier les niveaux de sécurité Internet

1. Appuyez sur l'une des quatre zones Internet ci-dessus. Si le curseur et sa règle verticale n'apparaissent pas, cliquez sur le bouton **Niveau par défaut** s'il est actif.

2. Déplacez le curseur verticalement avec la souris (cette opération n'est pas possible pour la catégorie **Sites sensibles**). Déplacez-le vers le haut pour accroître la sécurité, vers le bas pour la réduire.

3. Si vous voulez peaufiner les options de sécurité pour le niveau en cours, appuyez sur le bouton **Personnaliser le niveau**.

4. Les paramètres non définis au niveau recommandé sont mis en évidence. Souvent, le choix du paramétrage se borne à trois options : **Activé**, **Désactivé** et **Demander**.

Pour rétablir le niveau de sécurité par défaut :

- Appuyez sur le bouton **Niveau par défaut** pour rétablir le niveau courant à son niveau par défaut.
- Appuyez sur le bouton **Rétablir toutes les zones au niveau par défaut** pour agir sur toutes simultanément.

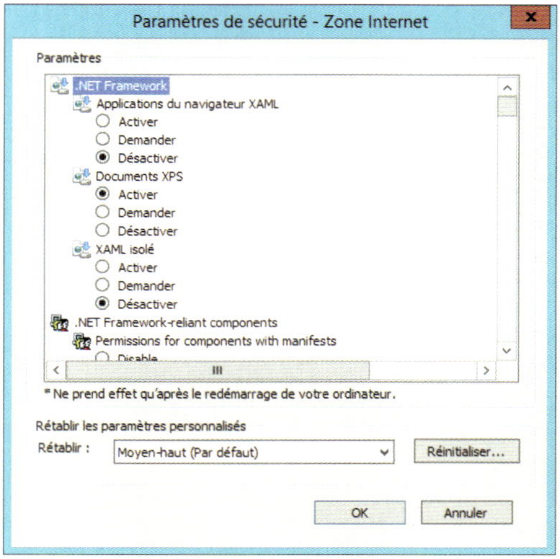

Ajouter des sites à un niveau de sécurité

1. Ouvrez **Internet Explorer**, puis appuyez sur le menu **Outils** en forme de roue dentée, sur **Options Internet** puis sur **Sécurité**.

2. Dans la barre supérieure de la fenêtre, appuyez sur l'icône **Sites de confiance** ou sur **Sites sensibles**, puis sur le bouton **Sites**.

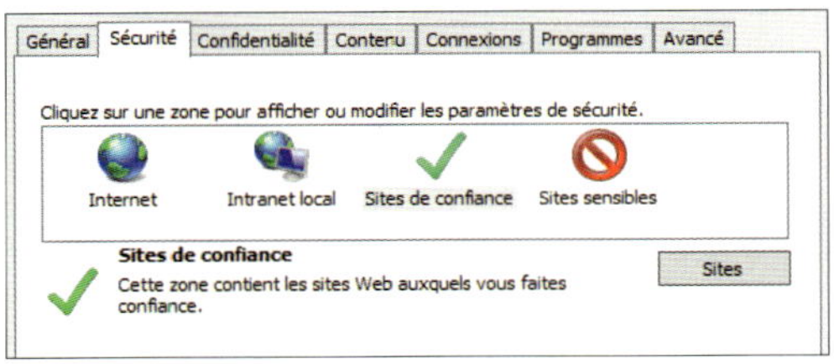

3. Des boîtes de dialogue très semblables, au titre près, s'affichent. Elles reprennent, par défaut, l'adresse du site affiché par Internet Explorer.

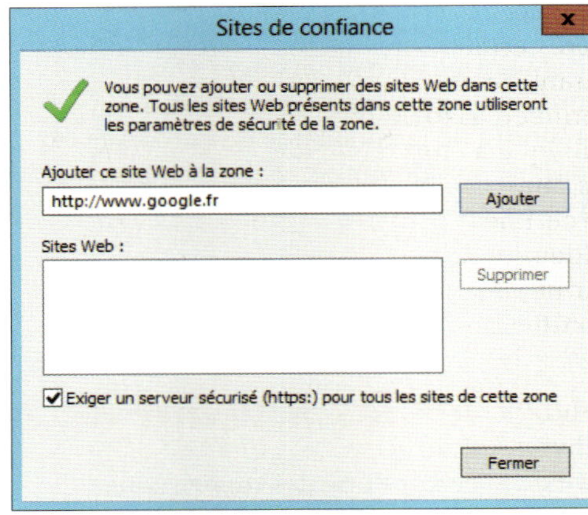

4. Appuyez sur le bouton **Ajouter** pour l'ajouter à la liste. Vous pouvez modifier à volonté l'adresse qui apparaît ici ou en taper une autre.

5. Cliquez sur le bouton **Fermer**.

Activer ou désactiver le mode protégé

Un site auquel vous vous connectez peut vous envoyer des scripts (de petits programmes) malveillants qui vont s'exécuter sur votre ordinateur. Windows a prévu des parades avec l'utilisation du mode protégé et le contrôle des comptes d'utilisateurs **UAC** *(User Account Control)*. C'est ce mode UAC qui fait souvent apparaître des fenêtres de demandes d'autorisation.

Lorsqu'il fonctionne en mode protégé, Internet Explorer n'a pas le droit d'écrire dans les zones réservées au système ni dans le registre. D'autres interdictions ou limitations existent encore. Il se peut toutefois qu'en de rares circonstances ce mode protégé empêche des sites de fonctionner correctement. Vous pouvez activer ou désactiver ce mode.

1. Dans Internet Explorer, appuyez sur le menu **Outils** en forme de roue dentée, sur **Options Internet** puis sur **Sécurité**.

2. Activez ou désactivez la case **Activer le mode protégé** puis appuyez sur **OK**. Vous devrez redémarrer Internet Explorer.

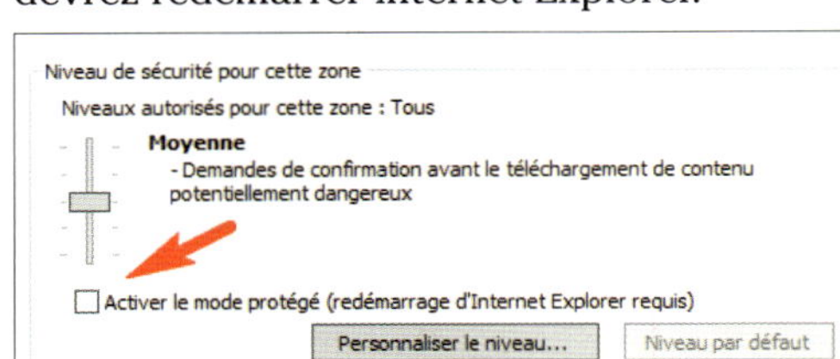

Consulter les certificats des sites Web

Pour sécuriser les transactions sur le Web, certains sites utilisent des certificats garantissant leur identité. Un certificat permet d'associer une clé de chiffrement publique à une entité (une personne, une machine...) afin d'en garantir la validité. Le certificat peut être assimilé à la carte d'identité de la clé publique. Il est délivré par un organisme appelé **autorité de certification** notée **CA**, pour *Certification Authority*.

L'autorité de certification est chargée de délivrer les certificats, de leur affecter une date de validité, ainsi que de révoquer éventuellement des certificats avant cette date en cas de compromission de la clé ou du propriétaire. Vous pouvez afficher le certificat d'un site sécurisé.

1. Affichez un site sécurisé, par exemple **Paypal**.

2. Appuyez sur **Alt** pour afficher la barre de menus temporairement.

3. Appuyez sur le menu **Fichier**, sur **Propriétés** puis sur **Certificats**.

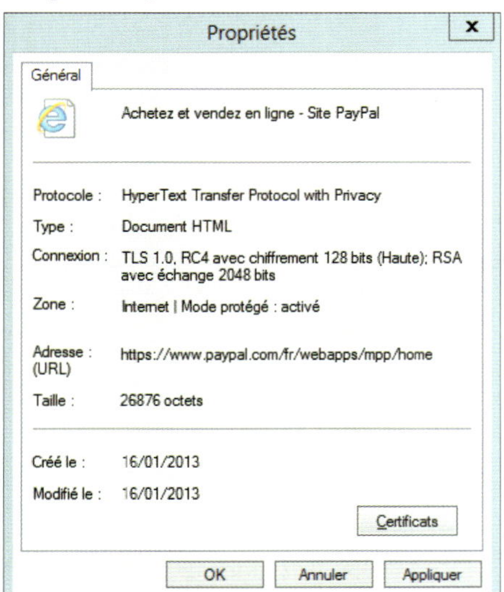

4. Le certificat s'affiche.

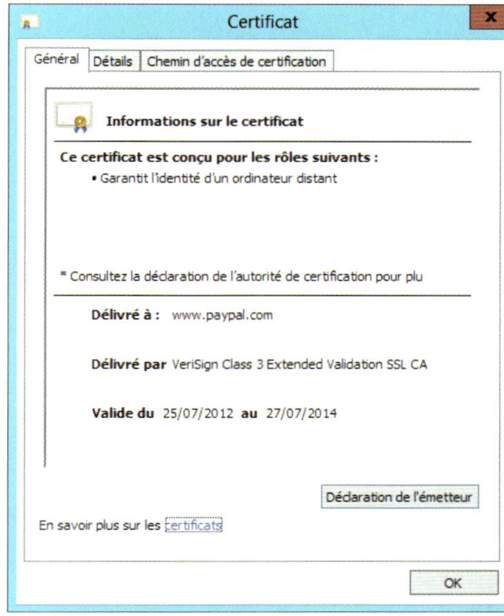

5. Appuyez sur les onglets **Détails** et **Chemin d'accès de certification** pour obtenir davantage de détails.

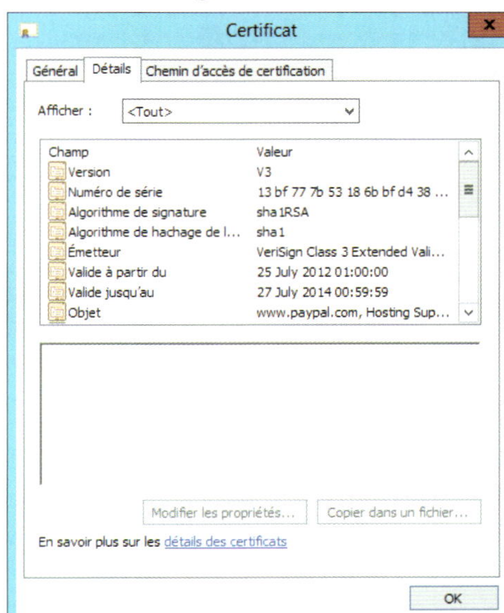

Désactiver la saisie automatique des mots de passe et autres informations

Internet Explorer utilise une fonction nommée **Saisie semi-automatique** pour enregistrer les mots de passe et les autres informations que vous saisissez dans les champs des formulaires Web. Une fois ces informations enregistrées, Internet Explorer complète automatiquement vos saisies. La saisie semi-automatique est activée par défaut. Vous pouvez la désactiver.

❶ Appuyez sur le menu **Outils** en forme de roue dentée, sur **Options Internet** puis sur l'onglet **Contenu**.

❷ Sous **Saisie semi-automatique**, appuyez sur le bouton **Paramètres**.

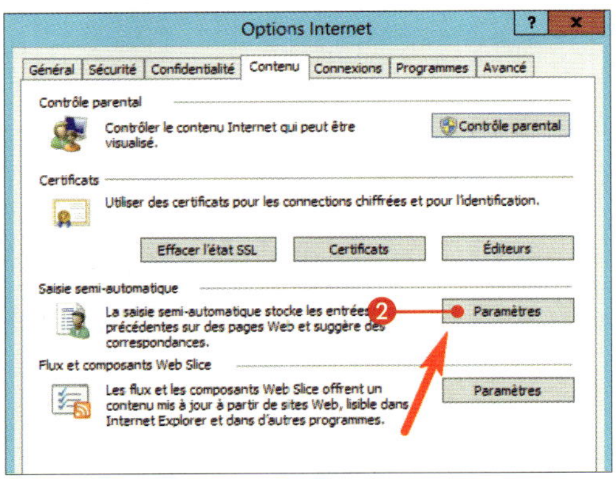

❸ Dans la fenêtre **Paramètres de la saisie semi-automatique** qui s'ouvre, désélectionnez toutes les cases à cocher, ou seulement celles que vous choisissez.

❹ Cliquez deux fois consécutivement sur **OK**.

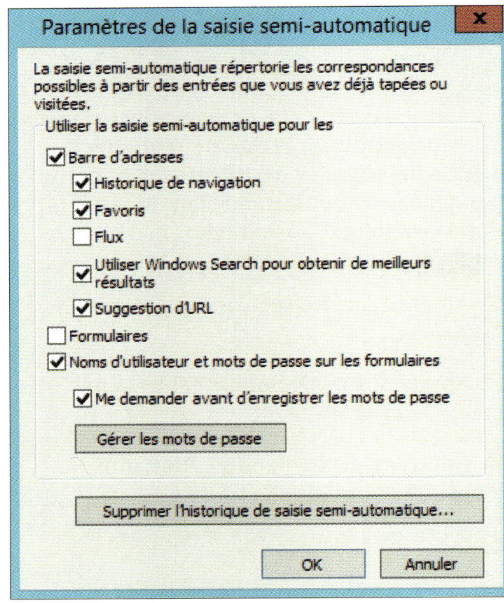

NOTE

Si la saisie semi-automatique est activée, lorsque vous tapez un mot de passe, Internet Explorer vous demande l'autorisation de l'enregistrer. C'est souvent une méthode simple qui évite d'avoir à mémoriser d'innombrables mots de passe différents.

Surfer sans laisser de traces avec InPrivate

La navigation **InPrivate** sert à surfer sur le Web sans laisser de traces dans Internet Explorer. Cela empêche les personnes qui pourraient utiliser votre tablette de revoir les sites consultés.

❶ Le mode InPrivate est actif par défaut sur la tablette.

❷ Pour le vérifier, ouvrez **Internet Explorer** et appuyez sur **Ctrl + Maj + P**.

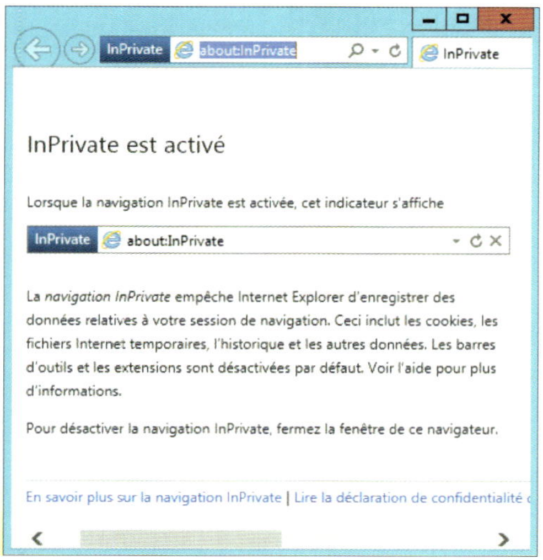

Les actions d'InPrivate sont listées dans le tableau.

Éléments	Action d'InPrivate
Cookies	Conservés en mémoire, mais effacés lorsque vous fermez votre navigateur.
Fichiers Internet temporaires	Stockés sur disque, mais supprimés lorsque vous fermez le navigateur.
Historique des pages Web	Non stockés.
Mots de passe et données de formulaires	Non stockés.
Cache anti-hameçonnage	Chiffrés et stockés.
Barre d'adresses et saisie semi-automatique pour la recherche	Non stockées.
Restauration automatique après blocage	Permet d'assurer la restauration lorsqu'un onglet est bloqué dans une session. Si toute la fenêtre est bloquée, les données sont supprimées et la fenêtre ne peut pas être restaurée.

Voici ce que la navigation InPrivate ne fait pas :

- Elle n'empêche pas une personne utilisant votre réseau, comme un administrateur système ou un pirate, de voir les sites que vous avez consultés.
- Elle ne vous permet pas de protéger votre anonymat sur Internet. Cela signifie que les sites Web risquent de vous identifier *via* vos adresses Web, et tout ce que vous pouvez faire ou saisir sur un site Web peut être enregistré par ce dernier.
- Elle ne supprime pas les favoris ou les flux (que vous ajoutez lors de l'utilisation de la navigation InPrivate) lorsque vous fermez votre session de navigation InPrivate. Les modifications effectuées sur les paramètres d'Internet Explorer, telles que l'ajout d'une nouvelle page d'accueil, sont également conservées après fermeture de votre session de navigation InPrivate.

Trouver les adresses IP et du serveur DNS

❶ Appuyez sur les touches **Windows** + **X**.

❷ Un menu d'accès rapide s'affiche dans l'angle inférieur gauche de l'écran. Appuyez sur **Invite de commandes**. La fenêtre d'invite s'ouvre.

❸ Dans cette fenêtre, tapez la commande :

```
ipconfig /all
```

❹ Une liste d'informations sur le réseau courant, dont les adresses Ipv4, Ipv6, du serveur DNS, *etc.*, s'affiche.

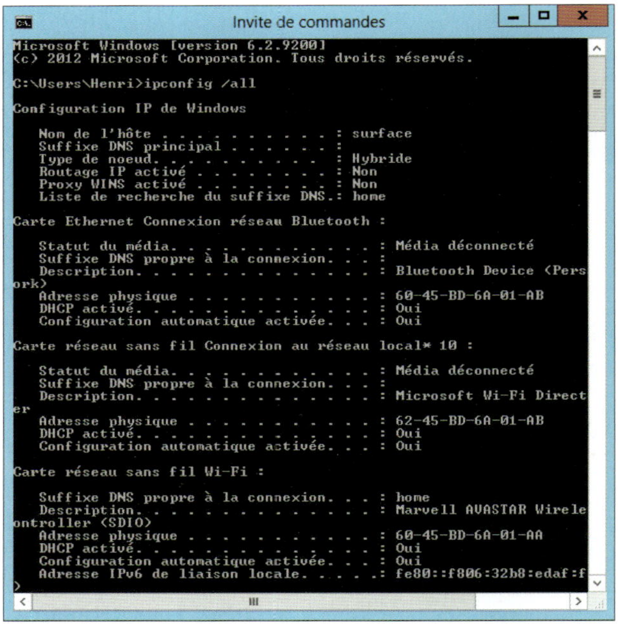

Afficher le contenu du fichier hosts

❶ Lorsque vous demandez l'accès à un site Internet sous une forme littérale, l'ordinateur doit d'abord convertir cette adresse en adresse numérique IP. Par exemple, à l'adresse littérale :

`http://www.google.fr/`

correspond l'adresse numérique IP de l'un des serveurs Google :

`72.14.221.104/`

❷ Cette conversion est assurée par des serveurs **DNS** (*Domain Name Service* : service de noms de domaines) distribués sur Internet.

❸ Pour l'accélérer, votre ordinateur peut enregistrer les correspondances dans un fichier spécial désigné par **hosts**. Il se trouve généralement à :

`C:\windows\system32\drivers\etc\hosts`

4 Vous pouvez l'ouvrir en double-cliquant dessus. Windows demande comment vous souhaitez l'ouvrir.

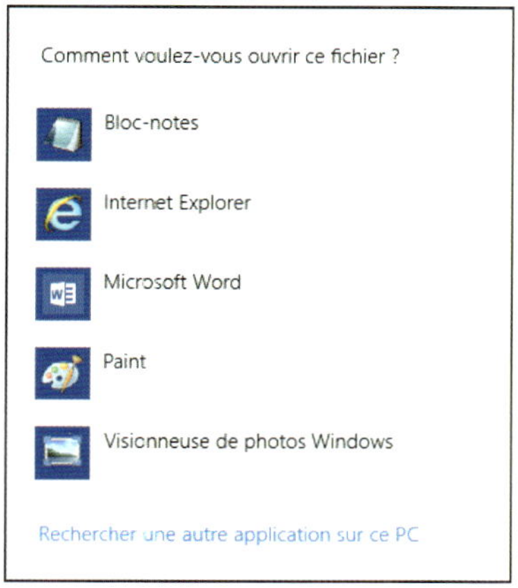

5 Vous pouvez l'ouvrir dans le Bloc-notes.

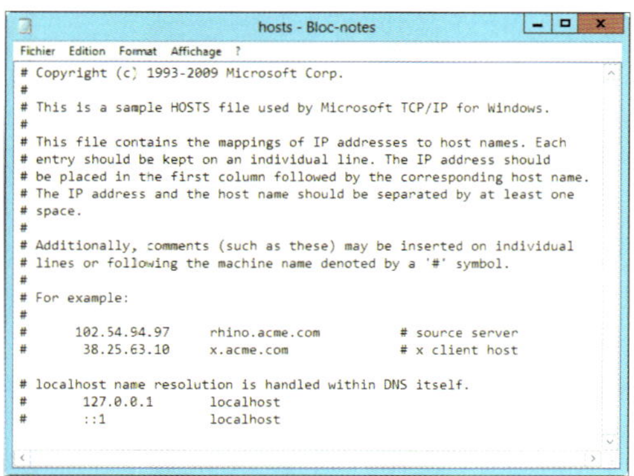


```
# Copyright (c) 1993-2009 Microsoft Corp.
#
# This is a sample HOSTS file used by Microsoft TCP/IP for Windows.
#
# This file contains the mappings of IP addresses to host names. Each
# entry should be kept on an individual line. The IP address should
# be placed in the first column followed by the corresponding host name.
# The IP address and the host name should be separated by at least one
# space.
#
# Additionally, comments (such as these) may be inserted on individual
# lines or following the machine name denoted by a '#' symbol.
#
# For example:
#
#      102.54.94.97     rhino.acme.com          # source server
#       38.25.63.10     x.acme.com              # x client host

# localhost name resolution is handled within DNS itself.
#       127.0.0.1       localhost
#       ::1             localhost
```

6 Un fichier hosts est un simple fichier de texte contenant une liste de noms de domaines avec leurs adresses et commençant en première ligne par l'adresse IP de votre propre ordinateur (la convention s'applique aussi bien à Windows qu'à Linux et à d'autres systèmes), soit :

```
127.0.0.1 localhost
```

7 Pour accélérer l'accès à Google, vous pouvez ajouter une ligne telle que :

```
72.14.221.104 www.google.fr
```

8 Vous pouvez aussi interdire l'accès à certains sites tout simplement en créant dans le fichier édité avec le Bloc-notes une ligne renvoyant non pas à ce site mais à votre propre ordinateur :

```
127.0.0.1 www.sexe.com
```

9 Dès lors, un fichier hosts complet que vous auriez créé pourrait ressembler à :

```
127.0.0.1 localhost
66.249.93.99 www.google.fr
64.233.167.99 www.google.com
193.238.151.9 microsoft.fr
127.0.0.1 www.sexe.com
127.0.0.1 violence.net
```

Vous trouverez davantage d'explications sur de nombreux sites Web dont le suivant au sommaire très riche :

http://assiste.com.free.fr/p/hosts/hosts_introduction_a_hosts.html

Interdire des sites avec le fichier hosts

Toutefois, avec Windows RT tout comme avec Windows 8, le fichier hosts est un fichier protégé par Windows Defender. Vous pouvez tenter de le modifier, mais les modifications ne sont pas conservées. Aussi, la méthode est-elle la suivante :

1 Affichez la page **Accueil** et faites glisser le doigt du bas vers le haut pour faire surgir la barre horizontale d'options.

2 Appuyez sur **Toutes les applications**.

3 Dans le groupe **Système Windows**, appuyez sur **Windows Defender**. Sa fenêtre apparaît.

4 Appuyez sur son onglet **Paramètres**.

5 Dans la colonne gauche, appuyez sur **Fichiers et emplacements exclus**.

6 Dans le volet droit et sous la zone de texte **Emplacement des fichiers**, appuyez sur **Parcourir** et naviguez vers :

`C:\Windows\System32\Drivers\etc\hosts`

7 Appuyez sur **OK** pour que cette ligne intègre le cadre Emplacement des fichiers. Vous auriez tout aussi bien pu la taper directement dans ce cadre.

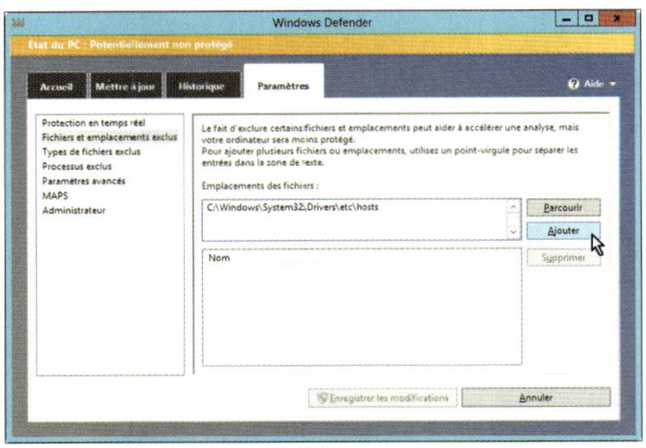

8 Appuyez sur le bouton **Ajouter**. Cette ligne passe dans le cadre inférieur.

9 Cliquez sur le bouton **Enregistrer les modifications** et fermez la fenêtre.

10 Affichez la barre latérale d'outils en appuyant sur **Windows + C** ou en balayant l'écran depuis la droite et activez **Rechercher**.

11 Dans la zone de recherche, composez **Bloc-notes** en choisissant **Applications**.

12 Le volet gauche affiche le résultat. Faites un clic droit sur **Bloc-notes** ou un toucher long pour le cocher et afficher une barre d'options en bas de l'écran.

13 Dans cette barre, touchez ou cliquez sur **Exécuter comme administrateur**.

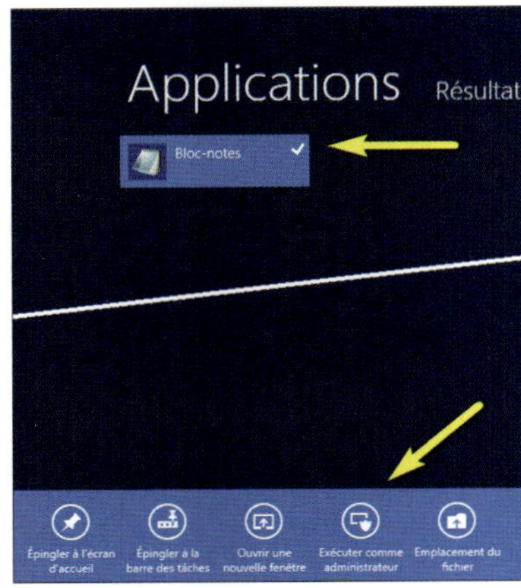

14 Confirmez à la demande de l'écran. Le Bloc-notes s'ouvre.

15 Dans le Bloc-notes, cliquez sur le menu **Fichier**, puis sur **Ouvrir**, et ouvrez le fichier hosts se trouvant à :

`C:\Windows\System32\Drivers\etc\`

16 Si vous ne trouvez pas ce fichier, c'est que vous devez choisir comme style de fichiers non pas un fichier de texte **.txt** mais **Tous les fichiers**.

17 Ouvrez le fichier hosts qui s'affiche dans le volet droit (par exemple, en double-cliquant dessus). Il apparaît dans le Bloc-notes.

18 Vous pouvez alors ajouter ce que vous voulez dans ce fichier. Tout sera conservé. Terminez en cliquant sur **Fichier**, puis sur **Enregistrer** et fermez le Bloc-notes.

Chapitre 10

Profiter des réseaux sociaux

Dans ce chapitre

- YouTube
- Facebook
- Google+
- Twitter
- Dailymotion
- Flickr
- Copainsdavant
- LinkedIn
- Viadeo
- Myspace
- Supprimer une connexion

Les réseaux sociaux sont des réseaux collectifs de très large diffusion. Ils regroupent plus d'un milliard d'internautes. Il suffit d'ouvrir un compte sur un site pour y participer de plein droit, une opération rapide et gratuite. Vous devrez en acquérir la philosophie.

Il existe un très grand nombre de sites sociaux sur le Web répondant à tous les goûts et à tous les besoins. Voici quelques-uns d'entre eux sélectionnés parmi les principaux.

YouTube

YouTube est un site d'hébergement de vidéos sur lequel les utilisateurs peuvent envoyer, visualiser et partager des séquences vidéo. Créé en 2005 par trois anciens employés de PayPal, il a été repris par Google en 2006. Quelque 800 millions d'adhérents téléchargent 72 heures de vidéo chaque minute.

❶ Dans le navigateur Internet, composez l'adresse de YouTube :

`www.youtube.com/`

❷ Appuyez sur la flèche pour vous rendre sur ce site. Sa page d'accueil s'ouvre. Elle varie sans cesse.

> NOTE
>
> Windows RT ne reconnaît pas tous les formats de vidéo. Aussi, certaines vidéos ne pourront pas être visionnées. L'écran vous l'indiquera alors.
>
> 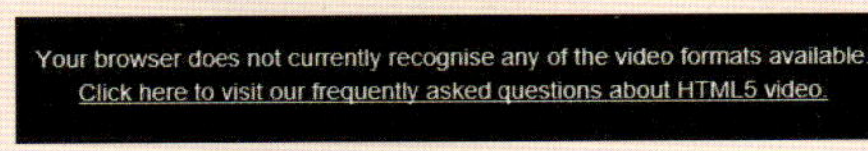
>

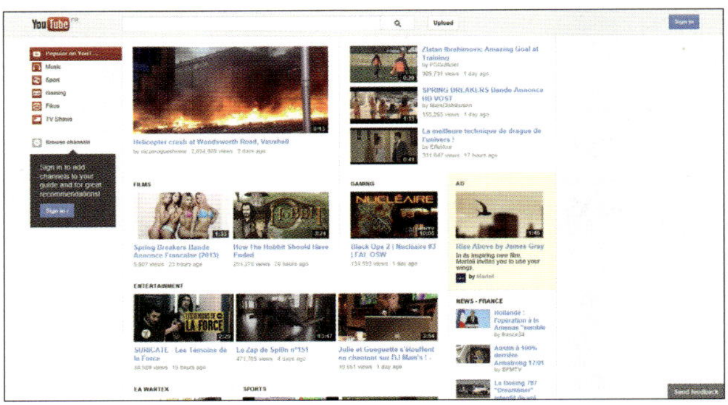

Visionner une vidéo sur YouTube

❶ Sélectionnez la vidéo à visionner.

❷ Appuyez dessus et regardez-la.

❸ Vous disposez des commandes habituelles de pause et de relance, de réglage des haut-parleurs, d'un bouton d'avance, *etc.*

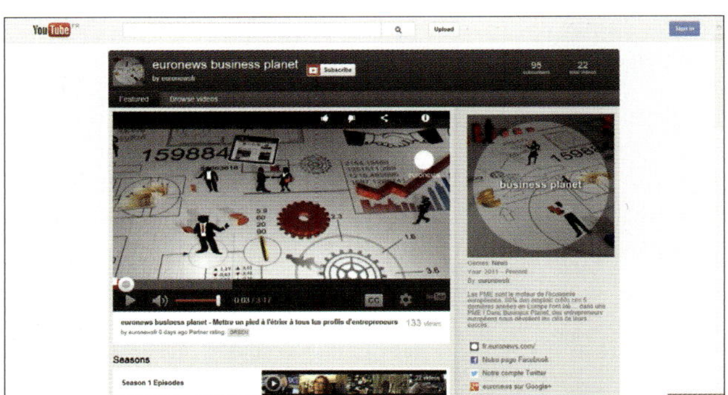

- Le site dispose d'un moteur de recherche permettant de découvrir les vidéos qui vous intéressent.
- Après visionnage d'une vidéo, en streaming (lecture en continu, sans téléchargement), on peut laisser des commentaires, attribuer une note ou encore ajouter la vidéo à une liste de lecture en favoris.

Se connecter avec un compte ou créer un compte

1. Dans la page de YouTube, appuyez sur le bouton de connexion. Il est noté **Sign in**, la version pour tablette étant encore en anglais lors de la rédaction de ce livre.

2. La page de connexion s'affiche. Si vous possédez déjà un compte, remplissez le petit formulaire de droite avec votre adresse de courriel et votre mot de passe YouTube. Appuyez sur le bouton **Sign in**.

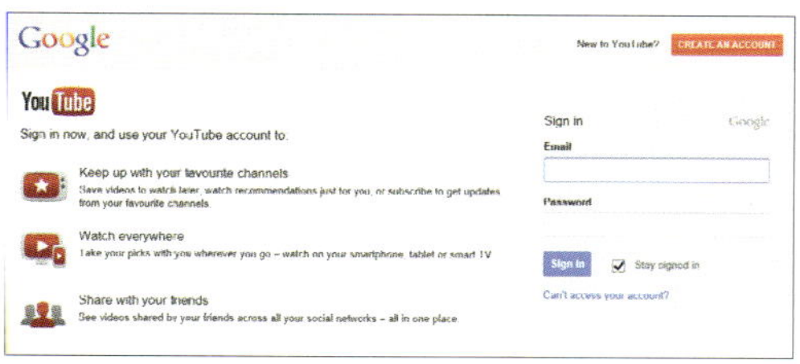

3. Si vous ne possédez pas encore de compte, appuyez sur le bouton **Créer un compte** ou **Create an account**. Le formulaire d'inscription s'affiche. Remplissez-le.

> Si vous possédez déjà un compte Gmail, vous pouvez directement vous connecter sous ce compte.

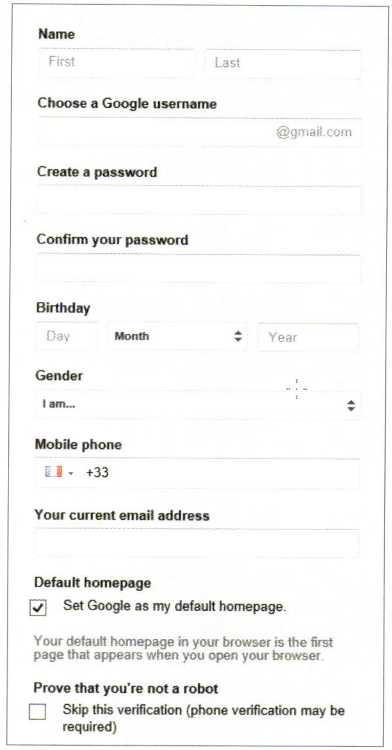

Diffuser une vidéo sur YouTube

- Seuls les adhérents peuvent placer et partager leurs vidéos sur YouTube.
- La création d'un compte est gratuite et ne demande que quelques minutes.
- Après la création de son compte, l'adhérent se connecte à l'interface et sélectionne sur son disque dur les fichiers à partager.
- Avant l'envoi, l'utilisateur peut également indiquer s'il souhaite que sa vidéo soit :

  – Publique : visible par tous les internautes.

  – Privée : pour restreindre son partage aux personnes choisies.

- Le chargement d'une vidéo peut prendre quelques minutes voire plusieurs heures, tout dépend de sa taille et de la vitesse de connexion à Internet.
- La taille d'une vidéo envoyée est limitée à 100 Mo.

Facebook

Facebook est un réseau social qui pourrait bientôt regrouper le milliard d'adhérents. D'origine américaine, il a été créé à Harvard par Mark Zuckerberg et est passé en Bourse en 2012. Il s'adressait à l'origine aux lycéens et aux étudiants. Il s'est étendu aux jeunes employés et aux militaires avant de s'ouvrir à tout le monde en 2007.

> NOTE
>
> *Facebook* signifie trombinoscope. Le site devait regrouper, au départ, les photos de tous les élèves d'Harvard durant leur année scolaire.

1. Connectez-vous à l'adresse :

`www.facebook.com/`

2. Si vous n'êtes pas inscrit, la première page est un formulaire d'inscription. Si vous avez déjà créé un compte, connectez-vous en remplissant les deux zones supérieures, adresse de courriel et mot de passe et appuyez sur **Log in**.

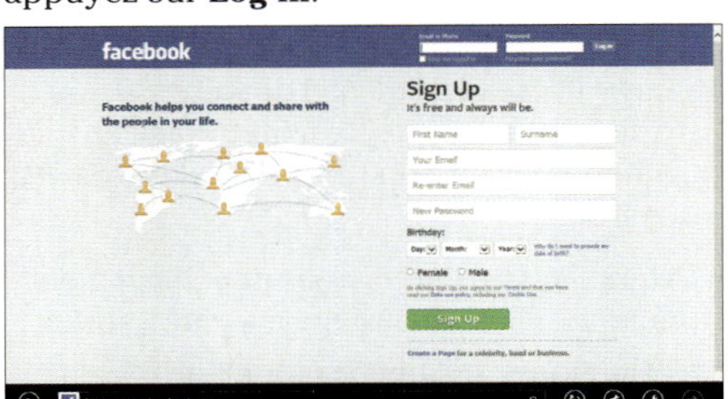

3. Vous déclarerez votre profil et vous créerez votre réseau d'amis.

4. Si vous vous êtes déjà enregistré, il est possible que le premier écran vous présente une liste de personnes demandant à se joindre à votre cercle d'amis. Il vous appartient d'accepter ou non.

5. Vous pouvez dès lors rejoindre votre groupe d'amis et échanger avec eux en exploitant toutes les possibilités du réseau.

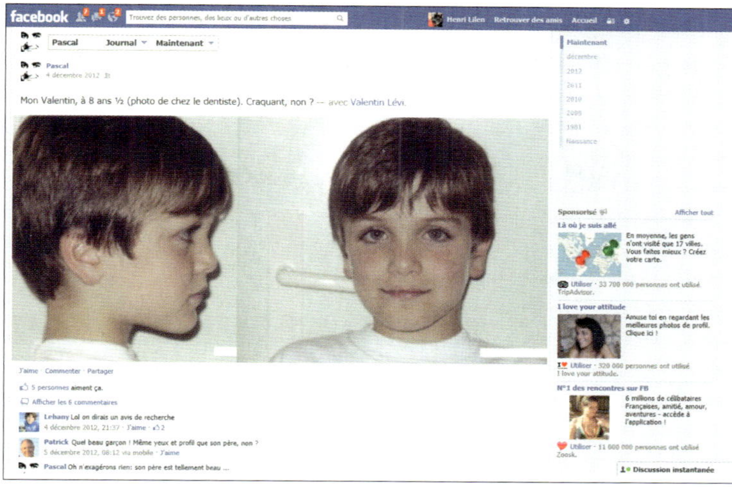

Google+

Google+ est un récent service Google, un réseau social qui entre en concurrence avec Facebook.

1. Ouvrez la page Google à :

`www.google.fr`

2. En haut et à gauche de la barre supérieure noire, appuyez sur **+Vous**.

3. Par la suite et une fois votre compte créé, vous trouverez votre nom à cette même place. Il suffira de cliquer dessus pour rejoindre le réseau.

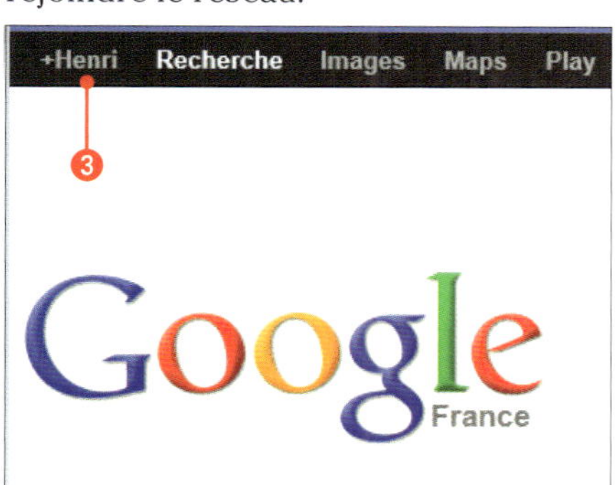

4. Dès le premier écran, vous pouvez rechercher les personnes que vous connaissez et créer vos **cercles**. Partie essentielle de Google+, les cercles permettent de partager des contenus avec les contacts de votre choix et d'accéder aux messages de personnes précises. Recherchez des personnes que vous connaissez et faites-les glisser vers vos cercles.

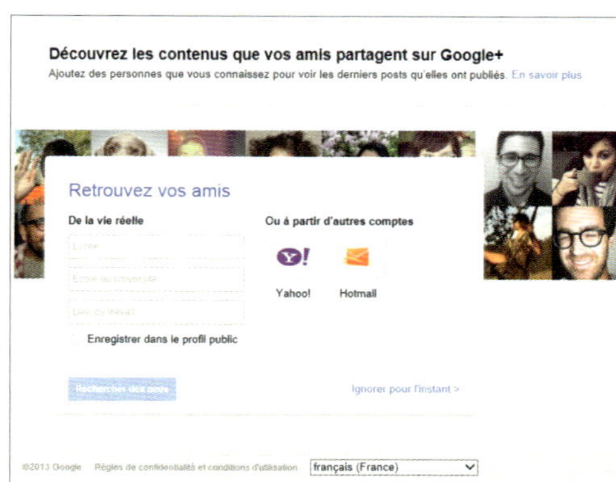

5 La page d'accueil de Google+ offre de multiples options qu'il vous appartient de découvrir.

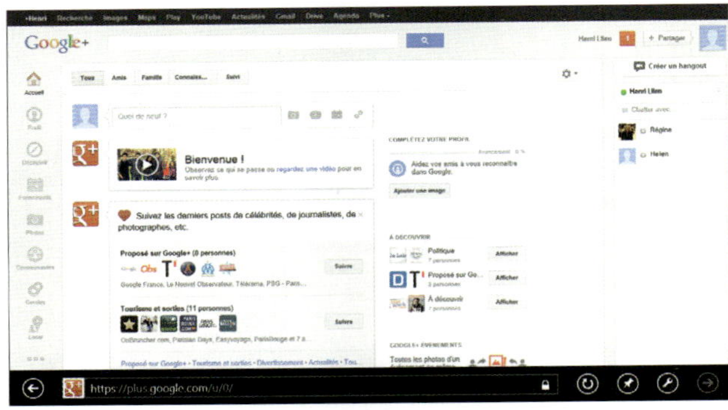

Twitter

Twitter est un site d'échange de messages brefs limités à 140 signes maximum, les *tweets*.

1 Connectez-vous à :

`http://twitter.com/`

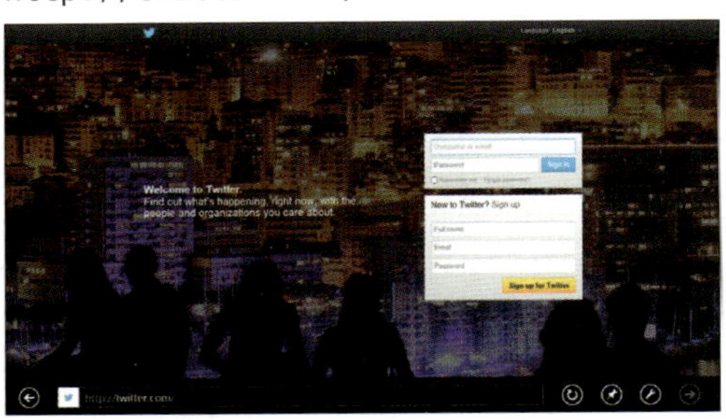

2 Comme pour tout autre site social, la première page vous demande de vous inscrire. Faites-le. Vous pouvez déclarer votre compte si vous êtes déjà enregistré ou en créer un.

3 Trouvez-vous un pseudonyme (ou votre nom, peu importe). Si vous choisissez, par exemple, **gazelle**, votre compte sera @ **gazelle**.

4 Un écran d'accueil type est le suivant.

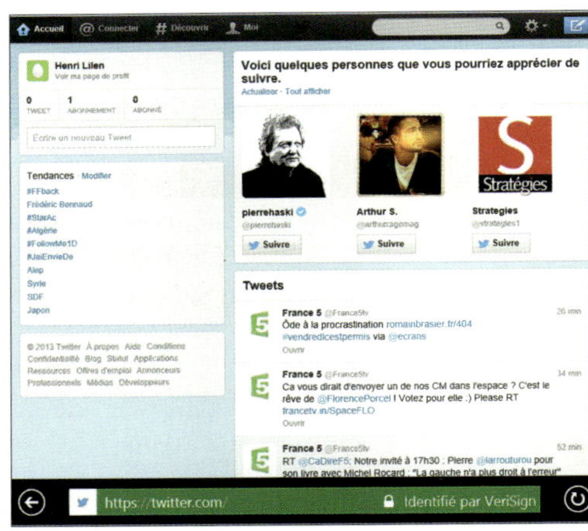

Twitter regroupe plus de 500 millions d'abonnés au monde, parmi lesquels 200 millions sont actifs, dont quelque 5 millions en France. Il fait appel à un vocabulaire un peu spécial :

- Twitter sert, tout d'abord, à échanger des messages brefs limités à 140 signes, des **tweets**.
- Ces tweets sont dispensés aux internautes qui suivent un compte, les ***followers***, ou **abonnés** en français.

- L'utilisateur actif qui est ainsi suivi et auquel on s'abonne est appelé **following** ou **twittos**.
- En raison de l'impératif de messages courts, on désigne aussi ce site par site de *microblogging*.
- L'un des avantages spécifiques de ce site est sa rapidité de réaction. Par exemple, lors du crash d'un avion américain sur l'Hudson River, les premières photos ont été publiées sur Twitter avant d'être reprises dans le monde entier.

Dailymotion

Dailymotion est le pendant français de YouTube. Sa logique est la même et ses possibilités semblables. Une des différences notables réside dans son apparence plus élaborée et moins dépouillée que YouTube.

1 Connectez-vous à :

www.dailymotion.com/fr

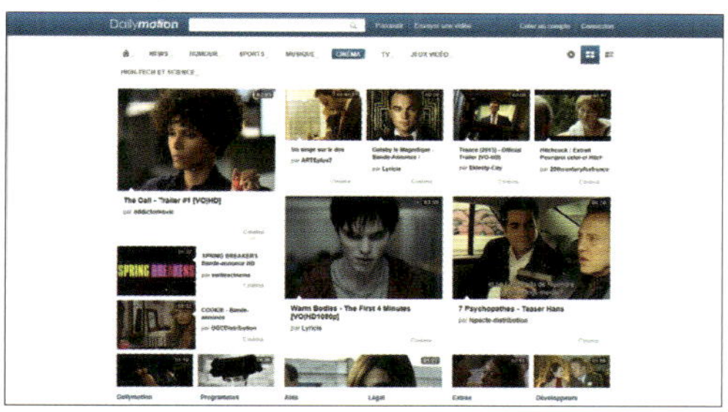

2 Appuyez sur l'une des catégories de vidéos sur la ligne supérieure.

3 Recherchez la vidéo qui vous intéresse et appuyez dessus pour la visionner dans sa vignette. L'adaptation à Windows RT de ce réseau ne nous a toutefois pas semblé achevée, toujours lors de la rédaction de ce livre.

4 Si vous possédez déjà un compte, appuyez, en haut de l'écran, sur **Connexion**. Vous pouvez vous connecter avec Facebook.

5 Pour créer votre compte, appuyez, en haut de l'écran, sur **Créer un compte**. Votre compte Facebook peut être utilisé, comme la page d'enregistrement l'indique.

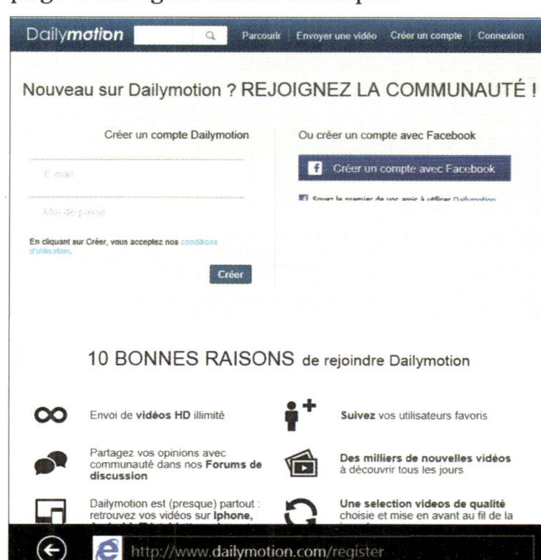

Flickr

Flickr, fondé en 2004, est un réseau social spécialisé photos. Les photographes, professionnels ou amateurs, peuvent y télécharger leurs photos.

- Les comptes gratuits ne peuvent charger qu'un nombre limité de documents.

  `www.flickr.com/`

- Pour créer un compte, appuyez, en haut de l'écran, sur **Sign Up**. La page d'enregistrement, qui passe par Yahoo!, s'affiche. Enregistrez-vous si vous le désirez.

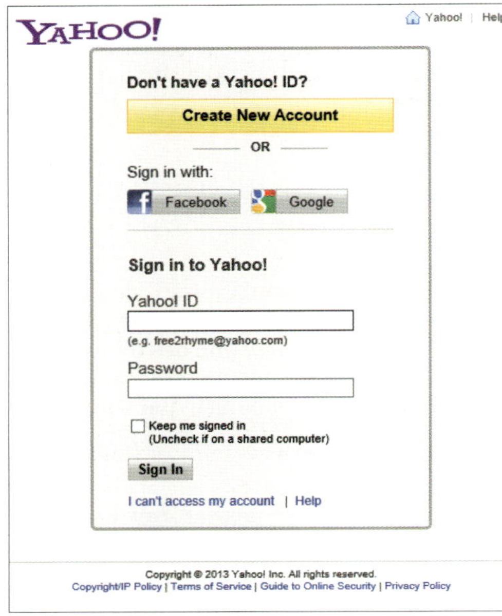

Copainsdavant

Copainsdavant (pour *copains d'avant*) est un réseau social appartenant au Benchmark Group. Créé en 2001, il permet aux participants de retrouver d'anciens camarades qui ont partagé leur scolarité (école primaire, collège, lycée, université) ou leurs activités associatives et professionnelles (entreprises, administrations). Vous découvrez ce qu'ils sont devenus et pouvez ainsi reprendre contact avec vos anciens amis.

Copainsdavant revendique 13 millions de membres et 2,5 millions de photos de classes et autres.

1. Vous pouvez joindre ce site à :

   `http://copainsdavant.com/`

2. La page d'inscription apparaît.

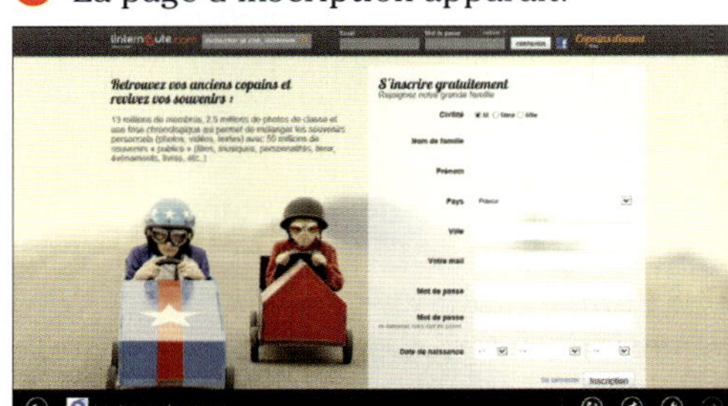

3 Enregistrez-vous puis recherchez vos copains d'avant en indiquant où ils peuvent se trouver. Et, surprise, le programme en détecte quelques-uns auxquels vous n'auriez probablement même pas pensé !

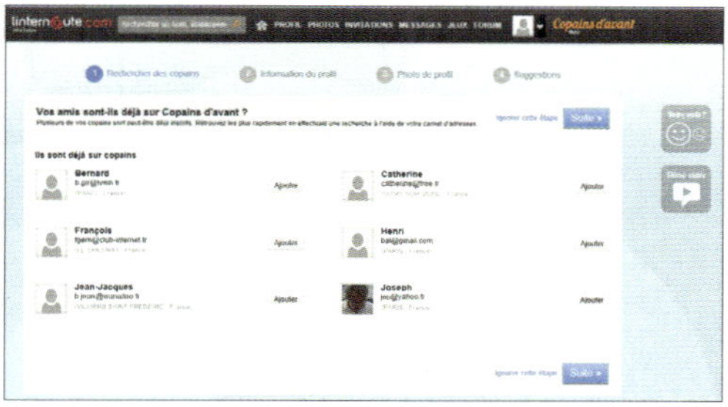

4 Si vous appuyez sur l'une des personnes trouvées, un petit cadre affiche quelques informations complémentaires à son sujet.

5 Vous pouvez cliquer sur le bouton **Ajouter**, puis lancer d'autres recherches.

6 La page d'accueil ressemble à celle-ci.

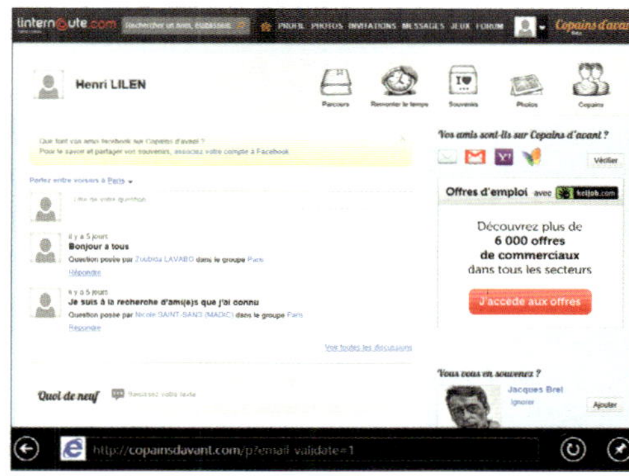

LinkedIn

LinkedIn est un réseau social professionnel. Il permet, en particulier, de publier et de partager des CV en ligne et déclare être utilisé par quelque 200 millions de personnes issues de 170 secteurs d'activité dans plus de 200 pays, dont 74 millions d'Américains.

1 Connectez-vous à :

`http://fr.linkedin.com/`

2 La première page est la page de connexion servant également de page de création d'un compte, si tel est le cas.

3 La page d'accueil de LinkedIn s'affiche.

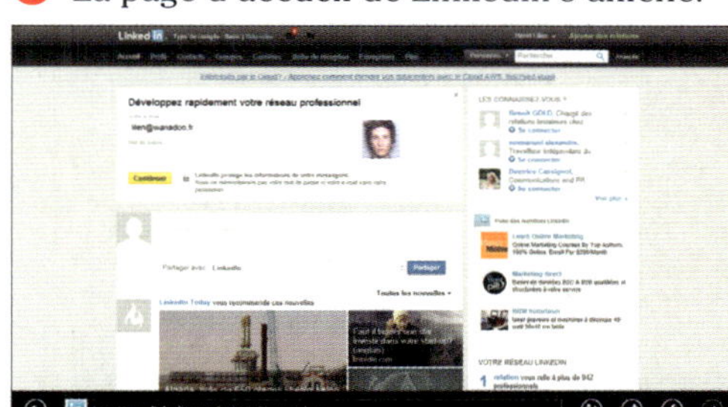

❹ Créez votre profil pour vous mettre en valeur si vous êtes à la recherche d'un poste. Le site est très consulté par les DRH (direction des ressources humaines) des entreprises.

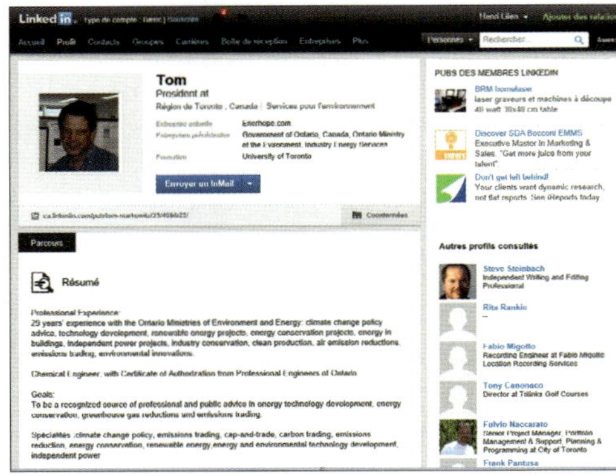

Viadeo

Viadeo est un réseau s'adressant aux professionnels souhaitant augmenter leurs perspectives d'affaires, gérer et développer leur réseau de contacts professionnels et accroître leurs perspectives de carrière. En France, Viadeo et L'Association pour l'emploi des cadres (Apec) ont noué un partenariat. Viadeo revendique plus de 45 millions de professionnels, dont 5 en France.

❶ Connectez-vous à :

`www.viadeo.com/fr/`

❷ Comme avec les réseaux sociaux, créez votre compte.

❸ Naviguez ensuite dans ses pages.

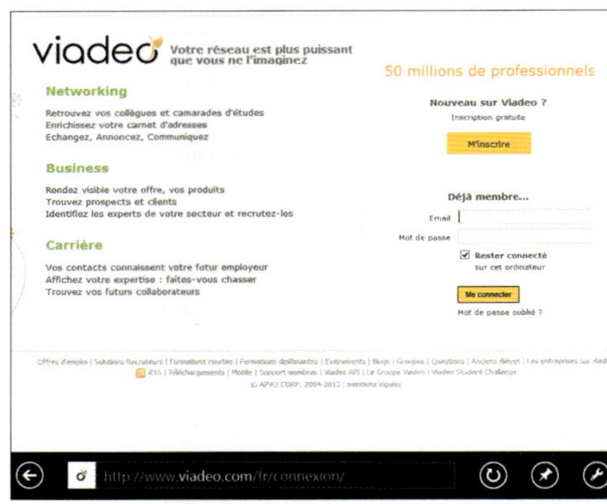

Myspace

Myspace (mon espace) est un réseau social destiné aux artistes. Il met à leur disposition un espace pour publier images, photos, vidéos et musiques afin de faire découvrir leur travail et leur talent et tenir informés leurs fans. Les jeunes auteurs, par exemple, l'utilisent pour tenter de conquérir gratuitement quelque notoriété. Les groupes de musique s'en servent beaucoup pour diffuser leur musique et s'assurer une présence sur le Web.

Fondé aux États-Unis en août 2003 par Tom Anderson et Chris DeWolfe, Myspace a été racheté par le groupe de presse de Rupert Murdoch en juillet 2005. Depuis 2007, le site est accessible en français.

1. Connectez-vous à l'adresse :

`http://fr.myspace.com/`

2. La page d'accueil nouveau style vous invite à créer votre compte.

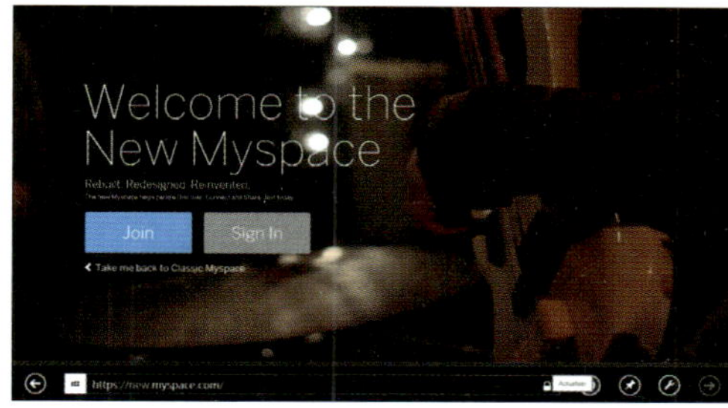

Supprimer la connexion à un réseau

1. Vous désirez supprimer la connexion Facebook, par exemple. Ouvrez la page **Accueil** et appuyez sur la vignette **Contacts**.

2. La page **Contacts** s'ouvre. En haut et à droite se trouve une petite ligne **Connecté à** avec les vignettes des connexions, dont celle de Facebook.

3. Appuyez dessus. Un volet **Comptes** s'affiche sur la droite.

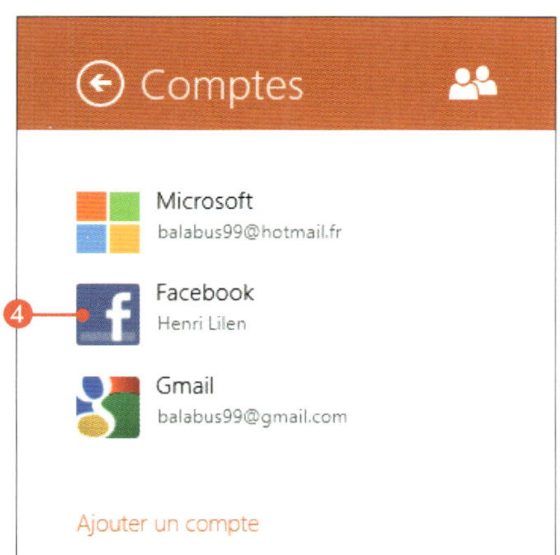

4. Appuyez sur **Facebook**. La nouvelle colonne affiche une ligne **Gérer ce compte en ligne**.

5. Appuyez sur cette ligne. **Internet Explorer** s'ouvre sur votre compte Microsoft, utilisateur Facebook. Il se peut que l'écran vous demande auparavant vos identifiants pour accéder au service.

❻ Vous pouvez décocher tout ou partie des items de cette page ou supprimer totalement la connexion en appuyant sur la petite ligne bleue en bas de la fenêtre **Supprimer complètement cette connexion**.

❼ Confirmez à la demande de l'écran.

NOTE

Pour rétablir la connexion par la suite, si vous changiez d'avis, ouvrez de nouveau la vignette **Contacts**, ouvrez le volet latéral d'outils, appuyez sur **Paramètres**, sur **Comptes**, puis sur **Ajouter un compte**.

Chapitre 11

Utiliser les messageries

Dans ce chapitre

- Ouvrir l'application Courrier
- Afficher la barre d'outils
- Rédiger une adresse
- Envoyer un message
- Répondre et transférer
- Joindre des photos ou des fichiers
- Enregistrer des pièces jointes
- Multiplier les envois simultanés
- Envoyer des copies cachées
- Bien présenter les textes
- Messenger
- Skype

De quoi avez-vous besoin pour accéder au service de messagerie ? Il vous faut avoir ouvert un compte Microsoft, ce qui se traduit par une adresse de courriel accompagnée de son mot de passe. Cette procédure a été exécutée lors de l'initialisation de la tablette.

Ce compte donne accès au service de courriel Hotmail ou Outlook, les deux coexistant encore, à la messagerie instantanée Messenger, au stockage en ligne de vos documents SkyDrive, *etc*.

Ouvrir l'application Courrier

❶ Affichez la page **Accueil**.

❷ Appuyez sur la vignette **Courrier** représentant une enveloppe.

❸ Si l'écran vous le demande, fournissez votre nom de compte et votre mot de passe.

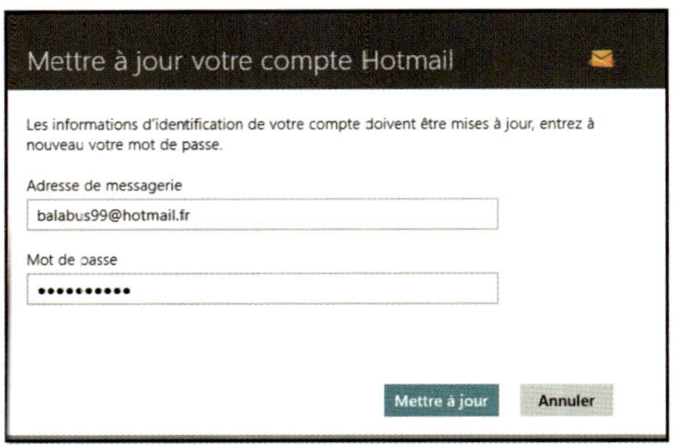

❹ La page d'accueil **Hotmail** s'affiche. Les mises à jour se succédant rapidement, les écrans présentés ici ont toute chance d'être encore modifiés tout en conservant une structure très proche.

❺ Dans la colonne gauche, activez l'option **Boîte de réception** en appuyant ou en cliquant dessus si elle n'est pas déjà active par défaut.

❻ Au départ, tant que n'avez pas reçu de courriels, cette boîte de réception est vide, hormis quelques éventuels messages de Microsoft.

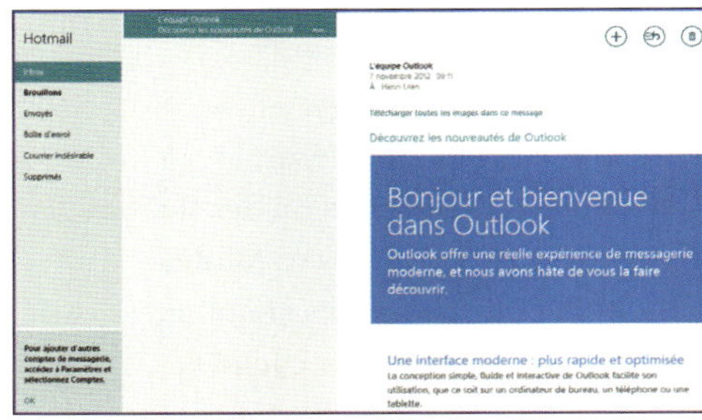

❼ Si l'écran vous y invite, connectez-vous à votre compte ou encore créez-le ou déclarez-en un autre.

> NOTE
>
> **Courrier** peut configurer autant de comptes que vous le voulez, qu'ils soient de type POP ou IMAP. Notez que Courrier prend directement en charge les comptes Google.

Afficher la barre d'outils

❶ Faites un clic droit sur une zone libre de la page Hotmail, ou faites un mouvement du doigt du bas vers le haut.

❷ La barre d'options s'affiche en bas de l'écran avec des icônes explicites. Leur nombre et leur nature varient en fonction de la situation courante.

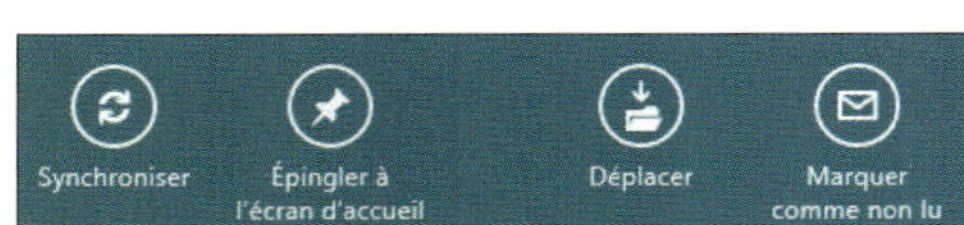

Rédiger une adresse de messagerie

Toutes les adresses de messagerie se composent de trois éléments (n'utilisez que des minuscules) :

- **Votre nom de messagerie** : vous l'avez choisi en accord avec votre fournisseur d'accès ou le service de messagerie que vous utilisez. Il peut être composé en deux morceaux (*nom.prenom*, par exemple) réunis par un point ou par un trait d'union. Les espaces sont interdites.
- **Le symbole arobase @** : qui se dit souvent à l'anglaise **at** (prononcez *hatte*) : pour l'obtenir sur le clavier physique, maintenez la touche **Alt Gr** enfoncée et appuyez sur la touche marquée **0**, **à** et @. Sur le clavier virtuel, vous trouvez ce symbole en affichant le clavier numérique.
- **L'adresse de votre service de messagerie** : elle comporte généralement deux mots séparés par un point, le tout sans espace.

Par exemple, une adresse de messagerie ressemble à (les deux lettres finales, fr, indiquent la France) :

`paul.dupont@mondial.fr`

Envoyer un message

1. Ouvrez **Courrier**.
2. Repérez les icônes qui apparaissent en haut et à droite, une icône seule d'abord, mais elles seront trois par la suite.
3. Appuyez sur l'icône + pour préparer l'envoi d'un nouveau message. La fenêtre d'envoi s'ouvre.

4. Sur la ligne **À**, tapez l'adresse du destinataire. Pour procéder à un essai, tapez votre propre adresse, le message vous sera alors envoyé et vous le recevrez, ce qui est une bonne façon de s'assurer que la messagerie fonctionne parfaitement. Si l'application vous reconnaît, elle remplacera votre adresse par votre nom.

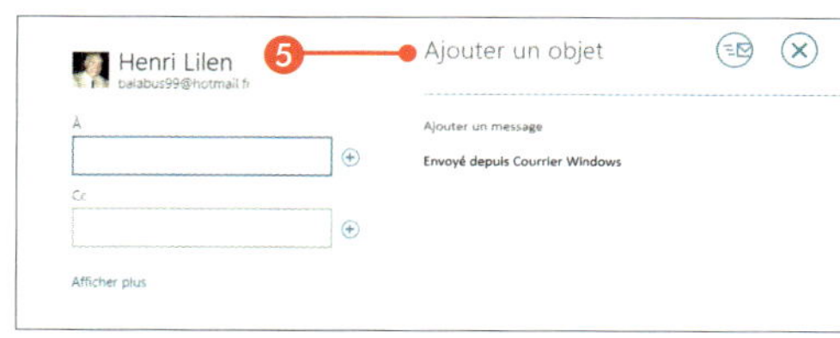

5. Sur la ligne **Ajouter un objet**, tapez succinctement le sujet du message.
6. Dans le cadre central, tapez le texte de votre message.

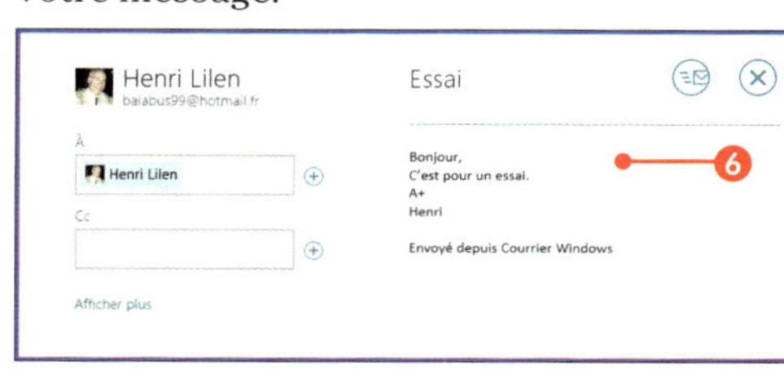

7. Appuyez sur le bouton **Envoyer**, en haut et à gauche.

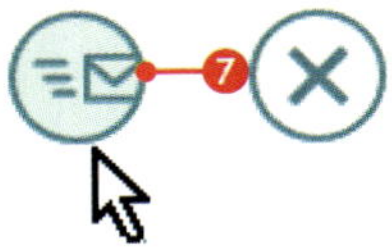

8 C'est fait, le message est parti et il est déjà probablement arrivé à destination, quand bien même ce serait à l'autre bout du monde.

Lire les messages reçus

1 Si vous vous êtes envoyé le message précédent à vous-même, vérifiez que vous l'avez bien reçu. Sa réception peut demander quelques instants.

2 Ouvrez **Courrier** et vérifiez que c'est bien la ligne **Boîte de réception** qui est sélectionnée dans le volet gauche, sous le nom de votre compte de messagerie. Sinon, appuyez dessus.

3 Les titres des messages reçus, en fait leur objet, apparaissent dans la colonne centrale de la fenêtre de messagerie. Appuyez sur le message qui vous intéresse pour l'ouvrir, donc appuyez sur le vôtre.

4 Son contenu s'affiche dans le volet de prévisualisation situé sur la droite de la fenêtre. C'est bien le message que vous vous étiez envoyé.

Répondre par retour de courrier

Une bonne habitude veut que l'on réponde aussitôt à un message reçu, s'il demande une réponse, bien évidemment. Ou même un simple accusé de réception. Il suffit d'un clic :

1 Ouvrez le message auquel vous voulez répondre, comme ci-dessus.

2 Appuyez sur le bouton **Répondre**, en haut et à droite de la page. Un petit menu s'ouvre.

3 Appuyez sur **Répondre**.

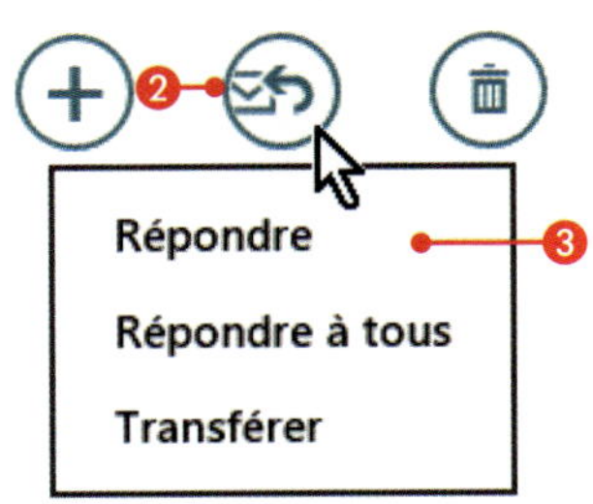

4 Une fenêtre d'envoi de message s'ouvre. Elle est partiellement préremplie :

- Elle reprend le titre du message reçu préfixé par les lettres RE, pour *réponse*.
- Elle indique automatiquement le nom du destinataire, l'expéditeur précédent.

- Elle reprend le contenu du message d'origine.

5 Tapez votre réponse sous le trait horizontal en dessous de l'objet.

6 Appuyez sur le même bouton **Envoyer**.

> NOTE
>
> Si le message d'origine a été envoyé à plusieurs destinataires (voyez plus loin comment), vous pouvez cliquer sur Répondre à tous pour envoyer votre message à tous les destinataires précédents.

Transférer un message à une tierce personne

Si le message que vous avez reçu peut intéresser une tierce personne, assurez son transfert.

1 Ouvrez le message que vous voulez faire suivre, comme ci-dessus.

2 Appuyez sur le bouton **Répondre**, en haut et à droite de la page. Un petit menu s'ouvre.

3 Appuyez sur le bouton **Transférer**.

4 Une fenêtre d'envoi de message s'ouvre, partiellement préremplie :

- Elle est titrée **FW** (en anglais *forward*, faire suivre) suivi du titre du message d'origine.
- Elle reprend le contenu du message d'origine.

5 Composez l'adresse du destinataire.

6 Tapez un texte donnant la raison du transfert dans le cadre central.

7 Appuyez sur le bouton **Envoyer**.

Joindre une photo ou un document

L'une des forces de la messagerie électronique réside dans le fait qu'aux messages on peut associer des photos ou tout autre type de document, cela en **pièces jointes**. Tout comme vous le feriez avec un courrier postal classique sous enveloppe.

1 Préparez un nouveau message, comme précédemment.

2 Remplissez-le à la demande (adresse, objet, corps du texte…) en indiquant au destinataire quelles sont les pièces jointes que vous lui adressez.

3 Ouvrez la barre inférieure de commandes en faisant un clic droit sur une zone libre de l'écran, puis appuyez sur **Pièces jointes**, ici la deuxième à partir de la gauche.

❹ Une page s'ouvre, affichant les images enregistrées dans votre dossier général **Images**.

❺ Si vous voulez envoyer des documents autres que les images contenues dans le dossier **Images** qui vous est proposé par défaut, appuyez sur **Monter** pour passer dans le dossier de niveau supérieur et en sélectionner un autre. Ou bien appuyez sur la flèche à droite du titre **Fichiers** et sélectionnez le dossier contenant le document à joindre.

❻ Supposons qu'on veuille joindre des photos. Appuyez sur chaque photo à associer au message. Elles se cochent et sont reproduites sur la ligne du bas.

❼ Si vous changez d'avis, réappuyez sur une photo pour supprimer son cochage.

❽ Appuyez sur le bouton **Joindre**.

❾ L'écran vous ramène dans la page d'envoi dans laquelle vous retrouvez vos photos.

❿ Appuyez sur le bouton **Envoyer**. Le courriel part avec sa ou ses pièces jointes.

Enregistrer les pièces jointes reçues

C'est le problème inverse. Vous recevez des pièces jointes, photos ou documents quelconques. Il faut les enregistrer pour pouvoir les exploiter selon votre humeur :

❶ Un cadre marqué par un trombone, le symbole des pièces jointes, s'affiche dans le volet central. Le message est ici sélectionné.

❷ Appuyez sur **Télécharger** sous chaque photo ou sur les cadres des photos pour les recevoir et les afficher.

❸ Appuyez sur une photo pour afficher un petit menu.

❹ Dans ce menu, appuyez sur **Enregistrer**.

❺ Une fenêtre d'enregistrement semblable à celle de sélection d'une photo s'ouvre. De nouveau, si le dossier d'enregistrement affiché ne vous convient pas, appuyez sur **Monter**.

❻ En bas de cette page apparaissent les commandes d'enregistrement. Modifiez le nom de la photo si vous le souhaitez.

❼ Appuyez sur le bouton **Enregistrer**.

❽ La photo est enregistrée dans le dossier **Images**. Vous pouvez l'utiliser comme vous l'entendez.

Multiplier des envois simultanés

La messagerie permet d'envoyer le même message simultanément à autant de destinataires que vous le voulez.

❶ Ouvrez la fenêtre d'envoi d'un message que vous rédigez normalement.

❷ Dans la barre **À**, tapez les adresses des destinataires successifs. Chaque destinataire est séparé d'une espace du suivant.

❸ Si vous avez commis une erreur, faites un appui long ou un clic droit sur le destinataire erroné et, dans le menu qui s'affiche, appuyez sur **Supprimer**.

❹ Cela étant, composez votre message et envoyez-le comme vous venez d'apprendre à le faire.

Envoyer des copies à d'autres destinataires

Sous la ligne **À** de la fenêtre d'envoi d'un message apparaît une seconde zone de saisie titrée **Cc**. Ces deux lettres proviennent de l'expression *copie conforme*. Les destinataires que vous indiquez dans cette zone recevront une copie de votre message, copie qui ne demande pas de réponse en principe. Sachez que les destinataires de la ligne **À** verront à qui vous avez envoyé des copies.

❶ De nouveau, vous pouvez indiquer un ou plusieurs destinataires en ajoutant les adresses.

❷ Remarquez que les cadres d'adresses s'agrandissent automatiquement si vous ajoutez beaucoup de destinataires.

❸ Composez votre message et envoyez-le comme précédemment.

Envoyer des copies à des destinataires cachés

❶ Plus fort, vous pouvez envoyer des copies à des destinataires dont les noms resteront cachés aux autres. Dans la page d'envoi d'un message, sous les zones d'adresses, appuyez sur la ligne **Afficher plus**. Deux zones supplémentaires apparaissent.

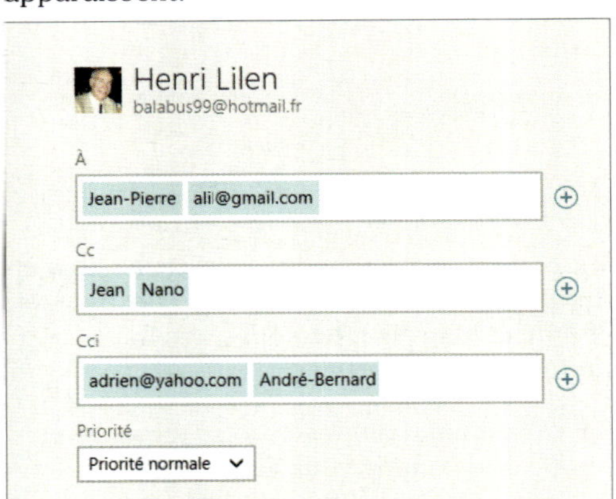

❷ D'abord, une zone titrée **Cci**. Tapez là les adresses des destinataires qui resteront secrets. Les autres ne le sauront pas. Cci signifie *copie conforme invisible*.

Une zone titrée **Priorité** apparaît en dessous ; voyez la section suivante.

❸ Composez votre message et envoyez-le.

Marquer une priorité

La priorité est une indication fournie au destinataire afin qu'il prenne en compte l'importance du message. Il ne s'agit donc pas d'une priorité de remise, tous les messages voyageant à la même vitesse.

1. Appuyez sur la flèche de cette zone pour afficher les trois niveaux de priorité disponibles.

2. Appuyez sur le niveau désiré.

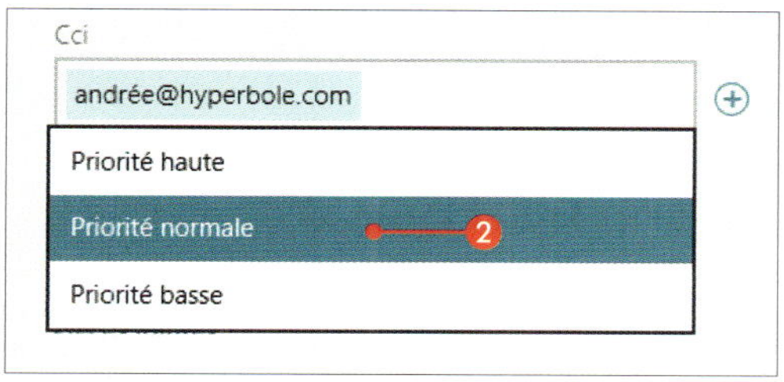

3. Le message que vous sélectionnez est marqué par un cochage. Une flèche vers le bas pour une priorité **basse**.

4. Un point d'exclamation (!) marque une priorité **haute**.

5. Un trombone marque la présence d'une pièce jointe.

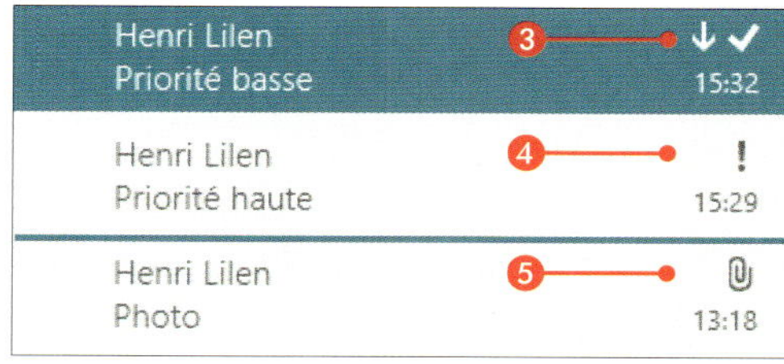

NOTE

Notez que rien ne marque une priorité normale.

Mettre les messages en forme

1. Ouvrez la page d'envoi d'un message et composez votre texte.

2. Faites un clic droit sur une zone libre de l'écran ou balayez l'écran depuis le bas. Une barre s'affiche en bas (elle a été scindée dans la capture d'écran suivante pour une meilleure lisibilité). Ou bien sélectionnez d'abord le texte à mettre en forme pour faire apparaître cette même barre.

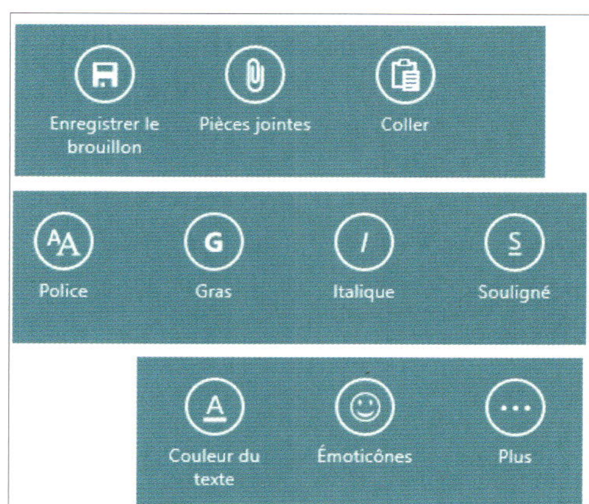

3 Utilisez les boutons **Police** pour sélectionner la police, **Gras**, **Italique**, **Souligné**, *etc.*, et appliquer ces paramètres.

4 Le bouton **Émoticônes** ouvre une page d'émoticônes. Appuyez sur une émoticône pour la placer dans la page au point d'insertion.

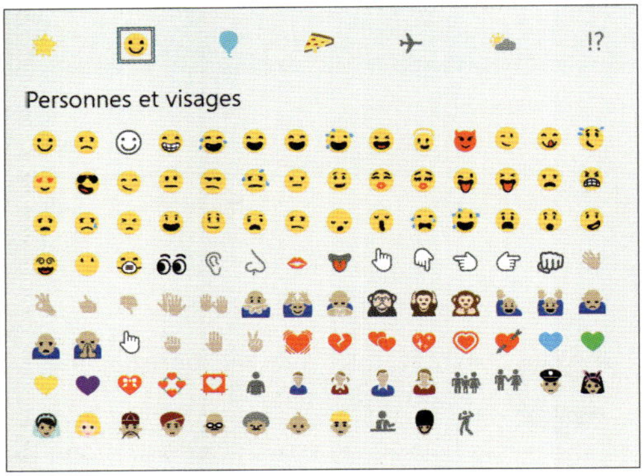

5 Dans cette même page, appuyez sur les autres options de la barre de titre pour afficher davantage de dessins.

6 Le bouton **Plus** sert à créer des listes à puces ou des listes numérotées, à annuler ou à rétablir une action antérieure.

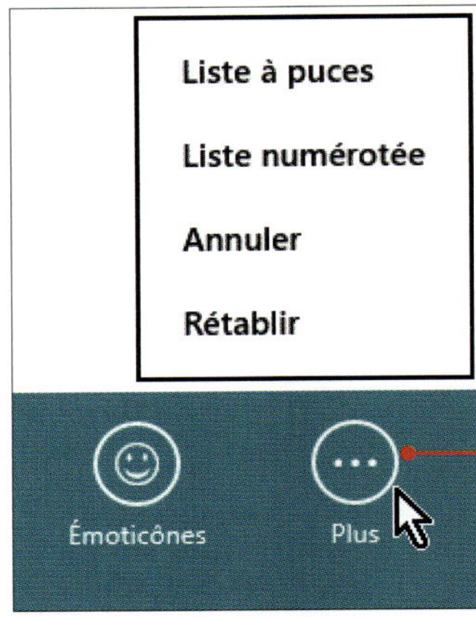

Ouvrir la messagerie instantanée Messages

1 Affichez la page **Accueil**.

2 Appuyez sur la vignette **Messages**.

3 La page du service de messagerie instantanée **Messenger** s'ouvre.

NOTE Tout du moins, c'est Messenger qui s'ouvrait lors de la rédaction de ce livre. En effet, Messenger devrait être remplacée par une autre messagerie acquise par Microsoft, Skype. C'est pourquoi la présentation de Messenger sera ici réduite pour passer aussitôt à Skype. Leurs modes de fonctionnement sont très proches sinon identiques.

4 Au départ, elle est certainement vide, hormis un éventuel message de bienvenue de l'équipe Windows.

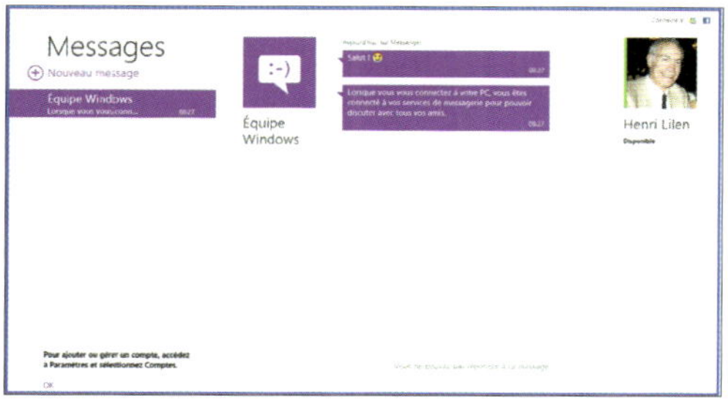

Pour dialoguer avec Windows Live Messenger, il faut un identifiant. C'est celui que vous avez déclaré avec votre compte Microsoft.

Déclarer des contacts pour Messages

Comme avec toutes les messageries instantanées, vous devez commencer par déclarer des correspondants, appelés des **amis**, et leur demander leur accord.

1. Faites un clic droit sur la page **Messages**.

2. Dans la barre horizontale du bas, appuyez sur **Inviter**.

3. Un petit cadre **Inviter** s'affiche. Appuyez dessus.

4. La page d'invitation s'ouvre.

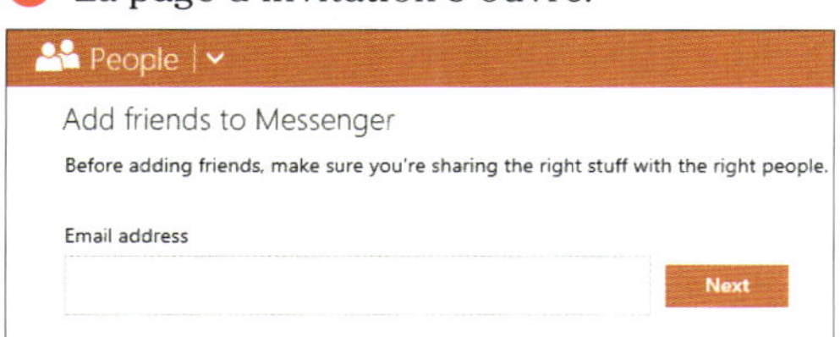

Quelques pages étaient restées non traduites, en anglais lors de la rédaction de ce livre. En effet, à Messenger devrait succéder rapidement l'application Skype. Ses modes de fonctionnement sont très semblables.

5. Tapez l'adresse de courriel d'un ami et appuyez sur **Next** (**Suivant**). La formule d'invitation s'affiche.

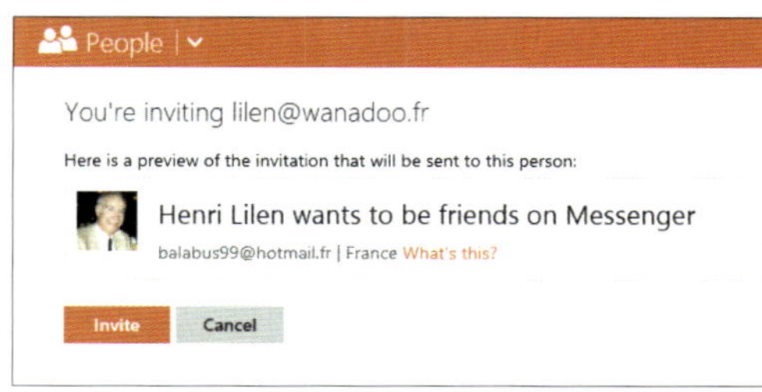

6. Appuyez sur le bouton **Invite**. L'invitation est envoyée et l'écran d'invitation réapparaît pour que vous puissiez inviter d'autres personnes.

7. Le destinataire reçoit dans sa boîte de réception de courriel la demande d'invitation, ici sur un PC tournant sous Windows 7.

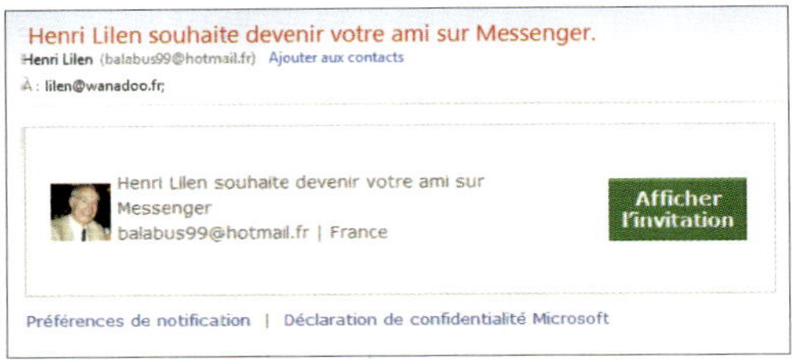

8 Il doit appuyer sur le bouton **Afficher l'invitation**, puis cliquer sur le bouton **Accepter**.

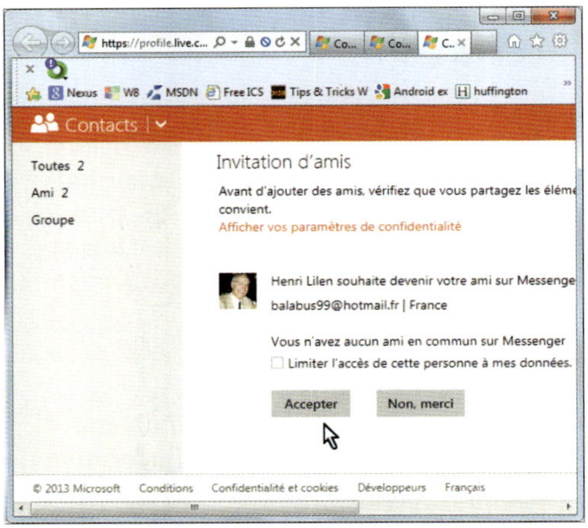

9 Windows confirme l'acceptation.

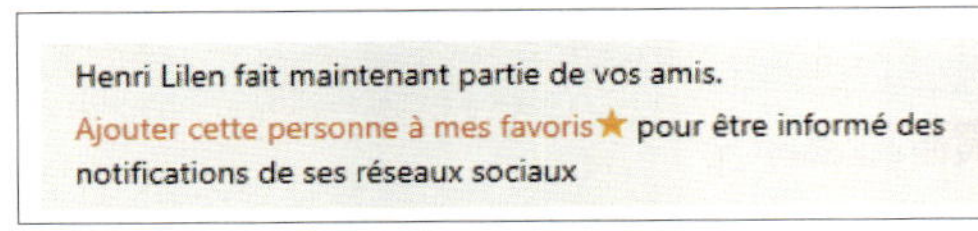

10 De plus, un message indiquant la connexion apparaît dans la zone de notification.

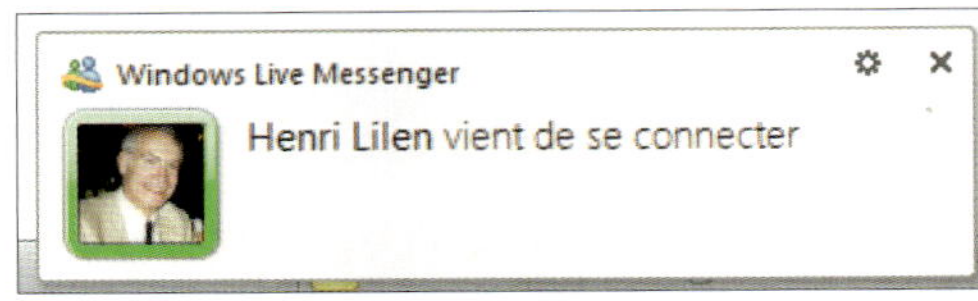

11 Les amis sont maintenant recensés dans la page.

Dialoguer par écrit

Dès que vos amis ont accepté votre invitation, vous pouvez commencer à dialoguer. Il faut au moins qu'une personne soit en ligne.

1 Dans votre liste de contacts, sélectionnez un ami en ligne. Une fenêtre de conversation s'affiche. Les images qui s'affichent sont celles que les correspondants se sont choisies.

2 Cliquez sur la zone de texte inférieure.

3 Tapez votre message.

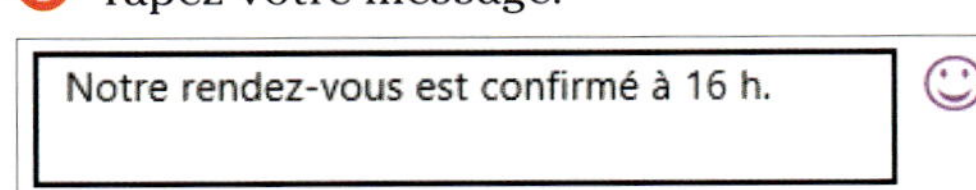

4 Appuyez sur **Entrée** pour l'expédier. Il passe dans le cadre de conversation principal, au-dessus, et votre correspondant le reçoit.

❺ Il répond de la même façon.

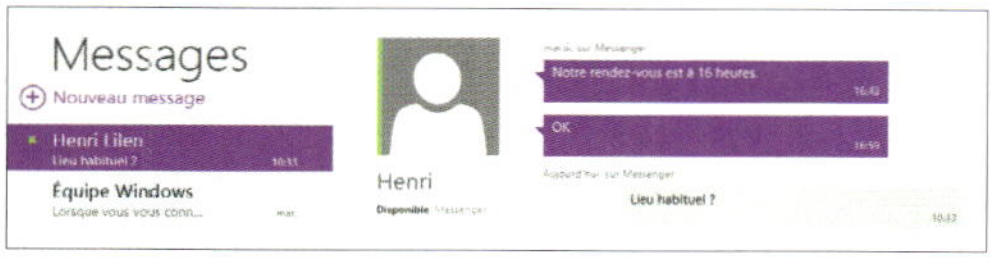

> **NOTE**
>
> Si vous voulez introduire un retour à la ligne dans votre message, appuyez sur **Maj + Entrée**.
>
> Messages vous permet notamment de :
>
> - modifier votre image ;
> - paramétrer les composants audiovisuels ;
> - tenir une audioconférence ;
> - tenir une vidéoconférence ;
> - personnaliser le programme.

Installer et/ou ouvrir la messagerie Skype

La date officielle du remplacement de Messenger par Skype n'ayant pas encore été communiquée lors de la rédaction de ce livre (probablement durant le premier semestre 2013), voici comment passer à Skype.

❶ Si, lorsque vous appuyez sur la vignette **Messages**, ce n'est pas **Skype** qui s'ouvre, installez ce programme.

❷ Rendez-vous dans le magasin Windows Store et lancez une recherche sur Skype. Si vous n'avez pas la pratique du Store, voyez le chapitre 18.

❸ Téléchargez-le et installez-le.

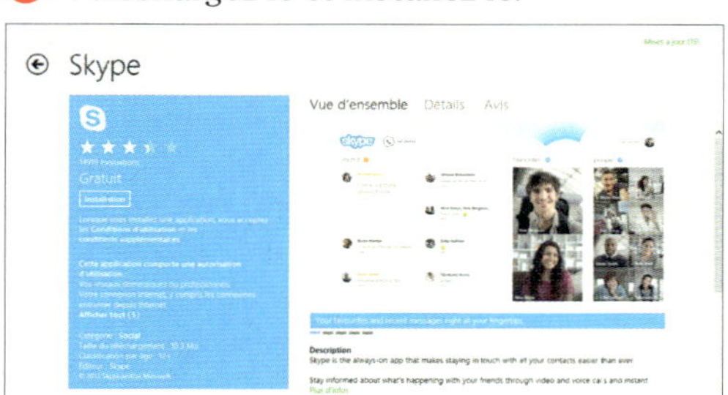

❹ Sa vignette s'affiche dans la page **Accueil**.

❺ Ouvrez-le. Il demande l'autorisation d'utiliser les fonctions webcam et microphone de votre tablette. Appuyez sur **Autoriser**.

❻ La fenêtre suivante vous demande si vous autorisez Skype à s'exercer en arrière-plan, ce qui permet de recevoir les notifications sur l'écran de verrouillage, comme l'indique l'écran. Sans raison de vous y opposer, appuyez sur **Autoriser**.

7 Si Skype n'a pas été entièrement intégré à Windows RT, l'écran suivant vous demandera de créer un compte. Faites-le en vous laissant guider par les pages successives qui s'affichent, c'est rapide et gratuit. En fait, vous devriez reprendre votre compte Microsoft tout simplement.

8 La fenêtre d'accueil de Skype s'affiche. Elle reprend la liste des contacts que vous aviez déclarés sous Messenger, pour autant qu'il en existe une.

Ajouter un contact à Skype

1 Faites un clic droit sur la page pour ouvrir la barre horizontale du bas avec ses options.

2 Appuyez sur **Ajouter un contact**.

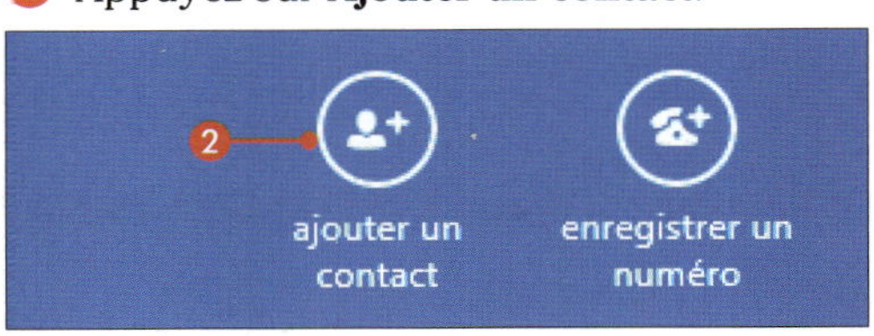

3 La barre latérale droite de recherche s'ouvre. Tapez le nom du contact et appuyez sur la loupe.

4 Skype recherche dans ses adhérents les personnes répondant à ce nom et les affiche. Cette liste indique que vous avez tout intérêt à donner un nom complet.

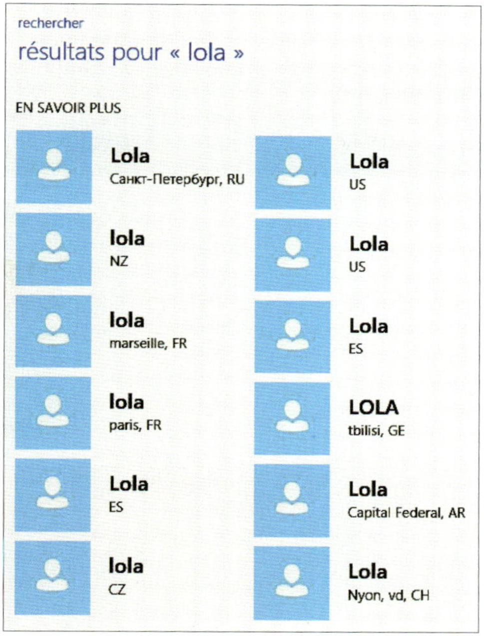

5 Appuyez sur le nom voulu. La fenêtre suivante sert à lui envoyer un message.

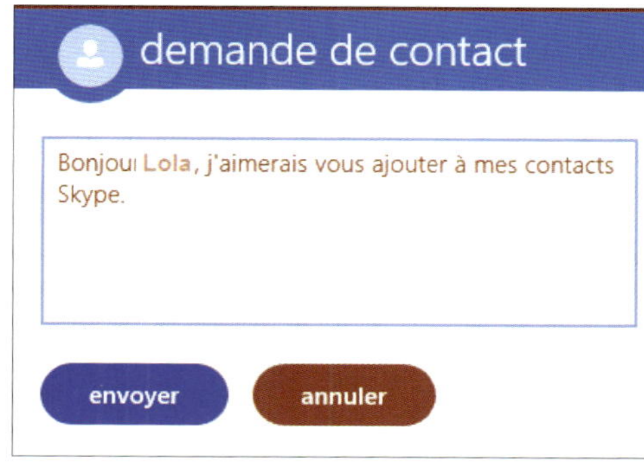

6 Poursuivez ainsi en vous laissant guider par l'écran.

7 Le contact recevra votre demande et devra l'accepter pour que vous puissiez dialoguer avec lui.

Dialoguer par écrit

1 Ouvrez **Skype** et appuyez sur le nom du contact en ligne.

2 Le correspondant reçoit une demande d'appel. Sur une tablette, l'icône d'appel, ici à gauche, se met à vibrer à l'écran.

3 Il doit appuyer sur l'icône :

- Du téléphone vert pour accepter une conversation écrite.
- De la caméra pour accepter une conversation audio et vidéo.

4 Sur un PC sous Windows 7, il appuie sur **Répondre**.

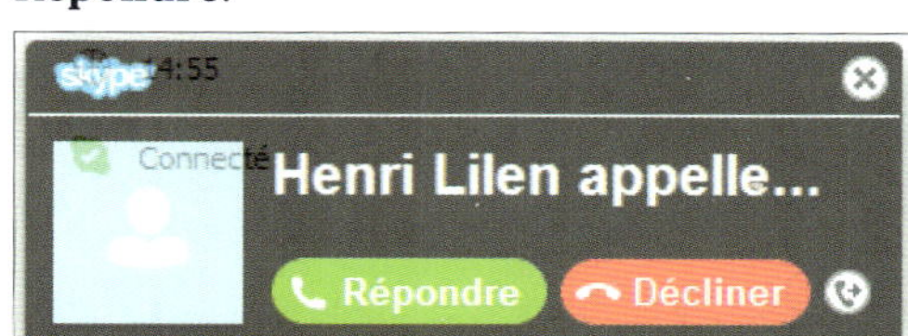

5 La page de dialogue écrit s'ouvre. Composez votre message sur la ligne du bas marquée **Entrer le message ici** et appuyez sur **Entrée** pour l'envoyer. Il passe en haut de l'écran.

6 Votre correspondant répond de même.

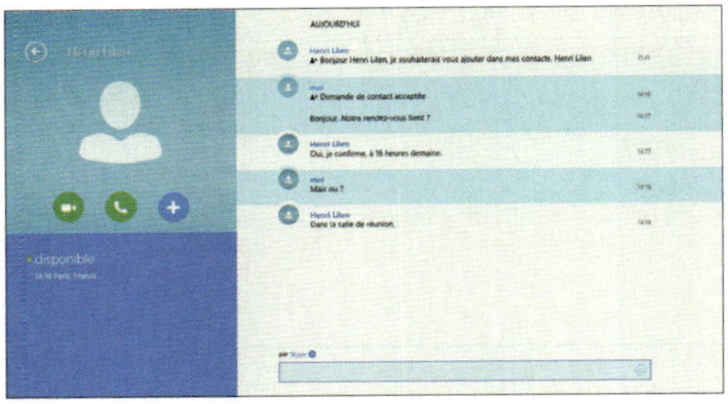

7 Pour terminer la conversation, bougez la souris et appuyez sur l'icône du téléphone.

Dialoguer en audio et en vidéo

Pour dialoguer en audio et en vidéo, il faut que les deux correspondants possèdent l'équipement nécessaire, microphone et haut-parleurs. La tablette Surface est parfaite de ce point de vue !

1 Dans la page de dialogue, appuyez sur l'icône de caméra, sous le nom du correspondant.

2 Le correspondant reçoit une demande de discussion vidéo. Il doit appuyer sur **Répondre** ou cliquer sur l'image de la caméra, selon le système qu'il utilise.

3 La discussion peut débuter. L'image du correspondant (ou des correspondantes, ici) occupe la totalité de la page tandis que vous êtes affiché dans le petit cadre du bas. Ce cadre peut être déplacé avec la souris.

4 Pour terminer la conversation, bougez la souris et appuyez sur l'icône du téléphone.

Icônes des commandes Skype

- L'icône de caméra ouvre une petite fenêtre avec deux options.

- L'icône du microphone commande les sons.
- L'icône avec les lignes affiche un petit menu pour ramener au mode message ou afficher le clavier de numérotation.
- L'icône de téléphone rouge sert à terminer une conversation.

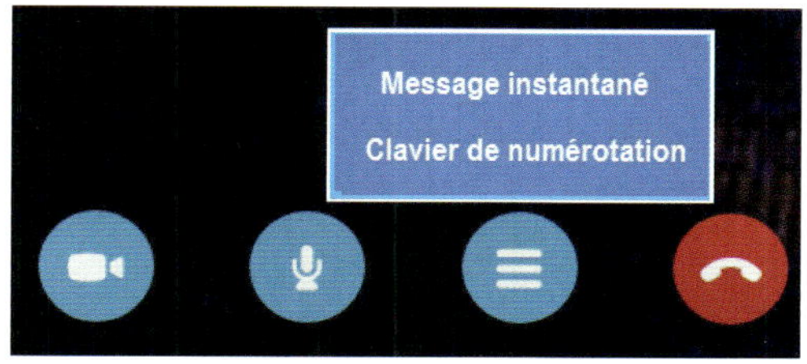

Enregistrer des favoris avec la liste favoris

Vous pouvez désigner certains de vos correspondants comme favoris pour les retrouver plus facilement.

1. Ouvrez la page d'accueil de Skype.

2. Faites-la glisser vers la droite. La colonne **favoris** est vide.

3. Appuyez sur le signe +. La page **Ajouter aux favoris** s'ouvre.

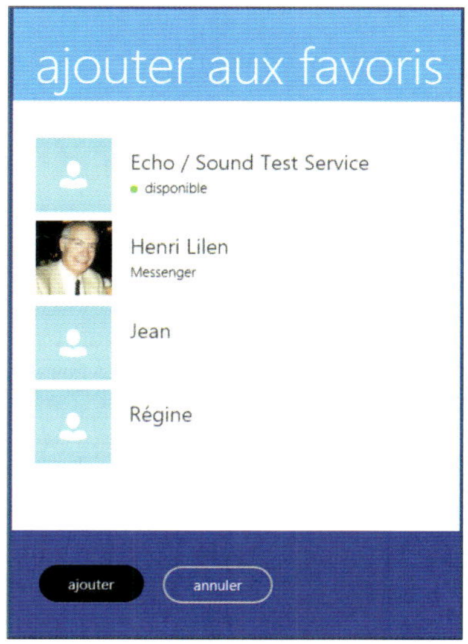

4. Sélectionnez un correspondant et appuyez sur le bouton **Ajouter**.

5. Ce correspondant fait désormais partie des favoris.

Afficher les correspondants et les favoris

1. Ouvrez la page d'accueil de Skype.

2. Faites-la glisser vers la droite. La liste de vos correspondants et de vos favoris s'affiche.

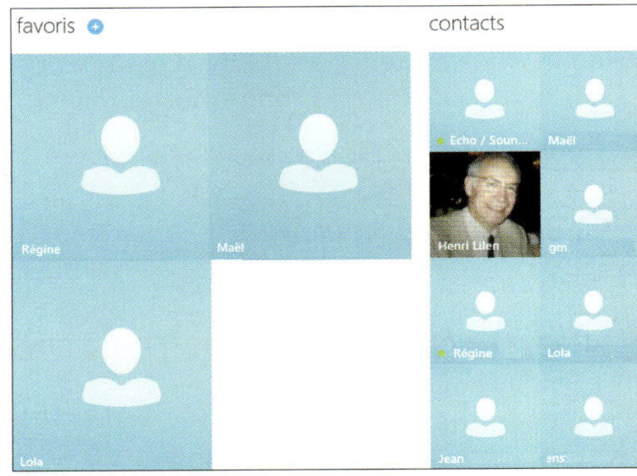

Enregistrer ou supprimer un favori depuis sa page d'appel

1. Appuyez sur un correspondant pour ouvrir sa page d'appel.

2. Balayez l'écran depuis le bas ou faites un clic droit dessus pour afficher la barre horizontale d'options.

3. Appuyez sur le bouton étoile titré **favori** :

- Si l'étoile est blanche sur fond bleu, ce n'est pas un favori.
- Si elle est blanche sur fond noir ou bleue sur fond blanc, c'est un favori.

Tester la connexion et l'installation audio

1. Dans la liste des contacts, appuyez sur la première icône **Echo/Sound Test Service**.

NOTE

Dans la liste des contacts, un contact marqué par un point vert indique qu'il est en ligne.

2 La page d'envoi du test s'ouvre.

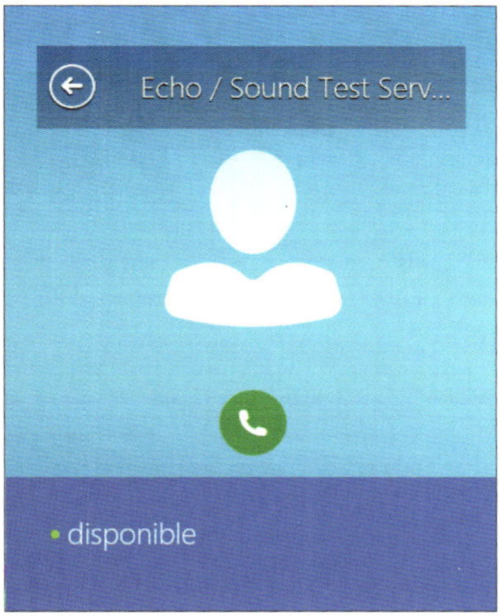

3 Appuyez sur le téléphone sur fond vert.

4 Vous êtes mis en relation avec le service de test Skype qui, en audio, vous invite à enregistrer un message.

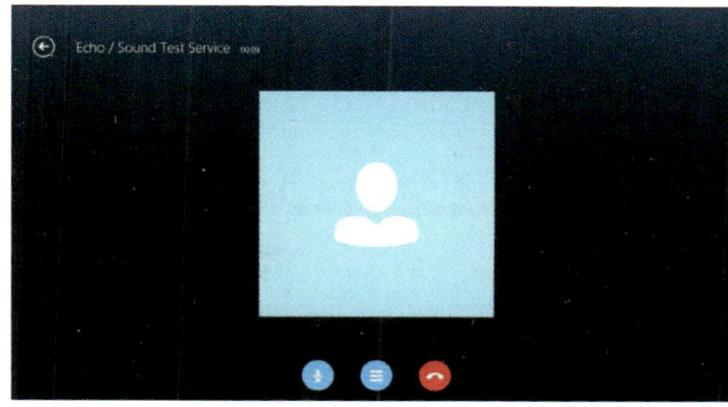

5 Dictez normalement votre message. Après quelques instants, il vous est restitué et vous entendez votre propre voix.

6 Le service vous le confirme, toujours en audio.

Si vous n'avez pas entendu votre voix, c'est soit que la connexion, soit que votre matériel audio est en cause, ce qui vous amènera à vérifier cela.

En pratique, le microphone et les haut-parleurs de Surface fonctionnement parfaitement. Si vous n'entendez rien, songez plutôt à augmenter le volume sonore !

NOTE

Bien entendu, hormis ces fonctions de base, Skype permet beaucoup d'autres opérations. Pour commencer, d'ailleurs, et si ce n'est déjà fait, chaque utilisateur remplacera sa silhouette par sa photo.

Chapitre 12

Gérer les contacts et les messageries

Dans ce chapitre

- Créer un carnet de contacts
- Utiliser les contacts
- Ajouter un nouveau compte
- Recevoir la messagerie POP
- Gérer le courrier en mode Webmail
- Créer d'autres adresses de messagerie
- Organiser et ranger les messages
- Récupérer les courriels et les contacts d'un PC
- Paramétrer Outlook

Créer un carnet de contacts est probablement l'une des premières opérations auxquelles vous vous livrerez. Cela, pour faciliter les opérations avec la ou les messageries.

Vous ajouterez aussi de nouveaux comptes à la demande, y compris des comptes POP. Enfin, vous disposez d'une batterie d'options de personnalisation.

Créer un carnet de contacts

Pour la messagerie comme pour diverses autres applications, l'usage d'un **carnet de Contacts** est très pratique. Enregistrez vos correspondants dans ce carnet. Lorsque vous aurez besoin de leur adresse, par la suite, vous composerez simplement leur nom ou leur prénom sur l'une des lignes d'adresses et le service de messagerie complétera votre saisie automatiquement, reconnaissant le destinataire.

1. Ouvrez la page **Accueil**.

2. Appuyez sur la vignette marquée **Contacts**. Son aspect d'origine est dépouillé, mais la vignette étant dynamique, elle se modifiera pour refléter vos contacts par la suite.

3. La page **Contacts** s'ouvre. Faites un clic droit ou déplacez le doigt du bas vers le haut pour afficher la barre inférieure de commandes.

4. Dans la barre de commandes, appuyez sur **Nouveau** (le signe +) pour déclarer un nouveau contact.

5. Le formulaire de déclaration s'affiche. Remplissez-le à la demande.

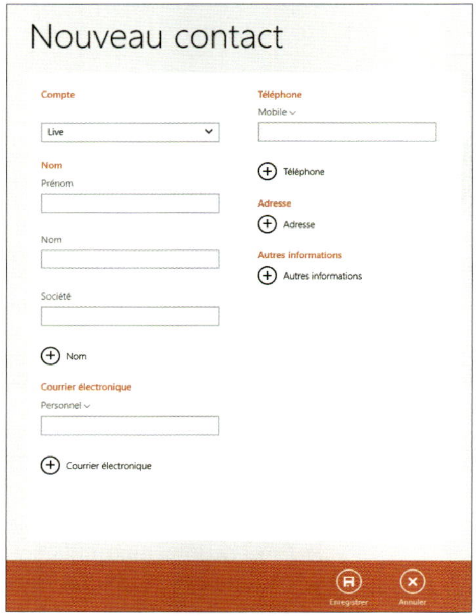

6. Terminez en appuyant sur le bouton du bas **Enregistrer**.

Utiliser les contacts

❶ Ouvrez la page d'envoi d'un courriel et commencez par taper les premiers caractères du nom d'un correspondant dans l'une des zones d'adresses. L'application vous suggère tous les noms des correspondants répondant aux caractères tapés. Appuyez sur celui qui vous intéresse.

❷ Ou bien appuyez sur le petit cercle contenant un signe + pour ouvrir votre liste de contacts. Sélectionnez celui qui vous convient, son nom sera reporté dans la zone d'adresses correspondante.

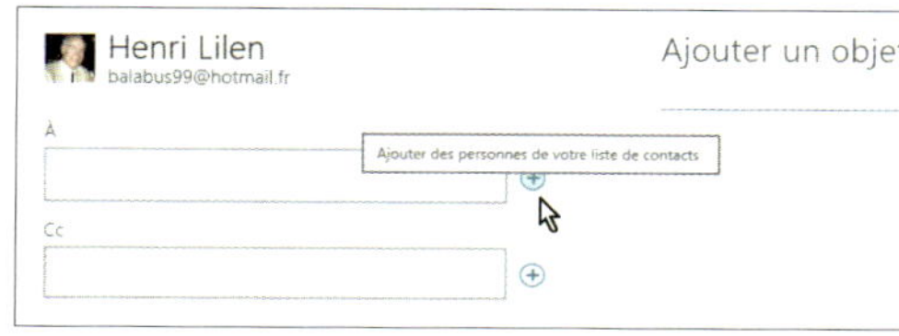

Windows RT, tout comme Windows 8, unifie dans votre carnet de contacts tous vos contacts, quelle que soit leur provenance : ceux que vous enregistrez vous-même, ceux provenant des réseaux sociaux comme LinkedIn, Facebook, Twitter, ceux de Live Messenger, *etc*. Tout comme **Courrier** unifie tous vos comptes de courriels : Hotmail, Google, Exchange...

Ajouter un nouveau compte pour Courrier

Lorsque vous démarrez pour la première fois **Courrier**, vous êtes invité à configurer un compte. Vous pouvez ensuite ajouter des comptes de messagerie supplémentaires.

❶ Ouvrez **Courrier**.

❷ Appuyez sur ⊞ + **C** pour ouvrir la barre latérale d'outils puis appuyez sur **Paramètres**.

❸ Appuyez sur **Comptes**. Le volet **Comptes** s'affiche.

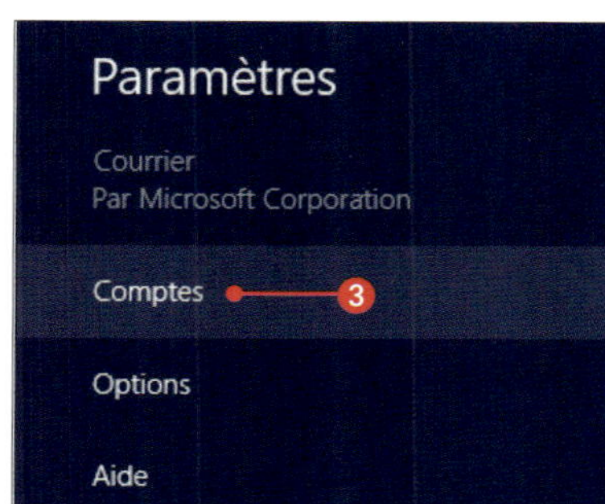

❹ Appuyez sur **Ajouter un compte**.

5 Dans le volet **Ajouter un compte**, sélectionnez le type de compte.

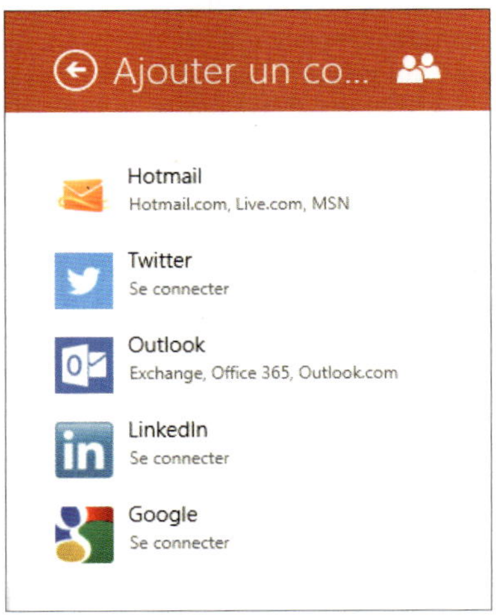

6 Entrez votre adresse de messagerie et votre mot de passe, puis appuyez sur le bouton **Connecter**.

7 L'application **Courrier** trouvera peut-être par elle-même les paramètres de votre fournisseur de messagerie, faute de quoi vous devrez les taper.

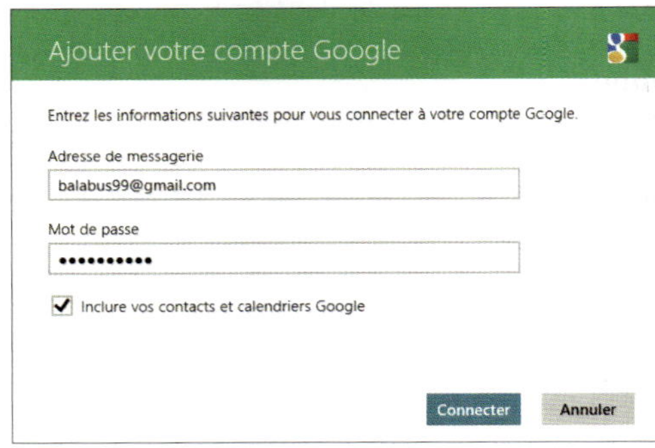

NOTE

Vous pouvez ajouter la plupart des comptes en indiquant uniquement le nom d'utilisateur et le mot de passe. Dans certains cas, vous devrez fournir d'autres détails, que vous trouverez sur le site Web de votre compte de messagerie.

Gérer le courrier en mode Webmail

Vous devez ouvrir Outlook avec le navigateur Internet, ce qui fournit un accès plus universel. En effet, vous pouvez alors vous connecter à votre compte depuis n'importe que type d'ordinateur, n'importe où dans le monde, par exemple depuis un cybercafé.

- Depuis la vignette **Courrier**, comme présenté ci-dessus.
- *Via* le navigateur Internet, ce qui fournit un accès plus universel. En effet, vous pouvez alors vous connecter à votre compte depuis n'importe quel type d'ordinateur, n'importe où dans le monde, par exemple depuis un cybercafé.

1 Ouvrez le navigateur Internet Explorer. Vous pouvez opérer en mode MUI ou en mode Bureau, les écrans différant toutefois très légèrement.

2 Connectez-vous à Outlook à l'adresse :

`www.outlook.com`

3 La page d'accueil **Outlook** s'ouvre. Il se peut que vous deviez appuyez sur **Se connecter** ou sur **Accéder à votre boîte Mail**, selon ce qui s'affiche, en supposant, bien sûr, que vous possédez déjà un compte Microsoft. Si vous n'en possédez pas encore, vous devriez cliquer sur **Créer un compte Hotmail**. Fournissez votre nom de connexion et votre mot de passe si l'écran vous les demande.

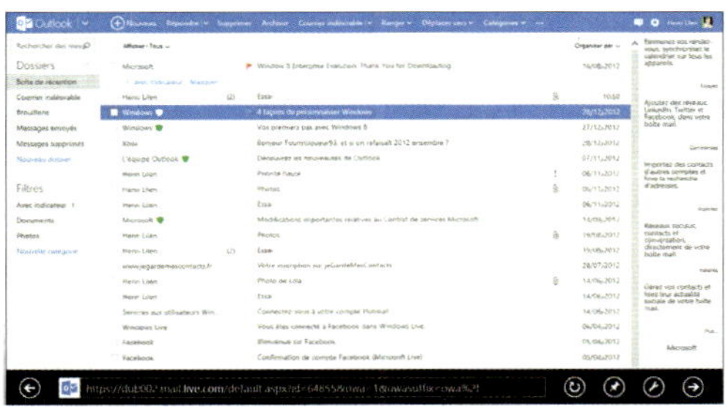

Si vous partez du mode Bureau, la fenêtre qui s'affiche est un peu différente.

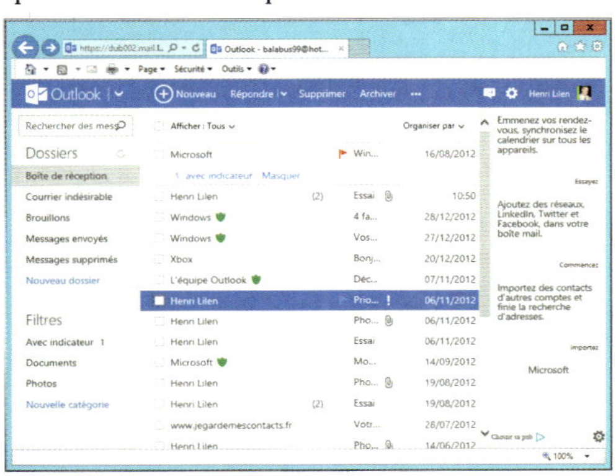

4 Appuyez, pour l'ouvrir, sur **Boîte de réception** dans la colonne gauche.

Voici quelques types d'actions très classiques que vous pouvez mener dans cette page :

- Appuyez sur l'une des options de la barre supérieure pour déclencher son action. Appuyez sur les trois points de suspension pour afficher la suite des commandes.

- Appuyez sur un message pour ouvrir son contenu.

- Pour envoyer un nouveau message, appuyez sur **Nouveau**, sur la ligne du haut. La page de rédaction d'un nouveau message s'ouvre avec ses outils de mise en forme.

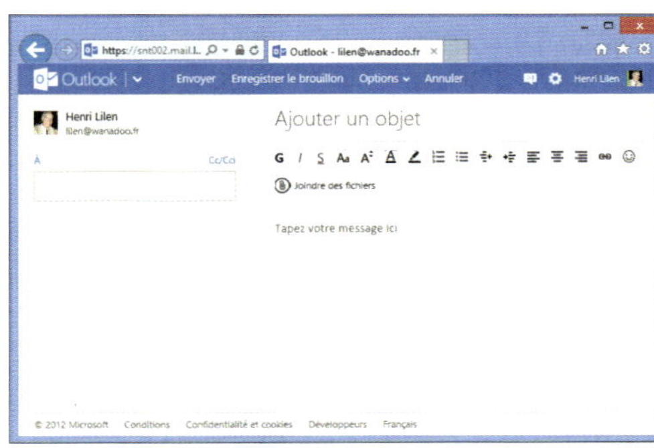

- Ouvrez un message et, sur la barre supérieure, appuyez sur l'une des options contextuelles selon ce que vous entendez faire.

Recevoir le courrier de messageries POP

Outlook étant relativement récent sur Windows RT, les procédures d'ajout de comptes ont subi quelques modifications en cours de route. La procédure décrite ici s'applique au début de 2013, mais pourrait à son tour être modifiée.

Pour recevoir les messages de comptes de messagerie utilisant le protocole POP, il faut procéder quelque peu différemment.

1. Contactez d'abord votre fournisseur des services Internet pour savoir s'il propose une version **IMAP** (***Internet Message Access Protocol***) ou **EAS** (**Exchange ActiveSync**) de votre compte. Si c'est le cas, procédez comme précédemment, mais en sélectionnant le type de compte **Autres**.

2. Sinon, ouvrez **Outlook.com** (donc, en mode Webmail), et appuyez sur l'icône **Outils** en haut et à droite, en forme de roue dentée. La page **Options** s'affiche.

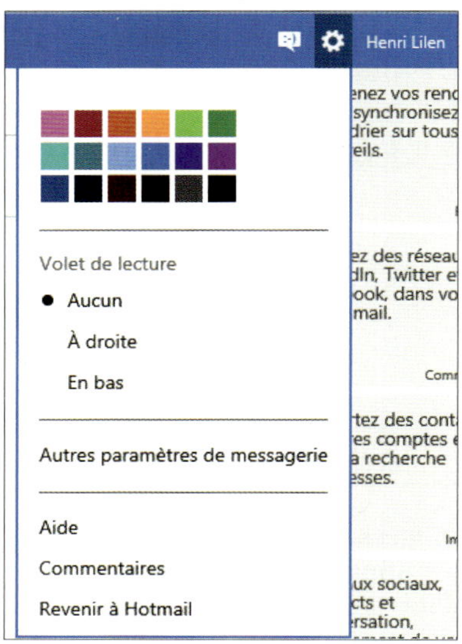

3. Sous **Gestion de votre compte**, appuyez sur **Vos comptes de messagerie**. La page **Vos comptes de messagerie** apparaît.

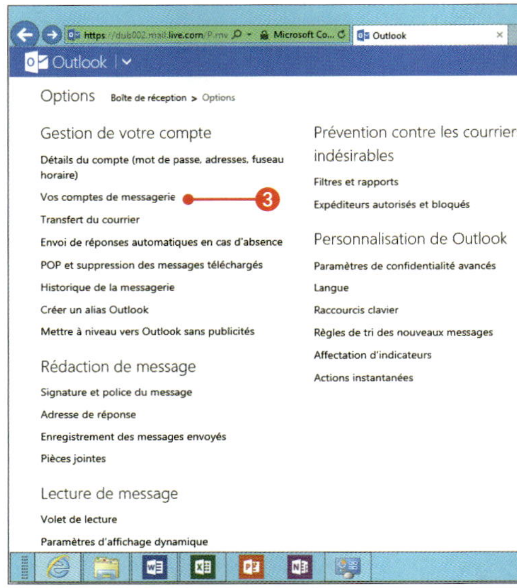

4. En bas, appuyez sur **Ajouter un compte d'envoi et de réception**.

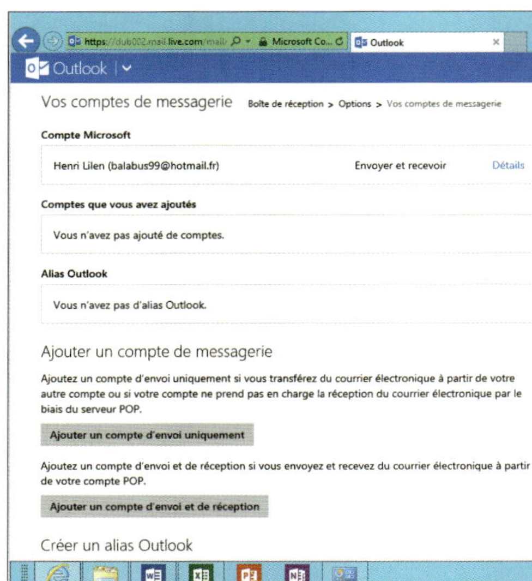

5. Dans la page suivante, déclarez votre adresse de messagerie et votre mot de passe et appuyez sur **Suivant**.

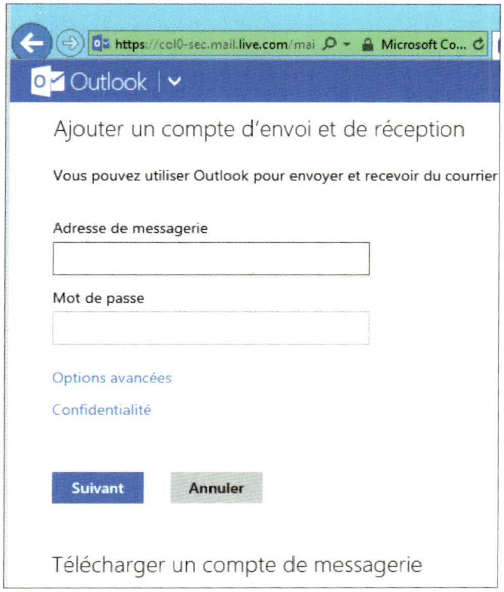

❻ Outlook.com fournit les paramètres recommandés. Si vous êtes invité à vérifier les paramètres, ou si Outlook.com ne peut pas se connecter à l'autre serveur de messagerie, contactez votre fournisseur de messagerie pour vérifier que les paramètres POP sont corrects.

❼ Sélectionnez l'emplacement (un autre dossier ou votre boîte de réception Outlook.com) dans lequel placer les messages de ce compte.

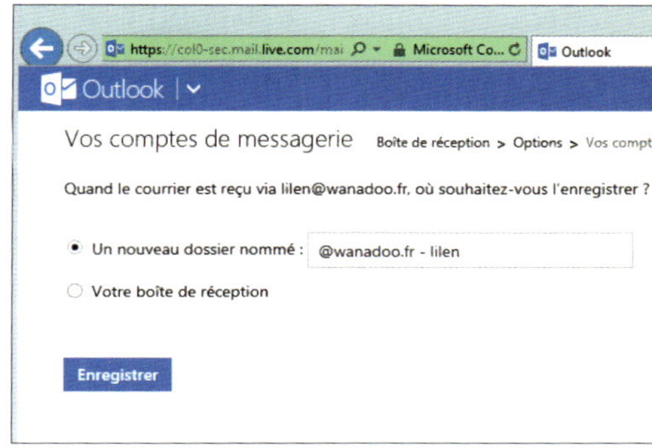

❽ Sélectionnez l'option voulue pour les messages non lus, puis appuyez sur **Enregistrer**.

> NOTE
>
> L'application **Courrier** peut configurer autant de comptes que vous le voulez, qu'ils soient de type POP ou IMAP. Notez que Hotmail prend directement en charge les comptes Google. Les contacts et les calendriers sont, eux aussi, synchronisés.

Créer d'autres adresses de messagerie Outlook

Outlook permet de créer autant d'adresses de messagerie distinctes que vous le souhaitez. Cela permet d'en différencier les fonctions (personnelle, professionnelle, *etc.*). Tous les messages envoyés à ces différentes adresses apparaissent dans votre unique boîte de réception.

❶ Appuyez sur le menu **Outils** en forme de roue dentée à côté de votre nom, cela en mode Webmail.

❷ Dans ce menu, appuyez sur **Autres paramètres de messagerie**. Une page d'options s'affiche.

❸ Appuyez sur **Créer un alias Outlook** sous la rubrique **Gestion de votre compte**.

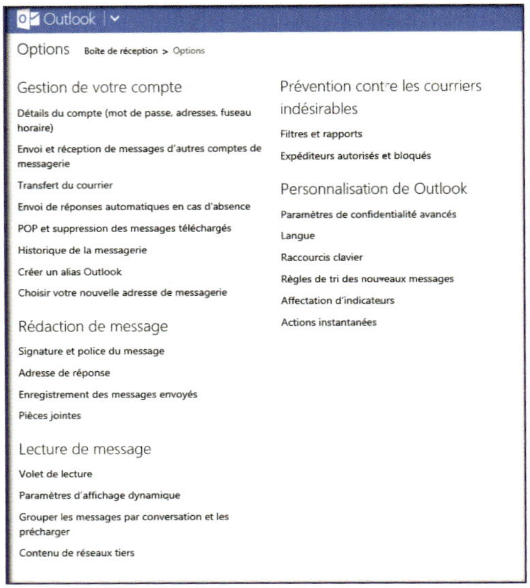

❹ Fournissez votre mot de passe actuel si l'écran vous le demande pour vérification, puis appuyez sur le bouton **Se connecter**.

❺ Dans la page suivante, saisissez l'adresse de courriel voulue et choisissez le domaine dans la liste (**outlook.com**, **hotmail.fr** ou **live.fr**).

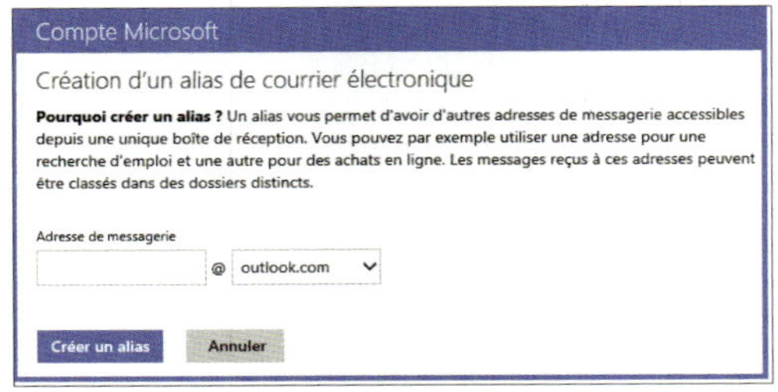

❻ Appuyez sur **Créer un alias**.

❼ Choisissez de rediriger automatiquement les courriels envoyés à cette adresse dans un nouveau dossier ou directement dans votre boîte de réception.

❽ Appuyez sur **Terminer**. La mise en service de l'alias peut demander quelques minutes.

❾ Pour envoyer des courriels à partir de cet alias, appuyez sur la petite flèche à côté de votre nom, dans la page de rédaction d'un message, puis sélectionnez l'alias dans la liste.

Organiser et ranger les messages

La nouvelle fonction Outlook **Ranger** qui apparaît en mode Webmail sert à faire le ménage dans les courriels afin de conserver une boîte de réception propre. Elle propose différents outils pour créer facilement des règles de messagerie.

Par exemple, vous pouvez déplacer automatiquement les messages d'un expéditeur dans un dossier particulier ou bien conserver uniquement le dernier message d'un correspondant, une option intéressante pour gérer les lettres d'information auxquelles vous êtes abonné.

❶ Ouvrez le message d'un expéditeur dont vous voulez planifier le rangement.

❷ Appuyez sur le menu **Ranger**.

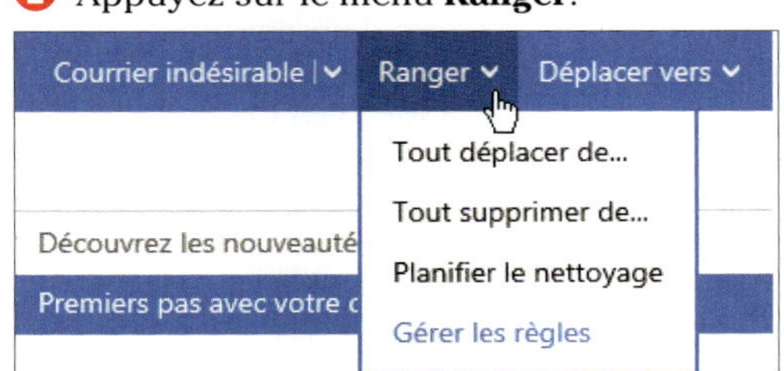

3 Appuyez sur **Tout déplacer de** pour choisir de déplacer tous les messages de cet expéditeur dans un dossier spécifique. Dans le cadre qui apparaît, cochez la case **Déplacez tous les messages venant de ces expéditeurs à l'avenir** pour créer une règle qui placera automatiquement les messages que vous recevrez de cet expéditeur dans le dossier que vous sélectionnerez.

4 Appuyez sur **Tout supprimer de** pour supprimer tous les messages de cet expéditeur. Cochez la case **Bloquer à l'avenir tous les messages venant de ces expéditeurs** pour créer une règle qui supprimera automatiquement les messages que vous recevez de cet expéditeur.

5 Appuyez sur **Planifier le nettoyage** pour choisir dans la page suivante :

- **Conserver seulement le dernier message de cet expéditeur** : à la réception d'un nouveau message, les précédents seront supprimés.
- **Supprimer tous les messages antérieurs à X jours de cette personne**.
- **Déplacer tous les messages antérieurs à X jours vers le dossier** : un dossier que vous sélectionnez. La période peut varier de 3 à 60 jours.

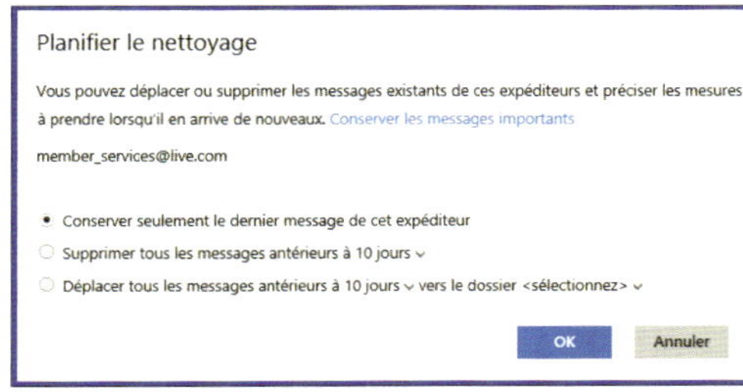

6 Pour exclure un courriel du nettoyage automatique, appuyez sur le petit drapeau à côté du courriel afin de le marquer comme important.

> NOTE
>
> Cette fonction, **Ranger**, sert à définir des règles de messages. Vous pouvez créer autant de règles que nécessaire.

Récupérer le courriel et les contacts d'un ordinateur

- La meilleure méthode pour transférer votre courrier et vos contacts de votre ancien PC sur la tablette consiste à passer par le nuage. Voyez aussi la section suivante.
- Une fois le transfert effectué, vous pourrez gérer vos courriers électroniques et vos contacts en ligne à partir de n'importe quel ordinateur connecté ou de vos appareils mobiles grâce à Outlook.
- Vous pourrez également utiliser les applications **Courrier** et **Contacts**. Ces applications et ces services Web fonctionnent parfaitement ensemble : les modifications apportées à l'un sont automatiquement mises à jour dans l'autre.
- Si vous utilisez déjà une application de messagerie électronique fondée sur le Web telle que Hotmail, Outlook, Gmail ou Yahoo! Mail, votre courrier électronique et vos contacts sont déjà dans le nuage. Vous pouvez donc accéder à votre boîte de réception où que vous soyez.

Utiliser Mail Migration pour transférer courriels et contacts dans le nuage

❶ Pour transférer vos courriers électroniques et vos contacts vers le nuage à partir d'Outlook Express, de Windows Mail ou de Windows Live Mail, installez le complément **Mail Migration pour Internet Explorer** sur votre ancien ordinateur, celui dont vous voulez reprendre les courriers électroniques. Vous le trouverez sur le site Microsoft à l'adresse :

`https://col0-sec.mail.live.com/mail/MailMigrationSelectAccount.aspx?mms=client`

❷ Activez-le et choisissez le compte de messagerie.

❸ Connectez-vous et laissez-vous guider par l'écran.

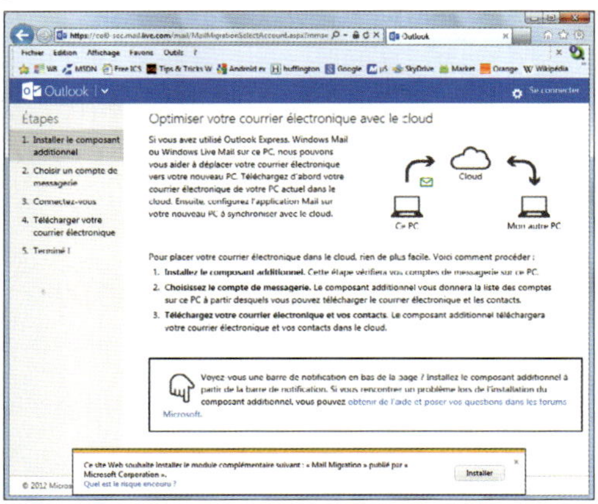

❹ Cette procédure terminée, accédez à vos courriers électroniques et à vos contacts dans les applications **Courrier** et **Contacts**.

❺ Dans l'application **Courrier** ou **Contacts**, ouvrez la barre latérale d'outils et appuyez sur l'icône **Paramètres**, puis sur **Comptes**.

❻ Appuyez sur **Ajouter un compte** et sélectionnez **Hotmail** ou **Exchange**.

❼ Entrez l'adresse de messagerie et le mot de passe du compte Microsoft vers lequel ont été transférés les courriers électroniques et les contacts.

❽ Appuyez sur **Connexion**. Dès que le compte a été ajouté à l'une des applications, il apparaît automatiquement dans l'autre.

> NOTE — Une autre façon de procéder pour récupérer une liste de contacts consiste à importer une telle liste que vous aurez préalablement exportée depuis votre ordinateur. Si vous partez de la fenêtre Webmail, vous trouvez l'option d'importation dans la colonne droite de la fenêtre.

Paramétrer Outlook

❶ Ouvrez Outlook en mode Webmail et appuyez sur l'icône **Outils**, en haut et à droite, en forme de roue dentée.

❷ Dans le menu qui s'ouvre, appuyez sur **Autres paramètres de messagerie**.

❸ La page **Options** s'affiche avec ses diverses rubriques que vous pouvez explorer une par une et dont voici quelques exemples.

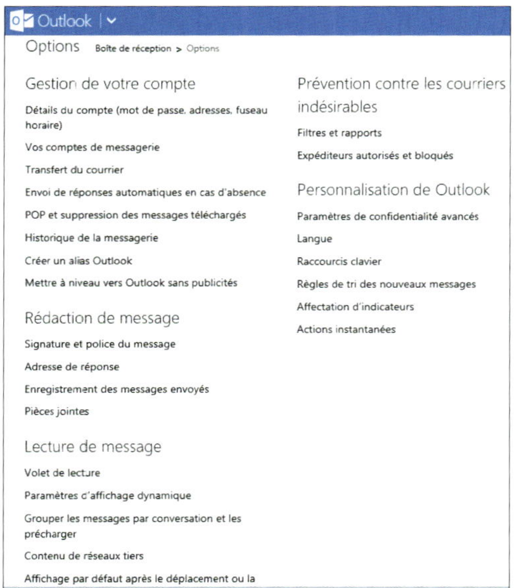

- **Vos comptes de messagerie** : affiche l'état de vos comptes actuels.
- **Transfert du courrier** : permet de transférer les messages vers un autre compte.

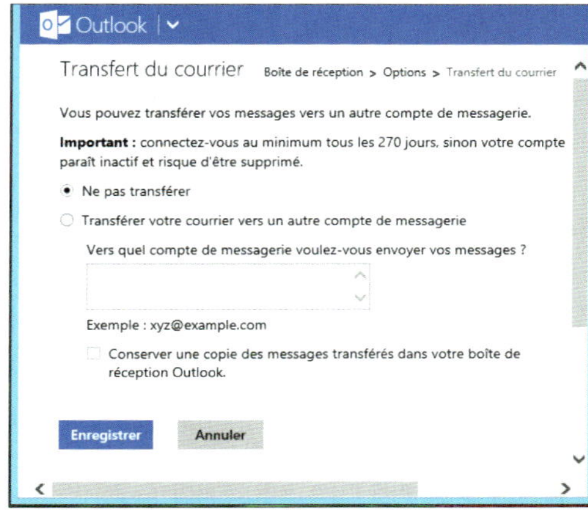

- **Envoi de réponses automatiques en cas d'absence** : préparez une réponse d'attente standard aux messages reçus si vous devez vous absenter, à tous les messages ou à vos seuls contacts.

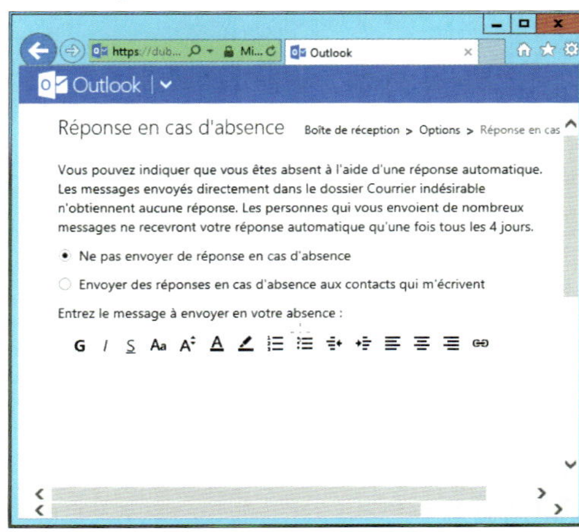

- **POP et suppression de messages téléchargés** : pour interdire la suppression de messages issus de comptes POP par un autre programme.

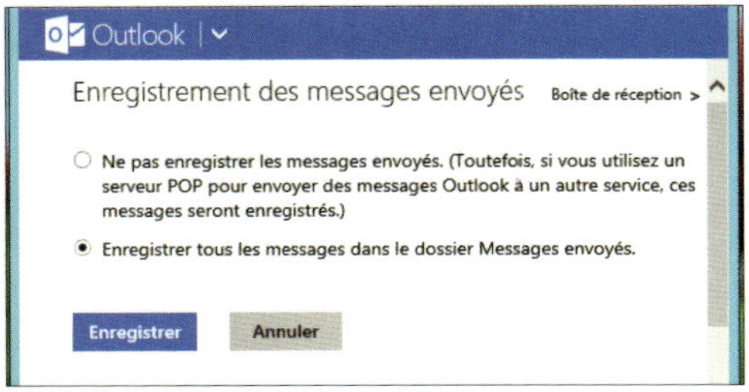

- **Historique de la messagerie** : pour enregistrer ou non un historique des messages instantanés.
- **Mettre à niveau vers Outlook sans publicité** : vous pouvez installer un programme payant pour supprimer les publicités dans Outlook et Hotmail.
- **Signature et police du message** : sélectionnez la police par défaut et créez une signature automatique qui apparaîtra en bas de vos messages.

- **Adresse de réponse** : pour indiquer une adresse de réponse différente de celle d'envoi.

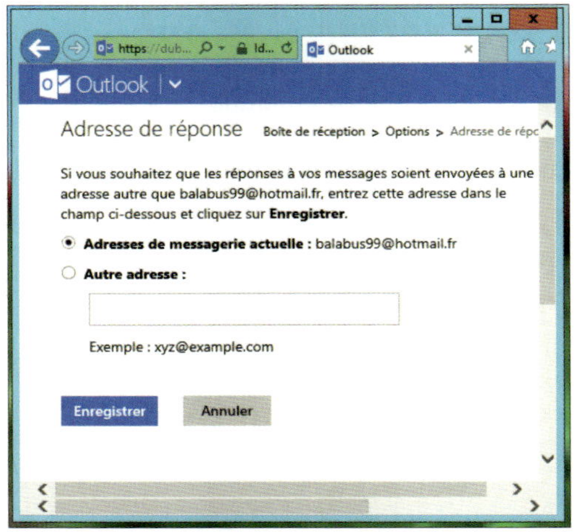

- **Enregistrement des messages envoyés** : pour enregistrer ou non les messages émis.

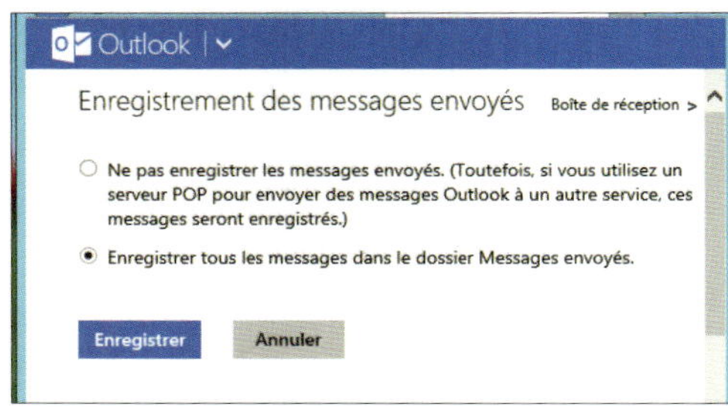

- **Pièces jointes** : ouvre une fenêtre avec deux options importantes.

  – La première concerne la gestion de gros fichiers en pièces jointes avec l'invitation à les transmettre par SkyDrive.

  – La seconde sert à vous prévenir si vous oubliez de joindre les fichiers.

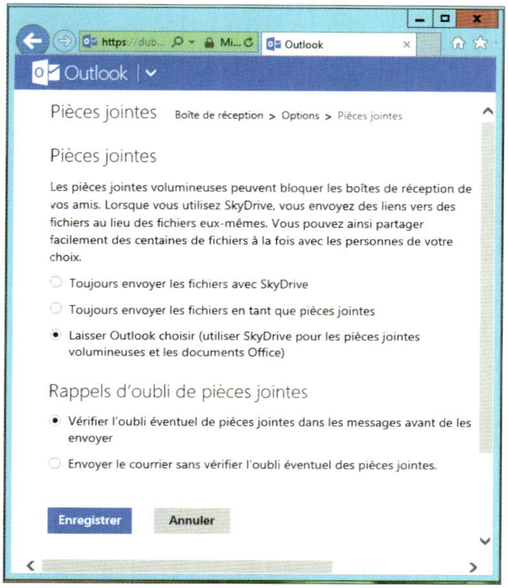

- **Volet de lecture** : gère l'affichage de ce volet.

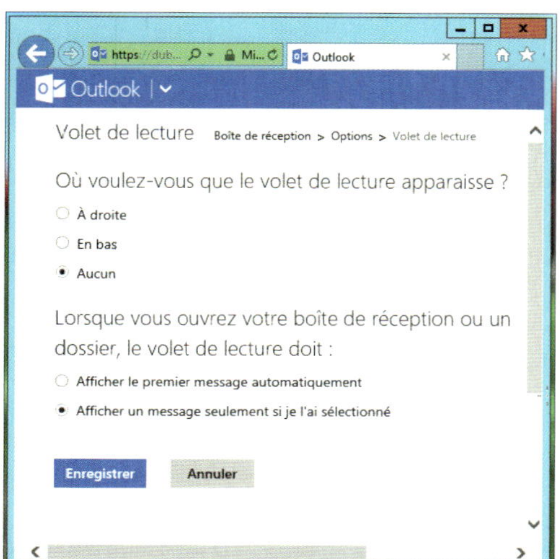

- **Paramètres d'affichage dynamique** : pour afficher l'aperçu des photos et vidéos dans les messages.

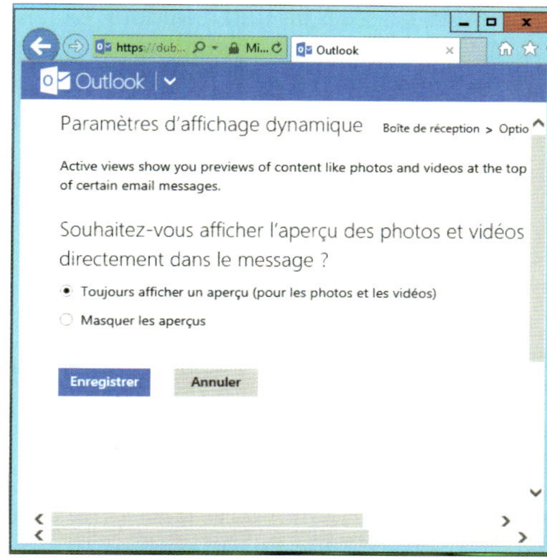

- **Grouper les messages par conversation et les précharger** : pour les regrouper par conversation, c'est-à-dire pour joindre les réponses au message préliminaire.

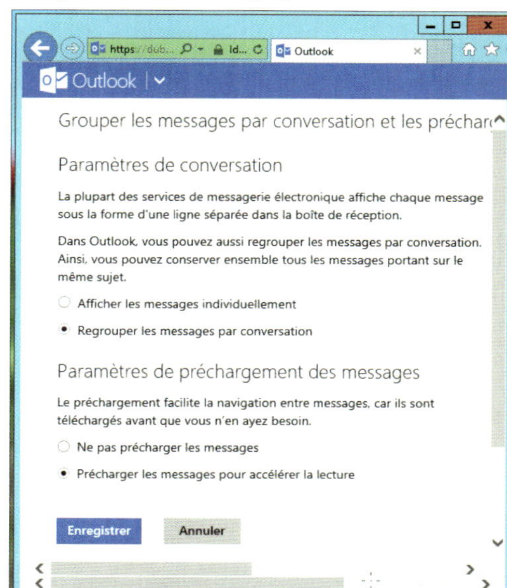

- **Contenu de réseaux tiers** : Outlook utilise les informations publiques des réseaux sociaux pour afficher les images des personnes avec lesquelles vous communiquez. Acceptez-le ou non.
- **Affichage par défaut après le déplacement ou la suppression d'un message électronique** : pour réafficher la liste des messages ou simplement le message suivant.

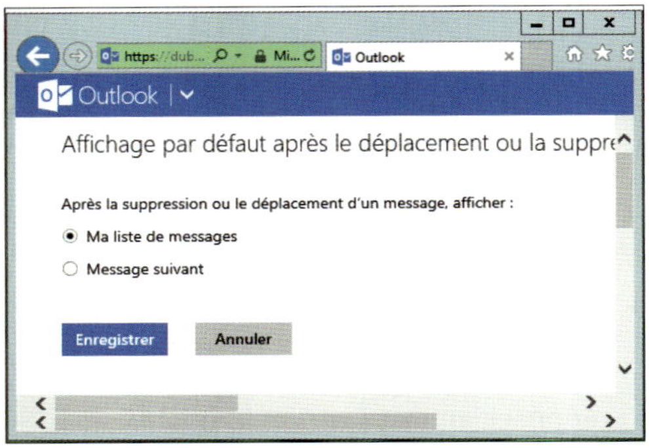

- **Faire de « Répondre à tous » l'option définie par défaut** : choisissez entre **Oui** ou **Non**.
- **Filtres et rapports** : ouvre une fenêtre avec trois options :

  – **Choix du niveau de blocage** : aux messages reçus.

  – **Suppression du courrier indésirable** : pour le signaler à Microsoft.

  – **Bloquer le contenu des expéditeurs inconnus** : ou suspects.

- **Expéditeurs autorisés et bloqués** : pour établir vos listes.

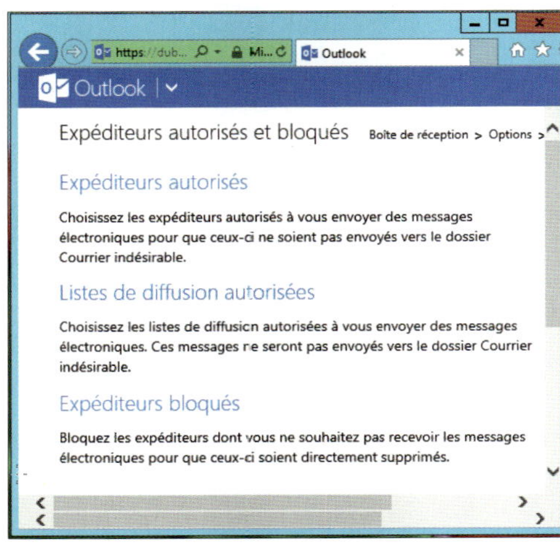

Si vous choisissez la première option, par exemple, vous pouvez établir une liste d'expéditeurs autorisés.

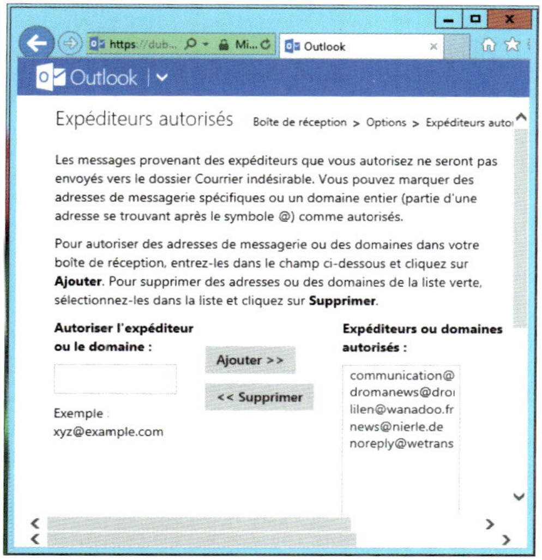

- **Paramètres de confidentialité avancés** : avec des suggestions de remplissage automatique et la possibilité de récupérer des messages supprimés.

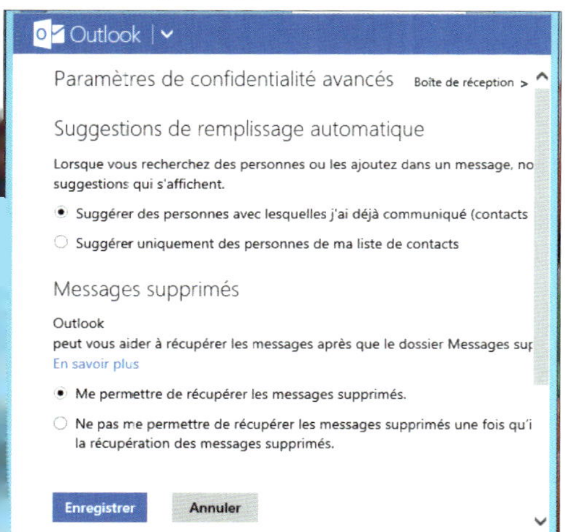

- **Langue** : pour le choix de la langue si vous en avez déclaré plusieurs.
- **Raccourcis clavier** : pour sélectionner la collection de raccourcis à activer.

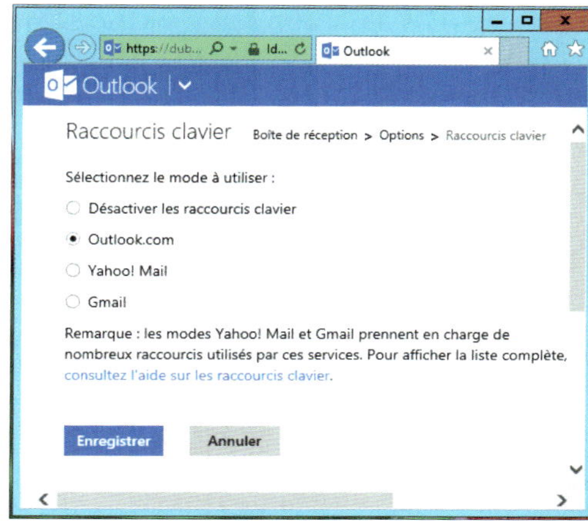

- **Règles de tri des nouveaux messages** : à partir des règles que vous avez élaborées.

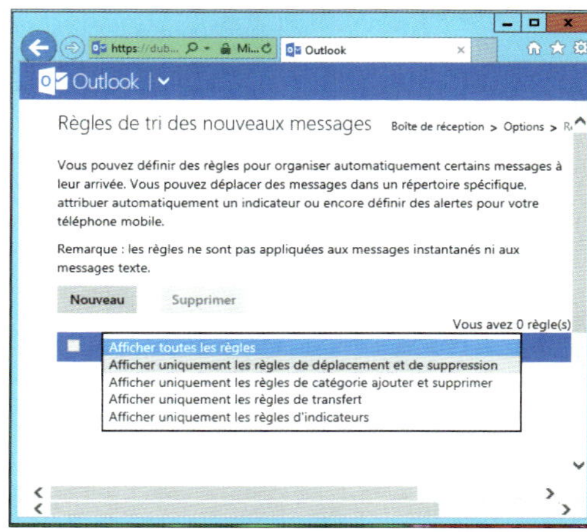

- **Affectation d'indicateurs** : pour afficher ou non les messages affectés d'un indicateur en haut de la boîte de réception.
- **Actions instantanées** : elles apparaissent à côté du nom de l'expéditeur et de la ligne **Objet**. Vous pouvez leur appliquer automatiquement une action.

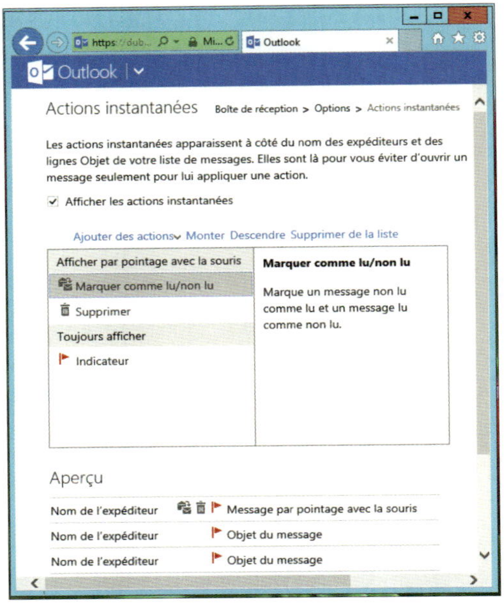

Ces paramétrages montrent que l'on peut aller très loin dans l'usage d'Outlook. Examinez-les et appliquez-les à bon escient.

Chapitre 13

Photographier et filmer

Dans ce chapitre

- Ouvrir l'application Caméra
- Barre d'outils des webcams
- Options des caméras
- Photographier et filmer
- Ouvrir l'application Photos
- Sélectionner des photos
- Lancer un diaporama
- Modifier la taille de l'affichage
- Afficher les flèches de circulation
- Supprimer une photo
- Définir la vocation d'une photo
- Importer des photos

La tablette Surface RT est équipée de deux caméras Web, des webcams. Une frontale pour vous photographier ou vous filmer vous-même et une webcam arrière pour photographier ou filmer normalement.

Leur usage est des plus simples, mais leurs performances restent malheureusement vraiment trop limitées.

Ouvrir l'application Caméra

1. Ouvrez la page d'accueil Windows RT.

2. Appuyez sur la vignette **Caméra**.

3. L'application **Caméra** vous demande si elle peut utiliser les webcams et le microphone. Appuyez sur **Autoriser**.

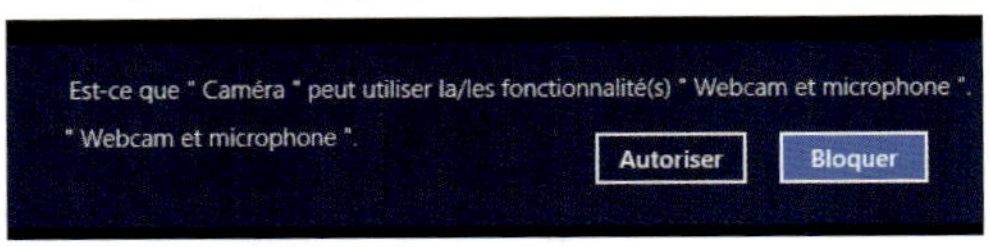

4. L'écran affiche aussitôt ce que la caméra voit.

5. Pour prendre une photo ou filmer, appuyez sur l'écran. Appuyez de nouveau sur l'écran pour stopper une prise de vue vidéo en film.

> NOTE
> La caméra arrière est orientée vers le haut selon un angle de 22 degrés, de manière à filmer droit devant elle lorsque Surface est posée sur son pied. Il suffit de déplier le pied intégré pour filmer sans utiliser les mains.

La barre d'outils des webcams

La barre d'outils des webcams affiche quatre icônes.

- **Changer de caméra** : bascule entre la webcam frontale et la webcam arrière.
- **Options de caméra** : ouvre une fenêtre éponyme.
- **Minuteur** : active ou désactive une temporisation avant la prise de vue :

  – Si l'icône du minuteur est inactive, sur fond noir, la prise de vue est instantanée.

  – Si elle est active, une courte temporisation intervient, comme l'écran l'indique, la prise de vue se faisant à son issue.

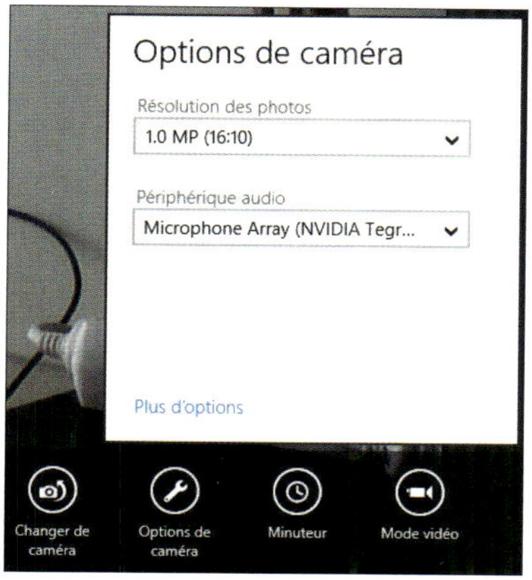

- **Mode vidéo** : bascule entre les modes photo et prise de vue vidéo :
  - Il est inactif lorsqu'il apparaît sur fond noir et permet de prendre des photos.
  - Appuyez dessus pour le faire passer sur fond blanc et filmer.

Options des caméras

L'icône **Options de caméra** ouvre une fenêtre avec deux réglages.

❶ **Résolution des photos** : appuyez sur cette option pour sélectionner la résolution.

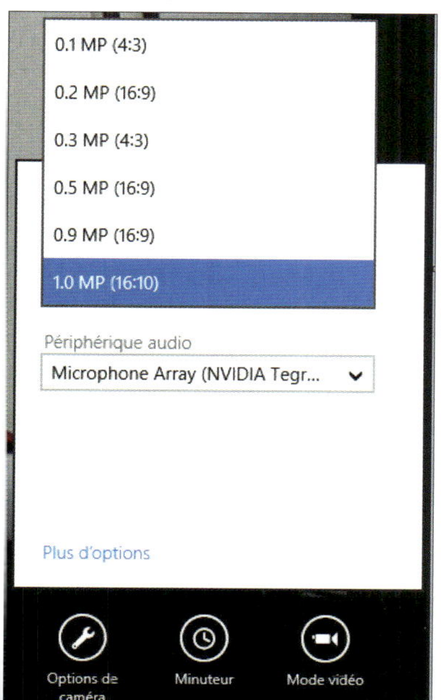

❷ Si vous disposez de plusieurs microphones, activez celui de votre choix en appuyant sur la liste déroulante de l'option **Périphérique audio**.

❸ Appuyez sur la ligne **Plus d'options** pour en afficher de nouvelles. Déplacez les curseurs pour ajuster :

- La luminosité et le contraste.
- L'exposition, si vous déplacez l'interrupteur vers la gauche pour passer à un réglage manuel.

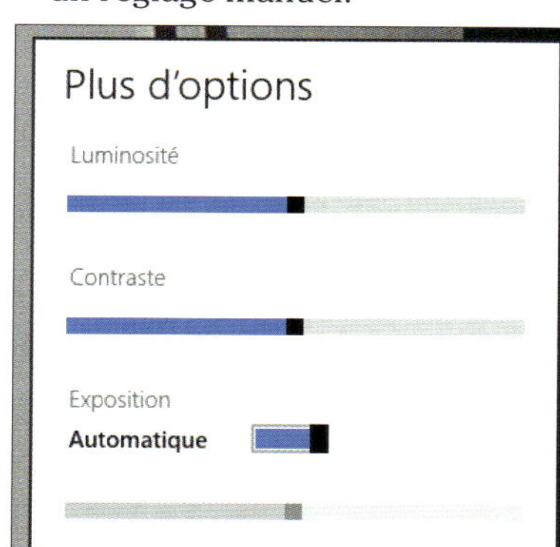

Autoriser l'accès aux webcams après coup

❶ Vous pouvez aussi autoriser l'accès aux webcams en procédant ainsi. L'application ouverte, ouvrez la barre latérale d'outils.

❷ Appuyez sur **Paramètres**.

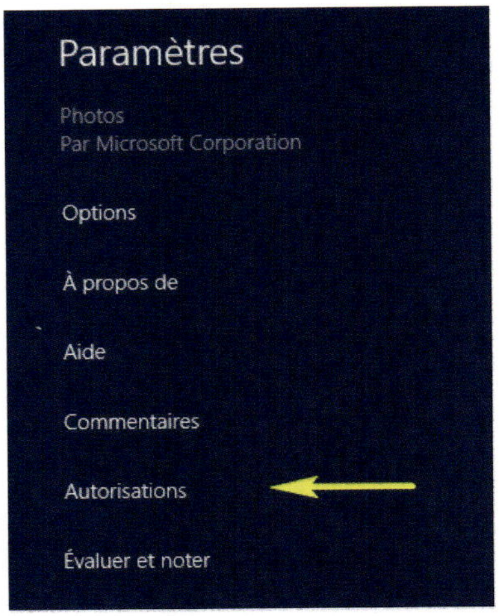

❸ Dans le volet **Paramètres**, appuyez sur **Autorisations**. Le volet **Autorisations** s'affiche.

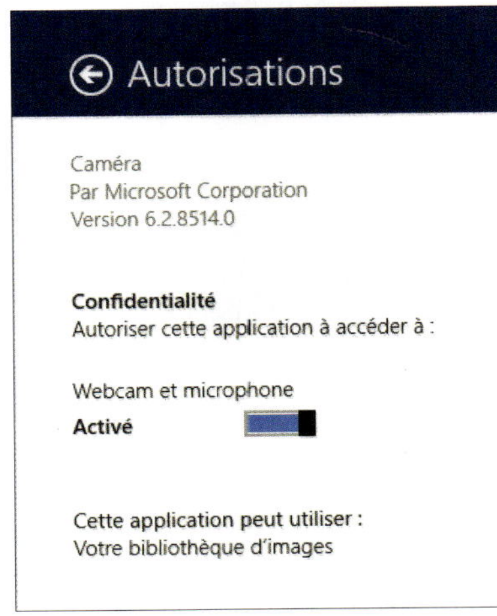

❹ Vérifiez que sous la rubrique **Confidentialité**, le commutateur se trouve bien en position **Activé**. Sinon, déplacez-le.

Photographier et filmer

❶ Pour prendre une photo, appuyez sur l'écran.

❷ Pour filmer, activez l'icône **Mode vidéo** et appuyez sur l'écran. La vidéo commence. La durée s'affiche en bas et sur la droite de l'écran. Pour stopper, appuyez de nouveau sur l'écran (et non dans la barre d'outils).

❸ En utilisant les diverses commandes mises à votre disposition, vous pouvez enregistrer des photos, une vidéo, parler en même temps, *etc*.

❹ Vous pouvez ensuite visionner photos et films avec les applications **Photos** ou **Vidéo**.

> NOTE
>
> **Où se trouvent les photos, vidéos et musique personnelles ?** Par défaut, elles sont rangées dans les sous-dossiers **Mes images**, **Mes vidéos**, **Ma musique** d'un dossier général introduit sous votre nom d'utilisateur :
>
> `C:\Utilisateurs\Nom_utilisateur\`
>
> `C:\Utilisateurs\Nom_utilisateur\Mes images`

Ouvrir l'application Photos

❶ Ouvrez la page d'accueil.

❷ Appuyez sur la vignette **Photos**. Son aspect initial est sobre et présente une montagne ensoleillée.

❸ Lorsque vous aurez engrangé des photos, elle en affichera un diaporama.

L'application **Photos** s'ouvre et affiche plusieurs bibliothèques d'images dans la rangée du bas. Au départ, les pavés des sources externes sont vides. Vous devrez établir le lien entre votre compte Hotmail et les services concernés, **SkyDrive**, **Flickr** ou **Facebook**, pour afficher leur contenu.

Ouvrir une bibliothèque d'images

❶ Affichez la page d'accueil de l'application **Photos** comme ci-dessus, puis appuyez sur une des collections qui se présentent en bas de la page.

❷ Si vous appuyez sur **Bibliothèques d'images**, la page **Bibliothèques d'images** s'affiche. Elle liste vos collections d'images.

❸ Appuyez sur l'une des collections pour ouvrir son contenu.

❹ Balayez du doigt du bas vers le haut ou faites un clic droit sur la page que vous avez ouverte pour afficher la barre horizontale inférieure d'outils.

Faire défiler les images

- Pour faire défiler les photos, faites-les glisser sur l'écran. Lorsque la barre d'outils est affichée, appuyez sur les touches de circulation vers la droite ou la gauche du clavier.

- Vous pouvez aussi utiliser la barre de défilement horizontal lorsqu'elle apparaît.

- Appuyez sur une image pour l'agrandir en plein écran.
- Appuyez sur la flèche gauche ou sur la touche **Échappement** pour revenir à la vue antérieure normale.

Sélectionner des photos

❶ Pour sélectionner une photo, faites un clic droit dessus. Elle s'entoure d'un cadre et une coche apparaît dans son angle supérieur droit. Vous pouvez sélectionner plusieurs photos consécutivement de la même façon.

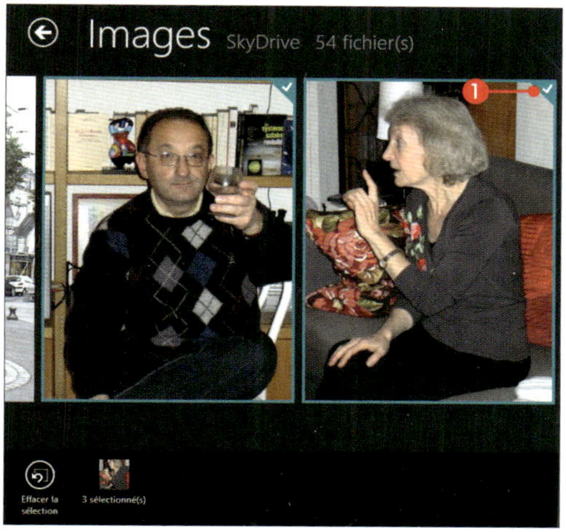

❷ Dans la barre d'outils qui apparaît en bas, la dernière photo sélectionnée s'affiche en vignette tandis que le nombre de sélections apparaît au-dessous.

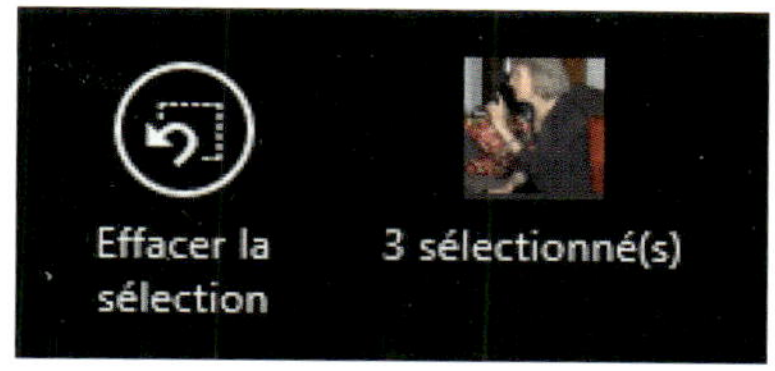

❸ Pour tout sélectionner, cliquez sur le bouton **Sélectionner tout**, à droite de la barre d'outils.

❹ Pour désélectionner une photo, refaites un clic droit sur cette photo.

❺ Pour tout désélectionner, cliquez sur l'outil **Effacer la sélection**, à gauche de la barre d'options.

Lancer un diaporama

❶ Pour lancer un diaporama de vos photos, cliquez sur l'outil **Diaporama.** Le diaporama démarre immédiatement.

❷ Appuyez sur les touches fléchées du clavier pour accélérer le mouvement.

❸ Appuyez ou cliquez sur les flèches qui apparaissent à mi-hauteur à gauche et à droite de chaque vue pour les faire défiler dans le sens voulu.

❹ Appuyez sur la touche **Échappement** pour terminer la projection.

Modifier la taille de l'affichage

❶ Posez deux doigts sur l'écran tactile, puis rapprochez-les pour modifier la taille.

❷ En affichage hors diaporama *et lorsque la barre d'outils n'apparaît pas*, cliquez sur les deux symboles **moins** (–) et **plus** (+) qui apparaissent en bas et à droite de la page pour modifier la taille de l'affichage.

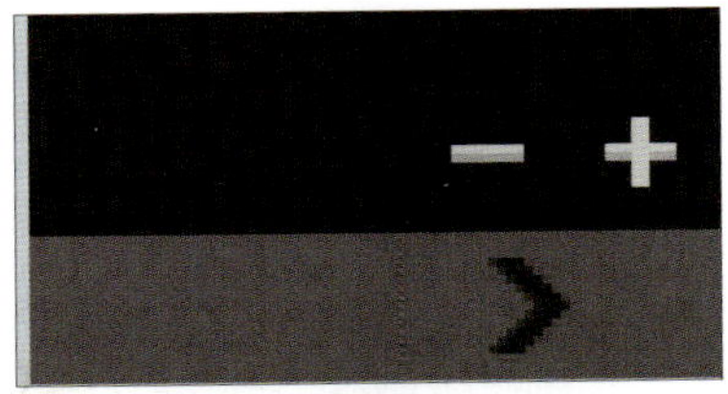

❸ Appuyez sur le signe + pour agrandir l'image, puis pour faire passer une image en plein écran.

Afficher les flèches de circulation

❶ Affichez une photo en plein écran.

❷ Alors que la barre d'options du bas n'est pas affichée, bougez la souris.

❸ Deux flèches de circulation apparaissent à droite et à gauche. Utilisez-les pour faire défiler les photos.

Supprimer une photo

❶ Affichez la photo à supprimer.

❷ Faites apparaître la barre d'options du bas.

❸ Dans cette barre d'outils, appuyez sur l'icône de la corbeille **Supprimer**.

❹ Confirmez la suppression.

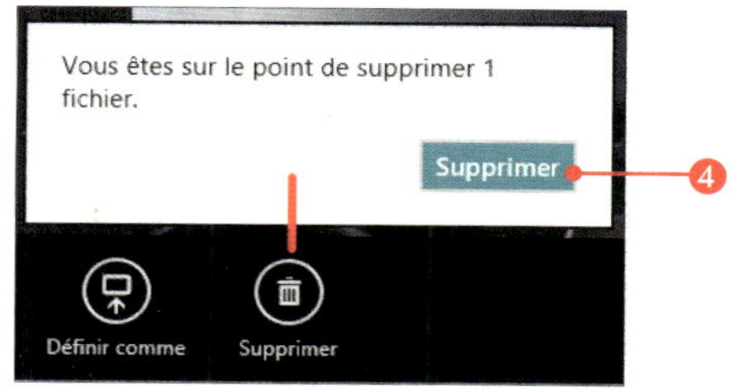

Photo en arrière-plan

Une photo est affichée en grand et vous avez fait apparaître la barre horizontale d'options.

❶ Appuyez sur le bouton **Définir comme** et choisissez l'opération à exécuter.

Modifier l'arrière-plan de l'application

❶ Sélectionnez une photo locale et, comme ci-dessus, faites apparaître cette petite fenêtre d'options.

❷ Appuyez sur **Arrière-plan de l'application**.

❸ Votre photo devient le nouvel arrière-plan.

Importer des photos

1. Connectez un appareil photo ou un téléphone mobile à la tablette, ou utilisez une mémoire additionnelle, une clé USB, un disque dur externe, *etc.*

2. Ouvrez l'application **Photos**.

3. Faites un clic droit sur la page **Bibliothèque d'images** pour afficher la barre horizontale inférieure.

4. Appuyez sur le bouton **Importer**. Une petite fenêtre s'ouvre. Elle affiche les sources d'importation disponibles.

5. Appuyez sur la source d'importation voulue. Une page montre son contenu.

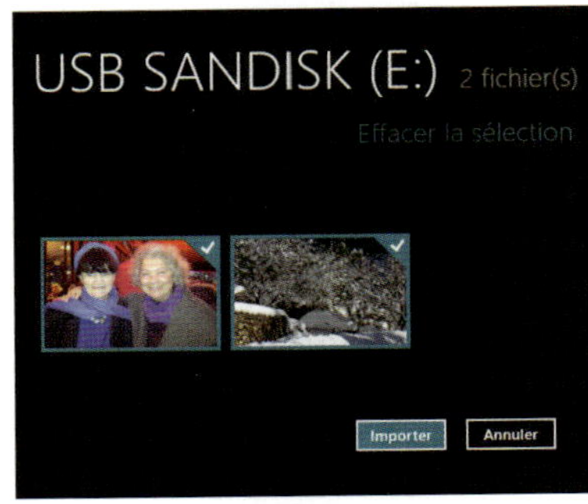

6. Sélectionnez les photos (et/ou les vidéos) à importer.

7. Appuyez sur le bouton **Importer**.

8. L'écran confirme le résultat de l'opération.

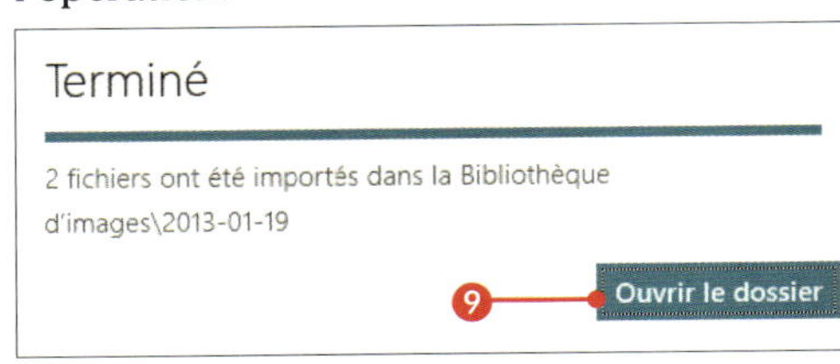

9. Appuyez sur le bouton **Ouvrir le dossier** pour le vérifier.

> NOTE
> Les éléments que vous importez ainsi apparaissent dans la bibliothèque d'images.

Options de la Bibliothèque d'images

1. Affichez une page de la bibliothèque d'images.

2. Ouvrez la barre latérale d'outils.

3. Appuyez sur **Paramètres**. Le volet **Paramètres** s'ouvre.

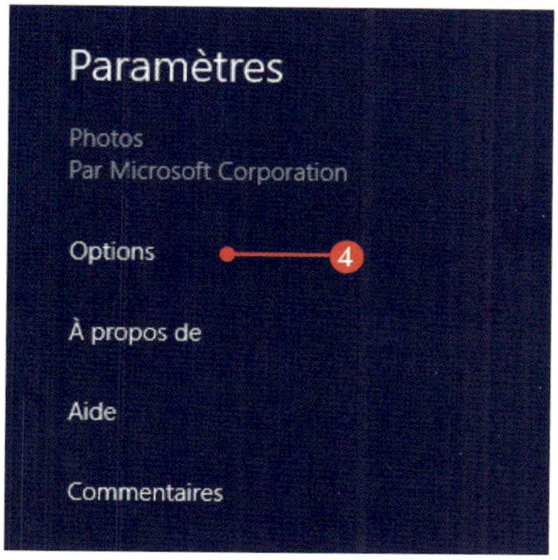

❹ Appuyez sur **Options** pour afficher les options de l'application.

❺ Pour sélectionner une photo au hasard qui apparaît sur la vignette de l'application, placez le commutateur sur **Activé**.

❻ Sélectionnez les sources des photos et vidéos à afficher.

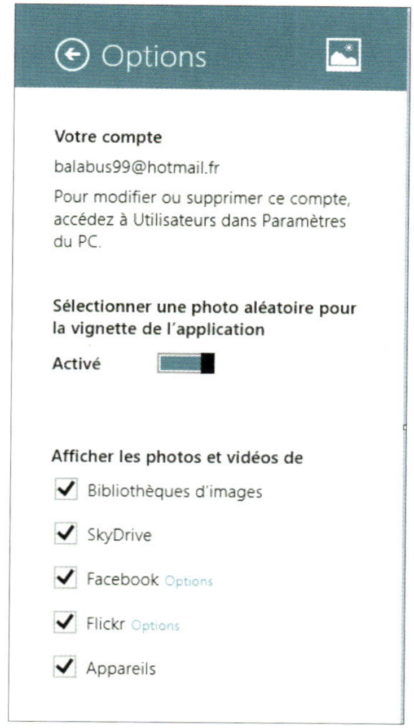

Partager une photo ou une vidéo

❶ Affichez la photo ou la vidéo à partager, ou sélectionnez les photos et vidéos.

❷ Faites apparaître la barre latérale d'outils et appuyez sur le bouton **Partager**.

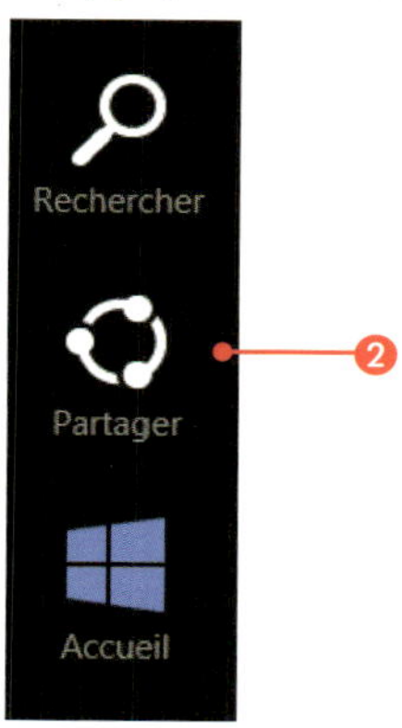

❸ Le volet **Partager** apparaît.

❹ Appuyez sur le mode de partage désiré et laissez-vous guider par l'écran.

❺ Par exemple, si vous appuyez sur **Courrier**, un volet d'envoi de message incorporant déjà la photo sélectionnée s'affiche.

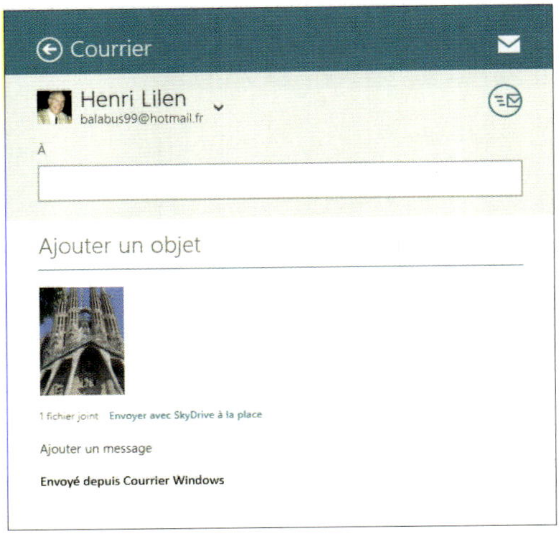

6 Il ne vous reste plus qu'à compléter le message et à l'envoyer.

7 Si vous avez choisi **SkyDrive**, le volet qui s'affiche vous demande dans quel dossier SkyDrive doit ranger ce que vous souhaitez partager.

8 Sélectionnez ce dossier et appuyez sur le bouton **Télécharger**. L'opération s'effectue.

Imprimer une photo

1 Affichez en grand la photo à imprimer.

2 Si vous possédez une imprimante connectée et agréée Windows RT, ouvrez le volet latéral d'outils et appuyez sur **Périphériques**.

3 Sélectionnez votre imprimante et lancez l'impression.

NOTE

Si vous ne disposez pas d'imprimante connectée et fonctionnelle avec Windows RT, la situation n'est pas désespérée. Voyez comment procéder dans le chapitre 7.

Chapitre 14

Visionner des vidéos

Dans ce chapitre

- Ouvrir l'application Vidéo
- Installer vos vidéos personnelles
- Visionner des vidéos personnelles
- Afficher la barre d'options
- Louer ou acheter des films et des vidéos
- Paramètres de Vidéo

Une application spécifique, sous Windows RT, sert à lire les vidéos. Elle est tout simplement titrée Vidéo. Vous l'utiliserez pour visionner les vidéos et les séquences que vous avez tournées ou que vous avez importées, ou encore que vous avez louées ou achetées.

Vous devez créer un compte Xbox Live si vous n'en possédez pas déjà un. L'écran vous le demandera en vous proposant de vous connecter. Les films que vous louerez ou achèterez pourront être lus sous Windows RT et sur votre Xbox 360 si vous en possédez une.

Ouvrir l'application Vidéo

1. Affichez la page d'accueil.

2. Cliquez sur la vignette **Vidéo**.

3. La page **Vidéo xbox** s'ouvre. C'est une page purement commerciale, mais vous pouvez en faire défiler le contenu.

4. Sur la gauche se trouve la zone réservée à vos vidéos personnelles. Elle est titrée **Mes vidéos**. Il existe de fortes présomptions pour qu'elle soit vide au départ. Vous devrez alors en réaliser ou en importer.

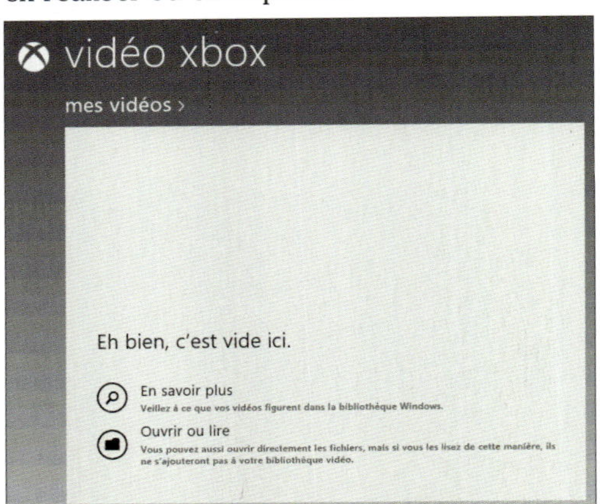

5. Si vous démarrez, commencez par appuyer, en haut et à droite, sur **Se connecter** si la connexion ne s'effectue pas automatiquement. Ce qu'elle fera par la suite.

6. Toujours en cas d'un premier démarrage de l'application, à la demande de l'écran, lisez puis acceptez les conditions d'utilisation de l'application.

7. Il est possible qu'une mise à jour bloque la connexion. Dans ce cas, commencez par installer cette mise à jour en appuyant sur son rappel, en haut et à droite de l'écran, puis sur le bouton **Obtenir la mise à jour**.

8. Si l'écran vous le demande, déclinez votre adresse de connexion et votre mot de passe pour que la connexion s'effectue. Vos coordonnées serviront à vous enregistrer et à créer un compte **Xbox Live** si vous n'en possédez pas déjà un.

9. Dès lors, vous êtes connecté, ce qu'indique fugitivement, en haut et à droite, la page **Vidéo**. Ces opérations ne seront plus à renouveler.

Ajouter vos vidéos personnelles

Vous avez enregistré des vidéos dans divers dossiers que l'application n'a pas trouvées.

❶ Passez sur le Bureau et ouvrez l'Explorateur de fichiers Windows.

❷ Sous **Bibliothèques**, sélectionnez **Vidéos**.

❸ Appuyez sur l'onglet **Gestion**.

❹ Dans le ruban, appuyez sur **Gérer les bibliothèques**.

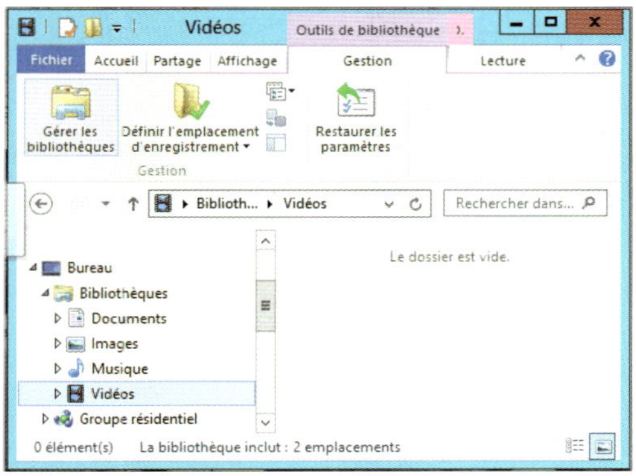

❺ La fenêtre **Emplacement de bibliothèque Vidéos** s'ouvre.

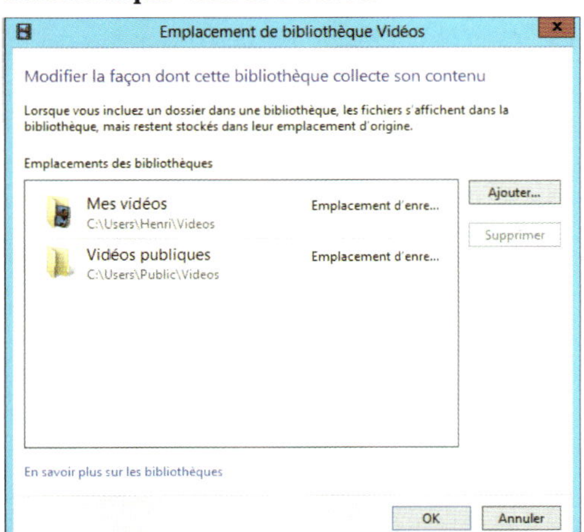

❻ Appuyez sur le bouton **Ajouter**.

❼ Sélectionnez le dossier dans lequel vos vidéos se trouvent.

❽ Appuyez sur le bouton **Inclure le dossier**.

❾ Dès lors, l'application **Vidéo** affiche vos vidéos personnelles.

> **NOTE** Une autre méthode consiste à faire un copier-coller de vos vidéos dans le dossier Mes vidéos. Appliquez-la si la précédente fonctionne mal ou pas du tout.

Visionner des vidéos personnelles

❶ Appuyez sur une vidéo personnelle pour la visionner. Elle s'affiche avec ses commandes.

❷ Ces éléments disparaissent automatiquement. Pour les réafficher, bougez simplement la souris sur l'écran.

❸ Cliquez sur la flèche orientée vers la gauche, en haut et à gauche de l'écran, pour revenir à la page d'accueil de l'application.

Commandes de lecture

- La barre d'avancement du bas marque l'avancement de la lecture de la vidéo.
- La flèche centrale démarre la lecture.
- Elle est remplacée par la marque de pause avec ses deux petites barres verticales fugitives.

Afficher la barre d'options

❶ Balayez l'écran du bas vers le centre ou faites un clic droit sur la page courante.

Une barre d'outils s'affiche en bas. La vidéo en cours continue à être lue.

❷ Vous pouvez agir sur ces outils classiques.

❸ L'icône **Lire sur** permet de lire la vidéo sur un autre poste connecté.

Louer ou acheter des films ou des vidéos

❶ Dans la page d'accueil de l'application **Vidéo**, cliquez sur le film qui vous intéresse.

❷ Une boîte de dialogue s'ouvre, vous proposant de louer, d'acheter ou de découvrir un peu plus la vidéo sélectionnée.

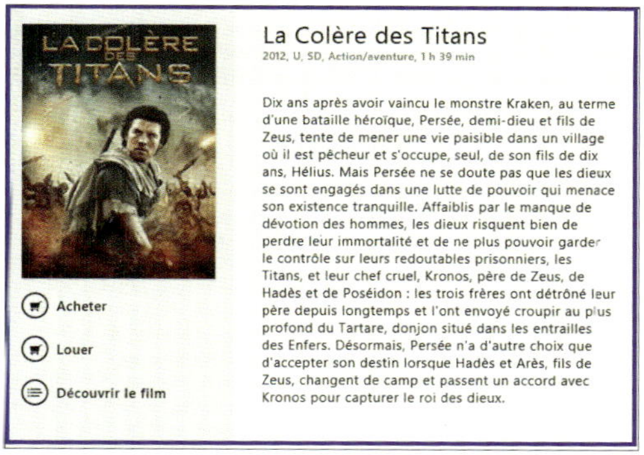

❸ Cliquez sur **Découvrir le film** pour quelques informations supplémentaires.

❹ Cliquez sur **Louer** ou sur **Acheter** si telle est votre décision.

❺ Entrez le mot de passe Microsoft si l'écran vous le demande pour accéder à votre compte. Puis indiquez si vous souhaitez qu'il vous soit demandé à chaque fois.

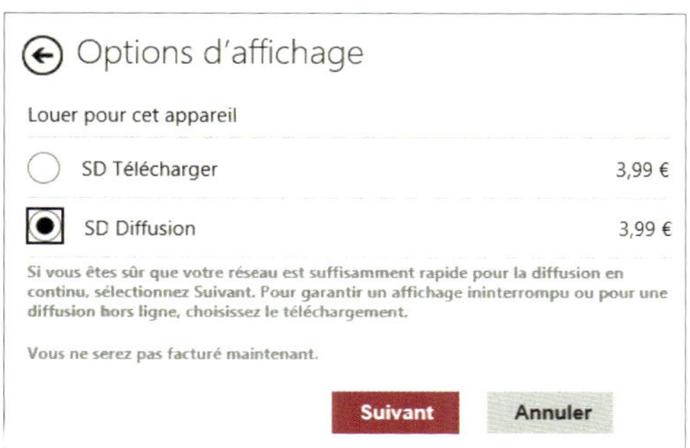

❻ Sélectionnez votre option d'affichage :

- Télécharger le film.
- Ou le lire en continu si votre réseau est assez rapide.

❼ Laissez-vous guider par l'écran pour terminer votre achat.

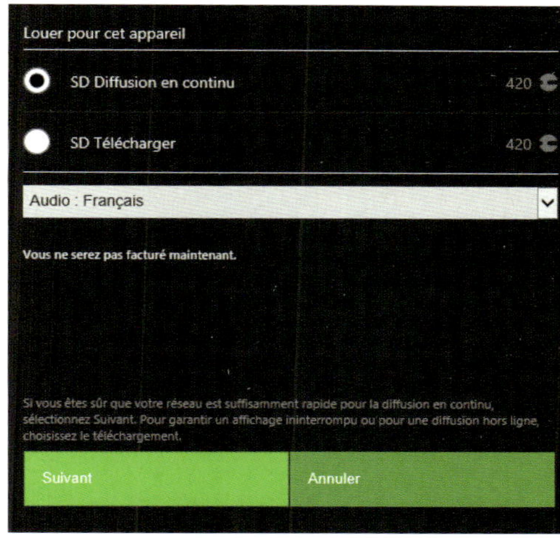

Préférences de Vidéo

❶ Ouvrez l'application **Vidéo**.

❷ Affichez la barre latérale d'outils.

❸ Appuyez sur **Paramètres**.

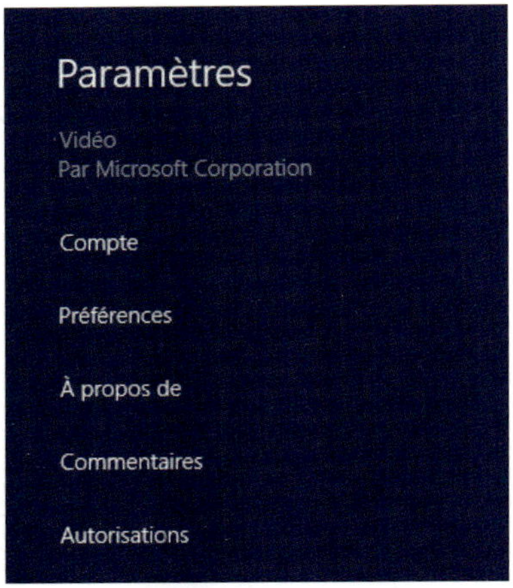

4 Appuyez sur **Préférences**. Le volet **Préférences** s'ouvre.

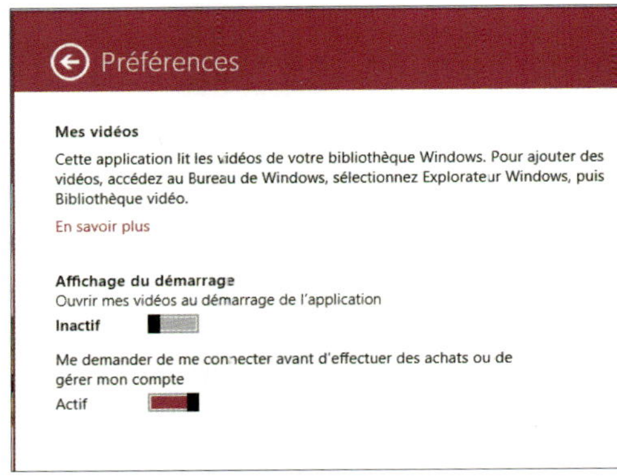

5 Ajustez les deux commutateurs à la demande :

- **Affichage au démarrage** : pour ouvrir les vidéos au démarrage de l'application. C'est le volet de vos vidéos personnelles.
- **Me demander de me connecter avant d'effectuer des achats ou de gérer mon compte**.

Gérer votre compte

1 Comme ci-dessus, ouvrez le bandeau latéral **Paramètres**.

2 Appuyez sur **Comptes** pour ouvrir le volet **Mon compte**.

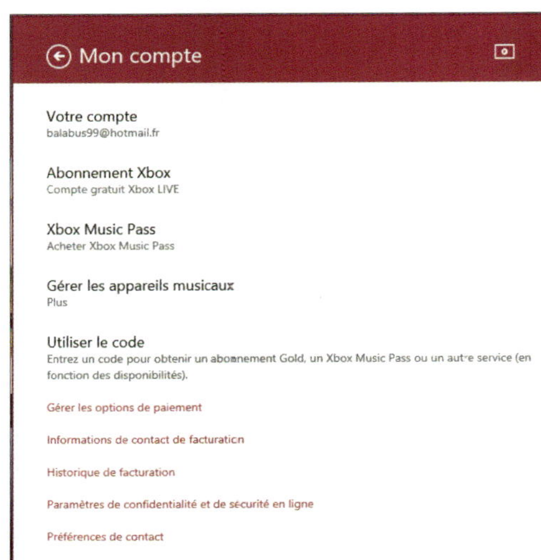

3 Si vous avez connecté des appareils musicaux, appuyez, sous la rubrique **Gérer les appareils musicaux**, sur **Plus**.

4 Si vous souhaitez obtenir un code d'abonnement pour vos achats, appuyez sur **Utiliser le code**. Votre mot de passe vous est demandé.

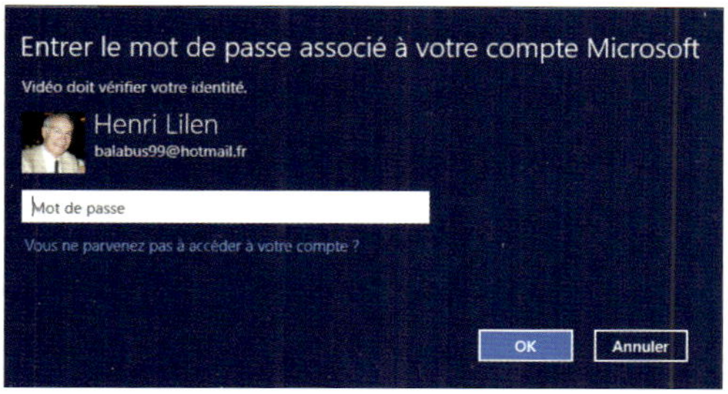

5 L'écran veut savoir s'il doit demander votre mot de passe à chaque achat.

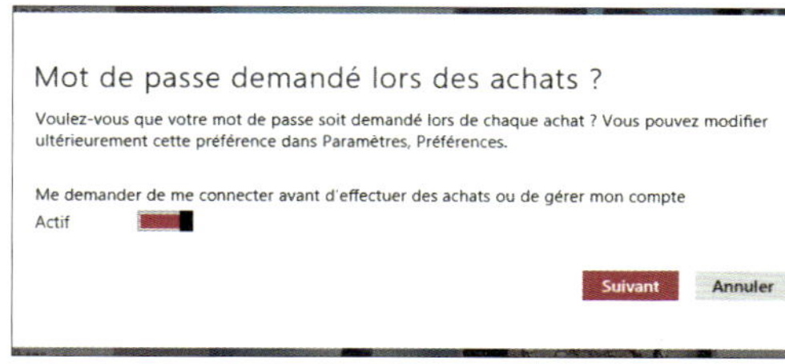

6 La page suivante est un formulaire de facturation. Remplissez-le si vous envisagez de procéder à des achats.

Autorisations

1 Dans la barre latérale **Paramètres** ouverte comme ci-dessus, appuyez sur **Autorisations**.

2 Le volet **Autorisations** s'affiche.

3 Autorisez les notifications.

4 Constatez que cette application peut utiliser à la fois la vidéothèque et la connexion Internet.

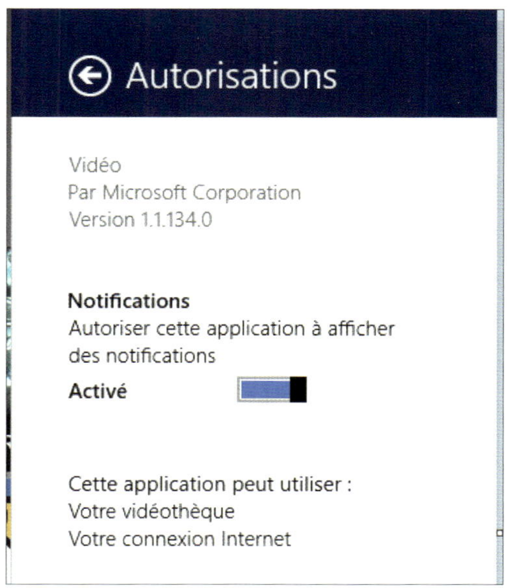

> NOTE — Vous constaterez que Surface est un support bien adapté pour visionner des vidéos. Ne vous en privez donc pas si tel est votre plaisir.

Chapitre 15

Écouter de la musique

Dans ce chapitre

- Ouvrir l'application Musique
- Ajouter des musiques personnelles
- Jouer des morceaux personnels
- Acheter de la musique
- Découvrir les barres d'outils
- Paramétrer l'application
- Ajuster le volume sonore

L'application **Musique** sert à écouter la musique que vous avez enregistrée, que vous téléchargez ou que vous achetez en ligne. Elle se comporte quasiment comme l'application **Vidéo.**

Vous gagnerez en qualité d'écoute en connectant à la tablette des écouteurs ou un casque de qualité, ou encore de bons haut-parleurs sinon une chaîne hi-fi comme indiqué dans le chapitre 7.

Notez que le Lecteur Windows Media existe toujours dans Windows 8, mais non dans Windows RT.

Ouvrir l'application Musique

1. Affichez la page **Accueil**.

2. Appuyez sur l'icône **Musique**. Elle représente un casque.

3. La page **Musique** s'ouvre. Page commerciale, elle offre des musiques que vous pouvez acquérir.

4. Faites glisser cette page vers la gauche pour afficher les musiques personnelles que vous avec engrangées sur votre tablette. Au départ, il est probable que cette liste soit vide.

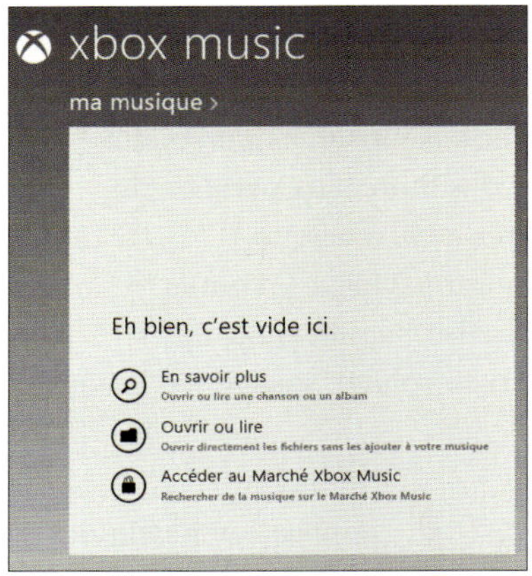

Ajouter des musiques personnelles

1. Pour ajouter vos propres musiques stockées localement sur la tablette à l'application **Musique**, passez sur le Bureau.

2. Ouvrez l'Explorateur de fichiers Windows.

3. Dans la colonne gauche, appuyez sur **Bibliothèques**, puis sur **Musique**.

4. Appuyez sur l'onglet **Gestion**.

5. Dans le ruban, appuyez sur **Gérer les bibliothèques**.

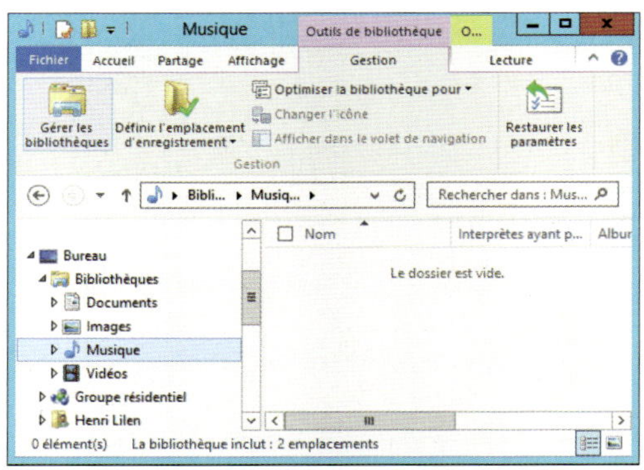

❻ La fenêtre **Emplacement de bibliothèque Musique** s'ouvre.

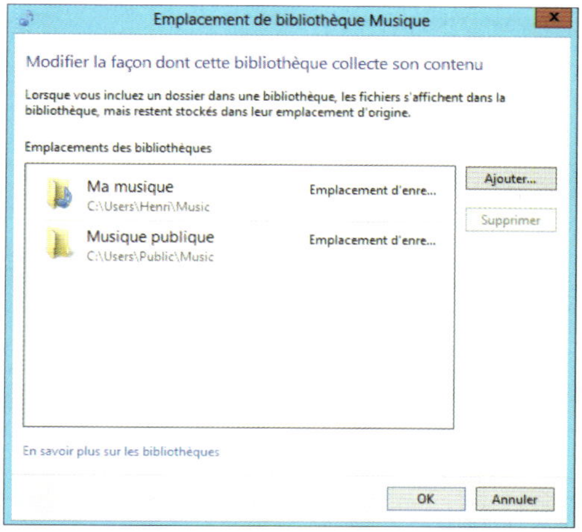

❼ Appuyez sur le bouton **Ajouter**.

❽ Sélectionnez le dossier dans lequel vos musiques se trouvent.

❾ Appuyez sur le bouton **Inclure le dossier**.

❿ Dès lors, l'application **Vidéo** affiche l'album de vos musiques. Appuyez dessus pour l'ouvrir.

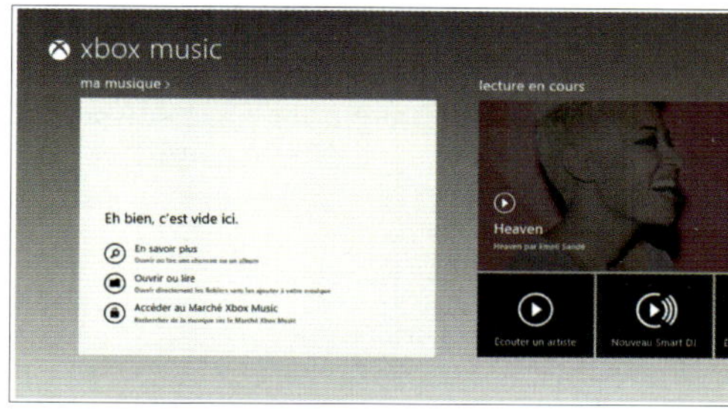

Une autre méthode consiste à faire un copier-coller de vos musiques dans le dossier spécialisé **Mes musiques**. Appliquez-la si la précédente fonctionne mal ou pas du tout.

Jouer des morceaux personnels

❶ Ouvrez le contenu de l'un de vos albums personnels, si vous en avez créé plusieurs, en appuyant dessus.

❷ Appuyez sur **Lire l'album** pour lire la totalité de ses morceaux.

❸ Appuyez sur **Ajouter à la lecture en cours** si vous êtes déjà en train d'écouter un morceau.

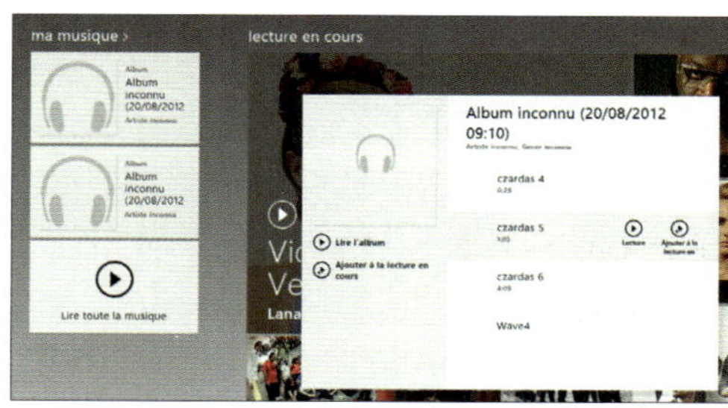

Vous pouvez quitter l'application et vous livrer à d'autres tâches, la musique continuera à s'exécuter jusqu'à ce que vous la stoppiez ou qu'elle s'arrête d'elle-même.

Acheter de la musique

❶ Tout comme avec l'application **Vidéo**, vous pouvez acheter de la musique. Si le morceau que vous souhaitez acquérir figure sur l'écran, appuyez dessus.

❷ Une fenêtre s'ouvre. Faites vos sélections et laissez-vous ensuite guider par l'écran.

Découvrir les barres d'outils

La barre d'outils horizontale en bas de l'écran se modifie en fonction des circonstances afin de s'adapter à l'opération en cours.

❶ Faites un clic droit sur la page **Musique**. La barre d'outils apparaît en bas de l'écran selon sa version.

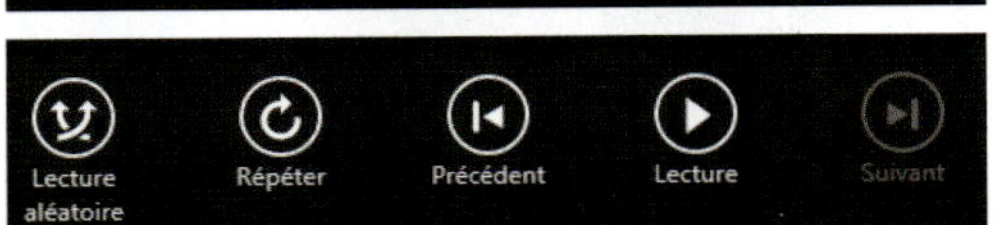

❷ La collection des commandes de lecture est classique.

❸ **Options de lecture** ouvre une petite fenêtre supplémentaire.

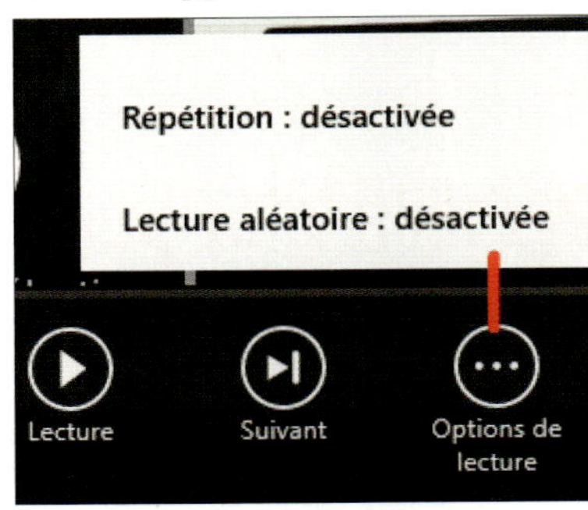

❹ De plus :

- **Ajouter à la sélection** : ajoute le morceau à la sélection.
- **Supprimer** : supprime le morceau sélectionné.
- **Ouvrir le fichier** : liste le contenu de l'album en cours.

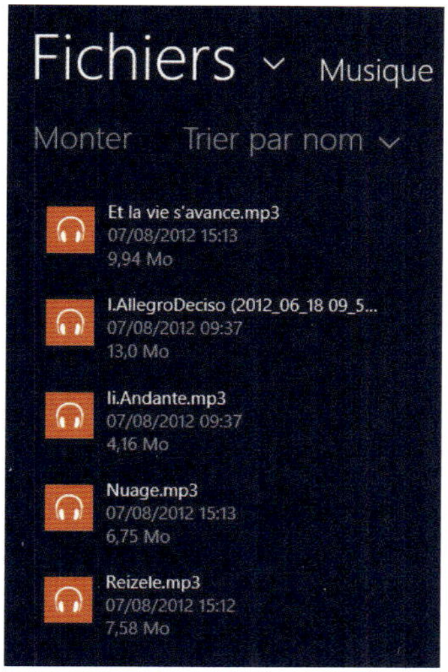

- Si vous appuyez sur le titre du morceau en cours dans la barre d'outils, le morceau s'affiche en grand sur l'écran avec soit une animation, soit une image, *etc.*

NOTE

Le **Lecteur Windows Media** existe encore dans les versions de Windows 8 et fonctionne alors en mode Bureau, mais n'existe plus dans Windows RT.

Paramétrer le compte

❶ L'application **Musique** étant ouverte, affichez la barre latérale d'outils.

❷ Appuyez sur **Paramètres**. La barre **Paramètres** apparaît.

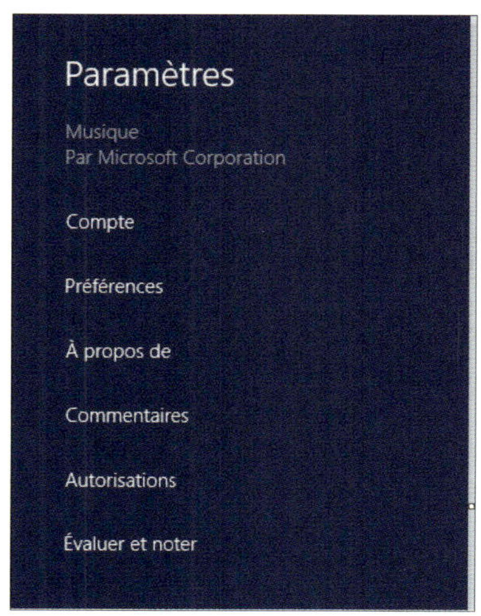

❸ Appuyez sur **Compte**. Le volet **Mon compte** s'ouvre, tout comme avec l'application **Vidéo**.

❹ Ses options sont comparables à celles qui apparaissent avec **Vidéo**. Voyez le chapitre précédent.

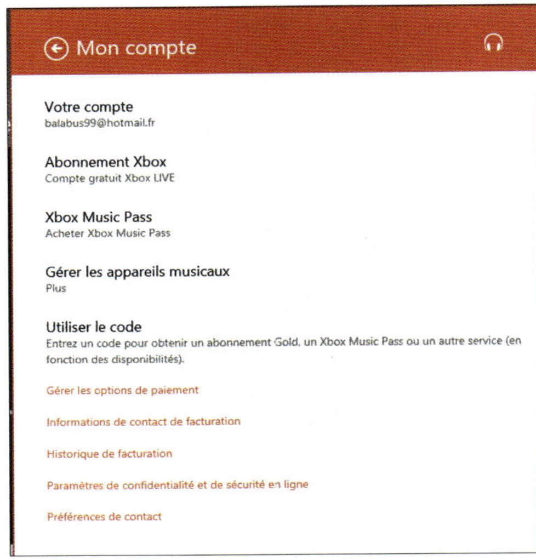

Paramétrer les préférences

❶ Le volet latéral **Paramètres** étant ouvert, comme ci-dessus, appuyez sur **Préférences**. Le volet **Préférences** s'affiche.

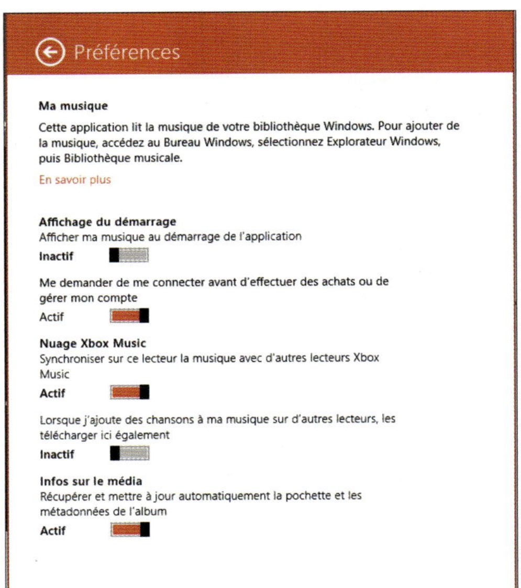

- **Affichage du démarrage** : pour afficher la musique au démarrage de la tablette. Si vous positionnez le commutateur sur **Actif**, c'est la section **Ma musique** qui s'affichera lorsque vous ouvrirez l'application.
- **Me demander de me connecter avant d'effectuer des achats ou de gérer mon compte** : ce peut être une sécurité.
- **Nuage Xbox Music** : sur **Actif**, synchronise la musique se trouvant sur la tablette avec d'autres lecteurs Xbox Music.
- **Lorsque j'ajoute des chansons à ma musique sur d'autres lecteurs, les télécharger ici également** : autre forme de synchronisation.
- **Infos sur le média** : sert à récupérer et à mettre à jour automatiquement la pochette et les métadonnées de l'album.

Paramétrer les autorisations

❶ Le volet latéral **Paramètres** étant ouvert, comme ci-dessus, appuyez sur **Autorisations**. Le volet **Autorisations** s'affiche.

❷ Autorisez les notifications en positionnant le commutateur sur **Actif**, ou interdisez-les en le faisant glisser vers la gauche sur **Inactif**.

Ce volet indique également que l'application **Musique** peut utiliser votre médiathèque et votre connexion Internet.

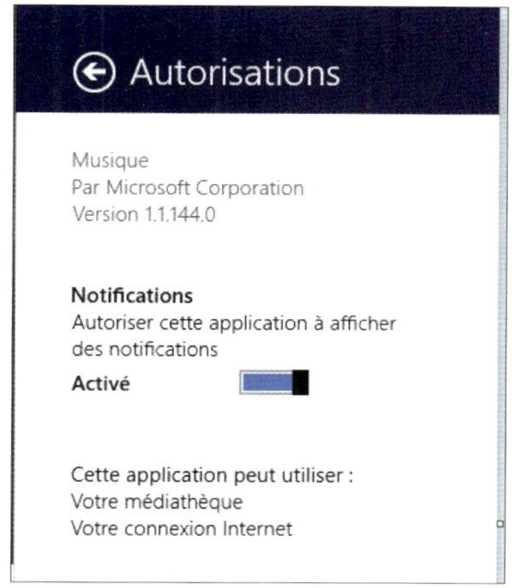

Ajuster le volume sonore

❶ Appuyez sur le bouton physique placé sur la tranche gauche de Surface :

- En bas du bouton pour réduire le volume sonore'
- En haut pour l'augmenter.

Une barre de réglages s'affiche alors à l'écran.

❷ Utilisez les commandes logicielles de la tablette en mode Bureau. Pour cela, affichez le Bureau.

❸ Dans la zone de notification, appuyez sur l'icône du haut-parleur. Une barre de réglages s'ouvre.

❹ Déplacez le curseur bleu verticalement vers le haut pour monter le volume sonore, vers le bas pour le réduire.

5 Pour supprimer totalement les sons, appuyez sur la petite icône de haut-parleur, sous la barre de réglages. Un petit panneau d'interdiction apparaît. Appuyez de nouveau dessus pour rétablir les sons.

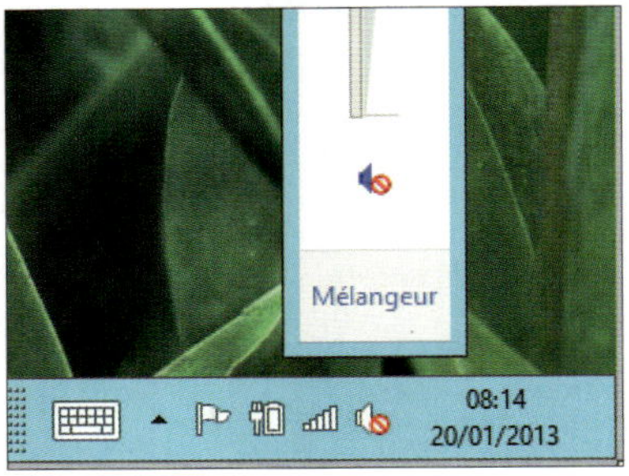

Comme indiqué précédemment, une meilleure qualité d'écoute est facilement obtenue en connectant de bons écouteurs ou un casque à la tablette. Cela coupe automatiquement les haut-parleurs internes.

Chapitre 16

Word, Excel, PowerPoint et OneNote

Dans ce chapitre

- Office Famille et étudiant 2013 RT
- Caractéristiques communes
- Découvrir Word 2013
- Barre de menus et rubans
- Rédiger et mettre en forme
- Enregistrer et imprimer
- Mode Lecture
- Découvrir Excel 2013
- Nouveautés dans Excel
- Ouvrir PowerPoint 2013
- Nouveautés dans PowerPoint
- Opérations tactiles avec PowerPoint
- Ouvrir OneNote
- Prendre des notes

Surface dispose de quatre applications majeures issues de la suite Office Famille et Étudiant 2013 RT : le traitement de texte Word, le tableur Excel, le logiciel de présentation PowerPoint et OneNote servant à la prise de notes.

Ils se trouvaient encore en versions précommerciales 2013 lors de la rédaction de ce livre, des versions dites « preview ».

Microsoft devrait gratuitement les remplacer par leurs versions définitives dès que celles-ci seront disponibles.

La version Office Famille et Étudiant 2013 RT

- Les applications de bureautique sont présentes sur la page **Accueil**. Elles sont regroupées en un bloc.
- Ces applications ont été spécialement développées pour la tablette Surface fonctionnant avec Windows RT et leur nom complet est **Word 2013 RT**, **Excel** 2013 **RT**, **PowerPoint 2013 RT** et **OneNote 2013 RT**.
- Vous trouvez aussi leurs icônes dans la barre des tâches du Bureau.

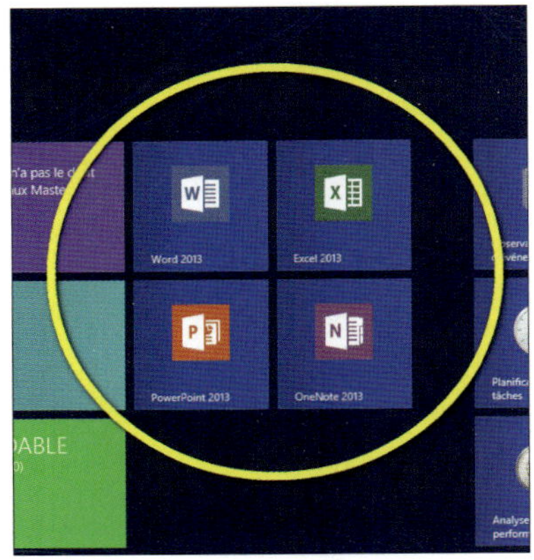

Caractéristiques des applications Office

- Ces applications fonctionnent en mode Bureau.
- Elles peuvent s'afficher en plein écran, leurs commandes étant alors totalement réduites.
- Les enregistrements peuvent s'effectuer dans la mémoire de la tablette, sur une carte mémoire supplémentaire, sur une clé USB connectée, *etc.*, mais aussi sur SkyDrive, dans le *cloud*.
- Si vous remettez la tablette en état sortie d'usine, vous retrouvez les versions Office telles qu'elles avaient été installées.
- Ces versions sont prévues pour une utilisation non commerciale. Mais les organismes professionnels peuvent acquérir des droits commerciaux.
- Les versions 2013 RT incorporent pratiquement toutes les caractéristiques des versions pour PC. Tout du moins pour les fonctions les plus largement utilisées. Il manque principalement les macros et les pièces rapportées (add-ins) développées par des tiers.
- Les versions définitives devraient apporter des fonctions complémentaires et être installées automatiquement *via* des mises à jour.

Découvrir Word 2013

❶ Ouvrez la page **Accueil** et faites-la défiler pour afficher la vignette Word 2013. Ou bien appuyez sur son icône dans la barre des tâches du Bureau.

❷ Appuyez ou cliquez dessus. Word ouvre sa page de modèles de documents.

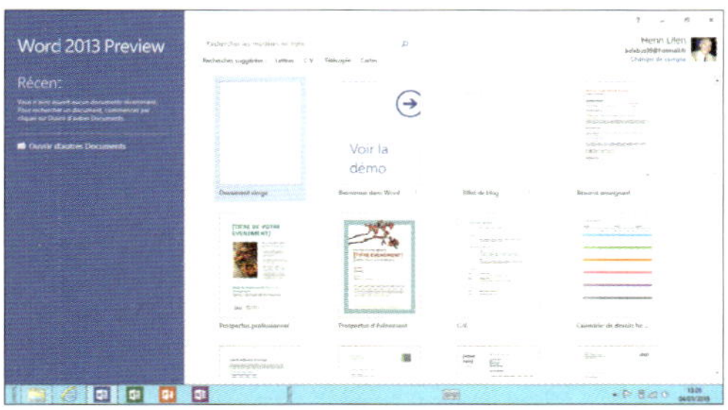

❸ Appuyez ou cliquez sur un modèle pour le voir en détail.

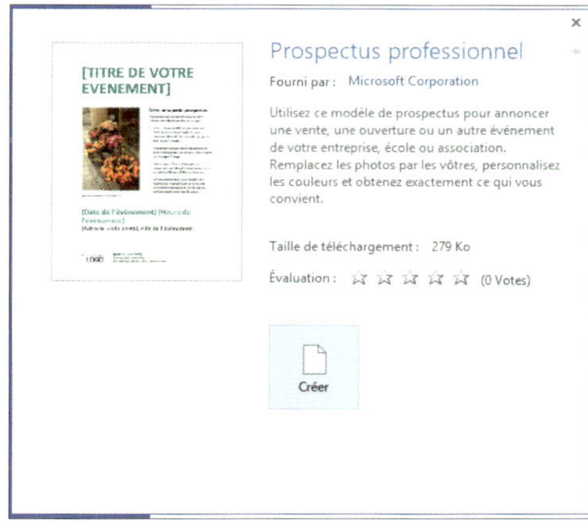

❹ S'il vous convient, appuyez sur le bouton **Créer** pour démarrer son téléchargement.

❺ Le modèle apparaît alors dans la page Word.

Barre de menus et rubans de Word

- Le programme possède une barre de menus. Elle a été ici scindée en deux pour en faciliter la lecture.

- Si vous cliquez sur un menu, c'est son ruban de commandes, désormais traditionnel, qui s'affiche. Le ruban **Accueil** sélectionné ici a été également scindé pour en faciliter la lecture.

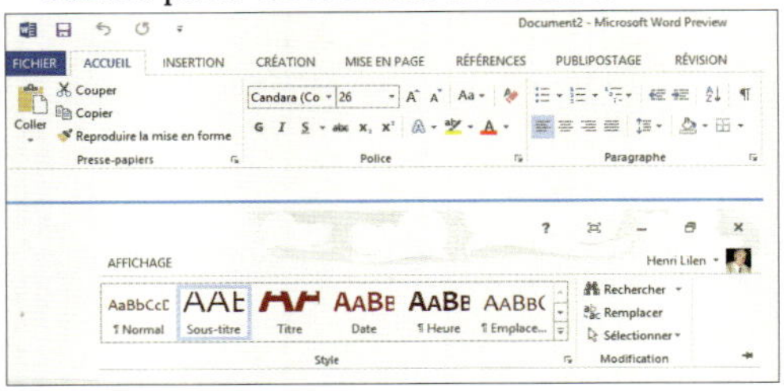

- La petite icône à l'extrême droite du ruban, en forme de punaise de bureau, sert à modifier quelque peu ou styliser davantage le ruban. Comparez les deux présentations, cela demande un peu d'attention.

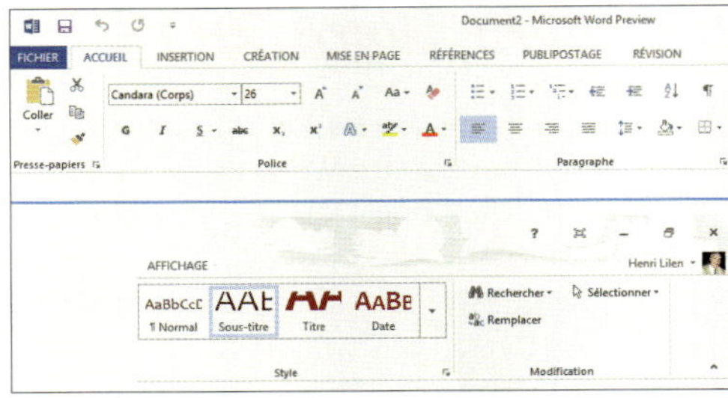

- Elle se transforme en accent circonflexe (^) et permet alors de supprimer le ruban.

Modifier la fenêtre de Word

❶ Word étant ouvert, cliquez sur son icône **Niveau inférieur**, un double carré, à droite de la rangée supérieure.

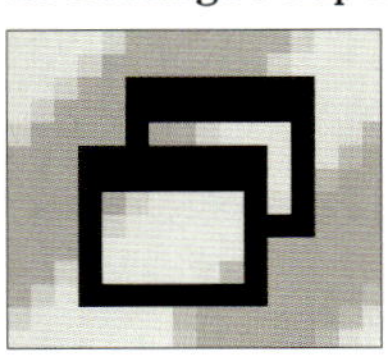

❷ Word passe en fenêtre et laisse apparaître le Bureau.

❸ Pour réoccuper tout l'espace, recliquez sur cette même icône devenue un carré unique.

❹ L'icône représentant un rectangle avec ses angles renforcés affiche Word en plein écran en une ou deux étapes, la dernière ne laissant subsister que le document sur lequel vous travaillez.

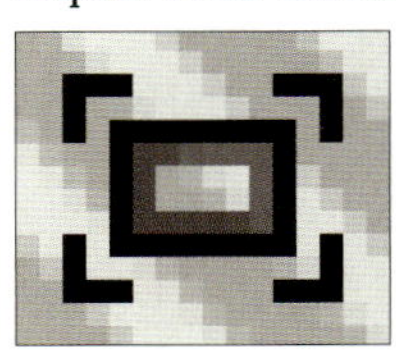

❺ Une fois en plein écran absolu, appuyez sur les trois points en ligne, situés en haut et à droite, pour revenir à la présentation en fenêtre.

Saisir du texte et le mettre en forme

Vous pouvez utiliser le clavier virtuel affiché à l'écran ou un clavier physique, plus confortable pour saisir des textes.

❶ Tapez le texte au kilomètre, sans vous préoccuper des retours à la ligne. N'imposez un retour à la ligne que pour changer de paragraphe.

❷ Si la page passe en plein écran absolu, appuyez sur les trois points de suspension, en haut et à droite, pour réafficher la barre de menus et les rubans.

❸ Pour mettre votre texte en forme, utilisez de préférence les outils du ruban **Accueil**, car c'est le mode le plus rapide.

❹ Vous pouvez aussi faire un clic droit pour afficher des options contextuelles.

❺ Utilisez les styles du ruban **Accueil** pour homogénéiser la mise en forme.

❻ Quasiment toutes les options de Word sur ordinateur sont ici applicables.

Sélectionner du texte

- Pour sélectionner un mot, double-cliquez dessus.
- Pour sélectionner un paragraphe, triple-cliquez dessus.
- Pour développer une sélection, faites glisser la souris, bouton enfoncé, sur le texte à sélectionner.
- Pour sélectionner plusieurs mots non consécutifs dans le texte, double-cliquez sur le premier puis faites-en autant sur les autres en maintenant la touche **Ctrl** enfoncée.
- Pour sélectionner plusieurs caractères consécutifs, positionnez le point d'insertion avant le premier puis, tout en maintenant la touche **Maj** enfoncée, appuyez sur les touches fléchées pour étendre la sélection.

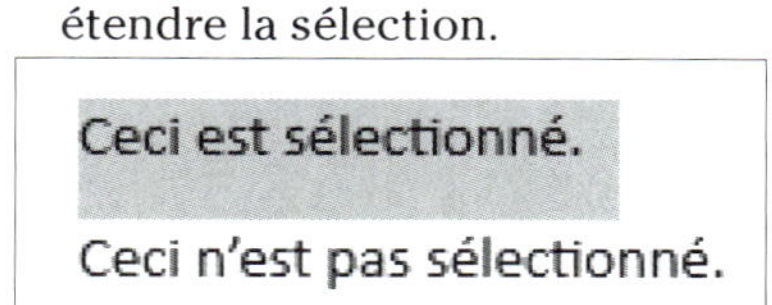

- Pour sélectionner plusieurs paragraphes consécutifs, placez le pointeur de la souris sur le bord extrême gauche de la fenêtre de Word afin que sa flèche s'oriente vers la droite. Cette petite bande verticale non matérialisée (non marquée d'une façon ou d'une autre) s'appelle la **barre de sélection**. Bouton de la souris enfoncé, faites glisser la souris verticalement sur le bord des paragraphes à sélectionner.
- Pour sélectionner un document complet, appuyez sur **Ctrl + A**, ou bien maintenez la touche **Ctrl** enfoncée et cliquez dans la barre de sélection.

Règles de sélection

- Pour sélectionner des éléments consécutifs (qui se suivent), maintenez la touche **Maj** enfoncée.
- Pour sélectionner des éléments disjoints, maintenez la touche **Ctrl** enfoncée.
- Pour désélectionner, cliquez n'importe où, dans ou hors de la sélection.

Corriger l'orthographe

❶ Lorsqu'un mot se souligne d'un trait ondulé rouge, c'est que Word ne reconnaît pas son orthographe.

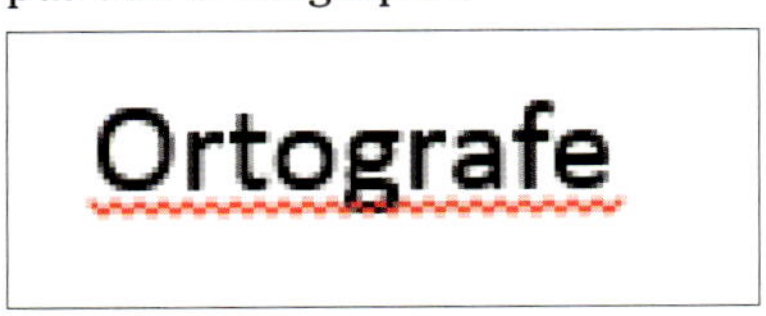

❷ Faites un clic droit sur ce mot. Le menu contextuel du correcteur orthographique apparaît. Le plus souvent, il propose, en haut de liste, la bonne orthographe. Cliquez dessus pour corriger.

❸ Si Word hésite, il vous proposera plusieurs orthographes possibles, par exemple le singulier et le pluriel : cliquez sur la bonne.

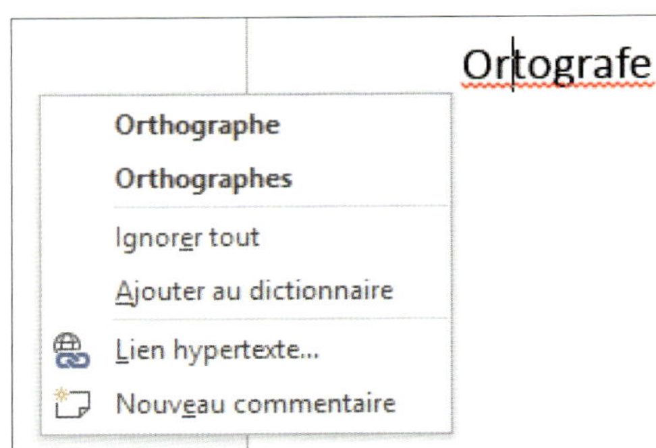

❹ Si le mot est très spécial, un nom propre ou un terme technique, par exemple, Word ne le reconnaît pas. Dans ce cas, cliquez sur la ligne **Ignorer tout**.

❺ Vous pouvez ajouter un mot inconnu au dictionnaire de Word. Appuyez sur **Ajouter au dictionnaire**.

Corriger la syntaxe

Un soulignement ondulé vert indique une faute de syntaxe. Il s'agit souvent – mais pas toujours – d'une faute d'accord puisque c'est le type d'erreur que l'on commet le plus fréquemment.

❶ Faites un clic droit sur ce qui est souligné en vert.

❷ Dans la fenêtre qui s'ouvre, vous trouvez des suggestions de correction.

❸ Si vous êtes d'accord avec l'une d'elles, appuyez dessus.

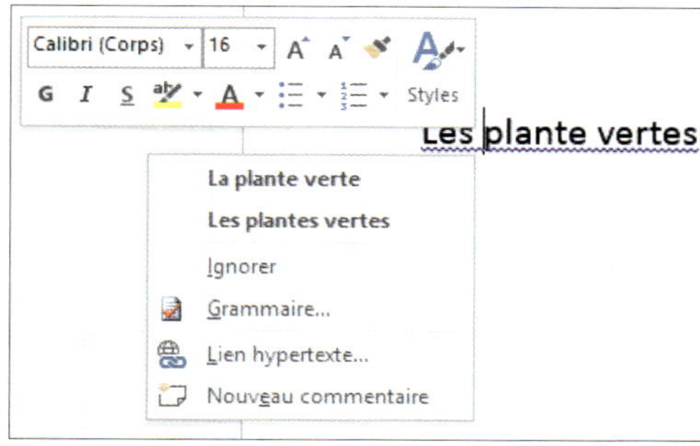

Rechercher du texte

❶ Sans rien sélectionner afin de rechercher dans l'ensemble du document, appuyez sur la commande **Rechercher**, dans le ruban **Fichier** et dans le groupe **Modification**.

❷ Dans la liste qui apparaît, appuyez encore une fois sur **Rechercher**.

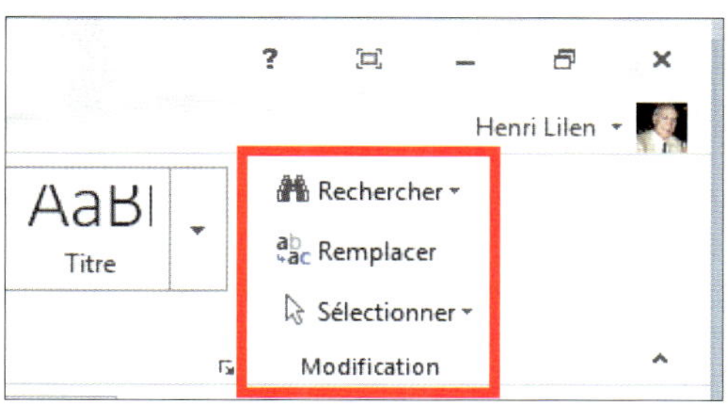

❸ Un volet de recherche s'ouvre sur la gauche. Il est titré **Navigation**.

❹ Tapez le texte que vous recherchez. Word le marque immédiatement dans le document en le surlignant.

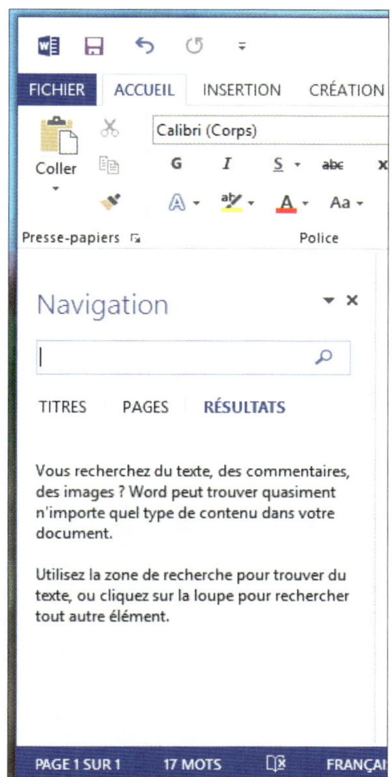

Rechercher et remplacer

❶ Sans rien sélectionner afin de rechercher dans l'ensemble du document, appuyez sur la commande **Remplacer**, dans le ruban **Fichier** et dans le groupe **Modification**.

❷ La fenêtre **Rechercher et remplacer** s'ouvre.

❸ Remplissez les deux zones de texte.

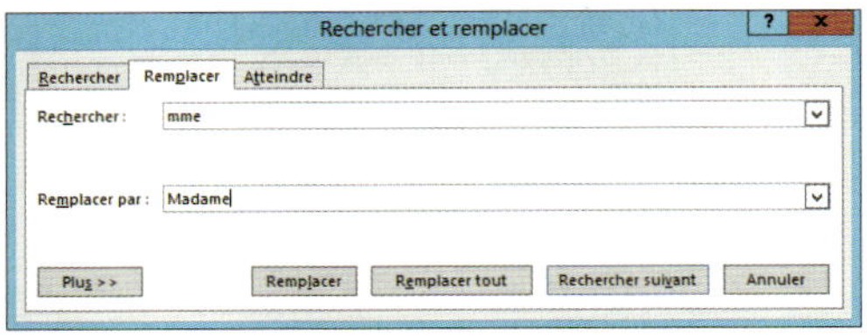

❹ Appuyez sur l'un des boutons :

- **Remplacer** : pour remplacer la première occurrence trouvée.
- **Remplacer tout** : pour tout remplacer d'une traite.
- **Rechercher suivant** : pour trouver l'occurrence suivante.

Mode Lecture de Word

- Parmi les nouveautés de cette édition de Word figure le **mode Lecture** amélioré. Le fichier est automatiquement remis en forme en fonction de la taille de l'écran et de la résolution graphique afin d'en faciliter la lecture sur écran.
- Cette remise en forme fonctionne même avec les fichiers PDF.
- Ce mode d'affichage répond à la gestuelle tactile. On peut ainsi facilement faire défiler les pages ou zoomer sur des photos et autres objets incorporés.

Mettre en page

❶ Word étant ouvert, appuyez sur son onglet **Mise en page**. Un nouveau ruban s'affiche.

❷ Dans le groupe **Mise en page**, appuyez sur l'option **Taille** si vous voulez modifier la taille de la page imprimée.

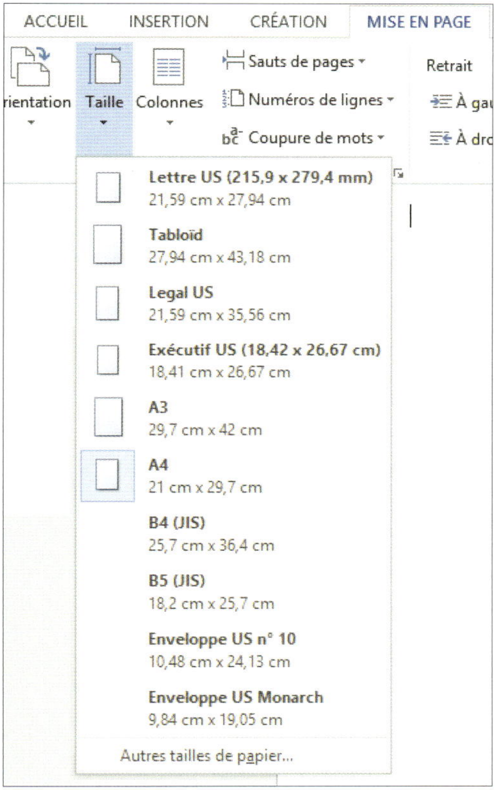

❸ Appuyez sur le format de papier que vous utilisez.

❹ Par défaut, l'impression s'effectue en mode portrait. Pour passer en mode paysage, appuyez sur **Orientation**, toujours dans le groupe **Mise en page**, puis sur **Paysage**.

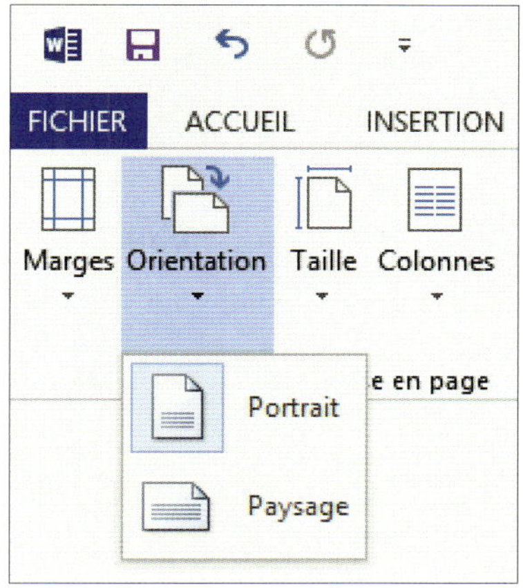

❺ Appuyez sur **Marges**, toujours dans le même groupe, et dans la liste des modèles prédéfinis qui s'ouvre, appuyez sur celui qui vous convient.

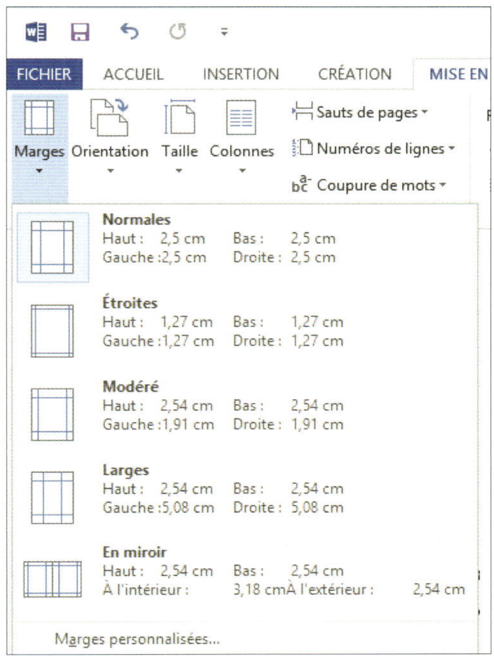

❻ Pour personnaliser les marges, appuyez sur la dernière option, **Marges personnalisées** et, dans la boîte de dialogue qui s'affiche, tapez les valeurs de vos marges.

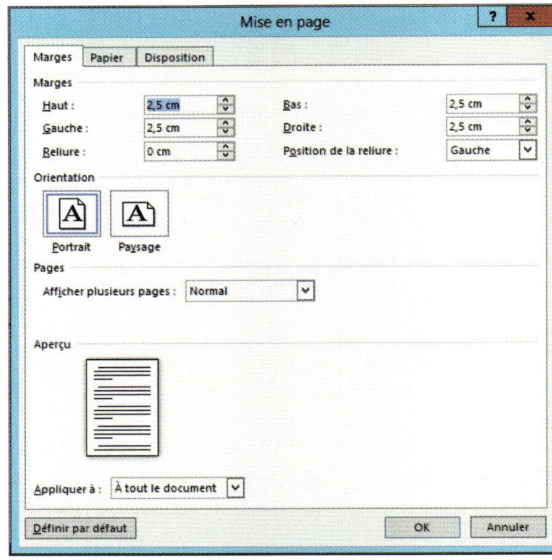

Insérer un tableau dans Word

❶ Appuyez sur l'onglet **Insertion**, un nouveau ruban apparaît. Il sert à introduire des éléments supplémentaires tels que de nouvelles pages, une page de garde, une page vierge, un tableau, des images, des liens hypertextes, des en-têtes et des pieds de page, la numérotation des pages, *etc*.

❷ Appuyez sur **Tableau**, dans le groupe éponyme.

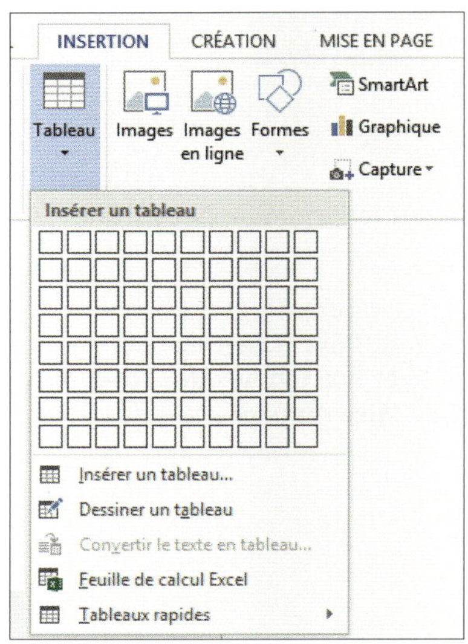

❸ Avec la souris, définissez le nombre de colonnes et de rangées. Le tableau correspondant se dessine en même temps sur la page.

❹ Tant que le tableau est sélectionné ou que le point d'insertion se trouve dans l'une de ses cellules, le ruban se modifie : l'onglet complémentaire **Outils de tableau** avec ses deux sous-onglets **Création** et **Disposition** propose toute une collection d'outils permettant d'agir et de modifier ce tableau.

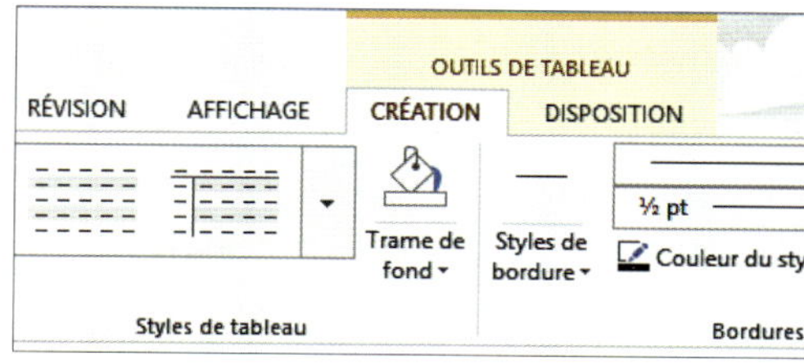

Insérer une image

❶ Dans le groupe **Illustration** du ruban **Insertion**, appuyez sur **Images**. La boîte de dialogue permettant de rechercher une image enregistrée sur votre disque apparaît.

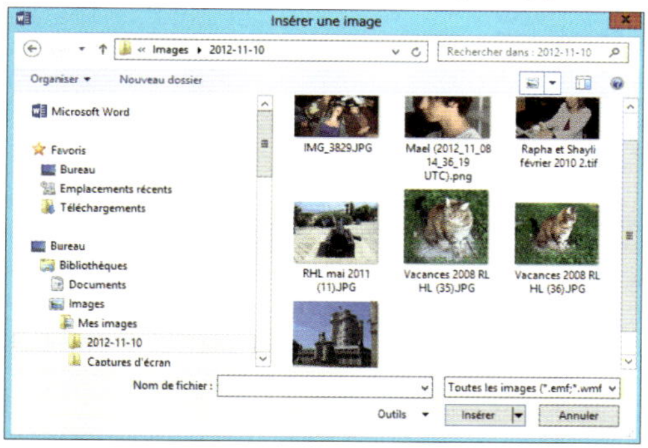

❷ Choisissez votre image et appuyez sur le bouton **Insérer**.

❸ L'image s'affiche dans la page munie de ses poignées.

❹ Avec la souris, redimensionnez-la à volonté ou faites-la pivoter. Vous remarquerez que, de nouveau, le ruban s'est modifié et qu'il le reste tant que l'image est sélectionnée.

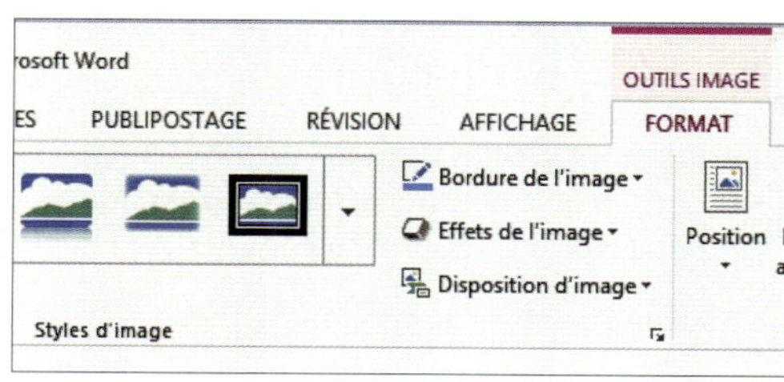

Enregistrer

1 Pour enregistrer votre document, affichez la barre de menus puis appuyez sur **Fichier**.

2 Une page titrée **Informations** s'ouvre. Dans sa colonne gauche, appuyez sur la commande **Enregistrer** ou sur **Enregistrer sous**.

3 Vous pouvez enregistrer sur SkyDrive pour ne pas encombrer la mémoire de la tablette, dans sa mémoire propre, ou encore dans un autre emplacement disponible, par exemple une mémoire supplémentaire, une clé USB, *etc*.

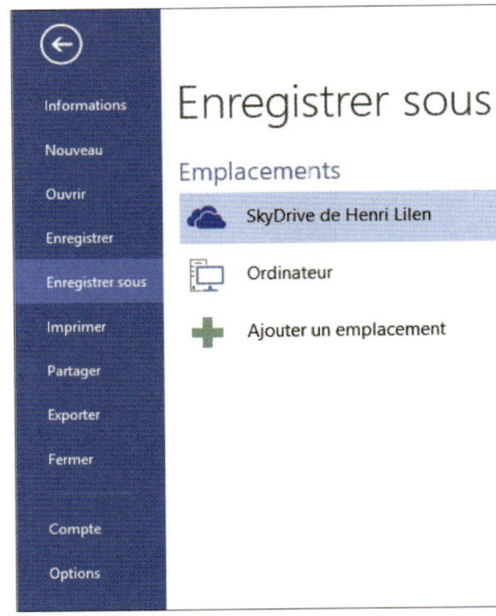

Imprimer

1 Pour imprimer votre document, la première idée consiste à connecter à la tablette une imprimante agréée, et ce en mode USB. Hélas, beaucoup d'imprimantes anciennes ne fonctionneront pas. Voyez ce qui en a été dit dans le chapitre 7, à la section « Connecter une imprimante ».

2 Si vous ne disposez pas d'une telle imprimante, vous pouvez retenir une autre solution, par exemple :

- Envoyer votre document sur SkyDrive et le récupérer sur un ordinateur possédant une imprimante connectée.
- Transférer le document *via* une clé USB ou une carte mémoire sur un ordinateur et l'imprimer depuis ce dernier.

NOTE

Cela étant et pour l'essentiel, Word pour Windows RT fonctionne comme ses versions précédentes sur ordinateur, avec quasiment les mêmes commandes et les mêmes spécificités, aux réserves près évoquées précédemment.

Découvrir Excel

❶ Ouvrez la page **Accueil** et faites-la défiler pour afficher la vignette **Excel 2013**.

❷ Appuyez ou cliquez dessus. Excel s'ouvre sur sa page de modèles de documents, tout comme Word.

NOTE

De nouveau, vous obtenez le même résultat en appuyant sur l'icône Excel dans la barre des tâches en mode Bureau.

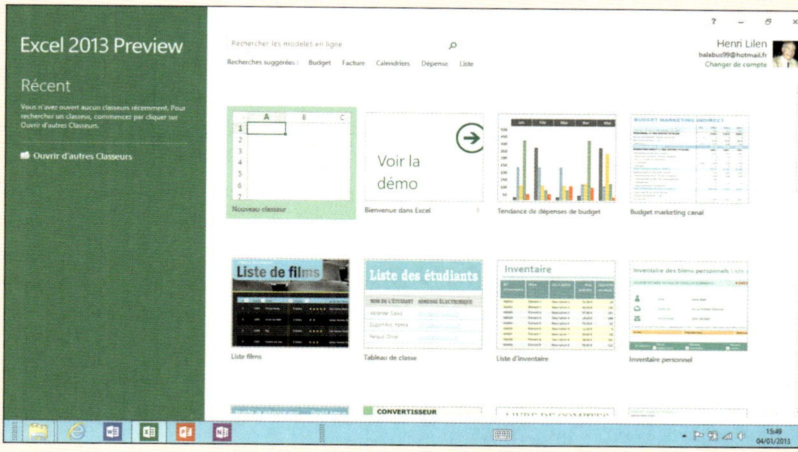

❸ Sélectionnez un modèle, vierge ou non, pour qu'il s'affiche mieux.

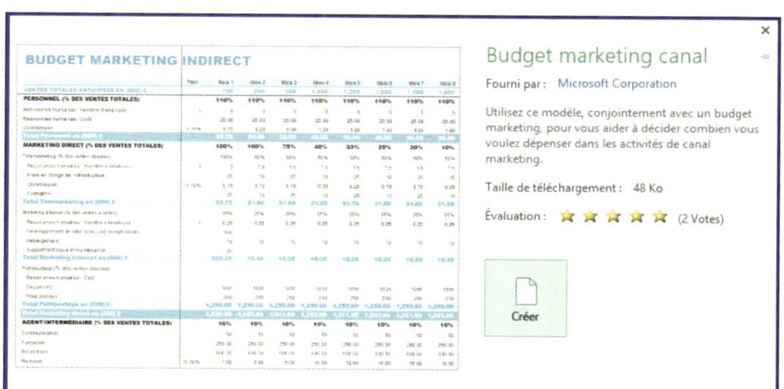

❹ S'il vous convient, appuyez sur le bouton **Créer**. Il s'affiche alors en fenêtre à l'écran.

❺ Cette fenêtre peut subir les mêmes opérations que celles qui s'appliquent à Word : réduction de taille, affichage en plein écran, *etc.*

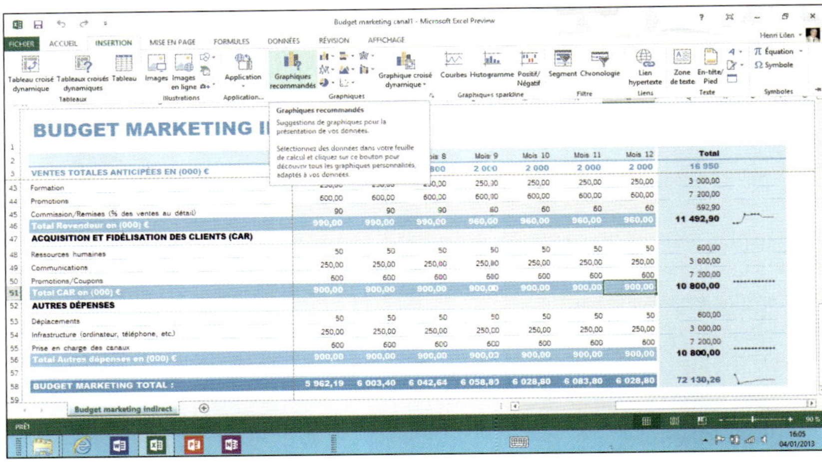

Nouveautés d'Excel 2013

Quelques nouveautés importantes, parmi lesquelles les suivantes, marquent cette édition d'Excel.

- Par défaut, seule la barre de menus est affichée, mais pas les rubans. Appuyez sur un menu pour ouvrir son ruban.
- Le nouvel outil **Analyse rapide** convertit vos données en graphique ou tableau en deux étapes maximum.
- Le nouveau bouton **Graphiques recommandés**, sous l'onglet **Insertion,** permet d'effectuer un choix parmi une série de graphiques adaptés à vos données. Les types de graphiques apparentés tels que les graphiques en nuages et en bulles figurent dans la même catégorie.
- Un tout nouveau bouton a été créé pour les graphiques combinés.

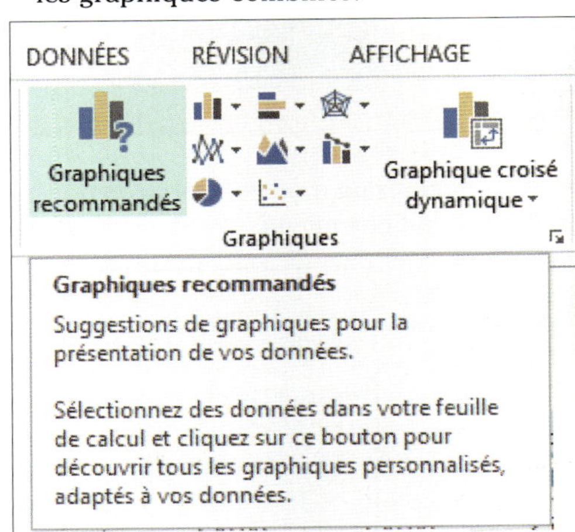

- En cliquant sur un graphique, vous affichez un ruban **Outils de graphique** plus simple avec ses deux onglets **Création** et **Format**.

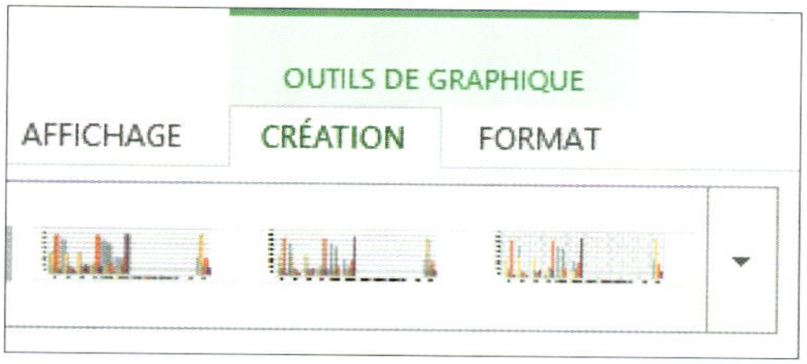

- La fonction **Remplissage instantané** est semblable à un assistant qui finit le travail pour vous. Dès qu'il détecte ce que vous voulez faire, **Remplissage instantané** entre le reste de vos données en un clin d'œil, en suivant le modèle qu'il reconnaît dans vos données.

> NOTE
>
> Cela étant, Excel 2013 RT s'utilise comme ses versions précédentes pour ordinateurs de bureau, mais il faut formuler les mêmes réserves qu'avec Word 2013 RT. Les quelques coups de projecteur suivants en témoignent. Nombre d'opérations restent identiques à ce qu'elles sont sous Word 2013 RT, par exemple l'enregistrement ou l'impression.

Naviguer dans le tableau

- Pour sélectionner une cellule, appuyez ou cliquez dessus.

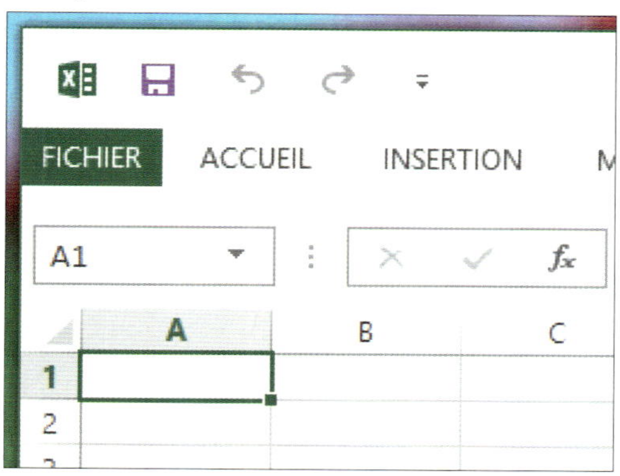

- Au clavier, utilisez les touches fléchées pour déplacer la sélection courante.
- Les barres de défilement servent à faire défiler le contenu de la page, comme de coutume.
- Pour sélectionner plusieurs cellules adjacentes, cliquez sur la première et, bouton de la souris enfoncé, faites glisser la souris sur les autres.

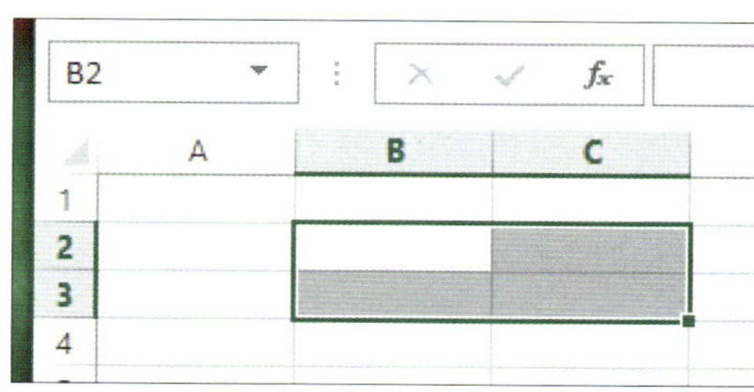

- Pour sélectionner une colonne, placez le pointeur de la souris sur sa case d'en-tête, celle portant sa lettre, afin qu'il se transforme en une flèche verticale et cliquez.

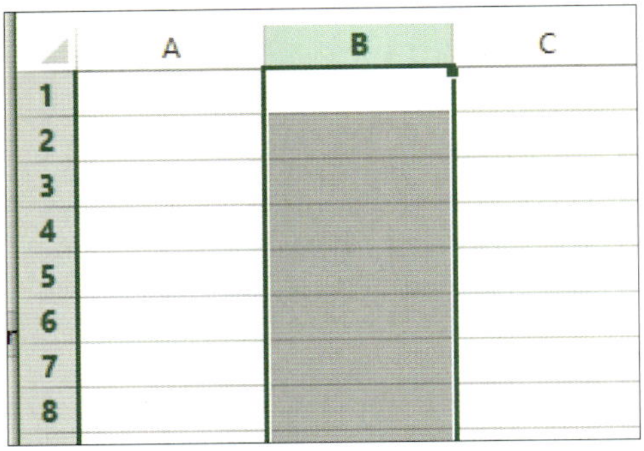

- Pour sélectionner une ligne, faites-en autant mais en cliquant, cette fois, sur la cellule portant le numéro de la ligne.

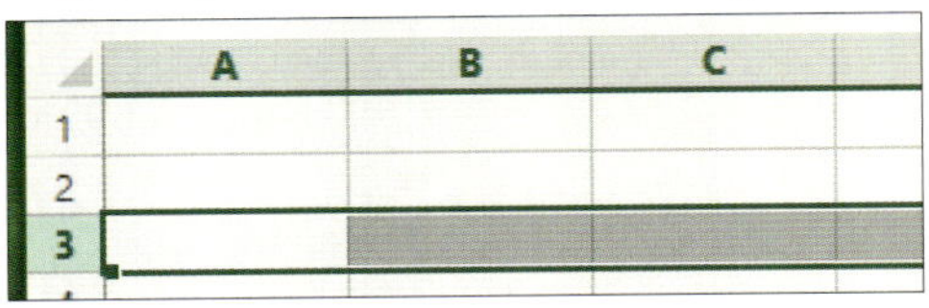

- Pour sélectionner la feuille de travail dans sa totalité, cliquez sur la case de sélection générale située à l'angle supérieur gauche des numéros de lignes et des lettres de colonnes.

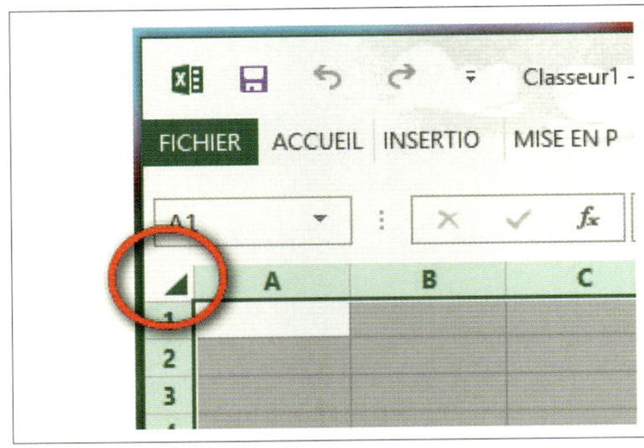

Entrer des données

❶ Activez une cellule.

❷ Tapez la donnée, texte ou nombre.

❸ Validez en appuyant sur la touche **Entrée** ou sur une des touches fléchées, ou bien appuyez sur le petit symbole de confirmation en **V** se trouvant sur la barre de formule.

❹ La barre de formule répète le contenu de la cellule active.

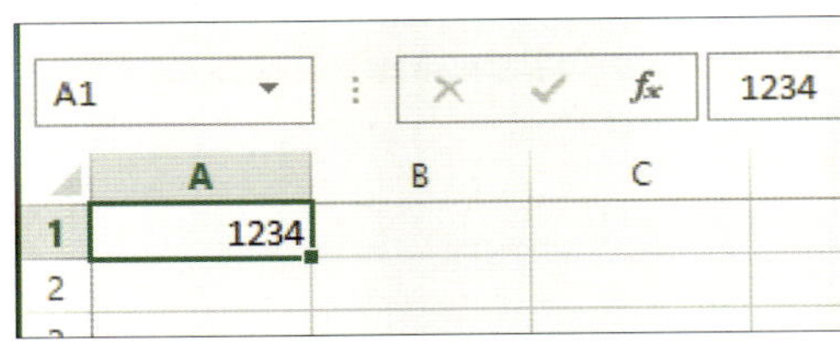

❺ Vous pouvez modifier l'entrée aussi bien dans la cellule que dans la barre de formule.

Orienter le texte

❶ Sélectionnez les cellules contenant le texte à orienter.

❷ Appuyez sur le menu **Accueil**.

❸ Dans le groupe **Alignement**, appuyez sur la petite flèche de suite sur la droite de **Alignement**. La fenêtre **Format de cellule** s'ouvre.

❹ Sous la rubrique **Orientation**, définissez l'angle du texte.

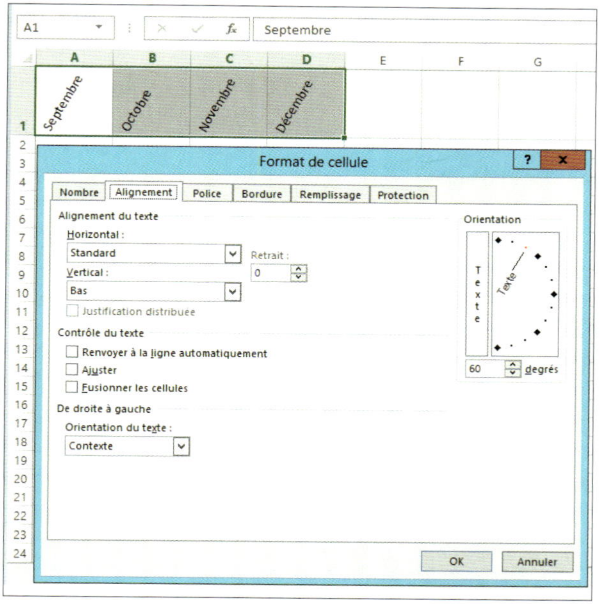

Fusionner et centrer

❶ Sélectionnez les cellules sur lesquelles un titre doit être centré.

❷ Appuyez sur le menu **Accueil**.

❸ Dans le groupe **Alignement**, appuyez sur **Fusionner et centrer** pour ouvrir son menu.

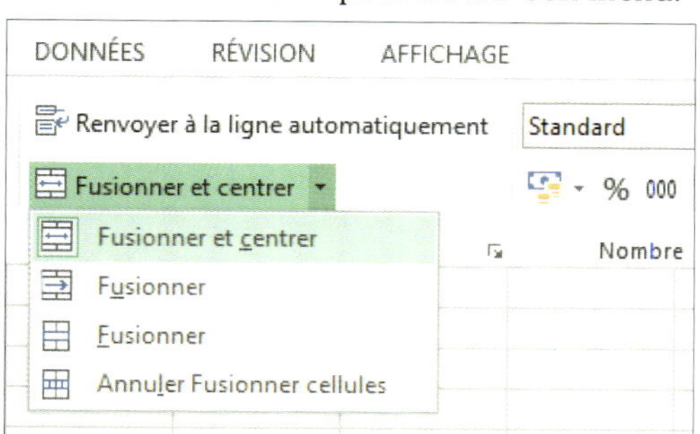

❹ Appuyez sur **Fusionner et centrer**.

❺ Le texte se centre immédiatement dans les cellules sélectionnées.

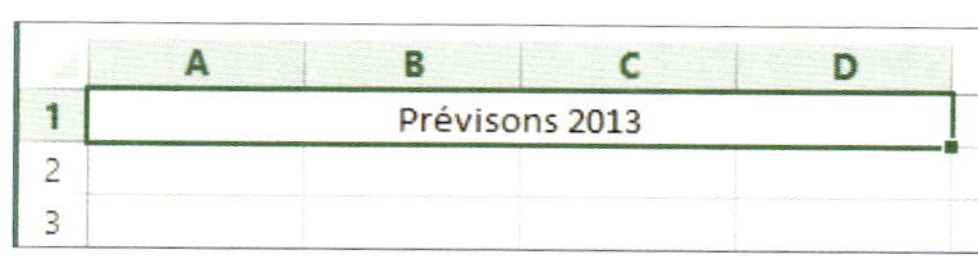

Présenter un tableau de façon professionnelle

❶ Sélectionnez l'ensemble du tableau dont vous voulez assurer une bonne présentation ou laissez simplement l'une de ses cellules sélectionnées.

❷ Activez l'onglet **Accueil** et, dans le groupe **Style**, cliquez sur **Mettre sous forme de tableau**. Une liste de modèles de présentation s'affiche.

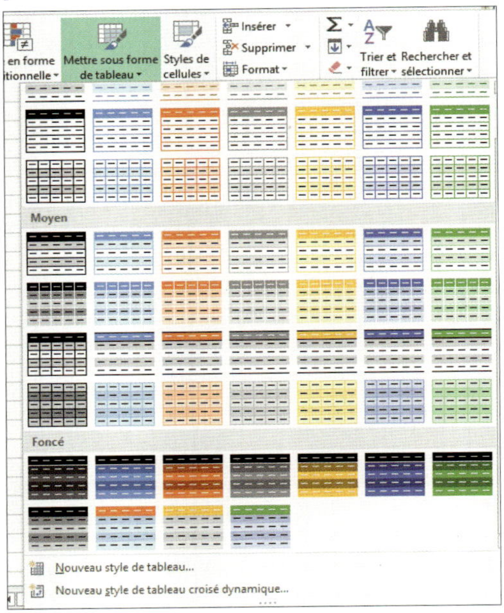

❸ Pointez un modèle tout simplement pour voir votre tableau adopter sa mise en forme.

❹ Lorsque vous avez trouvé celui qui vous convient, cliquez sur le modèle. Une petite boîte de dialogue **Mettre sous forme de tableau** vous demande de confirmer l'étendue occupée par ce tableau.

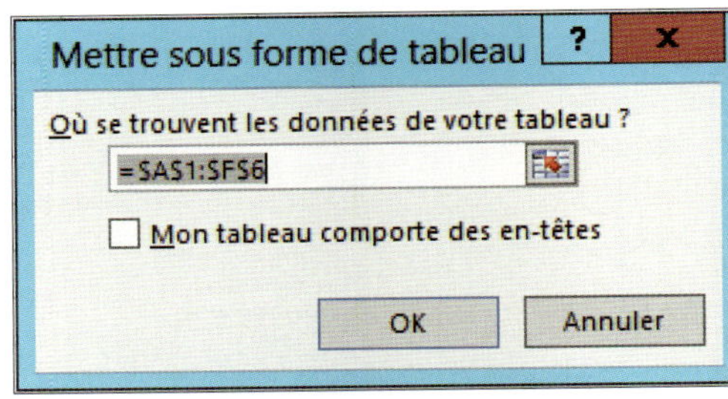

❺ Confirmez ou modifiez. Le tableau adopte aussitôt cette présentation.

Créer des graphiques

❶ Sélectionnez l'espace à traduire en graphique en y incluant les titres des colonnes et des rangées.

❷ Cliquez sur le menu **Insertion** et passez dans le groupe **Graphiques**.

❸ Cliquez sur l'icône **Histogramme** pour créer un histogramme et, dans la liste des modèles qui s'ouvre, cliquez sur le modèle de votre choix.

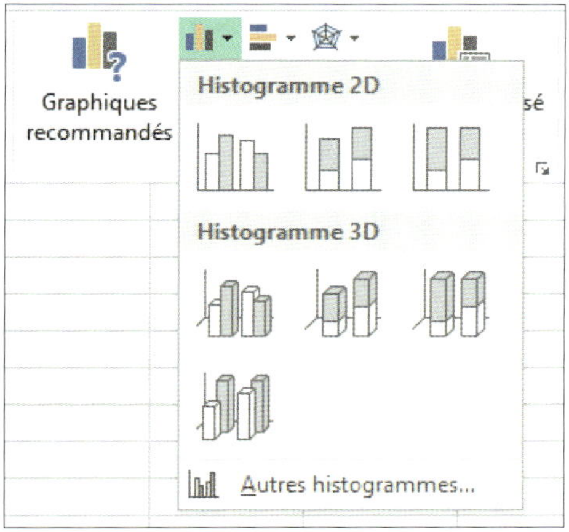

❹ L'histogramme apparaît immédiatement dans la même page.

❺ Un graphique ainsi incorporé dans la feuille de calcul peut être :

- **Déplacé** : pointez son cadre extérieur de sorte que le pointeur de la souris se transforme en une quadruple flèche de déplacement puis, bouton enfoncé, faites glisser le cadre.
- **Redimensionné** : pointez l'une des zones du cadre marquées par des poignées pour que le pointeur de la souris devienne une double flèche large, horizontale, verticale ou en diagonale selon le point que vous avez choisi, puis, bouton de la souris enfoncé, faites glisser le cadre pour en modifier les dimensions.

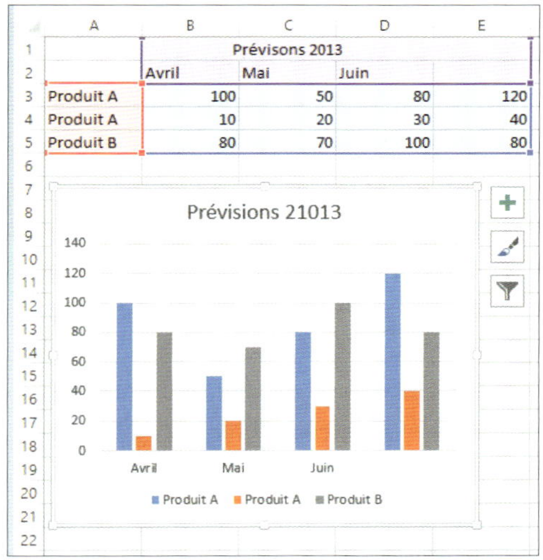

Types de graphiques

❶ Activez l'onglet **Insertion**.

❷ Passez dans le groupe **Graphiques** du ruban.

❸ Cliquez sur la flèche située à droite du titre **Graphiques**. La fenêtre des types de graphiques s'ouvre. Son onglet **Graphiques recommandés** liste, dans sa colonne de gauche, les familles de graphiques conseillés et illustre ce que cela donne avec le tableau sélectionné.

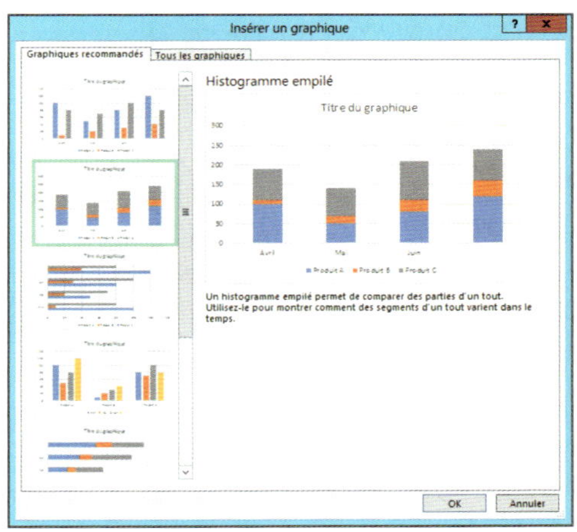

4 L'onglet **Tous les graphiques** en donne la liste complète avec leurs variantes.

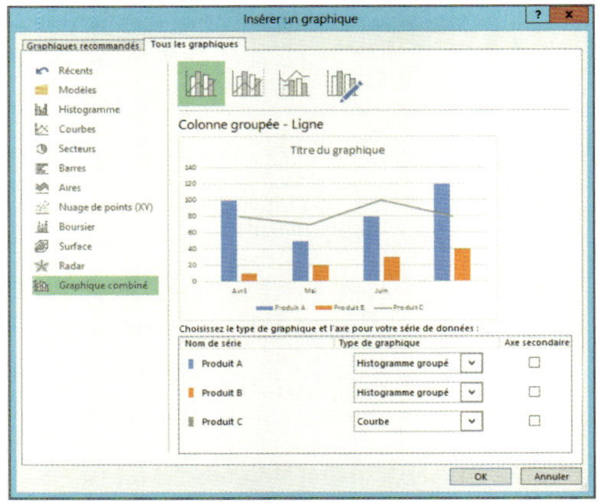

Ouvrir PowerPoint

1 Appuyez sur la vignette de PowerPoint dans la page **Accueil**. Ou bien cliquez sur son icône dans la barre des tâches en mode Bureau.

2 Tout comme Word et Excel, PowerPoint 2013 RT commence par afficher une collection de modèles. Choisissez le vôtre.

3 Son écran de base apparaît ensuite. Utilisez-le comme vous le feriez sur un PC.

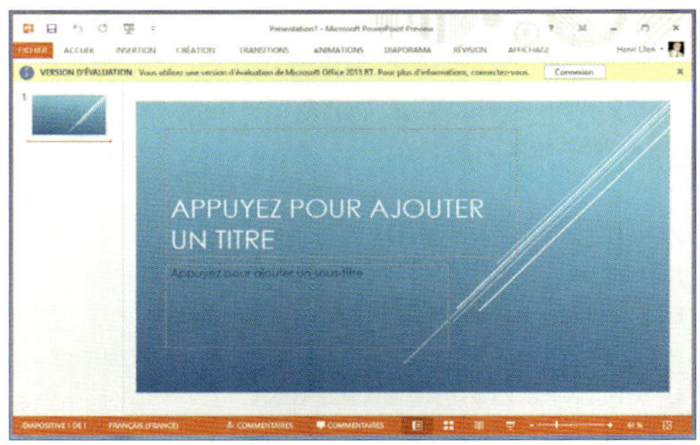

Nouveautés ou améliorations dans PowerPoint 2013

- **Guides d'alignement** – Vous pouvez aligner très facilement les formes, les zones de texte et d'autres graphiques avec du texte pour obtenir une présentation soignée et professionnelle.
- **Fusion de formes** – Utilisez les fonctions d'union, d'intersection, de combinaison, de fragmentation pour associer deux ou plusieurs formes et créer celle que vous souhaitez.
- **Notes** – Conservez vos notes personnelles sur la présentation sous les yeux sans que l'auditoire ne les voie.
- **Zoom sur une diapositive** – Orientez l'attention des participants sur un point important en zoomant sur un diagramme ou un graphique.
- **Grille de navigation** – Passez d'une diapositive à une autre dans n'importe quel ordre selon une grille que vous êtes le seul à voir.

Opérations tactiles avec PowerPoint

Opération	Exécution
Zoom avant sur une diapositive en mode Diaporama.	Écarter deux doigts.
Zoom arrière sur une diapositive en mode Diaporama.	Rapprocher deux doigts.
Afficher les contrôles en mode Diaporama.	Appuyer sur une diapositive.
Passer à la diapositive précédente ou suivante en mode Normal.	Effectuer rapidement un déplacement vertical sur la diapositive. Ou appuyer sur la miniature de la diapositive dans le volet Miniatures.
Sélectionner plusieurs diapositives.	Dans le volet Miniatures ou en mode Trieuse de diapositives, balayer la page horizontalement d'un mouvement rapide, jusqu'à ce que la couleur de la bordure des miniatures change.
Réorganiser des diapositives.	Faire glisser une diapositive horizontalement en dehors du volet Miniatures et la déposer au nouvel emplacement.
Sélectionner plusieurs objets.	Appuyer sur un objet pour le sélectionner, puis maintenir le doigt enfoncé tandis que vous tapez sur les autres objets.
Modifier le texte d'un objet.	Appuyer deux fois sur le texte.

De nouveau, pour l'essentiel et hormis les améliorations apportées, l'utilisation générale de PowerPoint reste identique à ce qu'elle était avec les versions précédentes.

Barre de menus et rubans de PowerPoint

❶ Par défaut, seule la barre de menus s'affiche.

❷ Appuyez sur un menu pour ouvrir son ruban, par exemple le ruban **Accueil** ici scindé en trois parties pour une meilleure lisibilité.

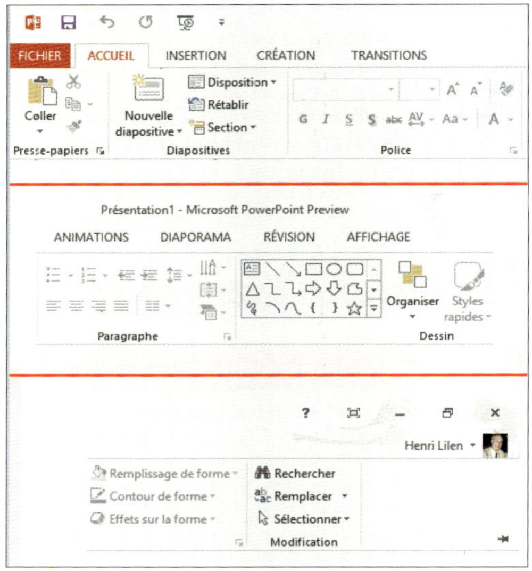

Insérer un graphique SmartArt

❶ Appuyez sur le menu **Insertion** et passez dans le groupe **Illustrations**.

❷ Appuyez sur l'icône **SmartArt**.

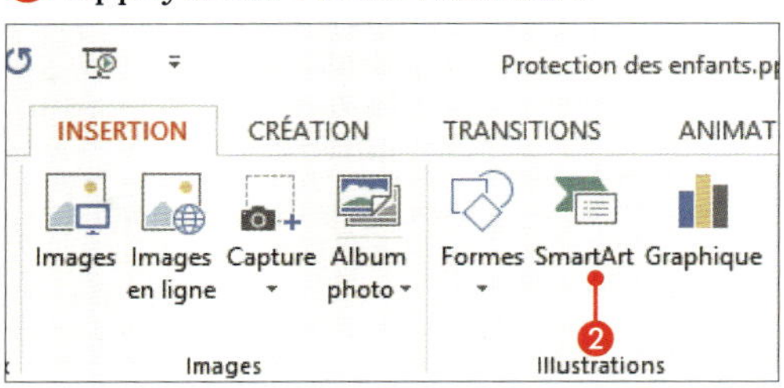

❸ La fenêtre **SmartArt** s'affiche. Dans sa colonne de gauche, appuyez sur une catégorie de tracés.

❹ Sélectionnez l'un d'eux dans le cadre central, puis cliquez sur **OK**.

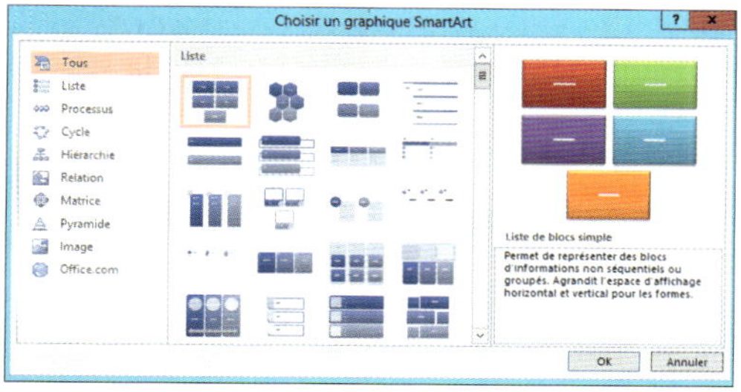

5 Le tracé retenu apparaît dans la vue courante.

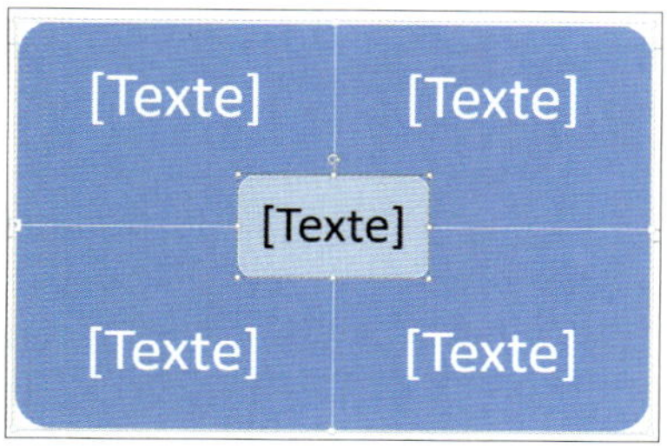

6 Vous pouvez poursuivre avec ce tracé comme l'indique l'écran. Lorsqu'il est actif, une boîte guide apparaît ; elle s'escamote lorsqu'il est inactif.

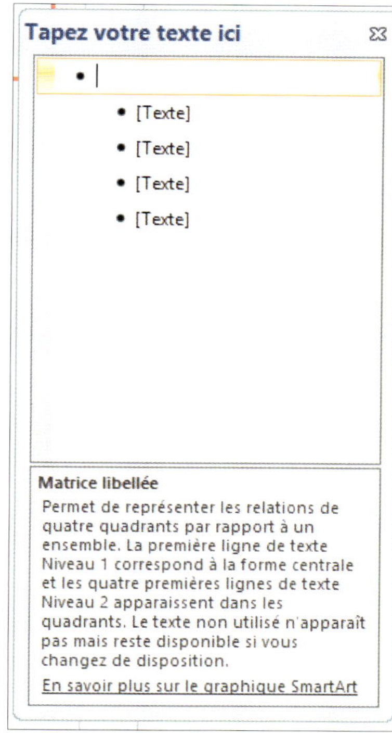

Remettre les vues dans l'ordre

Vous avez préparé une collection de diapositives mais, à la réflexion, vous voulez en modifier la séquence. Pour cela, il faut passer en mode **Trieuse de diapositives**.

1 Cliquez sur le menu **Affichage**.

2 Dans le groupe **Affichage** du ruban, cliquez sur l'icône **Trieuse de diapositives**.

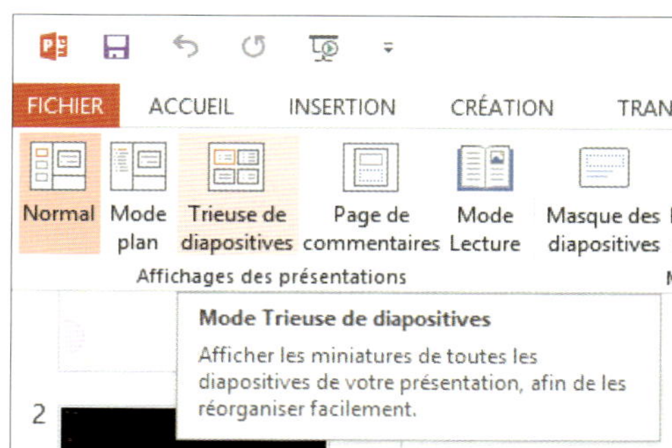

3 Les diapositives, réduites à un format miniature, s'affichent dans la fenêtre de PowerPoint.

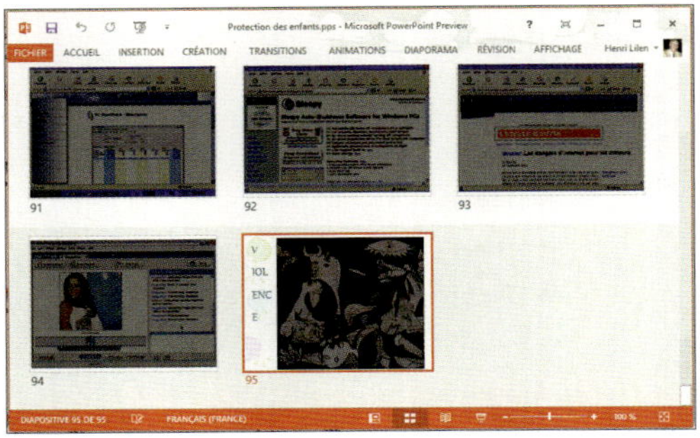

❹ Pour déplacer une vue, cliquez dessus et, tout en maintenant le bouton de la souris enfoncé, faites-la glisser sur une autre position.

Introduire des transitions entre les vues

❶ Affichez les vues soit en mode **Normal**, soit en mode **Trieuse de diapositives**.

❷ Activez une vue en cliquant dessus.

❸ Cliquez sur l'onglet **Transitions**.

❹ Dans le ruban, sélectionnez votre transition parmi celles qui s'affichent directement ou celles que vous trouverez en faisant défiler ou en ouvrant cette liste.

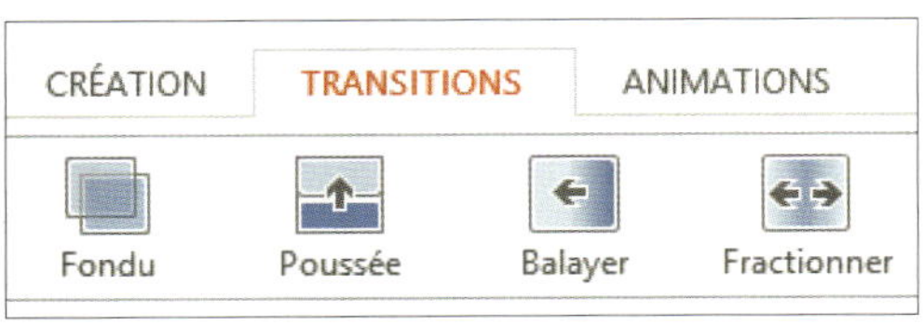

❺ Dès que vous cliquez sur une transition, elle s'exécute sur la vue courante. Une vue dotée d'une transition s'affiche avec une petite étoile en marge dans la colonne de gauche lorsque l'affichage se trouve en mode **Normal**.

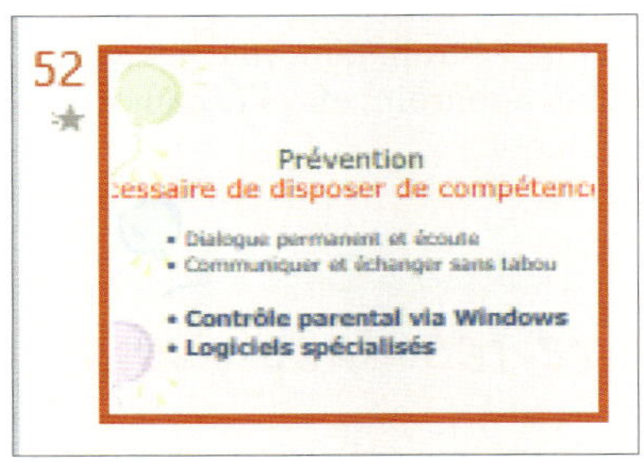

Animer des textes

❶ Affichez ou sélectionnez une diapositive contenant du texte.

❷ Sélectionnez le texte à animer.

❸ Appuyez sur le menu **Animations**.

❹ Sélectionnez une animation dans le ruban. Elle s'exécute aussitôt.

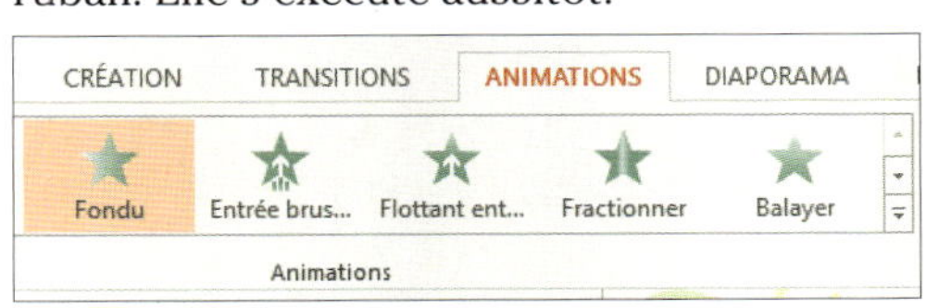

5 Ou bien ouvrez la liste des animations en appuyant sur la flèche pour en sélectionner une.

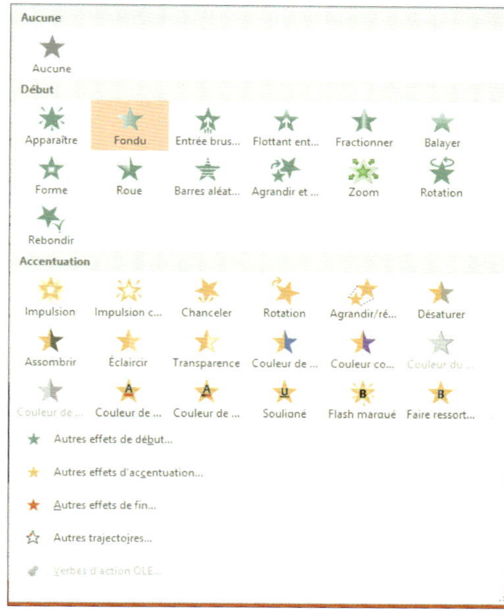

Sonoriser les diapositives

1 Affichez ou sélectionnez une diapositive.

2 Appuyez sur le menu **Insertion**.

3 Dans le groupe **Média**, cliquez sur l'icône **Audio**.

4 Sélectionnez votre option dans le petit menu qui s'ouvre, puis le morceau à jouer.

Lancer un diaporama

1 Cliquez sur l'icône **Diaporama**, en haut et à gauche, dans la barre de lancement. Le diaporama démarre aussitôt.

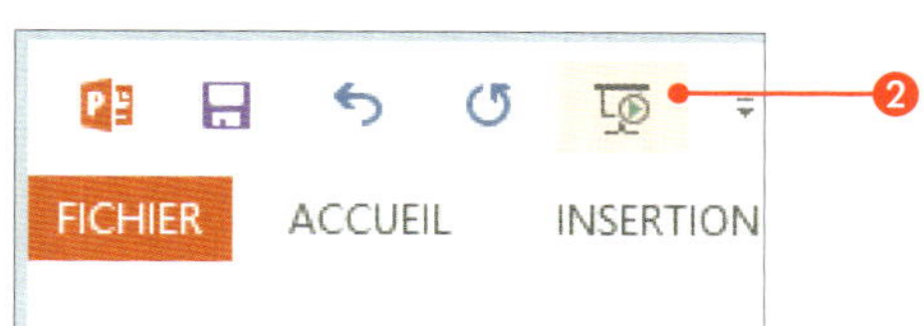

❷ Ou bien cliquez sur le menu **Diaporama** pour afficher son ruban (ici scindé en trois) avec sa collection d'options, puis cliquez sur l'option de votre choix.

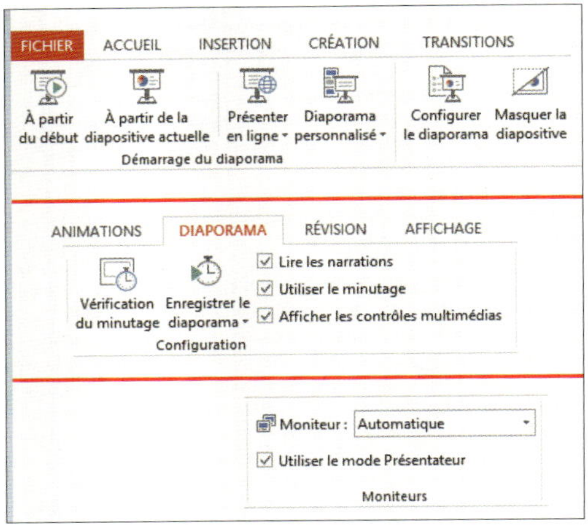

❸ En cours de projection :

- Appuyez sur une touche quelconque, par exemple la barre d'espace, pour passer à la vue suivante.
- Vous pouvez aussi appuyer sur les touches fléchées du clavier ou encore cliquer avec la souris.
- Ou bien appuyez sur **S** pour passer à la page suivante et sur **P** pour revenir à la page précédente.

❹ Après la dernière vue, PowerPoint affiche : **Le diaporama est terminé, faites glisser vers l'avant pour quitter**. Ou appuyez sur la touche **Échap**.

Gérer les paramètres de projection

❶ Ouvrez le menu d'accès rapide en faisant un clic droit dans l'angle inférieur gauche de l'écran.

❷ Appuyez sur la commande **Centre de mobilité**. Le **Centre de mobilité Windows** s'ouvre.

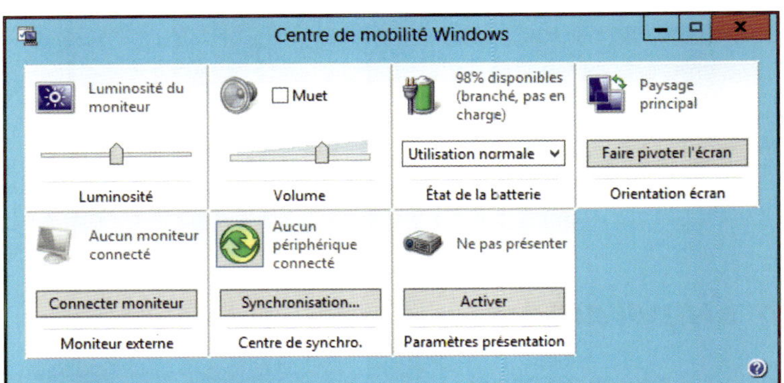

❸ La dernière option du **Centre de mobilité** est **Paramètres présentation**. Si, avec votre tablette, vous effectuez une présentation avec l'application PowerPoint, Surface reste active, mais les notifications système sont désactivées pour ne pas perturber la présentation.

❹ Appuyez sur le bouton central pour activer ou désactiver cette option.

❺ Appuyez sur l'icône du vidéoprojecteur pour afficher la fenêtre **Paramètres de présentation**.

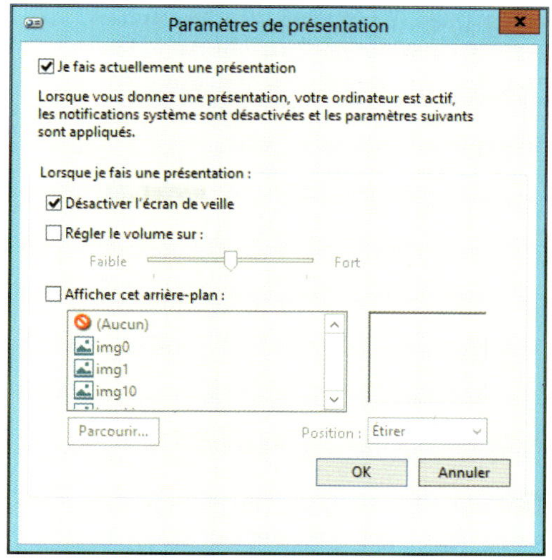

Découvrir OneNote

- OneNote 2013 permet de collecter et d'organiser tout ce dont vous avez besoin (notes, photos, vidéos et liens Web) pour n'importe quel projet sur lequel vous travaillez.
- OneNote conserve les informations dont vous avez besoin à portée de main et vous permet de trouver précisément et rapidement ce que vous recherchez.
- Si vous pratiquez déjà OneNote sur ordinateur, vous ne serez pas dépaysé par cette version.
- Cette application permet de partager un bloc-notes de manière à y accéder depuis d'autres ordinateurs ou depuis le Web, ou de l'utiliser en même temps que d'autres personnes.

Ouvrir OneNote

❶ Dans la page **Accueil**, cliquez sur la vignette **OneNote**. Ou bien appuyez sur son icône dans la barre des tâches en mode Bureau.

❷ La page d'information qui s'ouvre permet de visionner une courte vidéo montrant quelques-unes des applications de ce programme, comme cet écran vous y invite.

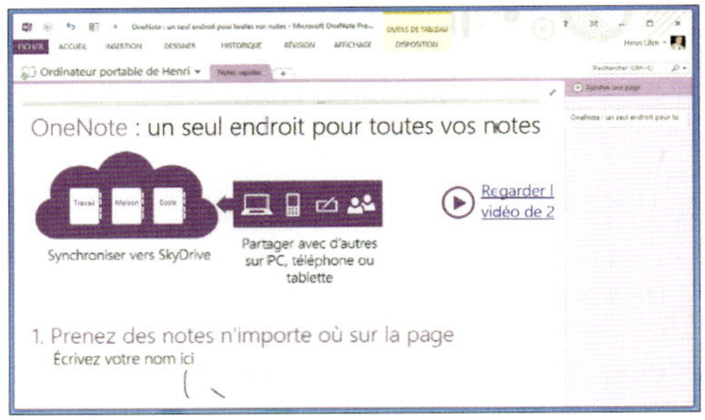

Prendre des notes

❶ Pour prendre une note ou effectuer toute autre tâche, appuyez sur son icône dans la barre des tâches. Trois options s'affichent.

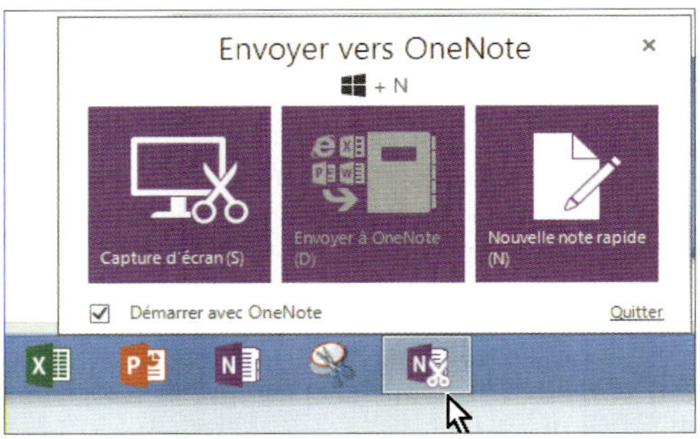

❷ Appuyez sur **Nouvelle note rapide**. Le cadre de saisie d'une note apparaît. Saisissez votre note.

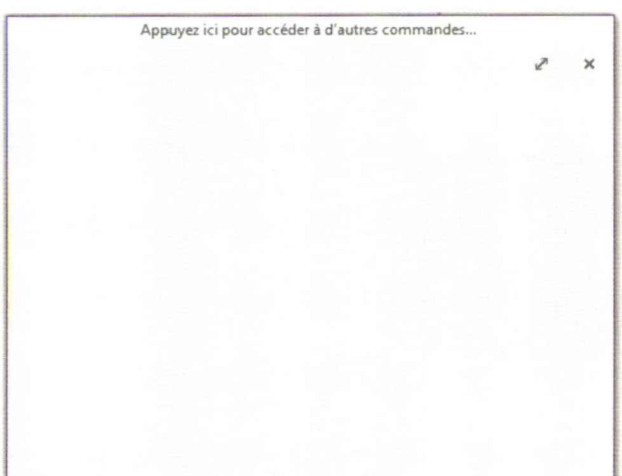

❸ Faites un appui long sur ce cadre pour afficher une barre d'outils de mise en forme.

❹ Ou encore, faites un clic droit dans ce cadre pour afficher les outils de mise en forme, plus quelques autres options.

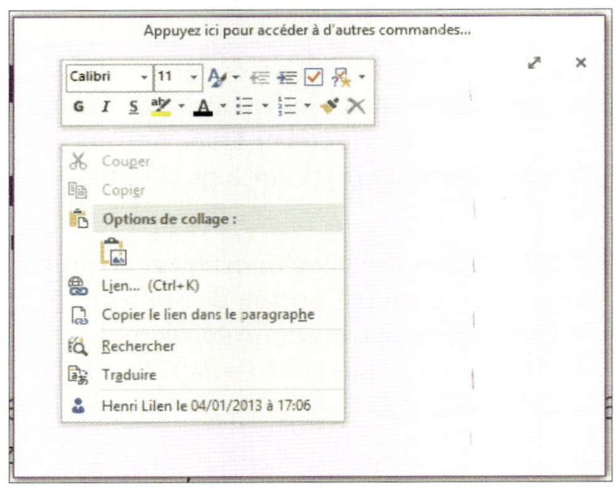

Nouveautés ou améliorations de OneNote

- Dans OneNote, vous pouvez enregistrer vos fichiers sur votre propre compte SkyDrive ou sur le site de votre organisation.
- De là, vous pouvez facilement afficher, modifier, synchroniser et partager vos notes et même travailler avec des membres de la famille, des collègues ou des camarades de classe sur les mêmes notes au même moment.
- Lorsque vous stockez vos blocs-notes dans le nuage, vous pouvez accéder en toute transparence aux informations de votre choix, les utiliser et les garder synchronisées sur les applications OneNote à partir de tous vos appareils favoris, y compris votre ordinateur Windows ou votre appareil Windows Phone, iPhone, iPad, Android et Symbian.
- Vous pouvez capturer ce qui vous intéresse avec l'option de capture d'écran.
- Vous pouvez joindre pratiquement n'importe quel fichier informatique à une partie quelconque de vos notes, ce qui a pour effet de stocker une copie du fichier dans votre bloc-notes.

Chapitre 17

Le cloud avec SkyDrive

Dans ce chapitre

- Découvrir SkyDrive
- Se connecter avec un compte Microsoft
- Ouvrir SkyDrive
- Synchroniser vos données
- Choisir les éléments à ajouter au stockage
- Afficher l'espace de stockage
- Partager les fichiers d'autres internautes
- Afficher en mode Détails
- Recherchez un fichier sur SkyDrive

SkyDrive est un espace de stockage « en nuage », autrement dit et à l'anglaise, dans le « cloud » (prononcez *claoude*). Vous avez accès à tous vos documents sur SkyDrive, votre Cloud personnel, où que vous soyez. Vos photos, documents et autres fichiers importants sont disponibles sur votre téléphone, tablette, PC ou Mac. En résumé, vos données et vos informations ne sont pas limitées à un seul PC ou appareil.

Vous pouvez afficher tous vos fichiers et photos, modifier et partager des documents Office, ou partager avec les personnes de votre choix. Mieux encore, votre arrière-plan, votre affichage et vos paramètres se déplacent avec vous.

Découvrir SkyDrive

Votre compte Microsoft donne directement accès à SkyDrive. Une partie de vos documents est automatiquement stockée dans les serveurs en nuage. Ainsi, vous pouvez les retrouver depuis n'importe quel autre poste de travail, ordinateur, smartphone ou tablette.

Si votre tablette tombe en panne ou si vous en changez, vous les retrouverez automatiquement après remplacement, à la condition d'utiliser le même compte.

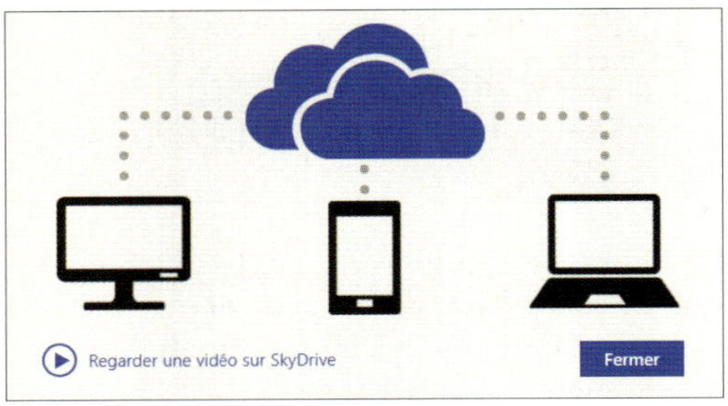

Mieux : si vous vous identifiez avec votre compte Microsoft sur un autre ordinateur, vous avez accès à Hotmail, Messenger, *etc.*, sans ressaisir de mots de passe.

Vous retrouvez également vos paramètres et vos personnalisations. Il faut en faire l'expérience pour bien apprécier ce concept.

Se connecter avec un compte Microsoft

1. Dans la page d'accueil, cliquez sur la vignette **SkyDrive**. Elle représente des nuages.

2. Si vous avez ouvert la session courante avec un compte Microsoft, vous accédez directement à SkyDrive. Sinon, lors de votre première tentative de connexion, l'écran vous demandera de modifier les termes de votre compte ou encore d'en créer un.

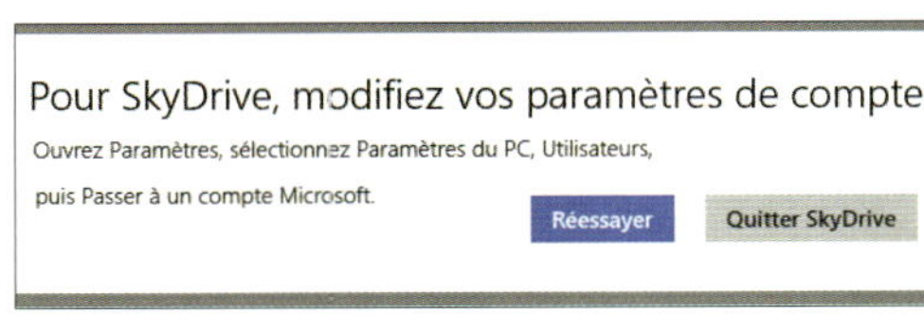

3. Dans un tel cas, quittez cette séquence et ouvrez la barre latérale de commandes. Appuyez sur le bouton **Paramètres** puis sur **Modifier les paramètres du PC** et enfin sur **Utilisateurs** dans la colonne gauche.

4. Cliquez sur le bouton **Passer à un compte Microsoft**.

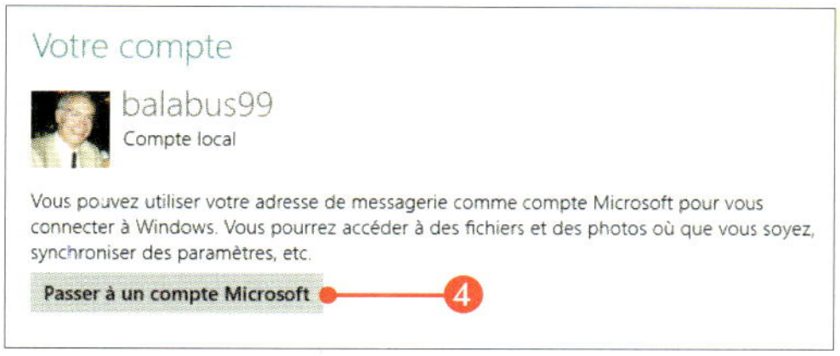

5 Fournissez votre mot de passe actuel d'accès à l'ordinateur (et non celui de la messagerie), et cliquez sur le bouton **Suivant**.

6 Entrez votre adresse actuelle de messagerie **Hotmail**, par exemple, puis cliquez sur **Suivant**. Vous pourriez également demander une nouvelle adresse de messagerie.

7 Si vous indiquez un autre compte, vous devrez remplir un petit formulaire spécifique dont voici la première fenêtre.

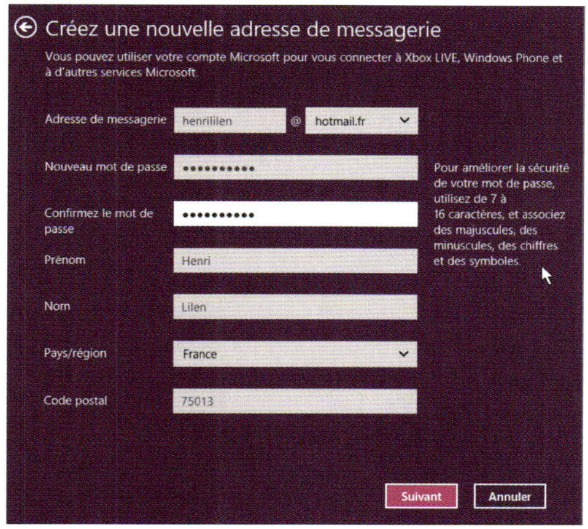

8 Poursuivez et terminez cette procédure en saisissant les caractères bizarres qui vous sont indiqués, afin de différencier un être humain d'un robot.

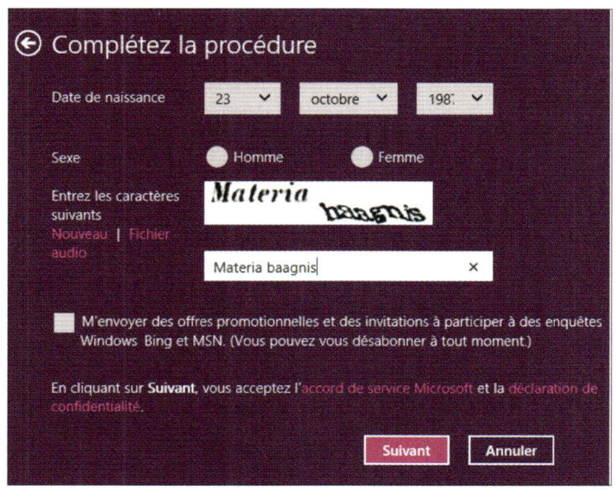

9 Votre compte SkyDrive est désormais actif.

Ouvrir SkyDrive

1. Dans la page d'accueil, cliquez sur la vignette **SkyDrive**. Elle représente des nuages.

2. Votre compte Microsoft ayant été créé, vous accédez directement à SkyDrive. Sa page d'accueil s'affiche.

3. Appuyez sur l'une de ses rubriques, c'est-à-dire sur l'un de ses dossiers, à droite, pour en afficher le contenu, en supposant que des fichiers y aient déjà été engrangés, par exemple votre collection de photos.

Synchroniser vos données

Vous devez décider des informations que vous entendez synchroniser, c'est-à-dire placer dans le nuage :

1. Ouvrez le volet latéral d'outils, sur la droite et cliquez sur **Paramètres**, puis sur **Modifier les paramètres du PC**. La fenêtre des paramétrages s'affiche.

2. Dans la colonne gauche, cliquez sur **Synchroniser vos paramètres**.

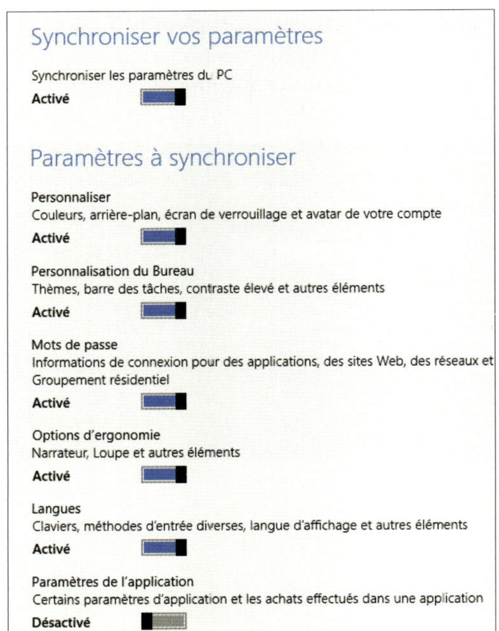

3 Si vous n'avez pas de bonnes raisons de faire l'inverse, laissez tous les réglages de droite sur **Activé**, sauf pour la rubrique **Synchroniser les paramètres pour les connexions limitées, même quand je suis en itinérance**, tout en bas de la page.

4 L'essentiel de vos informations se retrouve désormais dans le nuage. Vous pouvez y accéder depuis n'importe quel poste en utilisant vos coordonnées de connexion.

Choisir les éléments à ajouter au stockage

1 Pour aller au-delà, affichez la page d'accueil et appuyez sur la vignette **SkyDrive**.

2 Sélectionnez l'un des dossiers qui s'affichent.

3 Balayez l'écran du bas vers le haut ou faites un clic droit sur une zone libre pour afficher la barre horizontale de commandes, puis cliquez sur l'icône centrale **Télécharger**.

4 Dans la page qui s'affiche, cliquez sur **Monter** pour passer au niveau supérieur, plusieurs fois si nécessaire, afin d'afficher vos dossiers. Vous choisirez probablement votre compte.

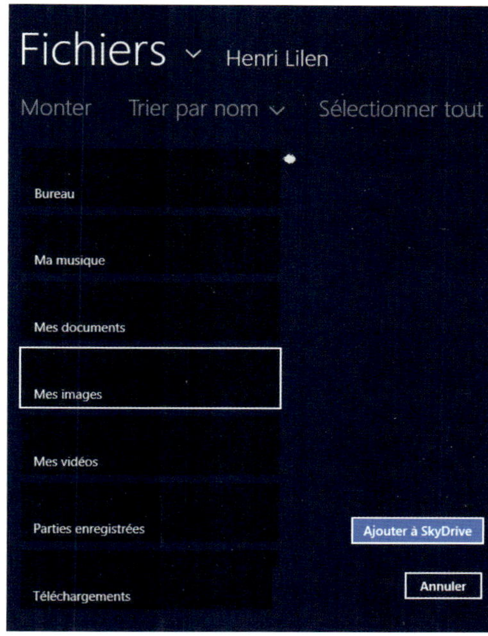

5 Sélectionnez ce que vous voulez ajouter au stockage en ligne. Vous avez droit à un maximum de 200 fichiers, mais ce nombre n'est pas fixé définitivement.

6 Terminez en cliquant sur le bouton **Ajouter à SkyDrive** et, si les éléments sont volumineux, laissez-leur le temps de se charger dans le nuage.

> **NOTE** Ne fermez pas ni ne quittez pas la page de téléchargement tant que le téléchargement de vos photos ou fichiers n'est pas terminé. Chaque fichier doit avoir une taille maximale de 300 Mo.

Afficher l'espace de stockage

1 Pour savoir où vous en êtes de l'occupation en nuage, ouvrez **SkyDrive**.

2 Ouvrez la barre latérale d'outils et cliquez sur **Paramètres**, puis sur **Options**.

3 Le volet **Options** s'affiche. Il indique la capacité de l'espace de stockage et ce qui reste encore libre. Vous disposez d'un espace gratuit de 7 Go.

Partager les fichiers d'autres internautes

❶ SkyDrive permet le partage de fichiers et de dossiers. Supposons qu'une personne vous envoie un lien à sa zone de stockage par courriel.

❷ Appuyez ou cliquez sur la flèche en haut et à gauche de l'écran.

❸ Sélectionnez **Partagé**. Vous devrez peut-être patienter quelques instants avant de voir les éléments sélectionnés apparaître.

Afficher en mode Détails

❶ La barre horizontale d'outils du bas comporte une icône marquée **Détails**.

❷ Appuyez dessus pour remplacer les miniatures de vos images par des détails.

❸ Le même bouton devient le bouton **Miniatures**. Appuyez dessus pour revenir à la situation antérieure.

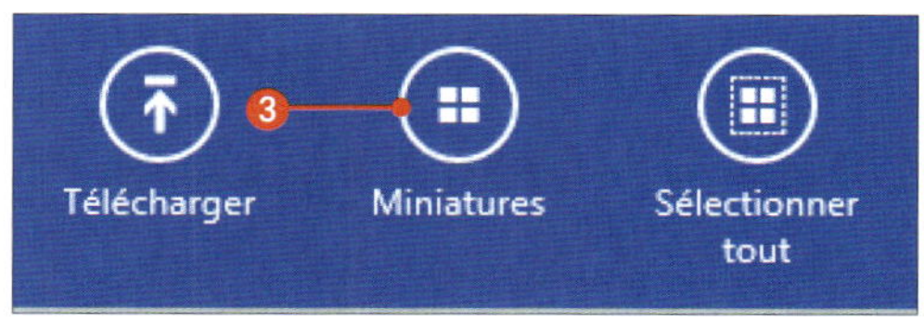

Rechercher un fichier sur SkyDrive

La recherche d'une photo ou de tout autre fichier sur le nuage se conduit comme n'importe quelle autre recherche :

❶ Affichez la barre latérale d'outils et appuyez sur **Rechercher**.

❷ Dans la liste des applications, appuyez ou cliquez sur **SkyDrive** et poursuivez la recherche.

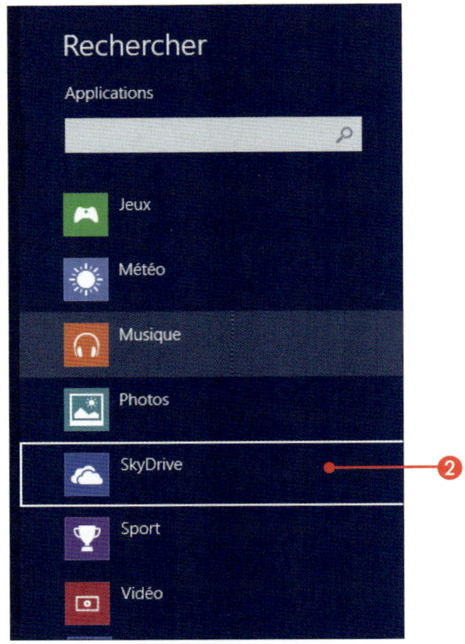

Créer un nouveau dossier

❶ SkyDrive étant ouvert, entrez dans l'un des dossiers existants, celui qui deviendra le dossier parent.

❷ Faites un clic droit sur l'écran ou balayez du bas de l'écran vers le haut pour afficher la barre horizontale inférieure.

❸ Sur cette barre, appuyez sur **Nouveau dossier**.

❹ La fenêtre de création s'ouvre. Tapez le nom de ce dossier et appuyez sur **Créer un dossier**.

Supprimer un dossier

❶ Affichez le dossier à supprimer, sans l'ouvrir.

❷ Faites un clic droit dessus pour le sélectionner et afficher la barre horizontale d'options.

3 Dans cette barre, appuyez sur le bouton **Gérer**.

4 Le menu de gestion s'affiche avec ses trois commandes : **Renommer**, **Supprimer** et **Déplacer**.

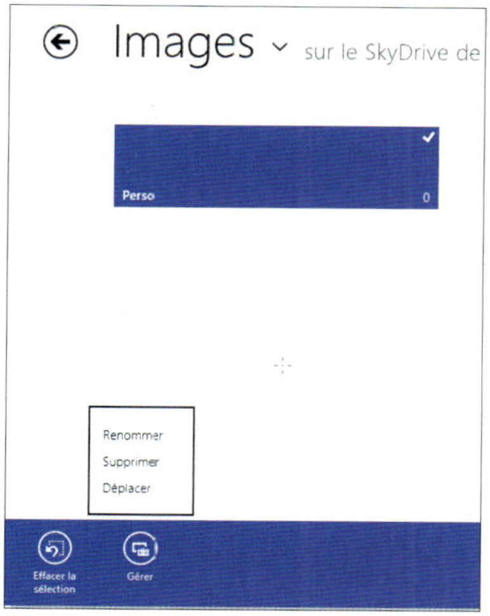

5 Appuyez sur **Supprimer**.

Une dernière alerte s'affiche.

6 Appuyez sur **Supprimer**. En supprimant un dossier, vous supprimez du même coup tout ce qu'il contient.

> NOTE
>
> Vous apprécierez vite SkyDrive en tant qu'excellent outil d'échange et de sécurité. Mais rappelez-vous que sa capacité de stockage gratuite est limitée à 7 Go, pour l'instant.

Chapitre 18

Windows Store

Dans ce chapitre

- Se connecter au Windows Store
- Télécharger et installer une application gratuite
- Télécharger et installer une application payante
- Lister les applications installées
- Afficher les détails d'une application
- Installer une application sur une autre machine
- Supprimer une application
- Interdire la suppression d'une application
- Interdire l'accès au Windows Store
- Afficher toutes les applications
- Mettre les applications à jour
- Afficher des détails
- Obtenir des avis

Windows Store (*store* en anglais signifie *magasin*) est le magasin d'applications que Microsoft met à votre disposition. Il offre tout un choix d'applications les plus diverses. Vous pouvez ainsi télécharger et installer des applications supplémentaires. Il en existe des gratuites et des payantes.

C'est, actuellement, la seule source d'approvisionnement possible d'applications pour Windows RT. Encore limité en nombre d'applications, il s'enrichit de jour en jour.

Se connecter au Windows Store

❶ Dans la page **Accueil**, appuyez ou cliquez sur l'icône **Windows Store** représentant un filet à provisions.

❷ Lors de la première connexion, une page titrée **Conditions d'utilisation** peut apparaître. L'écran peut aussi vous demander de vous identifier avec votre adresse de messagerie et votre mot de passe. Faites-le, puis touchez ou cliquez sur le bouton **Connexion**.

NOTE : Attention, vous devez obligatoirement utiliser un compte Microsoft pour accéder au Store.

❸ Le site du magasin s'affiche à l'écran.

❹ Vous y trouvez des applications aussi bien gratuites que payantes. Faites défiler cette page horizontalement pour qu'apparaissent les applications classées par grands thèmes.

Télécharger et installer une application gratuite

❶ Choisissez une catégorie d'applications, en appuyant dessus, par exemple celle des meilleurs produits gratuits. Touchez ou cliquez dessus.

❷ La page des meilleurs produits gratuits s'affiche.

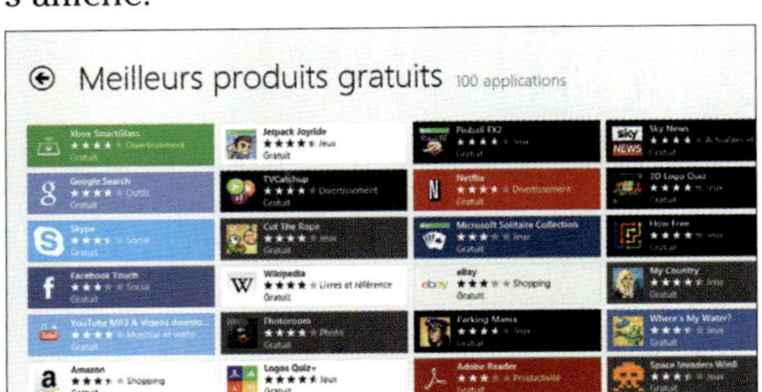

❸ Appuyez ou cliquez sur l'application à installer, par exemple le jeu gratuit **Bubble Star**.

❹ La page d'information et de téléchargement s'ouvre. Prenez-en connaissance.

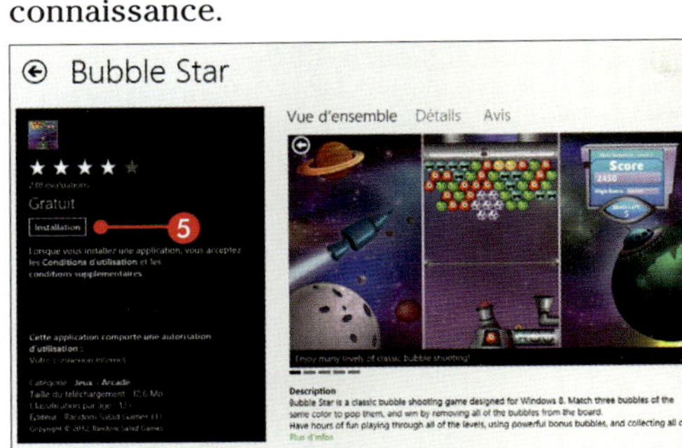

5 Appuyez ou cliquez sur le bouton **Installation**.

6 Le téléchargement et l'installation s'effectuent, ce qui est généralement rapide.

7 Dès lors, une vignette de l'application apparaît dans la page **Accueil**.

8 Vous pouvez aussitôt ouvrir et démarrer l'application. C'est aussi simple que cela.

Télécharger et installer une application payante

1 Pour télécharger et installer une application payante, la procédure est identique à la précédente jusqu'à l'étape 5.

2 Par exemple, on a sélectionné **The Night Sky** pour les astronomes amateurs. Il vaut 0,99 euro. Appuyez sur le bouton **Acheter**.

3 Confirmez à la demande de l'écran.

4 L'écran vous demande ensuite d'entrer le mot de passe associé à votre compte Microsoft. Faites-le et appuyez sur **OK**.

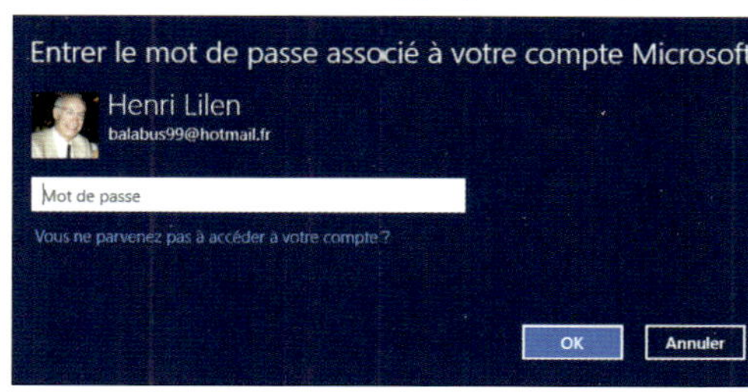

5 La page **Paiement et facturation** s'affiche.

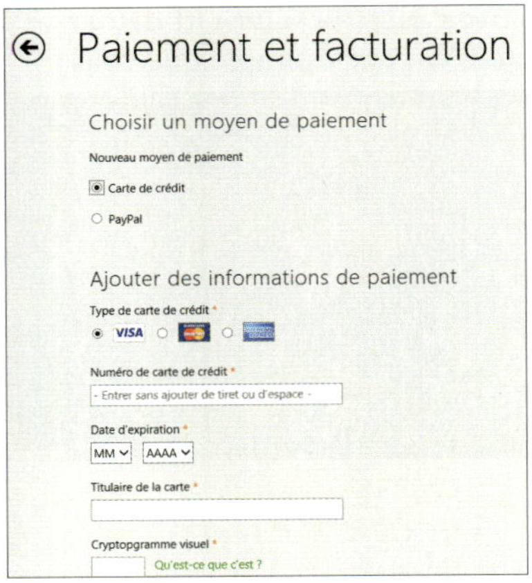

6 Choisissez un moyen de paiement et remplissez le long formulaire qui vous est soumis.

7 Appuyez sur le bouton du bas **Envoyer**. L'application peut alors se télécharger et s'installer.

Lister les applications installées

1 Dans l'écran d'accueil, appuyez ou cliquez sur **Windows Store** pour ouvrir le Store.

2 Effectuez un balayage vers le bas à partir du bord supérieur de l'écran, puis appuyez sur **Vos applications**. Si vous utilisez une souris, pointez sur le haut de l'écran, faites un clic droit, puis cliquez sur **Vos applications**.

3 La liste des applications installées s'affiche. Si vous en sélectionnez une, des icônes complémentaires apparaissent en bas de l'écran.

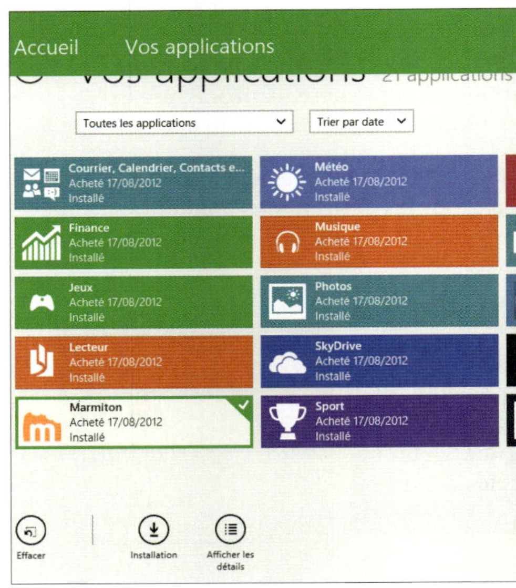

NOTE

Le bouton **Effacer** efface uniquement les sélections que vous avez opérées sans toucher aux applications.

Afficher les détails d'une application installée

❶ Depuis la page ci-dessus, sélectionnez une application.

❷ Appuyez sur l'icône du bas **Afficher les détails**.

❸ La page détaillant l'application s'affiche.

Installer une application payante sur une autre machine

❶ Vous pouvez installer les applications que vous avez achetées dans le **Store** sur un total de cinq matériels au maximum à la condition d'utiliser le même compte. L'installation des applications gratuites n'est évidemment pas limitée.

❷ Dans l'écran d'accueil, appuyez ou cliquez sur **Windows Store** pour l'ouvrir.

❸ Effectuez un balayage vers le bas à partir du bord supérieur de l'écran, puis appuyez sur **Vos applications**. Avec une souris, pointez sur le haut de l'écran, faites un clic droit, puis cliquez sur **Vos applications**.

❹ Choisissez les applications que vous voulez installer, puis appuyez ou cliquez sur le bouton du bas **Installer**.

❺ Si vous avez déjà utilisé votre compte pour installer des applications sur cinq matériels différents, vous devrez supprimer un de ces PC de votre compte avant de pouvoir installer des applications sur un autre PC.

Supprimer un PC de votre compte

1 Repartez de l'étape 5 ci-dessus.

2 Au lieu d'appuyer sur **Installer**, appuyez sur **Supprimer** à côté du PC que vous voulez supprimer de votre compte.

3 Vous pouvez supprimer un PC de votre compte lorsque vous êtes connecté au Windows Store sur n'importe quel appareil.

> NOTE
>
> Si vous supprimez un PC, mais si moins de cinq jours se sont écoulés depuis la première utilisation de votre compte sur ce PC, vous devrez attendre que ces cinq jours soient écoulés avant de pouvoir remplacer ce PC par un autre.

Rechercher une application sur le marché

1 Ouvrez **Windows Store**.

2 Affichez la barre verticale d'outils de droite.

3 Appuyez sur l'outil **Rechercher**.

4 Dans le volet de recherche qui s'ouvre, choisissez la catégorie **Applications** et tapez le nom de l'application à trouver, puis lancez la recherche.

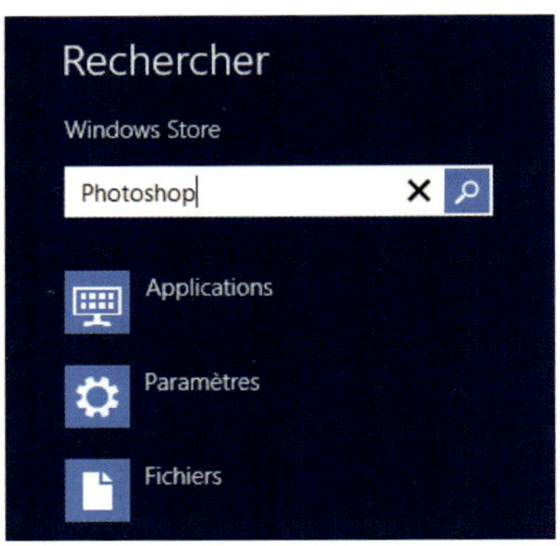

5 Les résultats s'affichent dans le volet gauche.

Supprimer une application

1 Pour supprimer définitivement une application, ouvrez la page **Accueil**.

2 Faites un clic droit sur l'application à supprimer pour la sélectionner.

3 La barre horizontale d'outils s'ouvre. Appuyez sur l'icône **Désinstaller**.

Une alerte apparaît.

4 Appuyez sur le bouton **Désinstaller**.

Installer une application que vous possédez

Si une application n'apparaît pas dans les résultats d'une recherche sur votre tablette, il se peut qu'elle ait été installée sur un autre PC et non sur Surface.

1 Dans l'écran d'accueil, appuyez ou cliquez sur **Windows Store** pour l'ouvrir.

2 Effectuez un balayage vers le bas à partir du bord supérieur de l'écran, puis appuyez sur **Vos applications**. Avec une souris, pointez le haut de l'écran, faites un clic droit, puis cliquez sur **Vos applications** dans la barre horizontale supérieure qui s'est affichée.

La liste de vos applications s'affiche.

3 Si vous ne vous êtes pas encore connecté au Windows Store, connectez-vous avec votre compte Microsoft.

4 Effectuez un balayage vers le bas ou cliquez avec le bouton droit pour sélectionner l'application que vous voulez installer. La barre horizontale inférieure s'affiche.

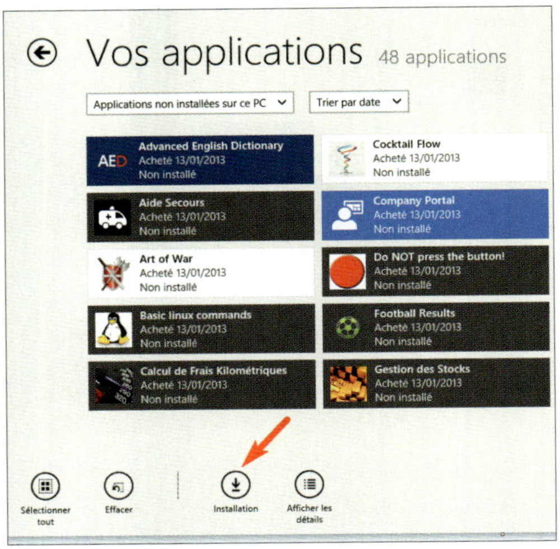

5 Appuyez ou cliquez sur **Installer**.

NOTE

Si vous avez acheté l'application à partir du Windows Store, contrôlez votre historique de facturation afin de vous assurer que le paiement a été effectué. Il se peut que les applications qui ont été installées avant le traitement complet de leur paiement fonctionnent durant une courte période, puis cessent de fonctionner.

Détacher une application de l'écran d'accueil

1 S'il s'agit simplement de détacher une application de l'écran d'accueil, procédez comme ci-dessus et affichez la barre horizontale du bas.

2 Appuyez sur le bouton **Détacher de l'écran d'accueil**. L'application n'apparaîtra plus dans cet écran, mais subsistera et figurera dans la liste **Toutes les applications**.

Interdire la suppression d'une application

1 Pour désactiver le bouton **Désinstaller** qui apparaît dans la barre horizontale du bas (voir ci-dessus), faites un clic droit dans l'angle inférieur gauche de l'écran pour ouvrir le menu d'accès rapide.

2 Sélectionnez l'option **Exécuter** et, dans la fenêtre éponyme qui s'ouvre, tapez :

```
gpedit.msc
```

3 Appuyez sur **OK**. La fenêtre **Éditeur de stratégie de groupe locale** s'ouvre.

❹ Dans le volet gauche du nouvel écran, ouvrez les listes **Configuration utilisateur** puis **Modèles d'administration**, et appuyez sur **Menu Démarrer et barre des tâches**.

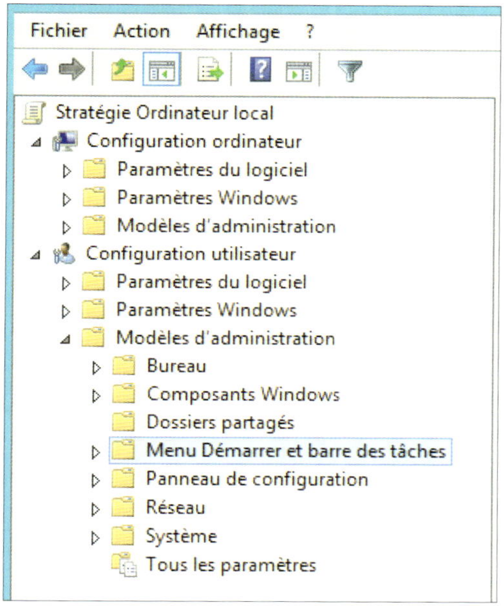

❺ Passez dans le volet droit en appuyant dessus. Trouvez la ligne **Empêcher les utilisateurs de désinstaller des applications à partir du menu Démarrer**.

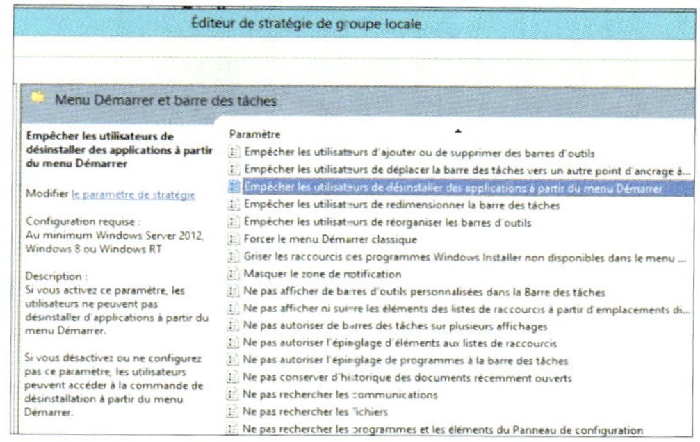

❻ Double-cliquez dessus, sélectionnez **Activé**, puis cliquez sur **OK**.

> N'utilisez l'**Éditeur de stratégie de groupe locale** qu'avec beaucoup de précautions et seulement si vous êtes un utilisateur déjà bien averti.

Accès des mineurs au Windows Store

- L'accès au Windows Store est réservé aux personnes majeures (18 ans).
- Vous pouvez autoriser vos enfants mineurs à y accéder en utilisant votre compte. Toutefois, le Windows Store ne doit pas être utilisé par des enfants de moins de 13 ans si ce n'est en présence de l'un de ses parents ou de son représentant légal.
- Certaines applications ne sont pas destinées aux enfants, aussi serait-il peut-être sage de mettre en service un contrôle parental. Voyez comment procéder dans le chapitre 4.

Interdire l'accès au Windows Store

1. Ouvrez la fenêtre **Éditeur de stratégie de groupe locale** comme ci-dessus.

2. Dans la colonne gauche, ouvrez successivement les listes **Configuration utilisateur** puis **Modèles d'administration** et enfin **Composants Windows**.

3. Dans cette liste et toujours dans la colonne gauche, appuyez sur **Windows Store**.

4. Dans le volet droit apparaît une ligne **Désactiver l'application Windows Store**.

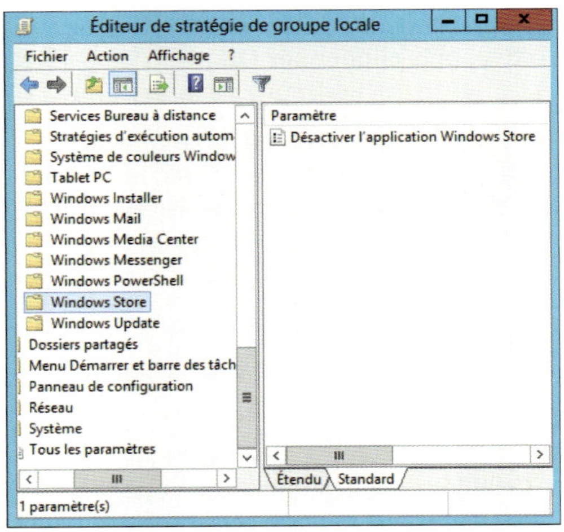

5. Double-cliquez dessus. La fenêtre **Désactiver l'application Windows Store** s'ouvre.

6. Cochez la case **Activé**.

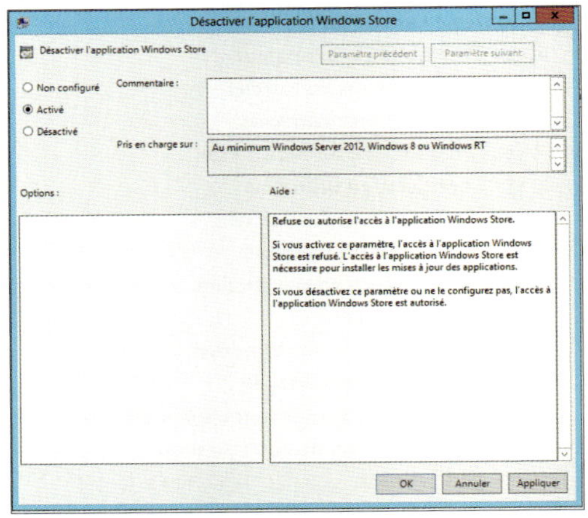

7. Appuyez sur **Appliquer** puis sur **OK**.

> NOTE
>
> Vous pourrez réactiver Windows Store de même par la suite en choisissant soit **Non configuré**, soit **Désactivé**.

Afficher les préférences du Windows Store

1. Ouvrez le **Windows Store**.

2. Affichez la barre latérale d'outils et appuyez sur le bouton **Paramètres**.

3. Dans la barre **Paramètres**, appuyez sur **Préférences**.

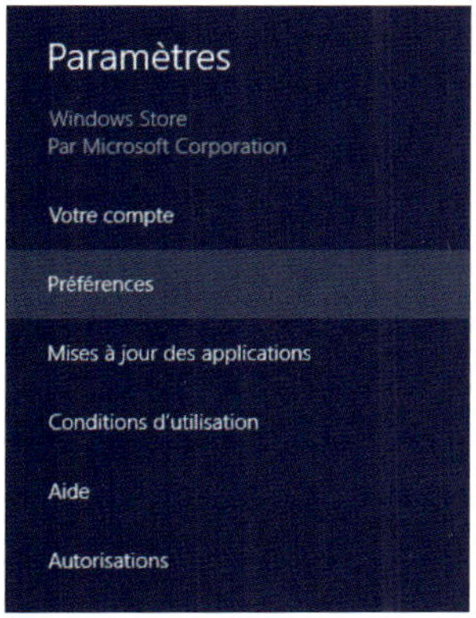

4 Les préférences du Windows Store s'affichent.

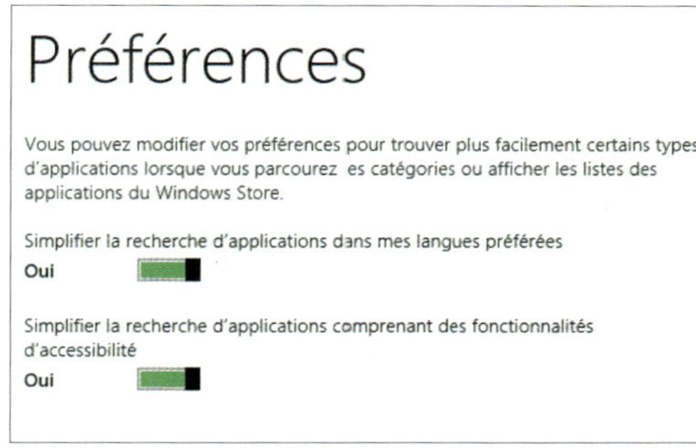

5 Par défaut, les deux commutateurs sont sur la position **Oui**, ce qui est recommandé.

Afficher toutes les applications du Windows Store

Le Windows Store a tendance à n'afficher que les applications utilisant la même langue que votre système. Vous pouvez toutefois les afficher toutes.

1 Ouvrez les préférences du Store comme ci-dessus.

2 Déplacer le curseur de l'option **Simplifier la recherche d'applications dans mes langues préférées** vers la gauche, sur **Non**.

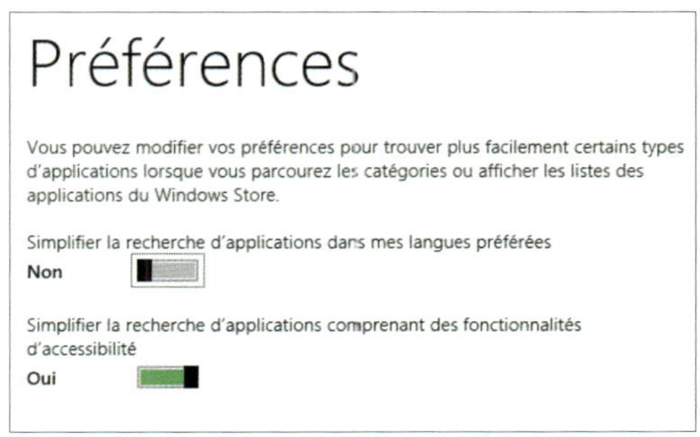

Mettre les applications à jour

1 Une notification apparaît dans le Windows Store lorsqu'une mise à jour est disponible pour votre application. Appuyez ou cliquez dessus.

2 En variante, dans l'écran d'accueil, appuyez ou cliquez sur **Windows Store** pour l'ouvrir.

3 Faites un balayage à partir du bord droit de l'écran, puis appuyez sur **Paramètres**. Avec une souris, pointez l'angle supérieur droit de l'écran, déplacez le pointeur vers le bas, puis cliquez sur **Paramètres**.

4 Appuyez ou cliquez sur **Mises à jour des applications**. Si vous ne vous êtes pas encore connecté au Windows Store, connectez-vous avec votre compte Microsoft.

5 Appuyez ou cliquez sur **Rechercher les mises à jour**. Si des mises à jour sont disponibles, elles s'affichent.

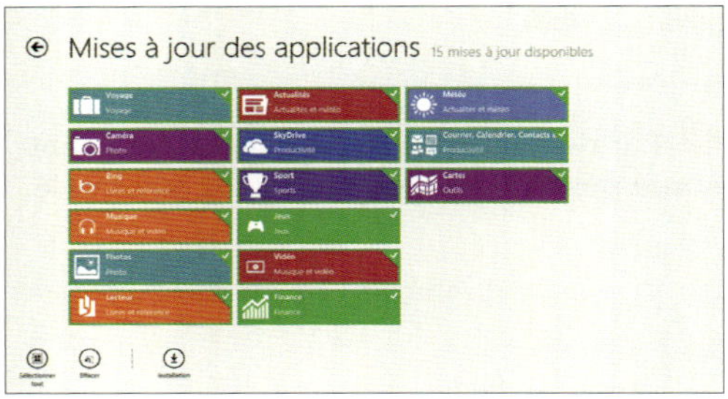

6 Effectuez un balayage vers le bas ou cliquez avec le bouton droit sur les mises à jour souhaitées de l'application, puis appuyez ou cliquez sur **Installer**.

Synchroniser la licence de l'application

Si la licence d'une application est désynchronisée avec la licence installée sur votre tablette, l'application peut cesser de fonctionner.

1 Dans l'écran d'accueil, appuyez ou cliquez sur **Windows Store** pour l'ouvrir.

2 Faites un balayage à partir du bord droit de l'écran, puis appuyez sur **Paramètres**.

3 Appuyez ou cliquez sur **Mises à jour des applications**. Si vous ne vous êtes pas encore connecté au Windows Store, connectez-vous avec votre compte Microsoft.

4 Appuyez ou cliquez sur **Synchroniser les licences**.

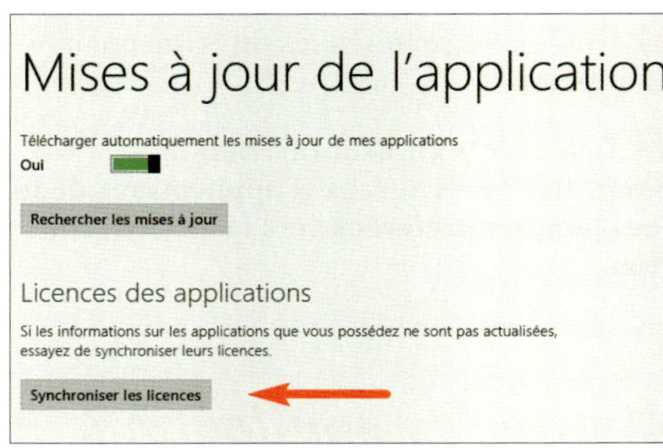

Afficher des détails et des avis sur une application

1 Entrez dans le **Windows Store** et recherchez ou accédez à une application.

2 Appuyez ou cliquez dessus pour ouvrir sa page de téléchargement **Vue d'ensemble**.

3. Appuyez ou cliquez sur **Détails**. Une page d'informations s'affiche.

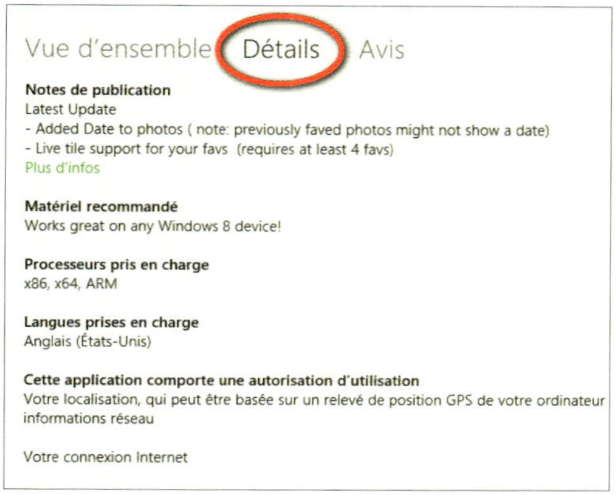

4. Cliquez sur **Avis** pour lire les avis d'utilisateurs qui en auraient donné.

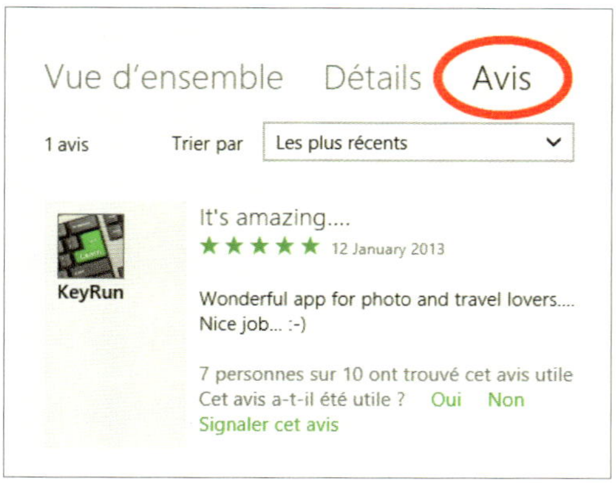

5. Pour visiter le site du développeur, revenez à la page **Vue d'ensemble** et appuyez, en bas, sur **En savoir plus – Site Web**.

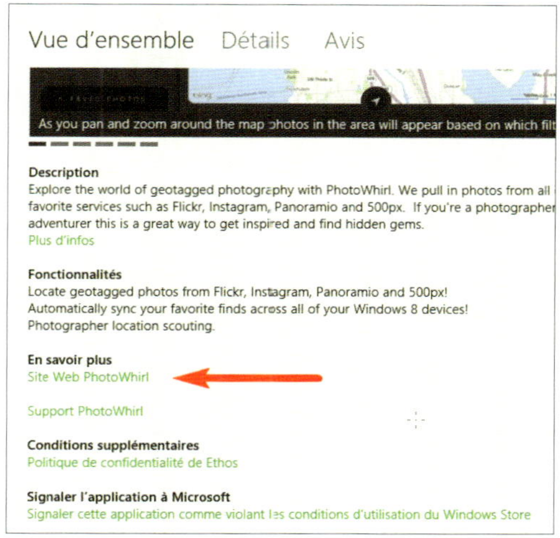

NOTE

Dans certains cas, une application peut être supprimée du Windows Store en raison de la violation des conditions d'utilisation. Si cela se produit, vous recevez un message électronique vous indiquant que l'application ne sera plus disponible dans le Windows Store et qu'elle ne fonctionnera plus sur vos PC.

Chapitre 19

Voyager, lire et jouer

Dans ce chapitre

- Examiner des cartes géographiques
- Afficher des outils de sélection
- Tracer un itinéraire
- Trouver un lieu ou une société
- Afficher la météo
- Voyager
- S'informer
- Lire des livres
- Installer un lecteur ePub
- Jouer
- Six jeux à essayer

Votre tablette peut servir vos loisirs de multiples façons. Si vous aimez voyager, Surface affiche pour vous des cartes et des plans. La tablette vous permet de tracer un itinéraire parfaitement documenté pour préparer vos déplacements. Vous examinerez aussi la météo de votre destination.

Pour bien voyager, retenez vos vols d'avion et vos hôtels en sélectionnant ce qui vous convient le mieux.

Transformez Surface en liseuse et enregistrez autant de livres que vous le désirez. Enfin, n'oubliez pas les jeux, la tablette s'y prêtant à merveille.

Cartes géographiques

1. Ouvrez la page **Accueil**.

2. Appuyez sur la vignette **Cartes**.

3. Une carte géographique, réalisée par le service **Bing** de Microsoft, s'affiche et, si vous avez autorisé cette fonction, vous localise avec un losange.

4. Déplacez la carte au doigt ou à la souris, bouton enfoncé.

5. Modifiez l'échelle :

- Avec deux doigts que vous rapprochez ou que vous écartez.
- Ou en appuyant ou cliquant sur les signes + ou – qui apparaissent à l'écran si vous bougez la souris.

Afficher les outils de sélection cartographique

1. Balayez l'écran du bas vers le centre pour afficher la barre horizontale d'options.

2. Faites glisser sur la carte l'icône **Ajouter un repère** et placez-la où vous le souhaitez. Il est marqué par un gros point orange. Vous pouvez ainsi positionner de nombreux repères et les déplacer en les faisant glisser.

3. Appuyez sur **Afficher le trafic** pour que des traits orange, rouges ou verts marquent les embouteillages. Appuyez de nouveau sur cette icône pour supprimer le marquage.

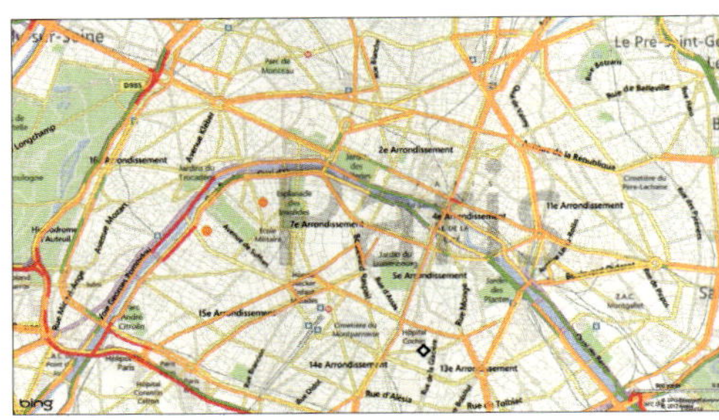

4. Appuyez sur **Style de carte** pour sélectionner entre **Carte routière** et **Vue aérienne**.

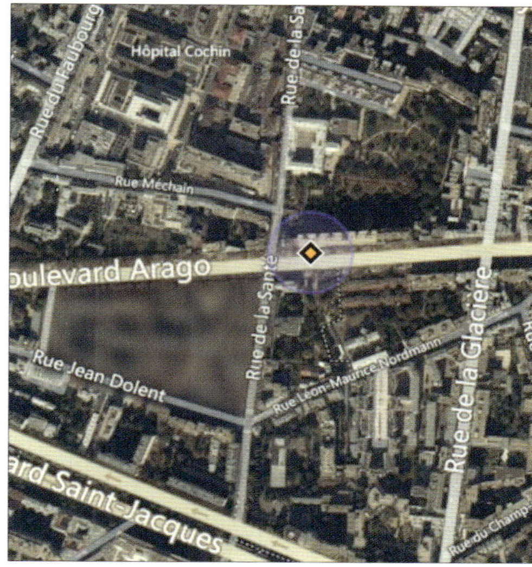

❺ Appuyez sur l'icône **Ma position** pour être ramené à votre position géographique.

Tracer un itinéraire

❶ Dans la barre d'outils horizontale, appuyez sur l'icône **Itinéraire**.

❷ Un volet droit s'ouvre. Spécifiez votre point de départ et votre destination et appuyez sur la petite flèche orientée vers la droite.

La carte vous indique le trajet à effectuer. Vous pouvez l'agrandir.

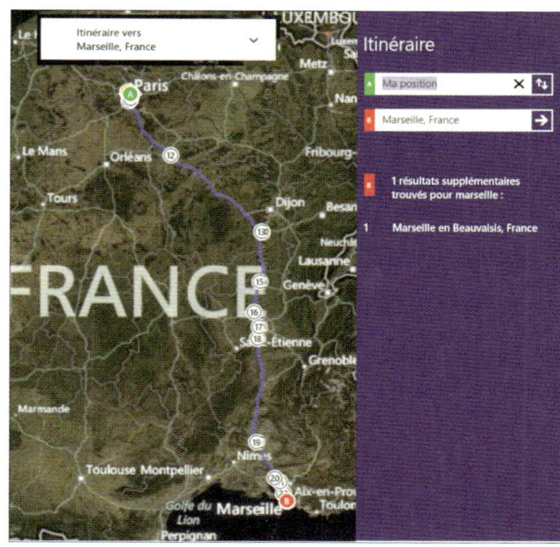

❸ Appuyez sur la petite flèche du cadre blanc indiquant l'itinéraire pour afficher les détails de l'itinéraire dans un volet gauche.

4 Touchez l'un des trajets listés pour en afficher le plan sur la droite.

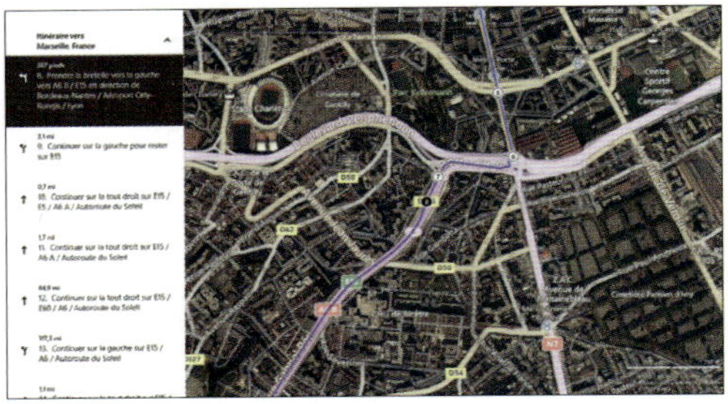

5 Retouchez la même petite flèche pour fermer le volet gauche.

6 Pour supprimer l'itinéraire, ouvrez de nouveau la barre horizontale du bas et appuyez sur **Réinitialiser carte**.

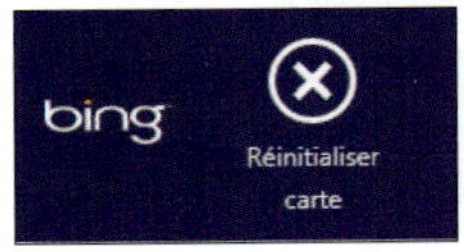

Trouver un lieu ou une société

1 Toujours dans la barre horizontale d'outils, appuyez sur l'icône **Trouver**.

2 Dans le volet droit qui s'ouvre, indiquez ce que vous recherchez. Puis appuyez sur la petite loupe pour lancer la recherche.

3 Si Bing reconnaît votre demande, sa position s'affiche aussitôt sur la carte.

4 Si Bing ne trouve pas l'objet de votre recherche ou ne répond pas exactement à votre demande, appuyez sur le bouton **Affiner la recherche** qui s'affiche alors.

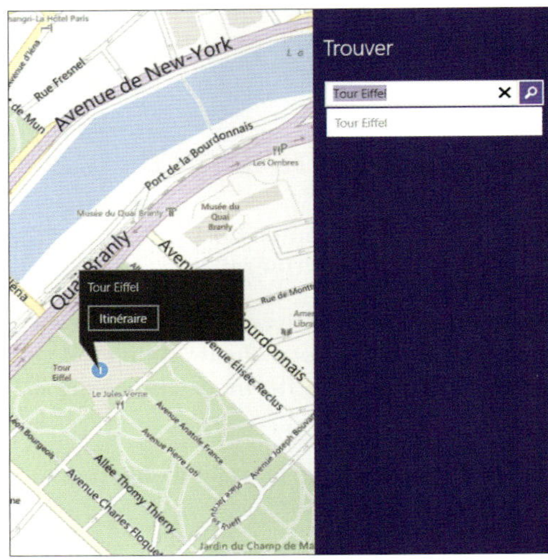

Afficher la météo

1 Ouvrez la page **Accueil**.

2 Appuyez sur la vignette **Météo**.

❸ Le service Bing de Microsoft affiche la météo selon votre localisation.

❹ Faites glisser cette page pour afficher, sur sa droite, d'autres informations ou d'autres options.

Voyager

❶ Affichez la page **Accueil**.

❷ Appuyez sur la vignette **Voyage**.

Une page d'accueil s'ouvre.

❸ Faites un balayage du bord supérieur vers le centre ou un clic droit pour afficher une barre horizontale supérieure d'options.

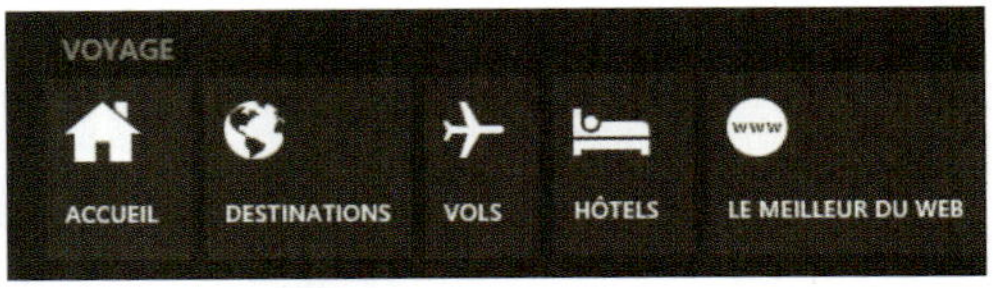

❹ Vous pouvez sélectionner des destinations, des vols, des hôtels, ou choisir le meilleur de ce qu'offre le Web.

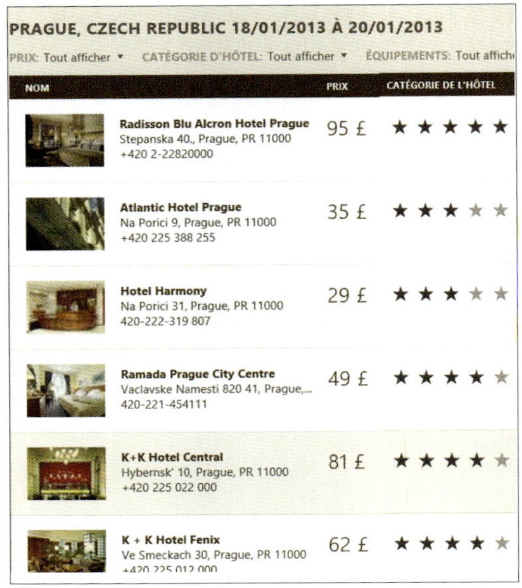

S'informer

❶ Affichez la page **Accueil**.

❷ Appuyez sur la vignette **Actualités**.

La page **Bing au quotidien** s'affiche.

❸ Faites défiler la page et appuyez sur le sujet qui vous intéresse.

❹ Vous disposez toutefois de beaucoup d'autres sources d'informations, l'une d'elles étant l'excellent journal gratuit en ligne ***Huffington Post***, en français.

❺ Pour y accéder, ouvrez le navigateur et composez son adresse :

`www.huffingtonpost.fr`

❻ Dans la barre d'adresses du bas, appuyez sur l'icône **Épingler le site** pour le placer sur la page **Accueil** de la tablette.

❼ Dès lors, vous y avez accès très simplement.

Lire des livres

- Vous pouvez lire en ligne ou télécharger les livres numérisés, ou **ebooks** en anglais, que vous voulez lire sur votre tablette.
- Les deux grands formats adoptés sont le format **pdf**, parfois appelé mode image, et le format **ePub**. Votre tablette lit directement le format PDF. Il existe des formats propriétaires.
- Les livres numérisés sont gratuits ou payants.

❶ Recherchez et téléchargez un livre, par exemple depuis la **Bibliothèque nationale de France** (BNF) et son site **Gallica** à :

`http://gallica.bnf.fr/ebooks`

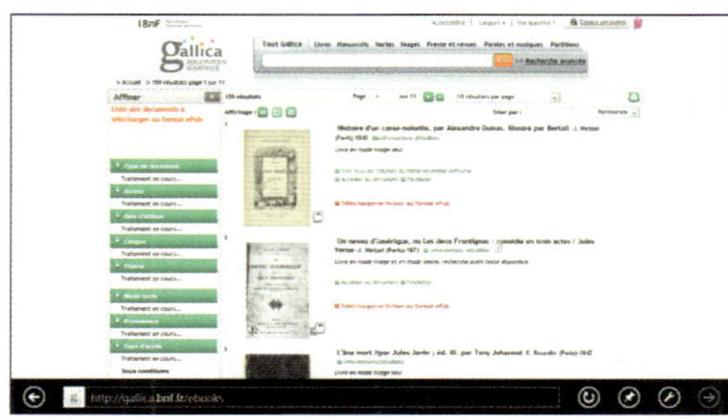

❷ Si le livre est au format **pdf**, vous devriez pouvoir le lire directement, sauf s'il fait appel à l'outil Adobe Flash, non disponible pour Surface (lors de la rédaction de ce livre, tout du moins).

❸ S'il est au format ePub, vous devez installer un lecteur spécial ePub.

Installer un lecteur ePub

1. Passez dans le magasin **Windows Store** et lancez une recherche sur **Livres**.

2. Sélectionnez l'application gratuite **Livre**. Ou une autre de votre choix qui réponde au même besoin.

3. Installez-la.

4. Vous pouvez alors lire des livres au format ePub, par exemple *Voyage au centre de la Terre*, de Jules Verne, téléchargé depuis Gallica.

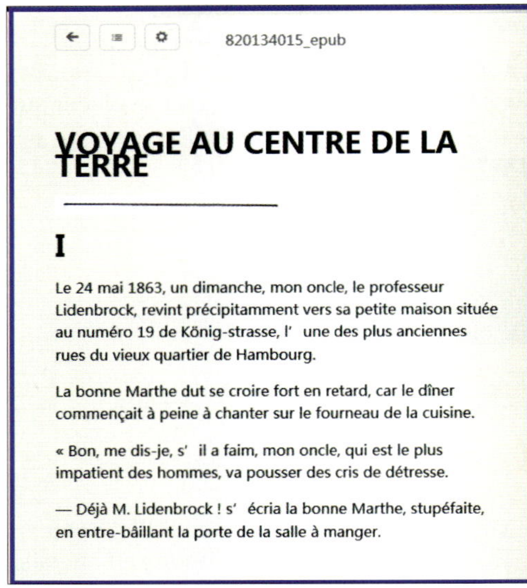

5. Feuilletez les pages en appuyant ou en cliquant sur une page de droite pour passer à la suivante, de gauche pour revenir à la précédente.

Jouer

1. La tablette Surface est un support quasi idéal pour jouer. Cela d'autant que le nombre de jeux disponibles devient important. Certains jeux sont gratuits, d'autres payants.

2. Ouvrez la page **Accueil** et appuyez sur la vignette **Jeux**.

3 La page **Xbox Games** s'affiche, les jeux affichés pouvant fonctionner sur ces deux supports.

4 Appuyez sur l'un des jeux proposés et, s'il est payant, vous devrez vous acquitter de son montant.

5 Vous pouvez aussi télécharger des jeux gratuits depuis le Windows Store. Entrez dans ce magasin et ouvrez la catégorie **Jeux**.

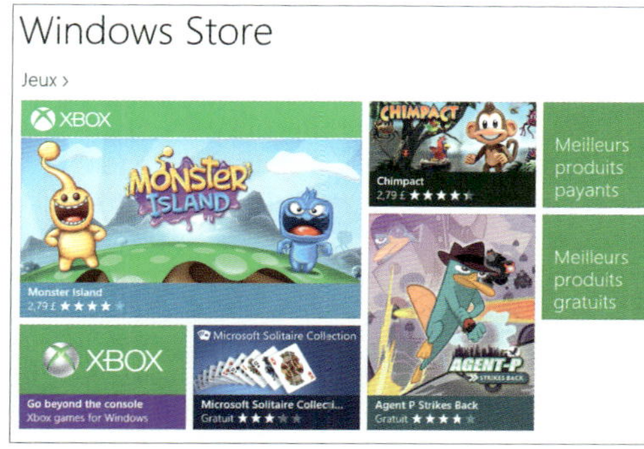

6 Appuyez sur le jeu de votre choix ou appuyez sur **Meilleurs produits gratuits** ou sur **Meilleurs produits payants** pour le trouver.

7 Téléchargez et installez ce jeu, puis ouvrez-le. Découvrez-en les règles et jouez.

Six jeux gratuits à essayer

- **Radiant Defense** – Radiant Defense est un jeu de type tower-defense, avec des animations fluides et simples, et surtout une bande-son parfaite. Avec ses 10 missions et plus de 300 vagues d'attaques à contrer, il devient de plus en plus difficile.

- **Bubble Star –** C'est un jeu classique de bulles. Il faut viser des bulles par groupes de trois pour les détruire au canon. Là encore, il existe différents niveaux de difficulté et pour simple que ce jeu apparaisse, il pourra vous occuper des heures durant.

- **Hangman –** Un jeu classique du pendu, très populaire sur Windows Phone. Mais en anglais, comme la plupart des jeux offerts lors de la rédaction de ce livre.

- **Cake Tower –** Empilez des gâteaux tandis que l'échelle se balance pour créer le plus haut assemblage de gâteaux de mariage.

- **Tilt Maze –** Un jeu astucieux : emmenez la petite boule rouge au travers du labyrinthe en inclinant la tablette, ce qui n'est pas aussi évident, sans tomber dans le piège des grosses boules blanches mangeuses.

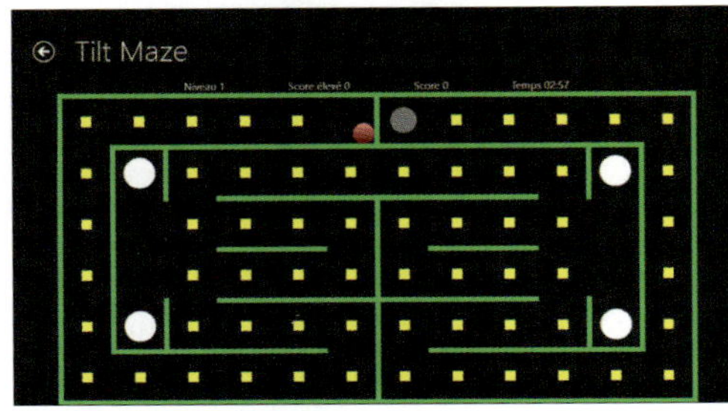

- **Cut The Rope –** Coupez la corde pour nourrir le monstre de bonbons ; il faut parfaitement viser. Le jeu complet avec tous ses niveaux est payant.

NOTE

On regrettera que Windows RT offre un choix bien plus restreint de jeux que Windows 8 ou que les autres magasins existants pour d'autres systèmes. Toutefois, la collection s'enrichit relativement rapidement.

Chapitre 20

Paramétrer la tablette

Dans ce chapitre

- Supprimer les animations des vignettes
- Désactiver totalement les animations
- Ajuster manuellement la luminosité de l'écran
- Ajuster automatiquement la luminosité de l'écran
- Activer le mode avion
- Supprimer des applications
- Créer un réseau résidentiel
- Appeler Windows à l'aide

De nombreux paramétrages vous ont été présentés dans ce livre jusqu'ici. Il en existe encore beaucoup d'autres. Les principaux qui n'ont pas encore été traités, sont développés dans ce chapitre.

Si vous avez déjà l'expérience de Windows 7 ou d'une version antérieure, vous compléterez aisément ces paramétrages, car beaucoup s'appliquent de la même façon.

Supprimer les animations des vignettes personnelles

1. Appuyez sur ⊞ + C, puis sur **Options**. En haut du volet, appuyez sur **Vignettes**.

2. Pour effacer les informations personnelles des vignettes, appuyez sur le bouton **Effacer**.

3. L'écran affiche aussitôt **Terminé**.

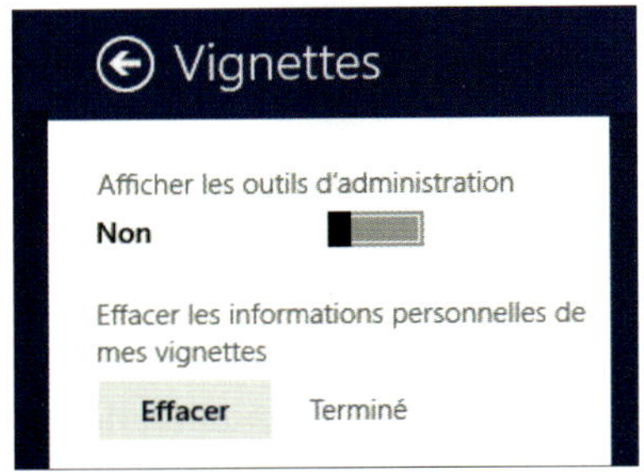

Désactiver totalement les animations de l'écran d'accueil

1. Ouvrez la barre latérale d'outils et lancez une recherche sur le mot **ordinateur**.

2. Dans les résultats de la recherche, faites un clic droit sur l'application **Ordinateur** pour ouvrir la barre horizontale du bas avec ses commandes propres.

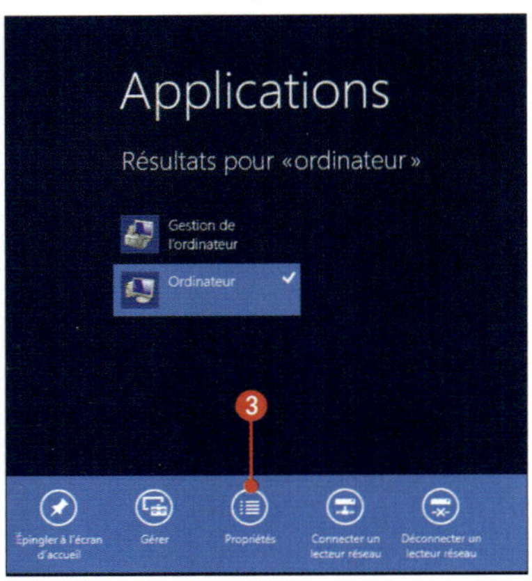

3. Dans cette barre, appuyez sur **Propriétés**. La fenêtre **Système** apparaît.

4. Appuyez sur **Paramètres système avancés**.

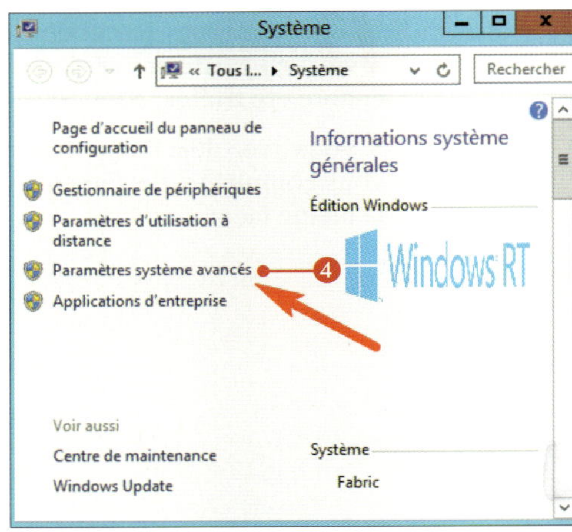

5. La fenêtre **Propriétés système** s'affiche. Appuyez sur le bouton **Paramètres** de la rubrique **Performances**.

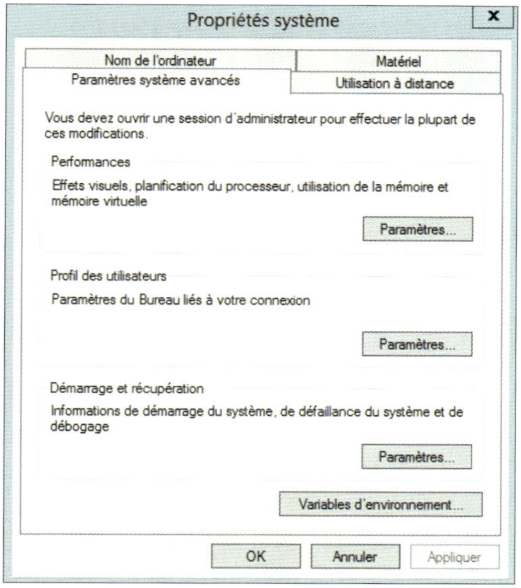

6 Dans la fenêtre **Options de performances** qui s'ouvre, décochez la case **Animer les contrôles et les éléments à l'intérieur des fenêtres**.

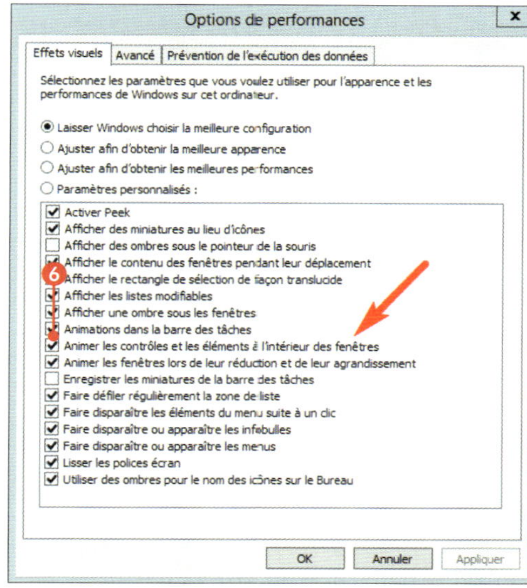

7 Appuyez sur **Appliquer**, puis deux fois sur **OK** pour valider et fermer les fenêtres. Les vignettes ne seront plus animées et s'afficheront un peu plus rapidement.

Ajuster manuellement la luminosité de l'écran

1 Avec **Windows** + C, par exemple, ouvrez le volet latéral d'outils et appuyez sur **Paramètres**.

2 En bas du volet, appuyez sur **Écran**.

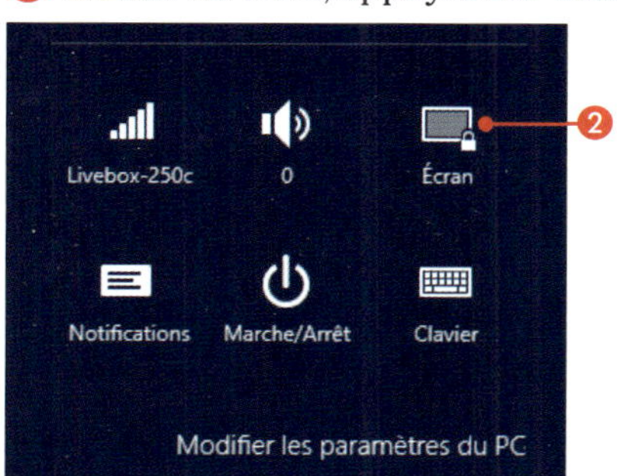

3 Un curseur vertical apparaît. Déplacez-le pour modifier l'éclairage de l'écran.

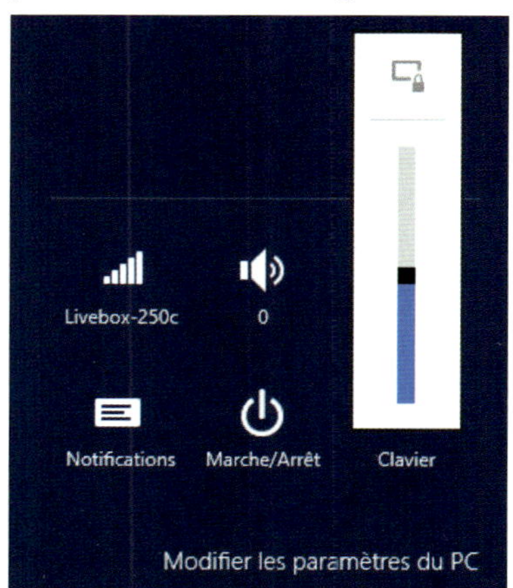

Ajuster automatiquement la luminosité de l'écran

❶ Ouvrez la page **Paramètres du PC**.

❷ Dans le volet gauche, appuyez sur **Général**.

❸ Dans le volet droit, sous la rubrique **Écran**, vérifiez que le curseur se trouve bien sur la droite, en mode **Activé**.

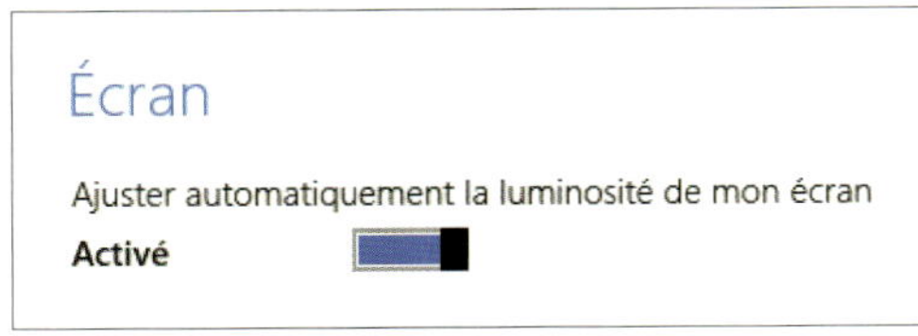

Activer le mode Avion

Le **mode avion** sert à couper toutes les liaisons radio pour ne pas perturber le pilotage d'un avion, le fonctionnement des appareils dans un hôpital, *etc.*

❶ Pour le mettre en service, ouvrez la même page des paramètres que ci-dessus, en sélectionnant **Sans fil**.

❷ Sous **Mode avion**, déplacez le curseur vers la droite, en mode **Activé**.

Vous le ramènerez en mode Désactivé lorsque vous voudrez reprendre vos liaisons Internet.

Supprimer des applications

❶ Faites un clic droit sur une zone libre de la page **Accueil** pour afficher le bandeau horizontal du bas.

❷ Appuyez sur **Toutes les applications**.

❸ Faites un clic droit sur l'application à supprimer. La barre horizontale d'outils s'affiche. Elle comporte un bouton **Désinstaller** si l'application est désinstalable. Appuyez dessus.

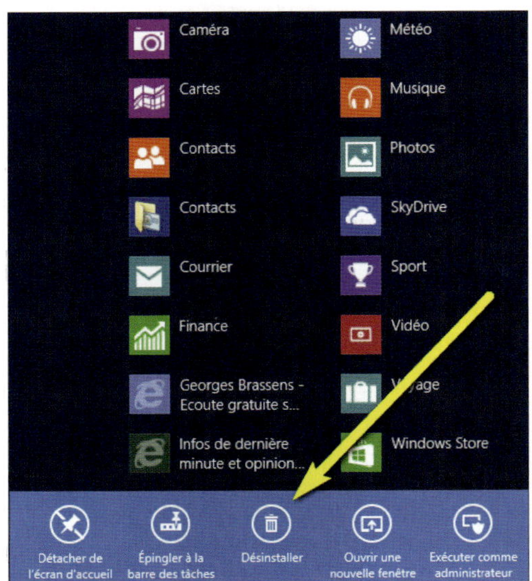

Créer un réseau résidentiel

Votre tablette Surface peut participer à un réseau résidentiel avec votre ordinateur portable ou de bureau, par exemple, ou avec toute autre machine familiale ou appartenant à des connaissances.

En raison de la nouveauté de Windows RT, mieux vaut, actuellement, démarrer la création du réseau résidentiel non pas sur la tablette mais sur l'un des ordinateurs à connecter.

1. Supposons qu'il s'agisse d'un PC tournant sous Windows 7. Sur ce PC, cliquez sur le bouton **Démarrer**, sur **Panneau de configuration** puis, en affichage par icônes, sur **Centre réseau et partage**.

2. La fenêtre **Afficher les informations de base de votre réseau et configurer les connexions** s'affiche.

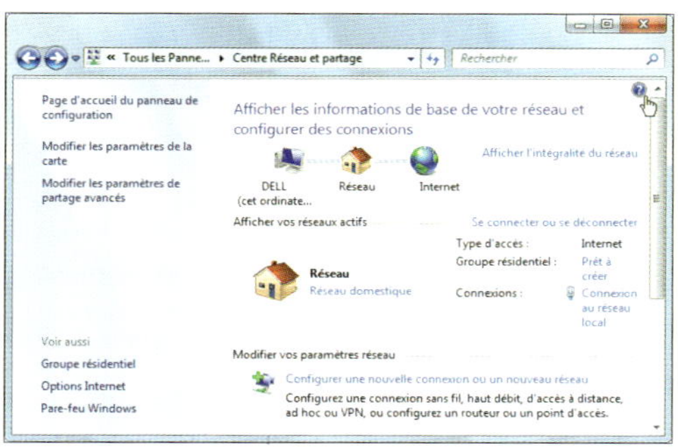

3. Cliquez sur le lien **Prêt à créer** figurant à côte de **Groupe résidentiel** pour ouvrir la fenêtre **Partager avec d'autres ordinateurs**…

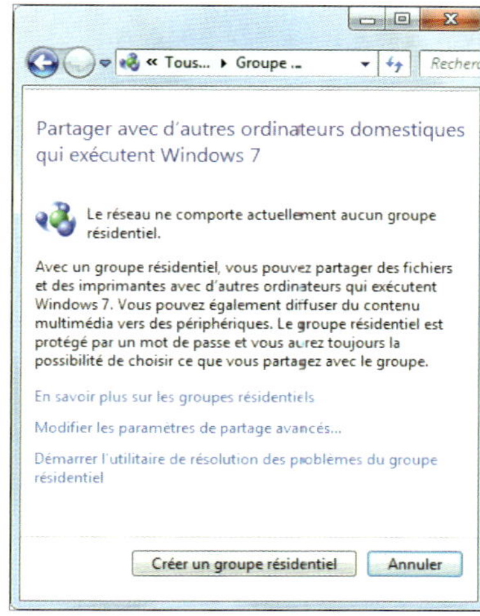

4. Appuyez sur le bouton **Créer un groupe résidentiel**.

5. Dans la fenêtre suivante, cochez ce que vous entendez partager.

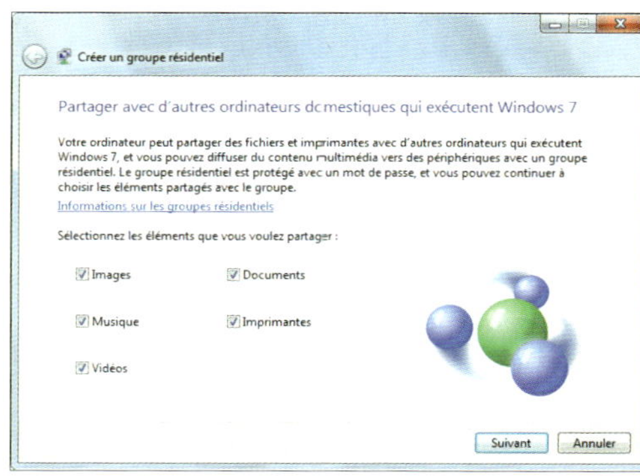

6. Appuyez sur **Suivant**. Après un court instant, la fenêtre **Utilisez ce mot de passe pour ajouter des ordinateurs à votre groupe résidentiel** apparaît, avec ce fameux mot de passe.

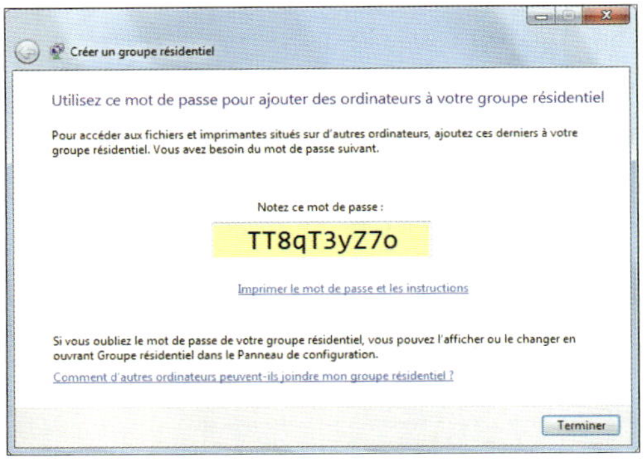

❼ Revenez à la tablette et faites apparaître la barre latérale d'outils. Appuyez sur **Paramètres**, puis sur **Modifier les paramètres du PC**.

❽ Dans la colonne gauche, appuyez sur **Groupement résidentiel**. La tablette recherche dans son environnement s'il existe un groupe résidentiel et le trouve. Elle demande que vous composiez son mot de passe.

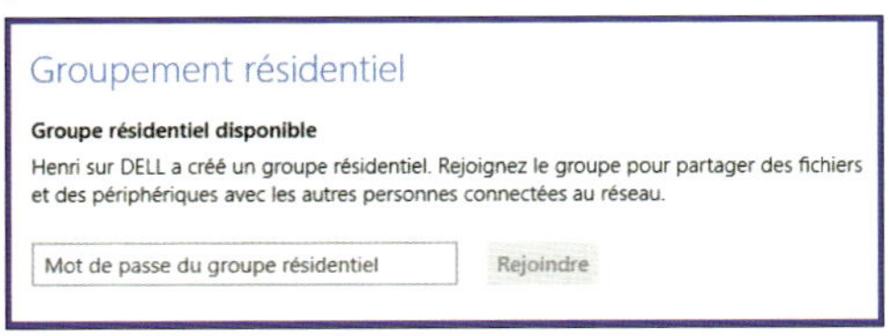

❾ Tapez le même mot de passe en respectant la distribution minuscules-majuscules et appuyez sur le bouton **Rejoindre**.

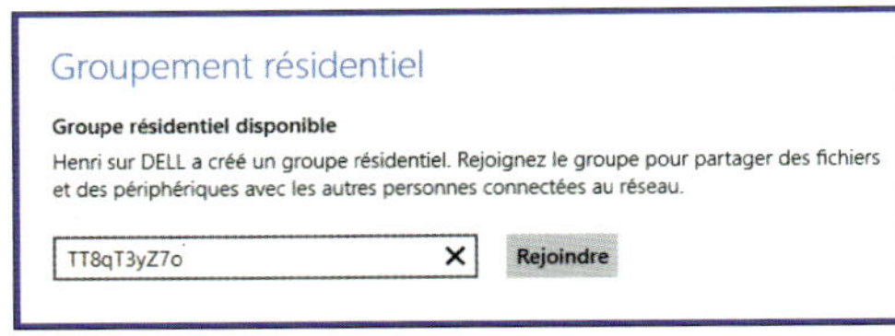

❿ La connexion s'effectue, la tablette le confirmant à sa façon.

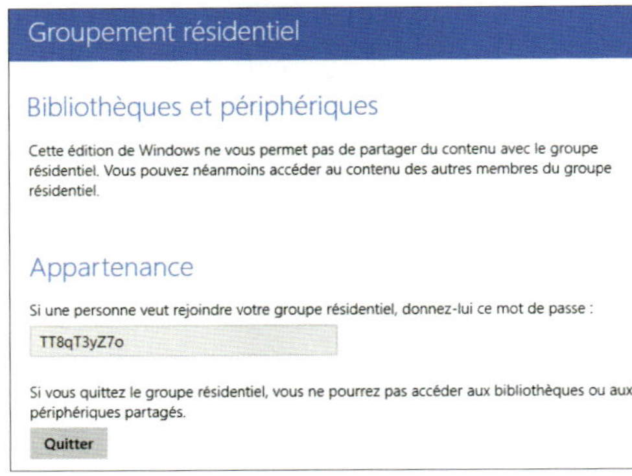

⓫ Vous pouvez maintenant développer votre réseau avec le même code.

NOTE

Vous ne pouvez pas en faire autant depuis un ordinateur sous Windows 7 tant que Microsoft n'aura pas mis à jour ce programme pour qu'il sache comment dialoguer avec Windows RT.

Le groupe résidentiel ne fonctionne qu'avec des machines tournant sous Windows 7, Windows 8 ou Windows RT.

Appeler Windows à l'aide

❶ Affichez la page d'accueil et appuyez sur les touches ⊞ + **C** pour ouvrir la barre latérale d'outils.

❷ Appuyez sur le bouton **Paramètres**.

❸ Dans le volet qui s'ouvre, appuyez, en haut, sur **Aide**.

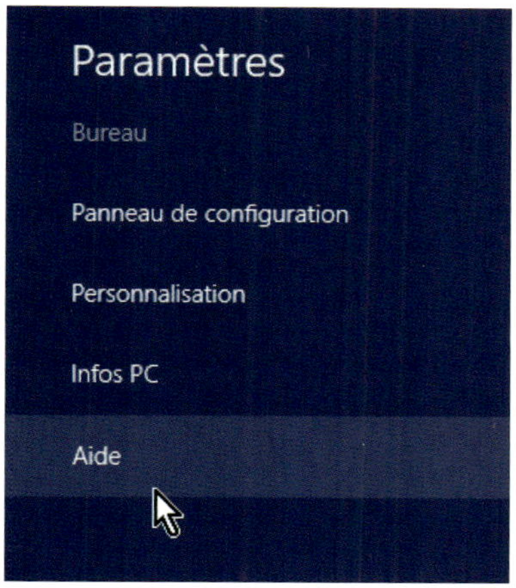

❹ La fenêtre d'aide en ligne apparaît.

❺ Appuyez sur l'une de ses rubriques

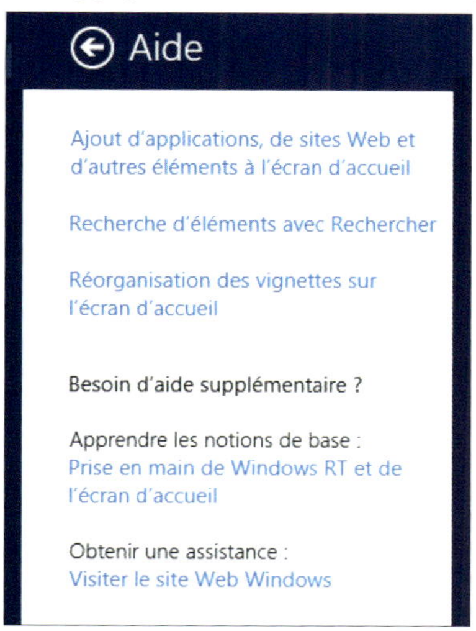

❻ Laissez-vous ensuite guider par l'écran pour naviguer dans les pages d'aide.

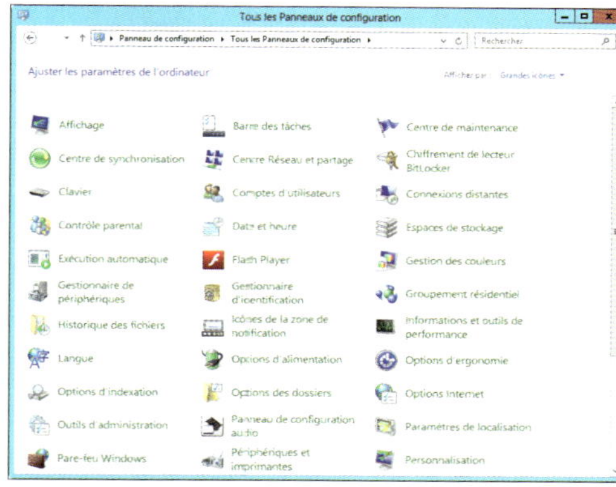

> **NOTE**
>
> En cas de difficulté majeure, si ni ce livre, ni l'aide en ligne ne vous ont apporté la bonne réponse, consultez les forums et les groupes de discussion dédiés à Windows RT, ou plutôt et plus généralement à Windows 8.

Chapitre 21

Synthèse et reconnaissance vocales

Dans ce chapitre

- Utiliser la reconnaissance vocale
- Contrôler la tablette avec la reconnaissance vocale
- Synthèse vocale avec le Narrateur
- Commander le Narrateur tactilement

La synthèse vocale permet à la tablette de vous parler. La reconnaissance vocale, à l'inverse, lui permet de vous écouter et d'interpréter vos paroles.

Ces deux fonctions ouvrent de nouveaux horizons. Par exemple, vous pourrez même passer des ordres vocalement.

Utiliser la reconnaissance vocale

Vous pouvez utiliser la reconnaissance vocale pour remplir des formulaires en ligne ou taper des lettres, par exemple. Lorsque vous parlez dans le microphone, la reconnaissance vocale remplace vos paroles en texte à l'écran.

1. Pour dicter du texte à l'aide de la reconnaissance vocale, lancez une recherche sur **reconnaissance vocale** en sélectionnant la catégorie **Paramètres**.

2. Dans le volet gauche, appuyez sur **Reconnaissance vocale de Windows**.

3. Laissez-vous guider par l'écran jusqu'à ce que la petite fenêtre de la reconnaissance vocale s'affiche.

4. Dites **Commencer l'écoute** ou appuyez ou cliquez sur le bouton **Microphone** pour passer en mode d'écoute.

5. Ouvrez l'application à utiliser ou sélectionnez la zone de texte souhaitée pour y dicter du texte.

6. Dictez votre texte.

7. Corriger les éventuelles erreurs :

- Pour corriger la dernière parole prononcée, dites **Corriger cela**.
- Pour corriger un seul mot, dites **Corriger** suivi du mot à corriger. Si le mot apparaît plusieurs fois, toutes ses instances seront soulignées et vous pourrez choisir celle que vous souhaitez effectivement corriger.
- Dans la boîte de dialogue **Volet Autres**, dites le numéro en regard de l'élément souhaité, puis dites **OK**.

> NOTE
>
> Un dictionnaire est lié à la reconnaissance vocale. Vous pouvez ajouter vos propres mots, empêcher un mot spécifique d'être dicté, mais également corriger ou supprimer un mot. Ouvrez-le en prononçant **Ouvrir le dictionnaire vocal**.

Contrôler la tablette avec la reconnaissance vocale

1. Vous pouvez contrôler votre PC à l'aide de commandes simples et courtes. Dans la fenêtre précédente Reconnaissance vocale, appuyez sur **Ouvrir la fiche de référence vocale**.

2. La page **Aide et support Windows** s'ouvre. Appuyez sur **Contrôle de votre PC à l'aide de la reconnaissance vocale**.

3. Faites défiler le contenu de la page pour trouver la liste des commandes disponibles avec le type d'opération à effectuer.

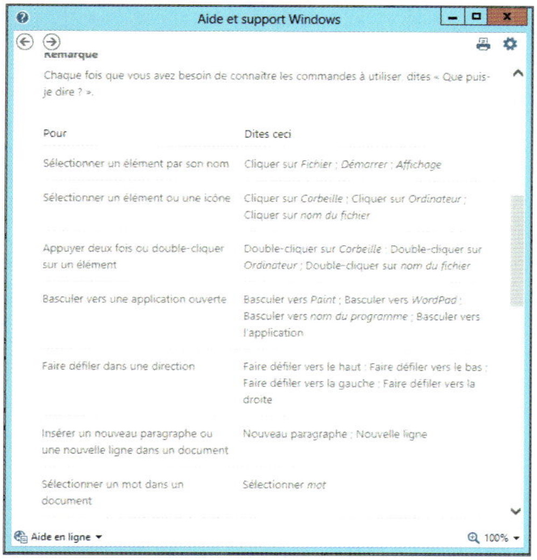

4 Chaque fois que vous avez besoin de connaître les commandes à utiliser, dites **Que puis-je dire ?**

Pour piloter la tablette	Dire
Sélectionner un élément par son nom	Cliquer sur Fichier ; Démarrer ; Affichage
Sélectionner un élément ou une icône	Cliquer sur Corbeille ; Cliquer sur Ordinateur ; Cliquer sur nom du fichier
Appuyer deux fois ou double-cliquer sur un élément	Double-cliquer sur Corbeille ; Double-cliquer sur Ordinateur ; Double-cliquer sur nom du fichier
Basculer vers une application ouverte	Basculer vers Paint ; Basculer vers WordPad ; Basculer vers nom du programme ; Basculer vers l'application
Faire défiler dans une direction	Faire défiler vers le haut ; Faire défiler vers le bas ; Faire défiler vers la gauche ; Faire défiler vers la droite
Insérer un nouveau paragraphe ou une nouvelle ligne dans un document	Nouveau paragraphe ; Nouvelle ligne
Sélectionner un mot dans un document	Sélectionner mot
Sélectionner un mot et le corriger	Corriger le mot
Sélectionner et supprimer certains mots	Supprimer le mot
Afficher une liste de commandes applicables	Que puis-je dire ?
Mettre à jour la liste des commandes vocales qui sont disponibles actuellement	Actualiser les commandes vocales
Activer le mode d'écoute	Commencer l'écoute
Désactiver le mode d'écoute	Arrêter l'écoute
Déplacer la barre du microphone de la reconnaissance vocale	Déplacer la reconnaissance vocale
Réduire la barre du microphone	Réduire la reconnaissance vocale

Pour piloter la tablette	Dire
Afficher le contenu relatif à Aide et support Windows à propos de tâches spécifiques	Comment faire quelque chose ? Par exemple, dites : « Comment installer une imprimante ? » et une liste de rubriques d'aide est retournée. Notez que cette commande n'est disponible que si vous utilisez le système de reconnaissance vocale en anglais (États-Unis).

NOTE

N'attendez pas de miracles de la reconnaissance vocale qui fait ce qu'elle peut. Elle mérite d'être expérimentée.

Synthèse vocale avec le Narrateur

Le Narrateur est un lecteur d'écran qui lit à haute voix le texte affiché et qui décrit les événements qui se produisent, notamment les messages d'erreur. À la limite, vous pourriez utiliser votre tablette sans regarder l'écran.

❶ Pour démarrer le Narrateur, appuyez simultanément sur le bouton du **logo** et sur le bouton **Augmenter le volume**. Renouvelez cette opération pour quitter le Narrateur.

❷ Sur un clavier, appuyez sur la touche **+ Entrée**. Ou encore, dans l'écran de connexion, appuyez sur la touche du **logo Windows + U** ou cliquez sur le bouton **Options d'ergonomie** dans l'angle inférieur gauche et sélectionnez **Narrateur**.

❸ Vous pouvez aussi effectuer une recherche pour accéder au Narrateur.

❹ Pour quitter rapidement le Narrateur, vous pouvez aussi appuyez sur la touche **Verr maj + Échap**. Une petite fenêtre vous en demande confirmation.

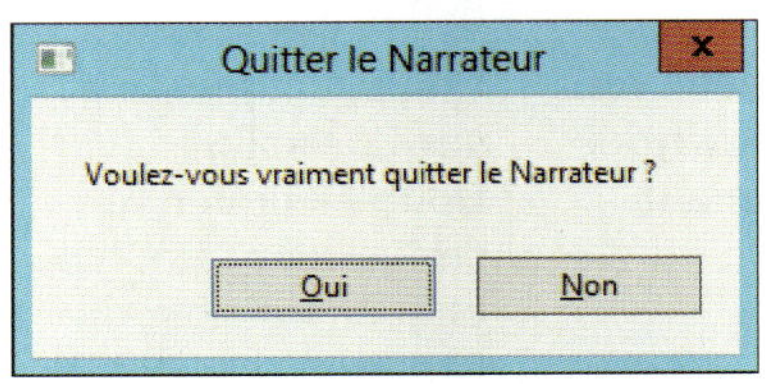

Commander tactilement le Narrateur

1. Pour afficher les paramètres du Narrateur, appuyez avec trois doigts sur l'écran.

2. La fenêtre **Paramètres du Narrateur** s'ouvre.

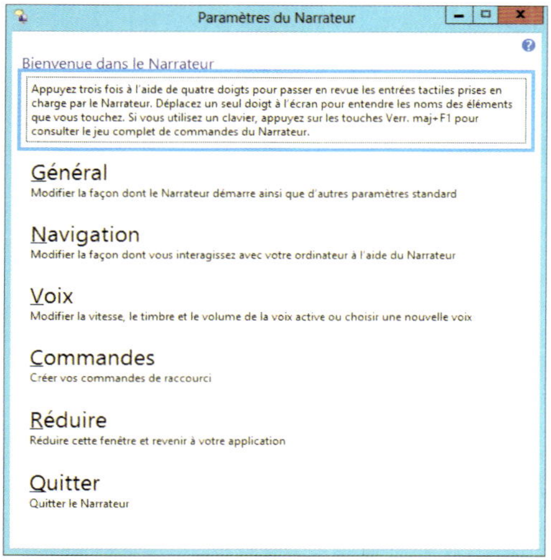

3. Vous disposez encore de toute une liste de raccourcis clavier et surtout de commandes tactiles spécifiques assez subtiles.

Opération tactile	Fonction
Appuyer une fois avec deux doigts	Indiquer au Narrateur d'arrêter la lecture
Appuyer trois fois avec quatre doigts	Afficher toutes les commandes du Narrateur (y compris celles ne figurant pas dans cette liste)
Appuyer deux fois ou maintenir un doigt et appuyer à l'aide d'un autre	Activer l'action principale
Appuyer trois fois ou maintenir un doigt et appuyer deux fois à l'aide d'un autre	Activer l'action secondaire
Maintenir un doigt et appuyer une fois à l'aide de deux doigts	Commencer à faire glisser ou options de touches supplémentaires
Appuyer avec trois doigts	Afficher/masquer la fenêtre des paramètres du Narrateur
Appuyer avec quatre doigts	Afficher les commandes pour l'élément actuel
Appuyer ou faire glisser un seul doigt	Lire ce qui se trouve sous votre doigt
Appuyer deux fois avec quatre doigts	Activer/désactiver le mode de recherche
Appuyer trois fois avec quatre doigts	Afficher la liste de commandes du Narrateur
Faire glisser à gauche/droite avec un doigt	Passer à l'élément suivant ou précédent
Faire glisser vers le haut/bas avec un doigt	Changer l'incrément de déplacement
Balayer vers la gauche/la droite/le haut/le bas avec deux doigts	Faire défiler
Balayer vers la gauche ou la droite avec trois doigts	Tabulation avant et arrière

Opération tactile	Fonction
Balayer vers le bas avec trois doigts	Commencer à lire le texte à explorer
Balayer vers le haut avec trois doigts	Lire la fenêtre active

Chapitre 22

Sécuriser

Dans ce chapitre

- Vérifier votre niveau de sécurité
- Vérifier l'état de la maintenance
- Mettre Windows automatiquement à jour
- Désinstaller une mise à jour
- Ouvrir Windows Defender
- Vérifier le pare-feu
- Restaurer les performances de la tablette
- Réinitialiser la tablette
- Options de démarrage avancées
- Démarrer sur un périphérique USB
- Résoudre les problèmes
- Protéger l'accès par un code PIN
- Protéger l'accès par un dessin

La sécurité est encore trop souvent négligée par les utilisateurs. En fait, Windows RT est particulièrement robuste et, pour l'instant, insensible à nombre de malfaisants non adaptés à ce système.

Mais il n'empêche : vous devez protéger son accès par un mot de passe, un code PIN ou un dessin. Vous devrez aussi songer à gérer le système plus globalement.

Vérifier votre niveau de sécurité

1 Faites un clic droit sur l'angle inférieur gauche de l'écran pour ouvrir le menu d'accès rapide.

2 Cliquez sur **Panneau de configuration** pour l'ouvrir.

3 Vérifiez que l'affichage s'effectue par **catégorie**. Si tel n'est pas le cas, appuyez sur la petite flèche noire à droite de la rubrique **Afficher par**, puis appuyez sur **Catégorie**.

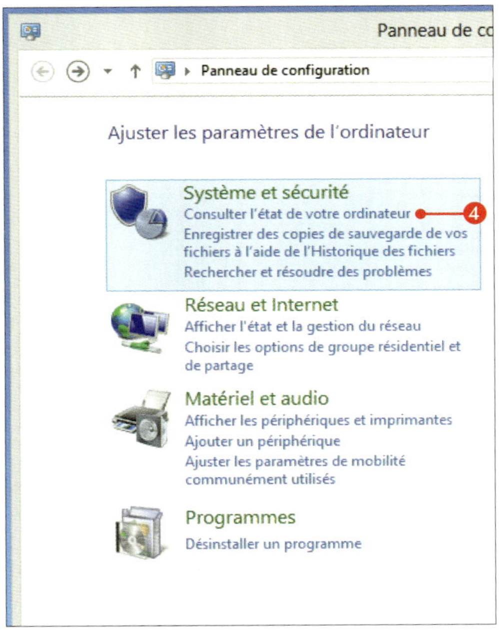

4 Sous la rubrique **Système et sécurité**, appuyez sur l'option **Consulter l'état de votre ordinateur**. L'écran **Centre de maintenance** s'affiche.

5 Appuyez sur la petite flèche dirigée vers le bas de la rubrique à droite de **Sécurité** pour ouvrir son contenu.

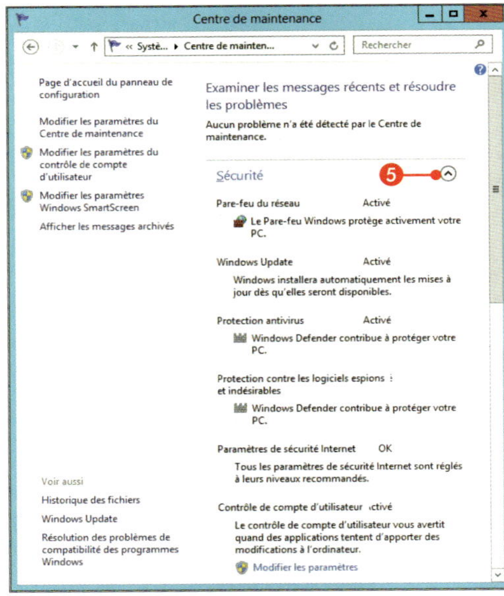

NOTE

Examinez les diverses options de cet affichage. La plupart d'entre elles devraient indiquer **Activé** ou **OK**. Si quelque chose d'anormal se présentait, vous devriez y remédier. Voyez les sections suivantes qui traitent de la plupart d'entre elles.

Vérifier l'état de la maintenance

❶ Dans la même fenêtre que ci-dessus, appuyez sur la flèche **Sécurité** dirigée vers le haut pour fermer cette liste, puis sur celle à droite de **Maintenance** pour lister les options de maintenance.

❷ Le **Centre de maintenance** dresse la liste des messages importants relatifs aux paramètres de sécurité et de maintenance qui nécessitent votre attention :

- Les éléments en rouge dans le Centre de maintenance portent la mention **Important**. Ils signalent des problèmes significatifs qui doivent être traités sans tarder, par exemple un antivirus obsolète qui a besoin d'être mis à jour.
- Les éléments en jaune sont des tâches suggérées que vous devez envisager de traiter, par exemple, des tâches de maintenance recommandées.

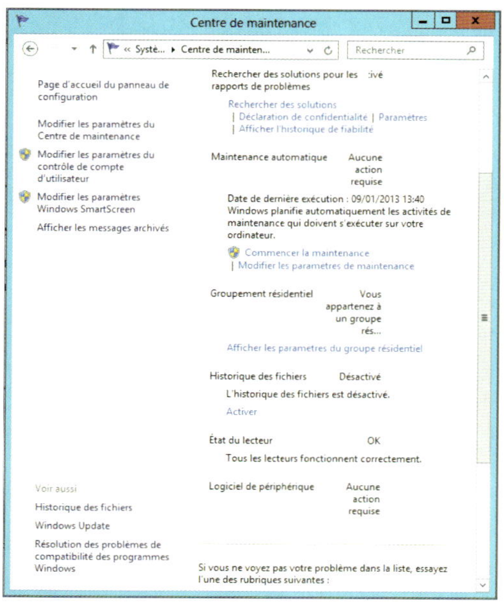

❸ D'éventuels problèmes indiqués par cette fenêtre devraient être corrigés.

Parmi les options de ce centre :

- **Rechercher des solutions pour les rapports de problèmes** : appuyez sur **Rechercher des solutions** pour résoudre certains problèmes spécifiés dans la fenêtre.
- Appuyez sur **Paramètres** sous cette même option pour ouvrir une fenêtre servant à spécifier quand rechercher des solutions.

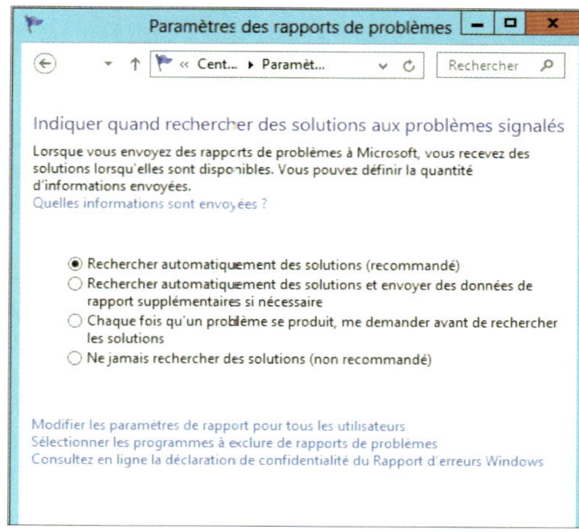

- **Maintenance automatique** : Windows planifie automatiquement les activités de maintenance, mais vous pouvez en modifier les conditions en appuyant sur **Modifier les paramètres de maintenance**. Indiquez l'heure voulue.

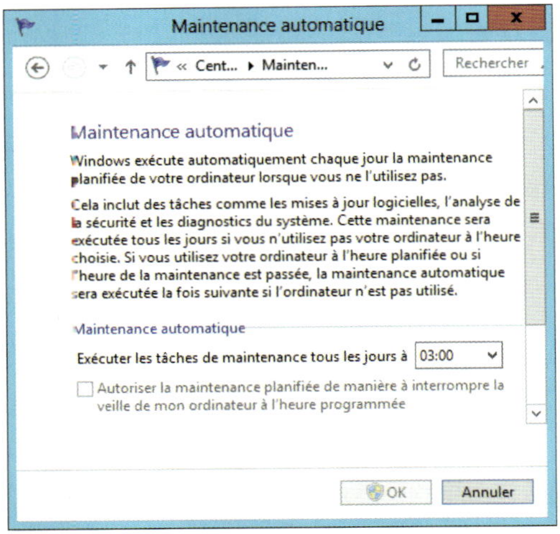

- **Commencer la maintenance** : pour la démarrer.
- **Groupement résidentiel** : il s'agit du réseau local établi entre vos différents ordinateurs. Appuyez sur **Afficher les paramètres du réseau résidentiel** pour ouvrir la fenêtre permettant de les modifier.

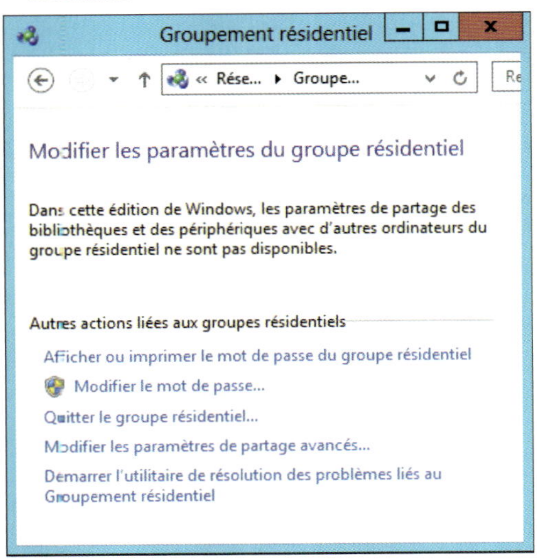

- **Dépannage** : ouvre la fenêtre **Résolution des problèmes**. Vous appuierez sur l'une des tâches listées pour corriger automatiquement l'une des difficultés courantes qui risquent de survenir.

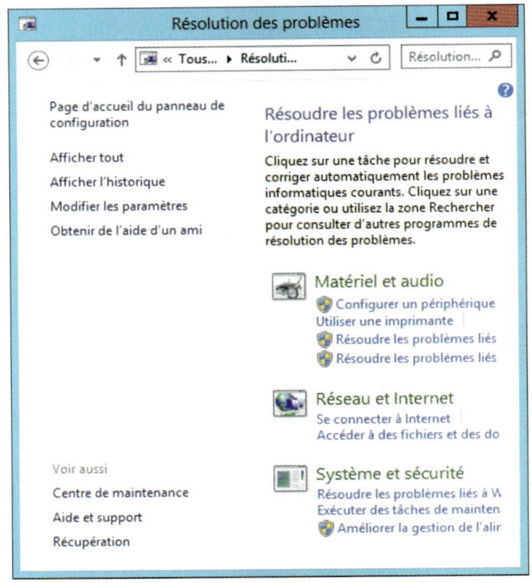

Mettre Windows automatiquement ou manuellement à jour

Un programme de l'importance de Windows RT peut comporter d'origine des failles de sécurité ou des lacunes. C'est quasiment inévitable, car il est impossible de vérifier un logiciel de cette ampleur à 100 % avant de le commercialiser. La bonne nouvelle est que, dès qu'une faille est découverte ou qu'une fonction peut être améliorée ou créée, Microsoft s'empresse de colmater la brèche en publiant une mise à jour. C'est pourquoi les mises à jour doivent être automatiquement reçues et installées :

1. Toujours dans la fenêtre précédente et en bas de la colonne gauche, appuyez sur la ligne **Windows Update** (*mise à jour Windows*). La fenêtre éponyme s'ouvre.

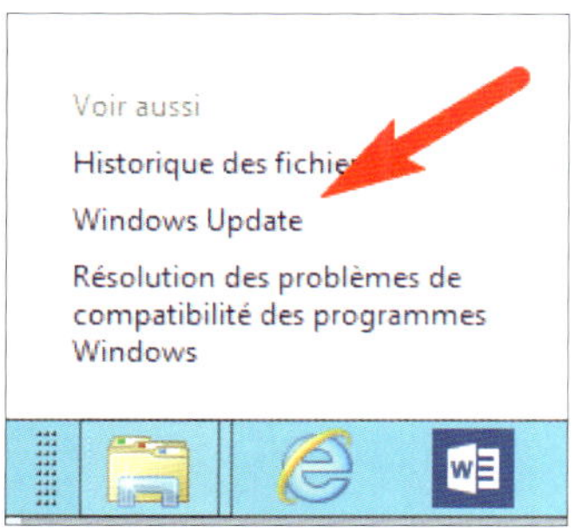

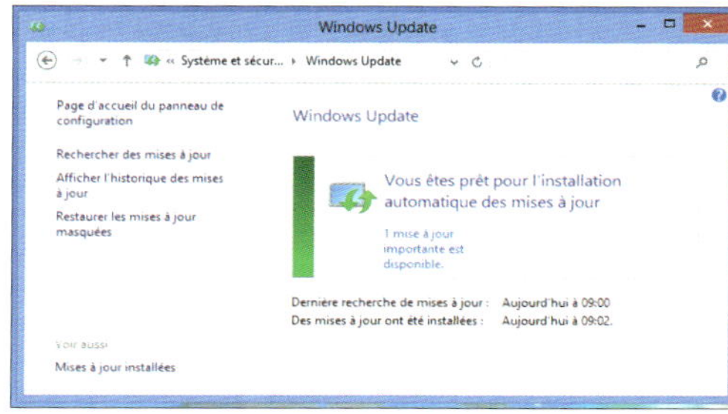

2. Cette fenêtre doit indiquer **Vous êtes prêt pour l'installation automatique des mises à jour**.

3. Si une mise à jour importante est disponible, cliquez sur son annonce pour l'installer.

Lister les mises à jour installées

❶ Appuyez sur l'option **Afficher l'historique des mises à jour**, dans la colonne gauche de la capture d'écran précédente.

L'historique des mises à jour installées s'affiche.

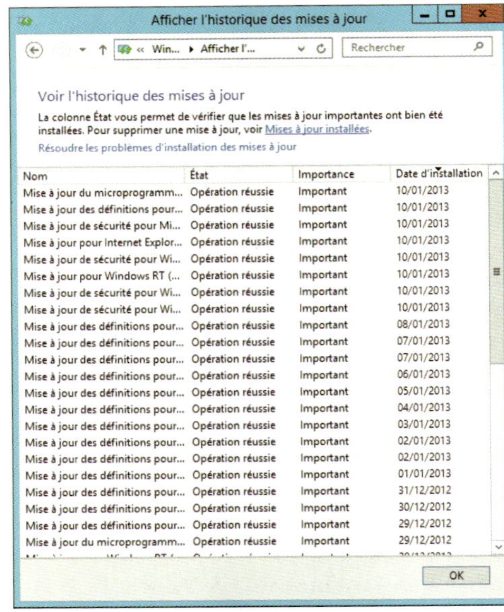

Désinstaller une mise à jour

❶ Si une mise à jour provoque des troubles de fonctionnement, désinstallez-la. Cliquez sur l'option **Mises à jour installées**, en bas de la colonne gauche, toujours de la même capture d'écran ci-dessus.

La liste des mises à jour installées et désinstalables s'affiche.

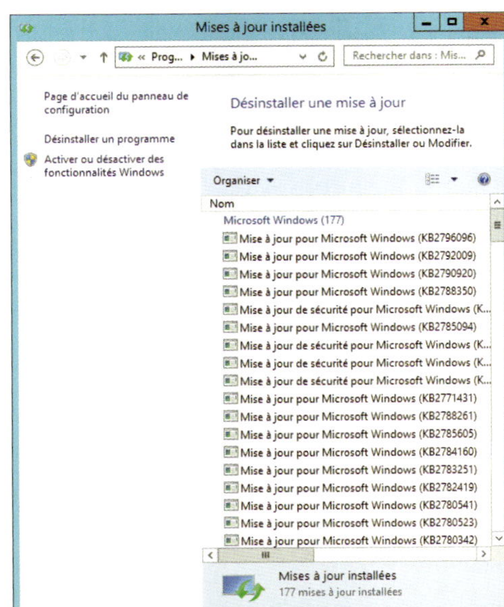

❷ Si une mise à jour a provoqué un dysfonctionnement ou un blocage, sélectionnez-la en la cochant.

❸ La sélection fait apparaître la commande **Désinstaller**. Appuyez sur celle-ci.

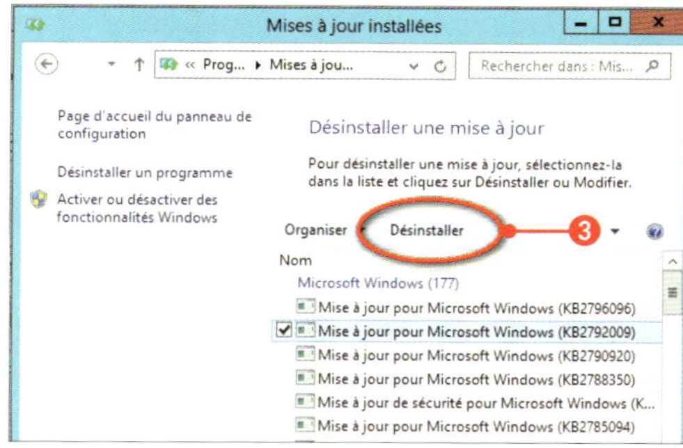

Ouvrir l'antivirus-antimalveillants Windows Defender

Windows 8 installe automatiquement un excellent programme luttant à la fois contre les virus et d'autres malfaisants, ou ***malwares*** en anglais, tels que les espions (ou ***spywares***, toujours dans la langue de Shakespeare) : **Windows Defender**.

> NOTE
>
> En fait, la tablette sous Windows RT devrait rester un temps préservée des attaques de malfaisants. Mais le succès de la tablette se confirmant, ils risquent de se manifester.

❶ Affichez la page d'accueil.

❷ Faites un clic droit dessus et, dans la barre qui s'ouvre en bas de la page, cliquez sur **Toutes les applications**.

❸ Sous la rubrique **Système Windows**, cliquez sur la vignette **Windows Defender**.

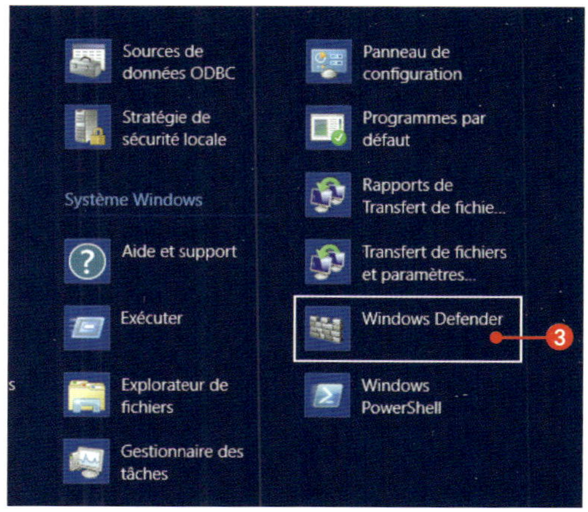

La fenêtre de cette application s'ouvre.

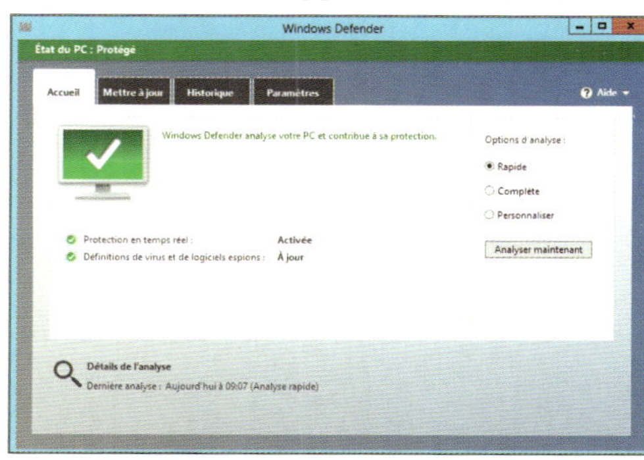

4 En principe, toutes les opérations s'effectuent automatiquement. Veillez à ce que les rubriques soient marquées **Activée** et **À jour**.

5 Vous pouvez forcer une mise à jour en appuyant sur l'onglet **Mettre à jour**, puis sur le bouton **Mettre à jour**.

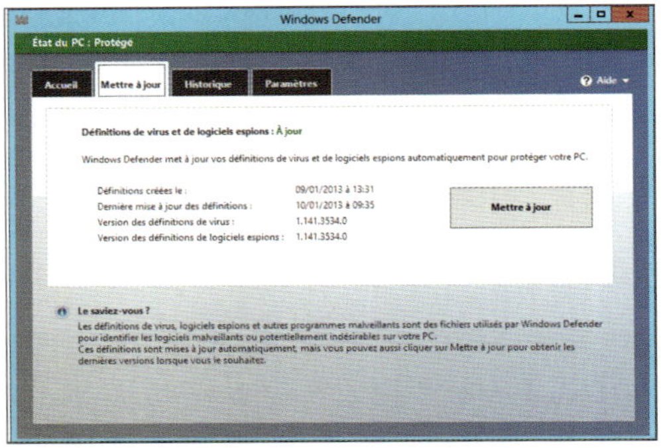

NOTE

Dans Windows RT et Windows 8, Windows Defender procure le même niveau de protection contre les malveillants que le précédent Microsoft Security Essentials.

Vous ne pouvez pas utiliser Microsoft Security Essentials avec Windows 8 ou Windows RT, mais vous n'en avez pas besoin puisque Windows Defender l'incorpore déjà.

Démarrer une analyse antimalfaisants

Vous pouvez lancer vous-même à tout moment une recherche de malveillants puis les détruire s'il s'en trouve, ou encore mettre l'application manuellement à jour.

1 Cliquez sur l'onglet **Accueil**.

2 Sous la rubrique **Options d'analyse**, sélectionnez votre option : **Rapide**, **Complète** (la plus longue en temps) ou **Personnaliser**.

3 Appuyez ou cliquez sur le bouton **Analyser maintenant**.

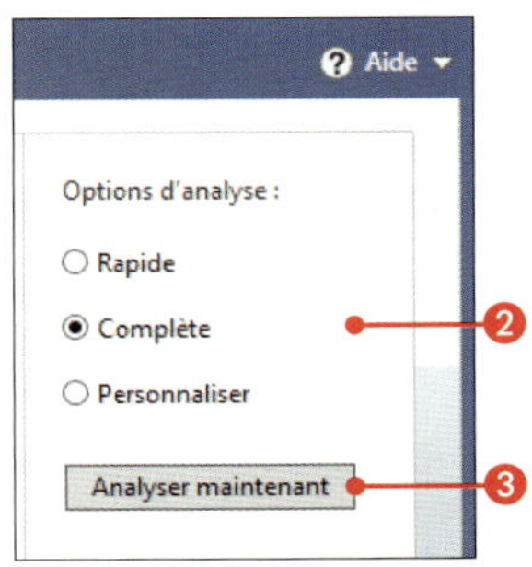

NOTE

Si les malfaisants proliféraient sur Windows RT, il serait sage d'effectuer périodiquement une analyse complète.

Désactiver Windows Defender

❶ Ouvrez la barre latérale d'outils et lancez une recherche sur services.

❷ Dans le volet gauche, appuyez sur la vignette **Services**.

❸ La fenêtre **Services** s'ouvre. Trouvez la ligne **Service Windows Defender**.

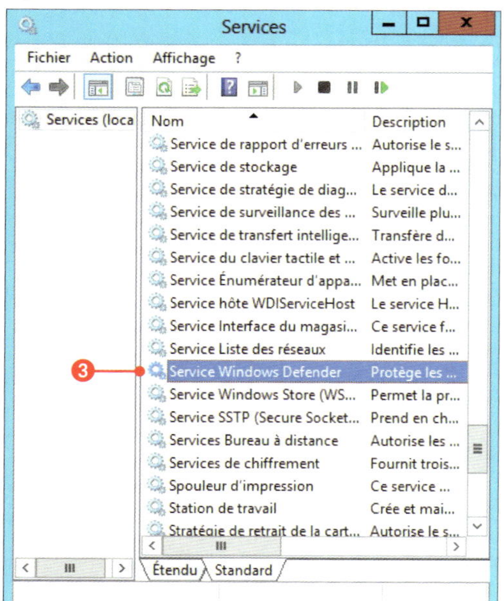

❹ Pour simplement stopper Windows Defender, faites un clic droit sur sa ligne et appuyez sur **Arrêter**. Vous appuierez sur **Redémarrer** pour le rétablir.

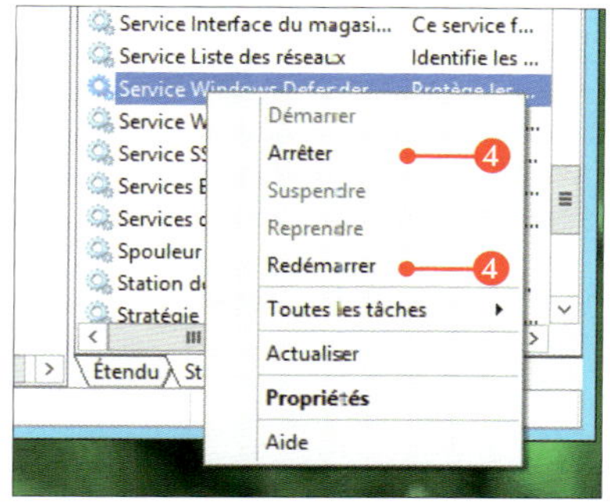

❺ Pour le désactiver totalement, double-cliquez dessus pour ouvrir sa fenêtre des propriétés. Ouvrez la liste **Type de démarrage** et choisissez **Désactivé**.

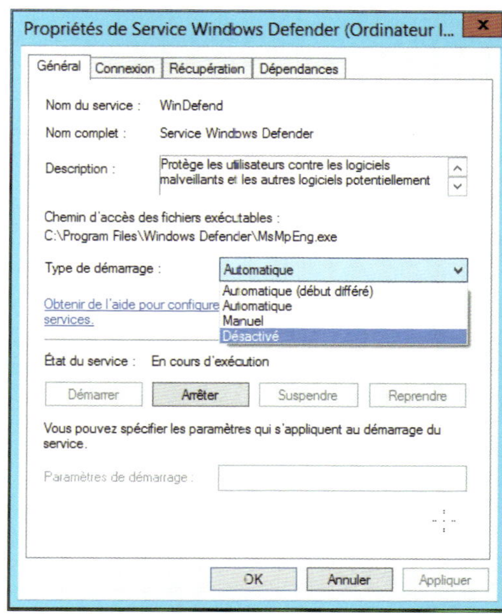

Vérifier l'état du pare-feu

Un pare-feu bloque les accès inutilisés de votre tablette. Il interdit ainsi le passage des indésirables venus de l'extérieur principalement. Vérifiez que le pare-feu incorporé est bien actif.

1. Ouvrez la même fenêtre du **Centre de maintenance** que précédemment en affichant d'abord le menu d'accès rapide, dans l'angle inférieur gauche de l'écran.

2. Cliquez sur **Panneau de configuration** pour l'ouvrir.

3. Vérifiez que l'affichage s'effectue par icônes. Si tel n'est pas le cas, cliquez sur la petite flèche noire à droite de la rubrique **Afficher par**, puis cliquez sur **Catégorie**.

4. Sous la rubrique **Système et sécurité**, cliquez sur **Consulter l'état de votre ordinateur**. Le **Centre de maintenance** s'affiche.

5. Ouvrez la liste **Sécurité** et vérifiez que la ligne **Pare-feu du réseau** indique bien **Activé**.

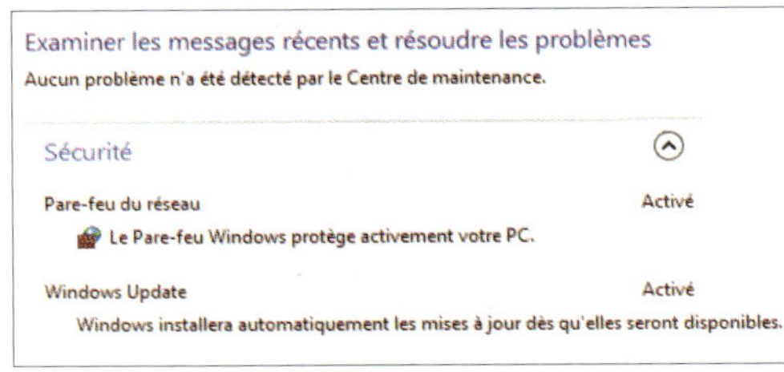

Désactiver ou réactiver le pare-feu

Si la même procédure que celle visant à désactiver Windows Defender, présentée plus haut, ne fonctionne pas, en voici une seconde.

1. Affichez **Tous les programmes**.

2. Sous la rubrique **Outils d'administration**, cliquez sur **Pare-feu Windows avec fonctions avancées de sécurité**.

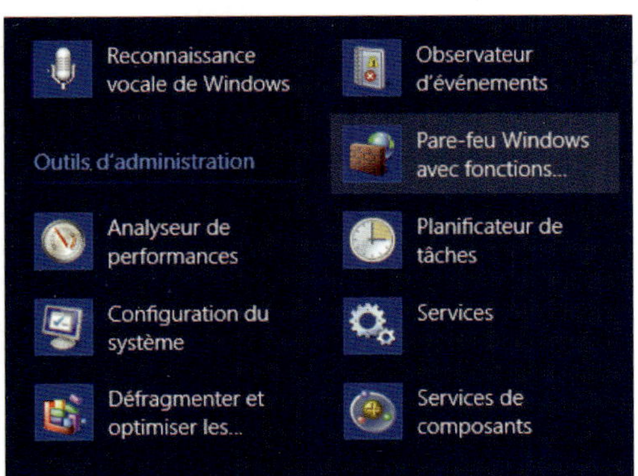

3. La fenêtre éponyme s'ouvre. Sous **Vue d'ensemble > Profil de domaine**, la première ligne doit indiquer **Le pare-feu Windows est activé**.

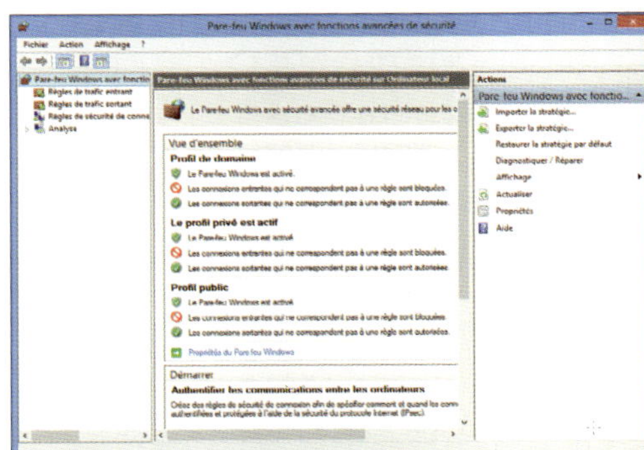

4. Les options de cette fenêtre sont réservées aux experts qui peuvent appuyer, dans la colonne gauche, sur **Règles de trafic entrant** et **Règles de trafic sortant**, plus particulièrement.

Restaurer les performances de la tablette

Votre tablette ne fonctionne plus correctement ou a tendance à « planter ». Lancez la fonction **Restaurer les performances de votre PC**. Elle réinstalle le système, conserve vos données, vos personnalisations et vos paramètres, et réinstalle automatiquement les applications **Windows RT**. Mais pas les applications que vous aviez installées en mode **Bureau**, car elle suppose que ces dernières abritent les éléments qui ont dégradé votre système. Vous devrez donc les réinstaller vous-même après l'opération.

❶ Appuyez sur ⊞ + **C** pour afficher la barre latérale d'outils et cliquez sur **Paramètres**, puis sur **Modifier les paramètres du PC**.

❷ Dans la fenêtre **Paramètres** qui s'ouvre, appuyez sur l'onglet **Général** dans la colonne gauche.

❸ Vers le bas du volet droit, sous la rubrique **Actualiser votre PC sans affecter vos fichiers**, appuyez sur le bouton **Commencer**.

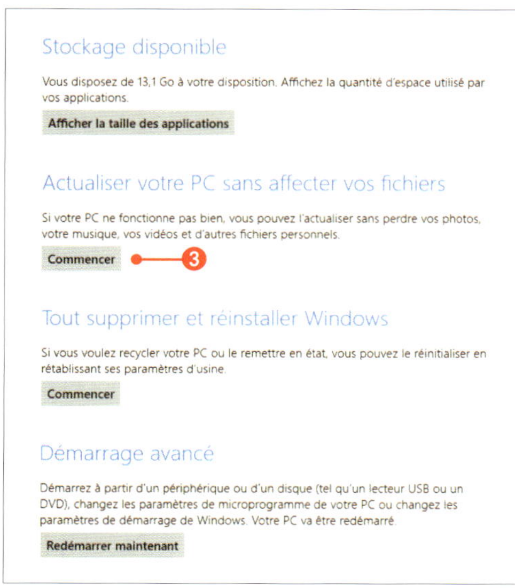

❹ Un écran d'informations s'affiche. Prenez-en connaissance puis appuyez sur **Suivant**.

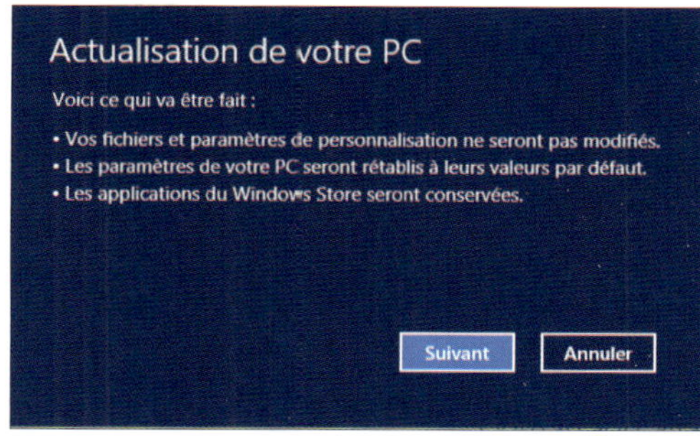

❺ Windows prépare l'opération et affiche son dernier message.

❻ Appuyez sur le bouton **Restaurer les performances** et laissez cette opération aller jusqu'à son terme.

Réinitialiser la tablette pour repartir à zéro

Une autre fonction plus radicale supprime tout, cette fois, puis réinstalle le système Windows RT et la suite Microsoft Office. Par conséquent, elle supprime vos données, vos personnalisations et vos paramètres, ainsi que toutes les applications que vous avez installées. Elle est intéressante si vous remettez définitivement votre ordinateur à quelqu'un d'autre, ou encore si vous vous heurtez à un phénomène vraiment intraitable.

1. Ouvrez la fenêtre **Paramètres**, onglet **Général**, comme ci-dessus.

2. Cliquez sur le bouton **Commencer** de l'option **Tout supprimer et réinstaller Windows**.

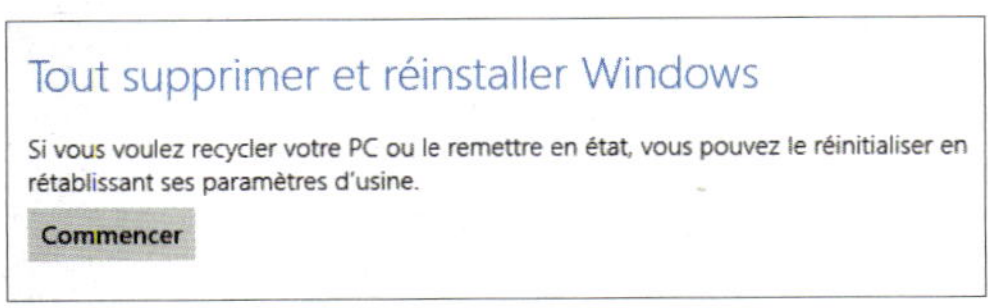

3. Une fenêtre d'avertissement s'affiche.

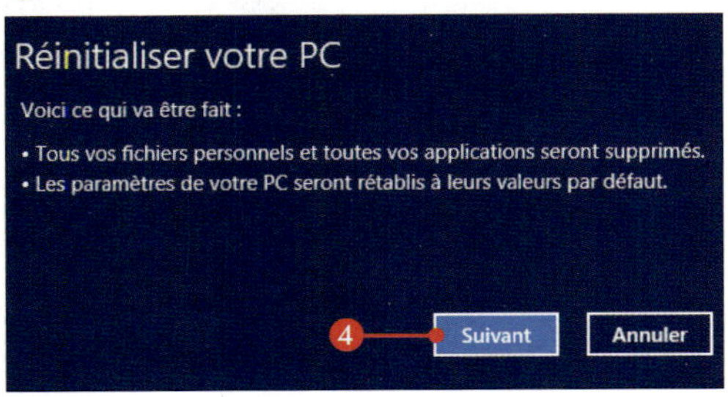

4. Cliquez sur le bouton **Suivant** pour que l'opération se prépare et affiche un écran de choix :

- **Supprimer simplement mes fichiers** : ce qui est rapide.
- **Nettoyer complètement le lecteur** : l'opération est plus longue, mais elle est radicale.

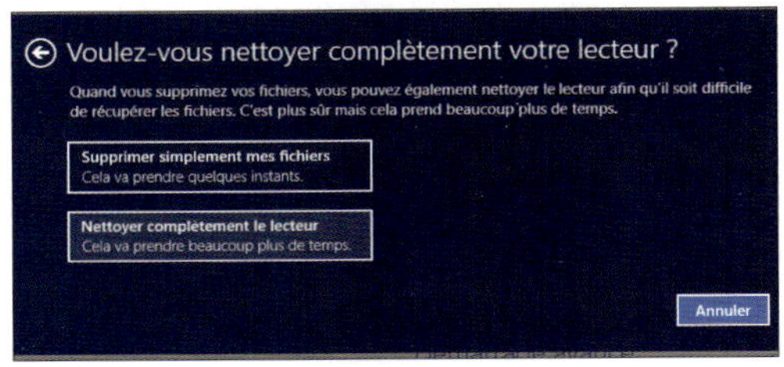

5. Appuyez sur l'option de votre choix et laissez l'opération se dérouler jusqu'au redémarrage de la tablette.

Options du démarrage avancé

1. Ouvrez la fenêtre **Paramètres**, onglet **Général**, comme précédemment.

2. En bas du volet droit, sous l'option **Démarrage avancé**, appuyez sur le bouton **Redémarrer maintenant**.

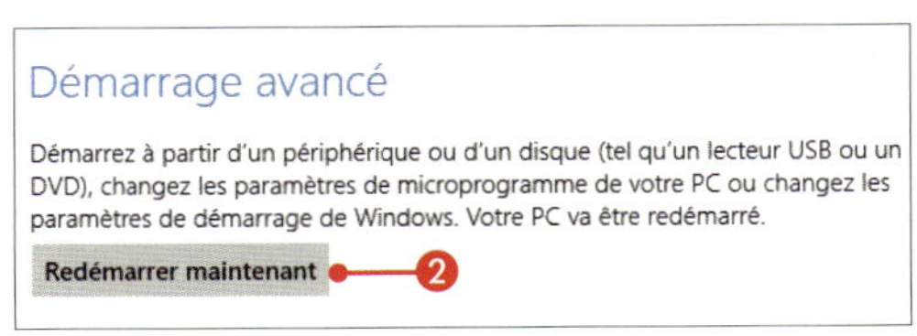

3 La page **Choisir une option** s'affiche. Vous avez le choix entre :

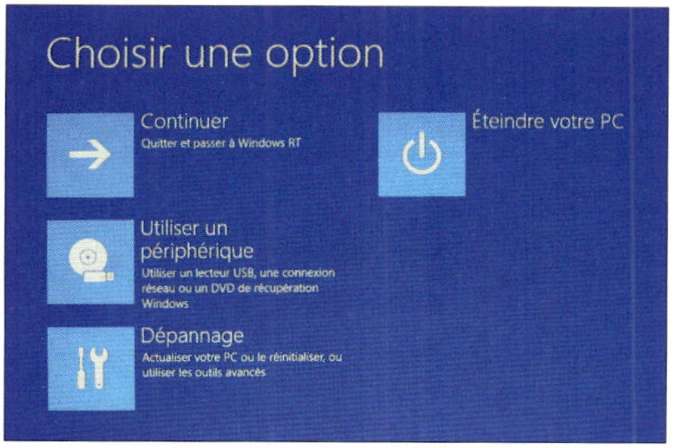

- **Continuer** : pour passer outre et revenir à un démarrage normal avec Windows RT.
- **Utiliser un périphérique** : utiliser un lecteur USB, une connexion réseau ou un DVD.
- **Dépannage** : pour actualiser la tablette ou la réinitialiser, ou encore faire appel à des outils avancés.
- **Éteindre votre PC**.

Démarrer sur un périphérique USB

L'option **Utiliser un périphérique** de la figure précédente ouvre une page avec un double choix, disque dur (***Hard Drive***) ou disque USB, ce qui devrait être le cas.

Résoudre des problèmes

Toujours dans le même écran ci-dessus, l'option **Dépannage** ouvre la page **Résolution des problèmes** avec ses trois options :

- **Actualiser votre PC** : ce qui correspond à sa restauration sans perte de données.
- **Réinitialiser votre PC** : pour tout remettre à zéro, comme présenté précédemment selon une autre voie.
- **Options avancées** : ouvre à son tour une page avec trois choix.

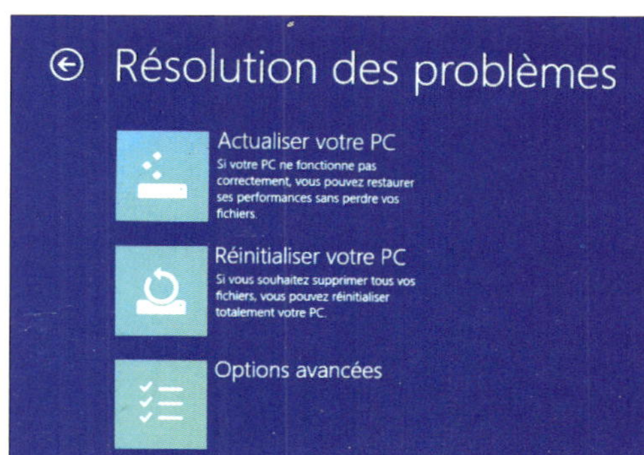

L'option **Paramètres** ouvre, à son tour, une page spécialisée.

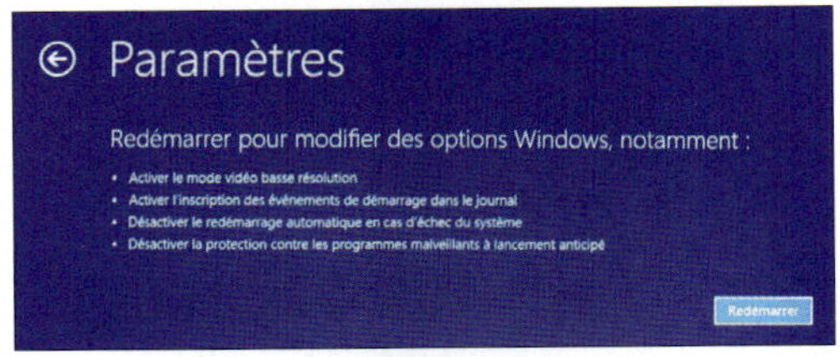

Protéger l'accès par un code PIN

Normalement, l'accès à la tablette est protégé par un mot de passe pour chaque compte d'utilisateur. Vous pouvez remplacer ce type de protection par un code numérique PIN ou par un dessin.

> NOTE
>
> **PIN** est l'acronyme de *Personal Identification Number*, numéro d'identification personnel. C'est un code numérique comprenant de quatre à huit chiffres, quatre pour Surface.

1. Appuyez sur **Windows + C** pour afficher la barre latérale d'outils et cliquez sur **Paramètres**.
2. Appuyez sur **Modifier les paramètres du PC**. La fenêtre **Paramètres** s'ouvre.
3. Dans sa colonne gauche, appuyez sur **Utilisateurs**.
4. Dans le volet droit, appuyez sur le bouton **Créer un code confidentiel**.

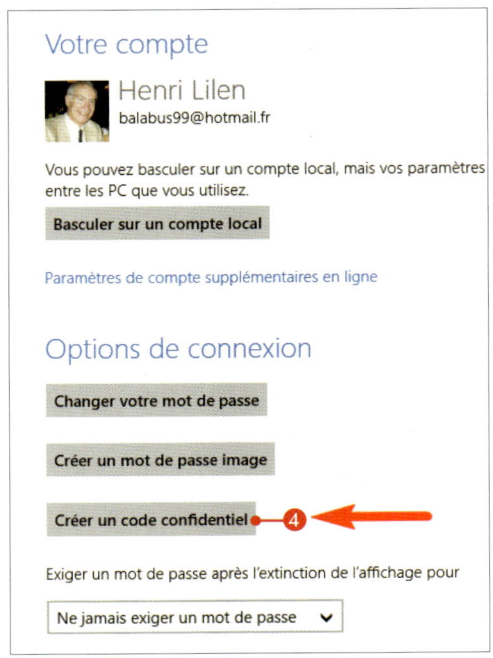

5. L'écran vous demande d'abord de composer votre mot de passe actuel pour vérification. Faites-le et appuyez sur le bouton **OK**.

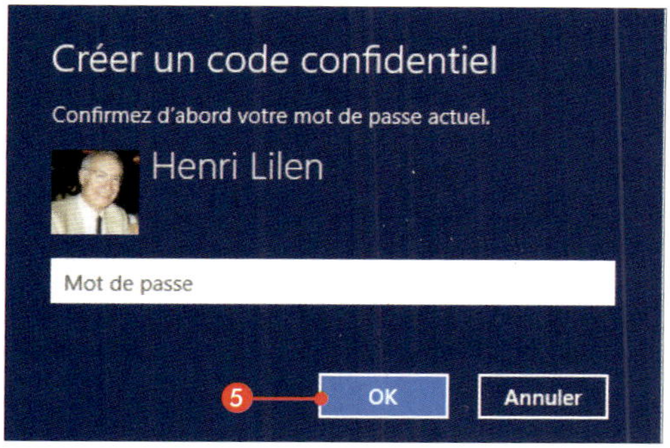

6 Dans l'écran suivant, composez deux fois le code confidentiel PIN de votre choix, de quatre chiffres ici, puis cliquez sur le bouton **Terminer**.

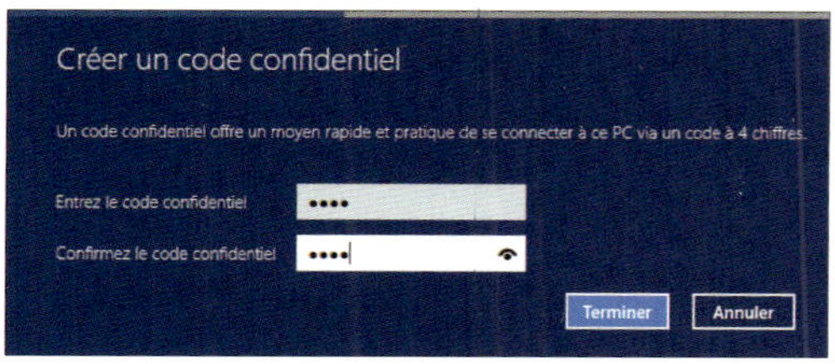

C'est désormais ce code qui vous sera demandé à l'ouverture de Windows 8 au lieu du mot de passe qui n'en continue pas moins à exister en mémoire.

7 Si vous revenez dans la même fenêtre, vous trouvez un bouton **Modifier le code confidentiel** et un autre **Supprimer** pour le supprimer.

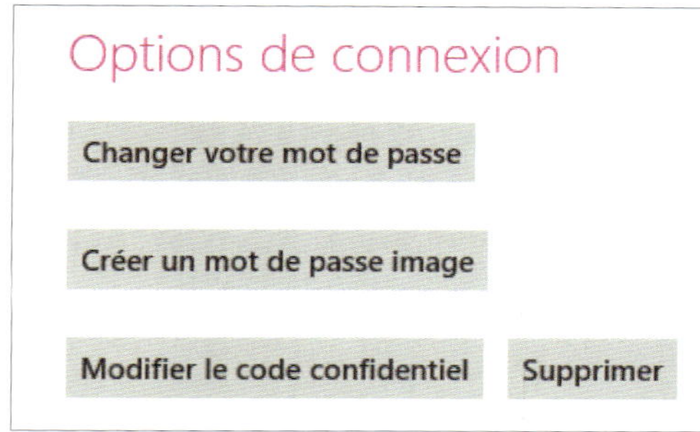

Choisir un dessin pour débloquer la tablette

Cette fois, il s'agit de créer un dessin de sécurité à tracer sur l'écran tactile pour remplacer le mot de passe.

1 Ouvrez la même fenêtre **Paramètres** que ci-dessus et cliquez sur le bouton **Créer un mot de passe image**.

2 La première fenêtre vous demande de composer votre mot de passe actuel pour vérification. Il s'agit bien de votre mot de passe et non d'un éventuel code PIN que vous auriez créé, comme ci-dessus. Faites-le et cliquez sur le bouton **OK**.

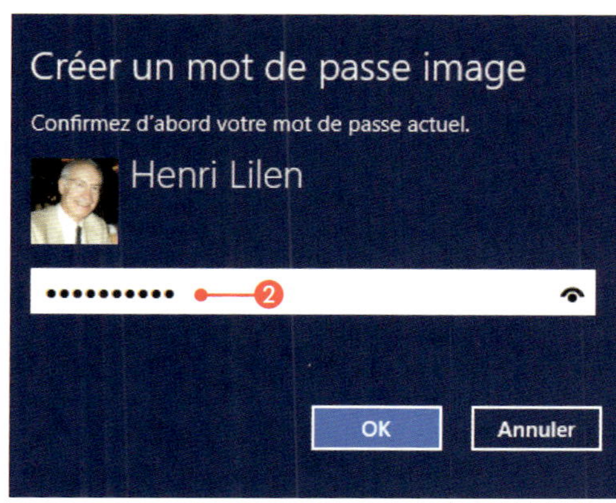

3 La fenêtre de création d'un dessin s'affiche. L'écran donne, de façon dynamique, quelques exemples de dessins : ligne droite, cercle, *etc.*

❹ Lisez le texte.

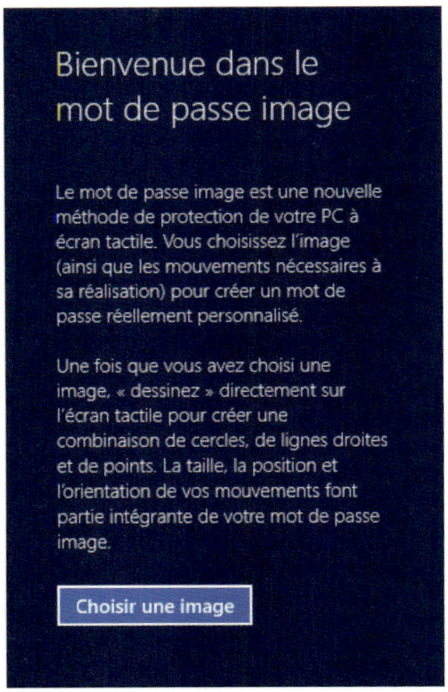

❺ Examinez les exemples proposés par l'écran, puis choisissez une image personnelle en cliquant sur le bouton **Choisir une image**. Cliquez sur **Utiliser cette image**.

❻ L'écran affiche en marge le mode d'emploi.

❼ Créez votre dessin avec le doigt sur l'écran tactile. Il peut être assez complexe et résulte de trois mouvements dans un ordre à respecter. Désormais, ce sera ce dessin qui vous sera demandé à l'ouverture de Windows.

Glossaire

accessoires

Dossier de Windows contenant des programmes utilitaires.

administrateur

Personne qui, déclarée en tant que telle dans les comptes d'utilisateurs, dispose de tous les droits.

adware

Contraction anglaise de *advertising software*, logiciel publicitaire. En français : *publiciel*. Programme d'affichage publicitaire que l'utilisateur est invité à installer sur son ordinateur.

algorithme

Ensemble de règles déterminées servant à résoudre un problème au moyen d'un nombre fini d'opérations. La notion d'algorithme remonte à l'Antiquité. Platon affirmait déjà que toute connaissance humaine peut être décrite à l'aide d'un ensemble d'énoncés. C'est en référence au savant persan Al Khwarizmi (780-850) que le terme d'algorithme est né. En 1931, l'Autrichien Kurt Gödel confirme que tout raisonnement mathématique et, plus généralement, que toute méthode devrait être assimilée à un algorithme.

analogique

Mode de représentation d'une grandeur physique telle qu'un signal audio ou vidéo variant de façon continue dans le temps. S'oppose à numérique.

Android

Système d'exploitation développé par Google pour les téléphones mobiles multifonctions (*smartphones*) et pour les tablettes.

antispam

Programme filtrant les courriels publicitaires et le spam de façon plus générale.

antispyware

Programme chargé de débusquer et de détruire les spywares, les espions. Anti-espiogiciel en français.

antivirus

Programme chargé de détecter les virus et de les éradiquer avant qu'ils aient pu se déchaîner et commettre des dégâts.

APN

Abrégé pour appareil photo numérique.

arnaque nigériane

Type d'arnaque sur Internet qui tire son nom de l'origine supposée de ses premières manifestations. Consiste à extorquer intelligemment de l'argent à des internautes naïfs qui croient gagner le gros lot.

arobase

Caractère @ obtenu au clavier en appuyant sur les touches Alt Gr + 0. Utilisé principalement pour séparer les deux parties d'une adresse de courriel.

assistant

Programme de service chargé de guider l'utilisateur à l'écran pour exécuter certaines fonctions ou opérations un peu complexes telles qu'une installation. En anglais : *wizard*.

avatar

Image virtuelle ou nom virtuel d'un internaute utilisé principalement sur les réseaux et dans les jeux.

baladodiffusion

Mode de transmission de séquences audio, vidéo ou autres, par l'entremise de la technique des flux RSS et permettant une écoute ou une visualisation immédiate ou différée. En anglais, *podcasting*.

balladeur

Appareil électronique portable destiné à l'écoute et/ou à la visualisation de contenus multimédias. D'abord connu sous le nom de Walkman, marque commerciale de Sony. Synonymes : *lecteur MP3* ou simplement *MP3*.

Bing

Moteur de recherche créé par Microsoft.

blog

Contraction de *Web log*, site sur le Web. Site Web très simple servant fondamentalement de journal personnel ou de chronique et acceptant les commentaires des lecteurs. Peut être réalisé en quelques instants par n'importe qui. Très apprécié par les jeunes, les politiques, les médias, *etc*.

blogosphere

Ensemble des blogs sur le Web, ou ensemble des rédacteurs des blogs, ou encore ensemble des participants aux blogs.

bloguer

Discuter sur les blogs.

Bluetooth

Mode de liaison par ondes radio à courte distance entre un ordinateur et un clavier, des manettes de jeu, un téléphone portable, *etc*. Bluetooth, littéralement dent bleue, est inspiré du nom du roi danois Harald Ier surnommé Harald Blåtand (homme à la dent bleue), connu pour avoir réussi, au 10e siècle, à unifier les états du Danemark, de Norvège et de Suède.

bogue

Erreur dans la conception d'un programme informatique ou d'un matériel provoquant des problèmes divers ou des pannes. En anglais : *bug*, signifiant vermine, insecte.

capacité mémoire

Quantité d'informations qu'une mémoire donnée peut enregistrer. Se mesure actuellement surtout en gigaoctets (Go en abrégé) ou téraoctets (To).

captcha

Abréviation de *Completely Automated Public Turing test to tell Computers and Humans Apart*, test de Turing permettant de différencier de manière automatisée un utilisateur humain d'un ordinateur. Test utilisé sur Internet dans les formulaires et consistant généralement à faire reconnaître par l'utilisateur des lettres liées et distordues qu'un robot ne pourrait différencier.

certificat électronique

Carte d'identité numérique de sécurisation affectée à des sites Internet, des logiciels, des pilotes ou des documents afin de certifier leur authenticité. Ils sont délivrés par des autorités de confiance.

chat

Mot anglais, provenant du verbe to chat ; prononcer *tchatte*. Dialogue interminable sur tout et rien. En français : tchatche, tchatte.

chatter

Dialoguer interminablement. En français : tchatcher, tchatter.

cheval de Troie

Programme installé à l'insu de l'utilisateur de façon frauduleuse par un tiers malintentionné ou par un pirate, souvent *via* un courriel infecté ou une page Web piégée, et destiné à remplir une tâche hostile telle que l'espionnage de l'ordinateur, l'envoi massif de spams, l'ouverture d'un accès pour un pirate, la destruction de données... On parle aussi de *troyen* ou de *trojan*, à l'anglaise.

cloud computing

Anglais, littéralement, informatique en nuage. Ensemble de services permettant d'utiliser la puissance d'ordinateurs disséminés dans le monde entier et liés en réseau par Internet. Ces services (stockage, calcul, logiciels applicatifs, développement...) sont loués et non plus achetés et installés localement. Parfois traduit par informatique dématérialisée ou par *infonuage*. .

code PIN

PIN est l'acronyme de *Personal Identification Number*, numéro d'identification personnel. Code de quatre à huit chiffres servant de clé d'accès.

connecteur

Prise spéciale servant à connecter un dispositif interne ou externe à l'ordinateur.

connectique

Ensemble des modes de connexion incluant les connecteurs et les câbles pour assurer le transport des informations.

contrôle parental

Dispositif logiciel destiné à sécuriser la navigation des enfants sur Internet, à limiter leur accès à l'ordinateur ou à bloquer certains sites ou jeux.

convivial

Programme, appareil ou système complet simple et facile à utiliser. Terme dont les fabricants d'ordinateurs et de périphériques et les éditeurs de logiciels ont tendance à abuser.

cookie

Code qu'un site Web enregistre temporairement dans la mémoire d'un ordinateur pour pouvoir l'identifier ultérieurement. Lors de la connexion suivante à ce même site, le cookie transmet à son auteur des informations diverses, par exemple sur les préférences ou sur les particularités de l'utilisateur, principalement pour cibler les affichages ou la publicité.

courriel

Francisation de *e-mail* et contraction de *courrier électronique*.

cybercafé

Café disposant d'ordinateurs connectés à Internet et loués au temps passé à des utilisateurs occasionnels voulant consulter leur courriel, par exemple.

cybercriminalité

Criminalité agissant dans le cyberespace.

cyberdépendance

Dépendance à l'égard d'Internet modifiant le comportement d'un individu : modification de l'humeur, symptômes de manque, conflits, *etc*.

cyberespace

Contraction des termes *cybernétique* et *espace*. L'acception courante est : espace occupé par Internet.

cyberharcèlement

Harcèlement *via* le cyberespace consistant en l'envoi d'insultes anonymes par SMS, de fausses rumeurs, de moqueries réitérées, de critiques, de messages haineux, d'attaques, de chantages ou de publications de photos humiliantes sur les réseaux sociaux, *etc*.

désinstaller

Supprimer de l'ordinateur une application, un pilote, un périphérique... devenus inutiles.

e-book ou ebook

Anglais, utilisé en France pour *electronic book*, livre électronique. Désigne : (1) l'appareil électronique servant à lire des livres électroniques. On parle alors de liseuse ; (2) Ces livres eux-mêmes.

e-commerce

Commerce électronique effectué principalement sur Internet.

e-mail ou email

electronic mail. Prononcer *imêle*. En français, courriel.

émoticône

Ou encore binette ou frimousse. Petite icône stylisée qu'il faut le plus souvent lire de côté, de gauche à droite, et représentant un trait d'humour ou un sentiment, par exemple un clin d'œil avec un sourire ;-). En anglais : *smiley*.

FAI

Abréviation de *fournisseur d'accès Internet*. Intermédiaire ayant loué une ligne Internet aux télécommunications et la partageant entre ses abonnés pour leur permettre d'accéder à la toile mondiale. Il peut offrir divers autres services (téléphonie fixe ou portable par Internet, chaînes de télévision...).

First

Principal éditeur français de livres informatiques.

foire aux questions

FAQ en abrégé. Recueil de questions-réponses sur un sujet donné parmi celles que les utilisateurs posent le plus fréquemment. En anglais : *Frequently Asked Questions*, questions fréquemment posées.

forum

Groupe de discussion par écrit se tenant *via* un navigateur et dépendant d'un site Web. Dédié à un thème particulier.

geek

Prononcez : *guike*

Utilisateur passionné sinon obsédé par l'informatique et, plus généralement, par les technologies nouvelles ou les jeux vidéo. Encore défini par *monomaniaque de l'informatique*.

géolocalisation

Action de positionner un objet, une rue, une personne, une information sur un plan ou sur une carte à l'aide de ses coordonnées géographiques.

hacker

Mot anglais signifiant bidouilleur, bricoleur. Désigne des programmeurs disposant de suffisamment d'astuces et de connaissances techniques pour s'introduire dans des systèmes ou des programmes afin d'en modifier le fonctionnement ou les opérations, ou de les détourner. Est devenu péjoratif et se confond souvent avec casseur ou pirate brisant les dispositifs de sécurité informatique et s'introduisant dans des systèmes protégés soit dans un but de notoriété, soit par gangstérisme, soit encore par intérêt ou par vengeance.

hameçonnage

En anglais, *phishing*. Technique utilisée par des pirates généralement bien organisés sinon même des mafias et visant à extorquer des renseignements personnels (mot de passe, numéro de carte de crédit, *etc*..), de l'argent, en faisant miroiter en contrepartie un énorme bénéfice illusoire. L'hameçonnage s'effectue généralement *via* un courriel pouvant se présenter comme un document officiel ou un site Internet falsifié.

hardware

Mot anglais pour matériel.

hypertexte

Qualifie un type de document contenant un système de renvois représenté par des liens ou hyperliens et permettant de passer d'une page à l'autre ou d'un document à l'autre en cliquant dessus. Le lien peut être un texte, une image, une portion d'image…

internaute

Utilisateur connecté à Internet ou surfeur sur Internet.

intranet

Réseau fondé sur les techniques de communication d'Internet et circonscrit à un organisme ou à une société.

jack

Type de connecteur coaxial très utilisé en audio dans sa version 3,5 mm de diamètre.

LED

Abréviation de *Light Emetting Diode*, diode émettrice de lumière. Petit composant électronique à semi-conducteur capable d'émettre de la lumière dans différentes couleurs et pouvant être assemblé en panneau pour produire des afficheurs et des écrans.

liseuse

Matériel électronique inspiré de l'ordinateur et servant à lire des livres électroniques numériques.

livre électronique

Livre numérisé et non plus imprimé sur papier. Il est téléchargeable à titre gracieux ou onéreux et doit être lu sur l'écran de votre tablette ou sur l'écran d'un ordinateur, d'une liseuse, *etc*. En anglais : *electronic book* ou *ebook*. Synonyme : livre numérique.

logiciel

Notion large regroupant l'ensemble des programmes informatiques ainsi que les modes d'emploi. S'oppose à matériel. En anglais, *software*.

malfaisant

Ou *malveillant*. Code introduit dans l'ordinateur pour y commettre des opérations non désirées. Il peut s'agir de virus, vers, espions, *etc*. En anglais : *malware*.

matériel

Notion large regroupant l'ensemble des éléments physiques servant au traitement de l'information : ordinateur, câbles, imprimante, l'ensemble des périphériques, cartes d'extension, clés USB, *etc*., en fait, tout ce qui est palpable. S'oppose à *logiciel*. En anglais : *hardware*.

messagerie instantanée

Messagerie électronique servant à communiquer d'ordinateur à ordinateur en instantané et impliquant la présence physique des interlocuteurs au moment des échanges. C'est ce qui différencie ce type de messagerie du courrier électronique, où la lecture peut se faire en différé. Les échanges s'effectuent par écrit, verbalement et en vidéo.

mettre à jour

Action consistant à remplacer un programme, une application, un pilote ou un microprogramme (un *firmware*) par une version corrigée ou améliorée pour combler ses lacunes, ses failles ou ses erreurs, ou encore pour développer ses capacités. En abrégé : *MAJ*. En anglais : *update*.

microblogging

Échange de courts messages limités en nombre de caractères sur un site social tel que Twitter.

microprocesseur

Cerveau de l'ordinateur. Petit composant électronique inventé en 1971 par la société Intel et remplissant les fonctions d'unité centrale de traitement d'un ordinateur. Il communique avec les mémoires dans lesquelles il va chercher ou ranger programmes et données et avec les circuits d'interface.

MicroSD

Abréviation de *Micro Secure Digital*. Type de carte mémoire dérivé du format plus volumineux SD (*Secure Digital*).

mode avion

Mode de fonctionnement d'un smartphone ou d'une tablette désactivant toutes les communications sans fil.

moteur de recherche

Site Web entretenant de vastes index et servant à fournir l'adresse des sites répondant aux critères que l'utilisateur a posés, cela par ordre de pertinence. Le plus important actuellement est Google.

multimédia

Mode de représentation de l'information traitant à la fois de textes, de sons, d'images fixes ou animées, de vidéos, *etc*.

navigateur

Programme servant à naviguer sur Internet et le Web et à traiter leurs ressources. En anglais : *browser*.

open source

Anglais, pour source ouverte, libre. Qualifie des logiciels dont la licence respecte des critères établis par l'Open Source Initiative accordant tous les droits de libre redistribution, d'accès au code source et aux travaux dérivés et généralement gratuits.

opérateur

Fournisseur de services de téléphonie mobile ou fixe, d'accès à Internet et à la télévision.

pare-feu

Programme ou matériel chargé de bloquer toutes les entrées et sorties non utilisées d'un ordinateur parmi les 64 000 existantes pour empêcher que des malveillants n'y pénètrent ou en sortent. Windows RT incorpore un pare-feu efficace qu'il faut utiliser. En anglais : *firewall*.

PDF

Abréviation de *Portable Document Format*, format de document portable. Langage de description de pages d'impression créé par Adobe Systems en évolution du PostScript. Sert à présenter des documents sous leur aspect réel sans qu'il soit besoin de disposer des programmes ayant servi à les fabriquer. Fonctionne sur de multiples plateformes logicielles.

périphérique

Caractérise tous les matériels qui gravitent autour de l'ordinateur proprement dit : écran, imprimante, souris, disques, scanner, webcam, *etc.*, même si certains sont incorporés dans le boîtier de l'ordinateur ou de la tablette.

phishing

En français, hameçonnage. Voir : hameçonnage.

piratage

Appropriation illégale de programmes, musiques, vidéos, films, *etc.*, passible de poursuites judiciaires. Ou encore acte de pirater un ordinateur ou un réseau.

pixel

Abrégé de *Picture Element*, élément d'image. Point élémentaire d'affichage sur un écran, d'impression papier ou de numérisation. Se compose généralement des trois couleurs élémentaires, vert, rouge et bleu (RVB).

PNG

Abréviation de *Portable Network Graphics*, format graphique portable pour réseau. Format matriciel ouvert d'images numériques et libre de droits. Il a été créé pour remplacer le format propriétaire GIF dont la compression était soumise à un brevet. Format compressé non destructif normalisé par ISO/CEI 15948:2004.

podcast

Contraction de *iPod* (le baladeur numérique d'Apple) et de l'anglais *broadcast* (télédiffusion). Fichier audio, vidéo ou autre appelé *podcast* ou *balado*, utilisé sur Internet pour une écoute ou une visualisation en direct, au fur et à mesure de sa réception sans qu'il soit besoin d'attendre que l'ensemble de l'élément soit téléchargé. Également, moyen de diffusion des balados.

podcasting

En français, *baladodiffusion*. Action de diffuser des podcasts.

pouce

Unité anglo-saxonne malheureusement toujours en usage et valant 2,54 cm.

Pour les Nuls

Nom d'une collection de livres d'informatique la plus vendue dans le monde et éditée en France par First.

pourriel

Ou encore *pollupostage* et, en anglais, *spam*. Contraction de courrier pourri.

ppp

(1) Abréviation de *Point to Point Protocole*, protocole point à point utilisé pour des liaisons simples transférant des paquets de données entre deux éléments. (2) abrégé pour *points par pouce* et, en anglais, *dots per inch (*dpi*)*. Unité définissant la résolution d'une imprimante, d'une souris, *etc.*

programme

Séquence d'instructions introduite en mémoire et à laquelle le microprocesseur accède pour faire fonctionner l'ordinateur. Chaque programme a une vocation différente.

propriété

Caractéristique affectée à un élément telle que sa taille, sa position, sa couleur, sa police, son style, *etc.*

raccourci

Icône à l'écran ou frappe clavier servant à lancer une application, un fichier ou une fonction.

racine

Dans une hiérarchie, une arborescence, désigne le segment ou l'entrée de niveau le plus élevé.

redimensionner

Modifier les dimensions d'une fenêtre, d'un objet quelconque, d'un dessin ou d'une image.

réinitialiser

Redémarrer en appliquant les conditions d'origine. Par exemple, redémarrer la tablette pour confirmer une modification importante ou éliminer un problème mineur.

réseau

(1) Interconnexion d'équipements, par exemple d'ordinateurs, de tablettes, reliés entre eux par des connexions spécifiques ou par des voies téléphoniques pour Internet. En anglais : network. (2) Terme général désignant un ensemble de lignes de communication.

réseau local

Petit réseau d'ordinateurs circonscrit à un local ou à un bâtiment. En anglais, *LAN* pour *Local Area Network*, soit réseau couvrant une zone locale.

réseau social

Communauté d'individus ou d'organisations à laquelle on adhère gratuitement et gravitant autour de centres d'intérêt communs : désir d'échanges, goûts musicaux, passions, rejet de la solitude, *etc.*

résidentiel

Type de réseau défini par Microsoft.

résolution

Nombre de points ou de pixels utilisables par unité de longueur, de surface ou de référence pour l'affichage, l'impression, la numérisation ou les images en général. S'exprime en points ou en pixels par pouce (ppp) ou, à l'anglaise, en *dots per inch* (dpi).

ressource

Terme générique regroupant tout ce qui peut être mis au service d'un système de traitement de l'information, d'une tablette ou d'un ordinateur : composants, périphériques, matériels divers, logiciels, fichiers, connexions réseau, mémoire, imprimantes, *etc.*

restaurer

Rétablir une situation antérieure : restaurer en utilisant un point de restauration réalisé sous Windows, restaurer une image, restaurer un logiciel, *etc.*

saisir

Entrer des informations dans l'ordinateur.

SD

Abréviation de l'anglais *Secure Digital.* Carte mémoire amovible de stockage de données numériques créée en 2 000 par une alliance formée entre Panasonic, SanDisk et Toshiba. Le format SD d'origine est décliné en plusieurs formats pas toujours compatibles tels que les formats SDHC (*SD High Capacity*), MiniSD et MicroSD, MiniSDHC et MicroSDHC, SDXC (*SD eXtended Capacity*).

SIM (carte)

Abréviation de *Subscriber Identity Module*, module d'identification du souscripteur. Encore désigné par MIA (*Module d'Identification d'Abonné*). En téléphonie mobile, carte à puce qui identifie l'abonné, enregistre les informations ayant trait au réseau et au forfait choisi, et qui permet la facturation.

smartphone

Terme générique désignant un téléphone multifonction et multimédia (*smart*) doté d'un véritable système d'exploitation.

software

En français, *logiciel.*

spam

Ensemble des messages reçus et non sollicités, le plus souvent à but commercial, adressés à des internautes dont l'adresse a été obtenue de façon irrégulière. En français : pourriel, polluriel, courrier-rebut, courrier indésirable... Spam est une marque américaine de corned-beef ; c'est l'acronyme de *spiced ham*, pâté épicé à base de porc et de viandes. L'utilisation du terme spam pour désigner des courriers électroniques abusifs est due aux comiques britanniques Monty Python. Dans un de leurs sketches, déguisés en Vikings amateurs de Spam, ils chantent « spam spam spam spam, spam spam... » interminablement pour couvrir les propos des autres protagonistes.

spyware

Espion, en français. Petit programme parasite introduit dans un ordinateur pour espionner les faits et gestes de l'utilisateur à son insu, relever des données personnelles, agir à son détriment ou ouvrir la porte à d'autres malfaisants.

surfer

Naviguer sur Internet et sur le Web.

système

Raccourci pour *système d'exploitation*. Qualifie tout ce qui dépend du système d'exploitation : disque ou partition système sur lequel a été installé le système d'exploitation, fichiers système, icônes système, restauration, heure système, *etc*.

système d'exploitation

Ensemble des programmes chargés de gouverner un ordinateur et de servir d'interface avec l'utilisateur. Windows est le système d'exploitation dominant sur le marché mondial.

tableaunaute

Internaute utilisant une tablette électronique.

tablette

Ordinateur à part entière, compact et éminemment transportable, connecté à Internet et permettant de surfer, de dialoguer avec la messagerie, de traiter du multimédia (photos, vidéos, *etc*.), d'utiliser des applications diverses, de jouer, de visionner des films et de lire des livres numériques.... L'iPad d'Apple en a été l'un des promoteurs.

tablette graphique

Périphérique de saisie généralement connecté à l'ordinateur *via* une prise USB ou une connexion sans fil et permettant d'écrire, de dessiner ou de retoucher des photos sur sa surface à l'aide d'un stylet et des outils appropriés, les données saisies étant numérisées et introduites dans l'ordinateur pour traitement. Très utilisé par les graphistes.

tableur

Programme affichant une feuille de calcul et servant principalement à exécuter des calculs et des opérations diverses sur des données financières, statistiques, économiques, organisationnelles, *etc*., et permettant aussi de traiter des bases de données simples, de produire des graphiques et d'effecteur diverses analyses. Le tableur de référence est Microsoft Excel.

tchatcher (ou tchatter)

Bavarder à perte de vue. En anglais et en franglais, *chatter*.

TCP/IP

Abréviation de *Transmission Control Protocol/Internet Protocol*, protocole de commande de transmission/protocole Internet. Prononcez ces lettres les unes à la suite des autres. Désigne la collection des protocoles régissant Internet et principalement les deux procédures TCP et IP. Selon ces règles, une adresse IP est affectée à chaque machine du réseau. Est aussi utilisé sur les réseaux Ethernet et les réseaux à jeton.

télécharger

Action de récupérer des informations (programmes, fichiers divers, données, images, sons, vidéos...) provenant d'un ordinateur serveur *via* internet.

téléinformatique

Terme générique couvrant les techniques de communication, de transmission des données, de traitement de l'information à distance, des applications dédiées, *etc*.

télétravail

Travail au domicile impliquant une liaison par un réseau informatique ou par Internet avec le fournisseur du travail.

télévision de rattrapage

Replay TV ou *Catch-up TV* en anglais. Mode de diffusion d'émissions de télévision passant par Internet et consistant à proposer aux téléspectateurs équipés et reliés, la rediffusion gratuite d'un programme peu de temps après sa première diffusion et généralement pour une période de quelques jours.

troyen

Mot à déconseiller mais souvent utilisé pour *cheval de Troie*, une catégorie de malveillants introduits dans un ordinateur le plus souvent pour commettre des dégâts.

tweet

Prononcer : *touitte*. Message déposé sur le site Twitter. En français : *gazouillis*.

tweeter

Prononcer : *touitter*. Échanger des tweets sur le site Twitter.

USB

Abréviation de *Universal Serial Bus,* bus série universel. Désigne un mode de connexion qui se veut universel et comprenant des connecteurs spécifiques. Il a été défini en 1996. Chaque ordinateur actuel dispose de deux à six connecteurs USB.

utilitaire

Programme accessoire généralement de petite taille exécutant une fonction d'accompagnement ou de sécurité.

virtuel

Par opposition à réel, concret, palpable.

virus

Programme parasite autoreproducteur et autopropagateur qui contamine un ordinateur et peut provoquer des dégâts tels que la destruction de données ou le blocage de la machine. Transmis essentiellement par Internet et par la messagerie électronique *via* des pièces jointes infectées, ou par une clé USB.

VOD

Abréviation de *Video On Demand*, vidéo à la demande. Service permettant de recevoir un programme vidéo tel qu'un film au moment où on le désire, en temps réel, et non à une heure imposée à l'avance comme c'est le cas des programmes télévision. La VOD s'appuie sur des infrastructures de communication à très haut débit ou sur le streaming *via* un réseau comme Internet ou sur la téléphonie 3G (troisième génération).

Web

Abrégé pour *World Wide Web*, la toile mondiale. Service le plus spectaculaire offert sur Internet et permettant de surfer sur des sites distribués dans le monde entier en modes multimédia et hypertexte.

webcam

Contraction de *caméra Web*. Caméra simple et économique spécialement développée pour le Web. Généralement intégrée au-dessus de l'écran dans les tablettes, les smartphones et les ordinateurs portables et netbooks.

Webmail

Service de courriel permettant de se connecter à la messagerie pour consulter, expédier et gérer les courriels. Fonctionne depuis un navigateur et non plus depuis un programme spécifique client de messagerie. Le principal avantage réside dans la possibilité d'accéder à la messagerie depuis n'importe quel poste connecté à Internet, par exemple celui d'un cybercafé.

webosphère

Ensemble des utilisateurs et des activités tournant autour du Web.

Wi-Fi

Contraction de *Wireless Fidelity*, fidélité par ondes radio. Mode de liaison entre matériels informatiques et Internet essentiellement, utilisant des ondes radio et répondant à la norme 802.11. Permet de relier des tablettes, des ordinateurs portables ou de bureau, des smartphones, *etc.*, à Internet *via* un point d'accès (*hot spot*) tel qu'une box sur un rayon de plusieurs dizaines de mètres en intérieur, plusieurs centaines de mètres en environnement ouvert.

Wikipédia

La plus grande encyclopédie libre du monde réalisée sur Internet. Existe en de nombreuses langues, dont le français.

Wikipédiste

Internaute participant à l'élaboration de l'encyclopédie Wikipédia.

Wimax

Contraction de *Worldwide Interoperability for Microwave Access*, interopérabilité mondiale par accès micro-ondes. Mode de connexion à Internet lorsque aucun autre mode à haut débit n'est disponible. Le Wimax s'adresse essentiellement aux zones rurales non couvertes par l'ADSL et par les autres modes de liaison haut débit et implique l'installation d'un matériel spécifique local d'émission-réception.

wizz

En messagerie instantanée, émission d'une commande faisant vibrer la fenêtre chez le destinataire.

WLAN

Abréviation de *Wireless Local Area Network*, réseau local sans fil. Réseau informatique ou numérisé qui connecte différents postes ou systèmes entre eux en Wi-Fi par ondes radio.

WWW

Abréviation de *World Wide Web*, ce qui signifie *la toile mondiale*.

Index

A

Accessoires Windows, 123
activer ou désactiver des fonctionnalités Windows, 100
affichage des fichiers dans l'explorateur, 158
aide, 341
alias Outlook, 233
ancrer une application, 86
application, 111, 112
- afficher la plus récente des applications ouvertes, 114
- Alt + Tab, 116
- ancrer, 86
- baisser le rideau, 118
- barre d'outils contextuelle, 114
- barre de commutation, 115
- basculer, 116
- détacher de l'écran d'accueil, 318
- fermer, 118
- interdire la suppression, 318
- lettre d'appel, 113
- mettre à jour, 321
- options, 119
- ouvrir, 116
- par défaut, 87
- quitter, 117
- rechercher, 113
- répertoire alphabétique, 112
- supprimer, 317, 338
- télécharger, 312

approuver la tablette, 74
arobase, 209
avatar du compte, 149

B

barre de commutation, 115
barre des tâches, 83, 159
barre magique, 40
bibliothèque, 97
- d'images, 247

Bibliothèque nationale de France, 331
Bing, 173
BitLocker, 71
Bloc-notes, 122
- exécutable, 125
- notepad.exe, 125

Bluetooth, 143
- appairer, 143
- code d'appariement, 144
- code d'identification PIN, 144

Bureau, 38, 79
- afficher toutes les fenêtres, 108
- ajouter des icônes système, 89
- barre des tâches, 83
- contenu, 80
- déplacer une fenêtre, 82
- épingler à la barre des tâches, 88
- explorateur de fichiers Windows, 90
- fenêtre en plein écran, 80
- fenêtre réduite, 81
- fenêtres, 80
- fenêtres côte à côte, 85
- icônes des fenêtres, 81
- menu d'accès rapide, 100
- passer d'une fenêtre à l'autre, 82
- passer en mode Bureau, 80
- réafficher, 99
- redimensionner une fenêtre, 82

C

câble HDMI, 137
calculatrice, 126
calendrier, 161
caméra, 244
carnet de contacts, 228

carte géographique, 326
carte microSD, 140
casque, 138
centre de maintenance, 350
centre de mobilité, 101
certificat, 189
chaîne hi-fi, 139
clavier
caractères accentués, 57
émoticônes, 57
physique, 51
raccourcis, 60
saisie manuscrite, 57
tactile, 55
Touch Cover, 58
touches de fonction, 59
Type Cover, 58
virtuel, 51, 55
clé USB, 136
cloud, 301
code numérique PIN, 362
coller, 97
Compte d'utilisateur, 66
compte
de messagerie, 232
local, 72
Microsoft, 302
connecteurs d'extension, 135
connexion à Internet, 84
Contacts, 227, 228
créer une liste, 228
utiliser, 229
contrôle parental, 75
activer, 75
rapport d'activité, 76
réglages, 76
Copainsdavant, 202
copier, 97
couper, 97
courriel, contact, 228
Courrier, 208
adresse de réponse, 238
adresses de messagerie, 209
ajouter un compte, 229
alias Outlook, 233
aperçu des photos et vidéos dans les messages, 239
barre d'options, 208
boîte de réception, 208
confidentialité, 241
copies cachées, 214
destinataires, 213
EAS, 232
émoticône, 216
enregistrer des pièces jointes, 213
envoyer à plusieurs destinataires, 213
envoyer un message, 209
expéditeurs autorisés et bloqués, 240
FW, 211
gros fichiers, 238
historique, 238
IMAP, 232
lire les messages reçus, 210
Mail Migration pour Internet Explorer, 236
objet, 209
paramétrer, 237
pièces jointes, 211
priorité, 215
protocole POP, 232
ranger, 234
récupérer d'un PC, 235
regrouper par conversation, 239
répondre, 210
répondre à tous, 240
réponses automatiques, 237
signature automatique, 238
transférer, 211
volet de lecture, 239
cryptage, 70

D

Dailymotion, 201
date, 161
date et heure, 161
démarrage, 29
dépannage, 352
dessin de sécurité, 363
dessins, 128

diaporama, 249
disque, 105
    dur externe USB, 136
DNS, 192

E

EAS, 232
ebook, 331
écouteurs, 138
écran d'accueil, 37
écran de verrouillage
    informations, 153
    supprimer, 155
émoticône, 216
Enregistreur d'actions utilisateur, 133
épingler, 174
    à l'écran d'accueil, 92
ePub, 331
estomper l'affichage, 157
Excel 2013 RT, 283
    données, 286
    fusionner et centrer, 287
    graphique, 288
    orienter, 286
    présentation des tableaux, 288
    sélectionner, 285
Exécuter, 107
Explorateur de fichiers Windows, 90
    affichage, 95
    bibliothèques, 97
    coller, 97
    copier, 97
    couper, 97
    dossiers personnels, 97
    éléments masqués, 98
    épingler à la barre des tâches, 92
    épingler, 92
    fichiers cachés, 98
    historique, 98
    icônes, 94
    ruban de commandes, 93
extension, 94
extinction de l'écran, 156

F

Facebook, 198
fenêtre, 80
    ancrer, 86
    côte à côte, 85
    Exécuter, 107
filmer, 244
Flickr, 202
follower, 200
following, 201
fonction Windows, 99
fuseau horaire, 156

G

Gallica, 331
gestion de l'ordinateur, 106
gestion du disque, 105
Google, 183
Google+, 199
groupe résidentiel, 139

H

haut-parleur, 84, 138
HDMI, 137
heure, 161
historique
    de la navigation, 185
    de recherche, 121
horloge, 84
    supplémentaire, 163
Hotmail, 207
Huffington Post, 331

I

icône, 163
    système, 164
IMAP, 232
imprimante, 141

imprimer, 141
informations, 330
initialisation de la tablette, 29
  adresse de messagerie, 32
  contrat de licence, 30
  couleur d'affichage, 30
  paramètres, 31
  réseau sans fil Wi-Fi, 30
InPrivate, 191
Internet, mode protégé, 188
Internet Explorer, 168
  ajouter un site à l'écran d'accueil, 178
  autorité de certification, 189
  avance rapide, 182
  barre de circulation, 169
  Bing, 173
  bloquer des sites avec un fichier hosts, 192
  certificats, 189
  épingler un site, 174
  favori, 175
  fichier hosts, 192
  Google, 183
  historique des visites, 177
  hosts, 192
  hypertexte, 172
  lien, 172
  mode Bureau, 170
  mode protégé, 188
  moteur de recherche, 173
  navigation InPrivate, 191
  niveaux de sécurité, 187
  onglet, 169
  ouvrir, 168
  page de démarrage, 179
  paramétrage, 181
  saisie semi-automatique, 190
  sécurité, 184
  serveur DNS, 192
  sites de confiance, 187
  sites sensibles, 187
  sites suggérés, 183
  visiter un site Web, 172
  zones Internet, 186
intranet local, 186
invite de commandes, 106

J

jeu, 332

L

langue, 154
lecteur ePub, 332
LinkedIn, 203
livre, 332
  numérisé, 331
luminosité de l'écran, 337

M

Mail Migration pour Internet Explorer, 236
malfaisant, 355
malware, 355
mathématique, 132
menu
  contextuel du Bureau, 157
  d'accès rapide, 100
messagerie instantanée, 216
Messages, 216
Messenger, 216
  déclarer des contacts, 217
  dialoguer par écrit, 218
météo, 329
Metro, 35, 37
microblogging, 201
microphone, 244
microSD, 140
microSDHC, 140
microSDXC, 140
Microsoft Security Essentials, 356
Microsoft Store, 311
mode
  Avion, 338
  Bureau, 79
Modern-UI, 35
mot de passe, 68, 362
  image, 363

moteur de recherche, 173
MUI, 35
musique, 263
 accueil, 264
 acheter, 266
 ajouter des musiques, 264
 barre d'outils, 266
 jouer, 265
 paramétrer, 267
MySpace, 204

N

Narrateur, 346
navigateur, 167
notepad.exe, 125

O

Office Famille et Étudiant 2013 RT, 271
OneNote 2013 RT, 297
 prendre une note, 298
options d'alimentation, 156
Ordinateur, 90
orthographe, 62
Outlook, 231
 paramétrer, 237

P

page d'accueil, 37
Paint, 128
Panneau de configuration, 107
Panneau de saisie mathématiques, 132
paramétrer, 335
 luminosité de l'écran, 337
 mode avion, 338
 vignettes, 336
paramètres système, 103
pare-feu, 358
pavé tactile, 51, 52
Paypal, 189
pdf, 331
périphérique, 135
 afficher, 142
 ajouter, 142
 supprimer, 142
personnalisation, 147, 148
 arrière-plan, 151
 couleur d'arrière-plan, 150
 dessin de fond d'écran, 150
 écran de verrouillage, 152
 estomper l'affichage, 157
 fuseaux horaires, 156
 informations sur l'écran de verrouillage, 153
 langues, 154
 photo, 148
 silhouette et photo, 148
 supprimer l'écran de verrouillage, 155
 temporisation avant extinction de l'écran, 156
photo, 244
 arrière-plan, 251
 bibliothèques d'images, 247
 diaporama, 249
 flèches de circulation, 250
 importer, 252
 imprimer, 254
 minuteur, 244
 options de caméra, 244
 paramètres, 246
 partager, 253
 prise de vues vidéo, 245
 sélectionner, 249
 supprimer, 251
 taille, 250
PIN, 362
POP, 232
PowerPoint 2013 RT, 290
 animation, 294
 diaporama, 295
 SmartArt, 292
 sonoriser, 295
 transition, 294
 trieuse de diapositives, 293
prendre une note, 298
programmes et fonctionnalités, 101
protocole POP, 232

R

réafficher le bureau, 99
rechercher, 121
rechercher des solutions pour les rapports de problèmes, 351
reconnaissance vocale, 343
réseau résidentiel, 139, 339
  créer, 339
réseaux sociaux
  Copainsdavant, 202
  Dailymotion, 201
  Facebook, 198
  Flickr, 202
  Google+, 199
  LinkedIn, 203
  microblogging, 201
  MySpace, 205
  supprimer la connexion, 205
  Twitter, 200
  twittos, 201
  Viadeo, 204
  YouTube, 196
résolution des problèmes, 85, 352, 361
restaurer les performances du PC, 359

S

saisie manuscrite, 57
sécurité, 349
  actualiser votre PC, 361
  antivirus, 355
  démarrer sur un périphérique USB, 361
  dépannage, 352
  désinstaller une mise à jour, 354
  dessin de sécurité, 363
  historique des mises à jour, 354
  maintenance, 351
  maintenance automatique, 351
  Microsoft Security Essentials, 356
  mise à jour de Windows, 353
  niveau, 350
  options de démarrage avancé, 360
  Panneau de configuration, 350
  pare-feu, 358
  protection par un code numérique PIN, 362
  rechercher des solutions pour les rapports de problèmes, 351
  réinstaller le système, 360
  résolution des problèmes, 352, 361
  restaurer les performances de votre PC, 359
  Windows Defender, 355
  Windows Update, 353
SkyDrive, 301
  ajouter, 305
  détails, 307
  nouveau dossier, 308
  occupation, 306
  ouvrir, 304
  partager, 307
  rechercher, 307
  se connecter, 302
  synchroniser, 304
Skype, 219
  ajouter un contact, 220
  dialoguer en audio et en vidéo, 222
  dialoguer par écrit, 221
  favoris, 223
  test, 225
sons, 160, 269
sortie vidéo, 137
sortir de veille sans mot de passe, 73
souris, 51, 52
  physique, 137
Store, 311
synchroniser, 304
synthèse vocale, 343

T

Table de caractères, 134
téléviseur, 137
témoin de la batterie, 84
temps Internet, 162
Touch Cover, 58
toutes les applications, 24, 26, 112
tuile, 35, 37

tweet, 200
Twitter, 200
Type Cover, 58

U

UAC, 188
USB, 136, 361
utilisateur
compte local, 67, 72
compte Microsoft, 73
créer un nouveau compte, 66
démarrez sur un compte, 68
mot de passe, 68
obtenir une adresse, 66
passer d'un compte à l'autre, 69
sauvegarder la clé de chiffrement, 70
se connecter sans compte Microsoft, 67
supprimer un compte, 69

V

veille, 45, 73
verrouillage, 155
Viadeo, 204
vidéo, 137, 255
acheter, 258
ajouter, 257
autorisations, 261
compte, 260
louer, 258
ouvrir, 256
page Vidéo xbox, 256
préférences, 260
visionner, 258
vignette, 35, 336
virus, 355
visionner des vidéos, 258
volet de verrouillage, 36
volume sonore, 84, 269
voyager, 329
afficher le trafic, 326
carte géographique, 326
carte routière, 326
itinéraire, 327
trouver un lieu, 328

W

webcam, 244
Webmail, 230
Windows
démarrage avancé, 360
mettre à jour, 353
réinitialiser, 360
Windows Defender, 355
Windows Store, 312
accès des mineurs, 319
afficher toutes les langues, 321
application payante, 313
avis sur une application, 322
détails, 315
installer une application, 313
interdire l'accès, 320
lister les applications installées, 314
mettre à jour, 321
ouvrir, 312
préférences, 320
rechercher, 316
supprimer une application, 317
synchroniser la licence, 322
télécharger une application, 312
Windows Update, 353
Word 2013 RT, 273
barre de menus, 273
enregistrer, 282
image, 281
imprimer, 282
mise en page, 278
mode Lecture, 278
orthographe, 276
rechercher, 277
remplacer, 278
ruban, 274
saisir des textes, 275
sélectionner, 275
syntaxe, 277
tableau, 280

Y

YouTube, 196

Z

zone de notification, 163
zoom, 62
Zuckerberg, Mark, 198